政黨法論：基於香港的視角

黎沛文 —— 著

港澳制度
研究叢書

**Research on
Political Party Law:
Based on the Perspective
of Hong Kong**

總　序

鄒平學 *

　　自國家誕生後，人類社會產生了多少政治的、法律的、經濟的、社會的各種「制度」，可能是一個誰也無法回答的問題。「制度」研究也一直是法學、政治學、經濟學、管理學以及社會學等學科共有的現象。「制度」是什麼？制度就是體系化的規則、規矩。中國人常說，沒有規矩就不成方圓。所有的人、人所組成的各種組織乃至國家、社會，都離不開各種制度。所以，制度很重要，制度研究也很重要。

　　港澳回歸已有 20 多年之久，「一國兩制」實踐和基本法實施開始進入「五十年不變」的中期階段，可謂進入「深水區」。特別是2019 年以來，中央出手先後制定《香港國安法》、完善香港選舉制度之際，三聯書店（香港）有限公司決定推出一套「港澳制度研究叢書」，可謂恰逢其時，遠見卓識，意義重大。這是出版界第一套專門冠名「港澳制度研究」的叢書，從他們組織策劃叢書的初心與選題設想看，我不禁為香港三聯書店匠心獨具、籌劃周詳而擊節讚嘆。我認為，這套書將努力達成三個「小目標」，或者說將具有三個方面的亮點或特點。

　　第一，抓住港澳研究的根本。港澳回歸以來，港澳研究熱點迭出，成為顯學。從坊間的各種論著看，港澳制度研究最為熱門。鄧小平曾指出：「一九九七年我們恢復行使主權之後怎麼樣管理香港，

*　　法學博士，深圳大學法學院教授，博士生導師，兼任全國人大常委會港澳基本法委員會基本法理論研究基地深圳大學港澳基本法研究中心主任，教育部國別與區域研究基地深圳大學港澳與國際問題研究中心主任，國務院發展研究中心港澳研究所學術委員會委員兼高級研究員，全國港澳研究會理事，廣東省法學會港澳基本法研究會會長。

也就是在香港實行什麼樣的制度的問題。」[1] 可見，在港澳實行什麼樣的制度，是實踐「一國兩制」、依法管治港澳的根本。習近平總書記指出：「作為直轄於中央政府的一個特別行政區，香港從回歸之日起，重新納入國家治理體系。中央政府依照憲法和香港特別行政區基本法對香港實行管治，與之相應的特別行政區制度和體制得以確立。」[2] 港澳制度實質是港澳被納入國家治理體系後形成和發展的、具有中國智慧和中國風格的「一國兩制」政策的制度呈現。港澳回歸後的實踐表明，在港澳實行的「一國兩制」制度體系，不僅是解決歷史遺留下來的港澳問題的最佳方案，也是港澳回歸祖國後保持長期繁榮穩定的最佳制度安排。「港澳制度研究叢書」的推出，顯然敏銳抓住了「一國兩制」制度體系這個港澳研究的根本。

第二，拓展港澳制度研究的問題論域。坊間以往印行的港澳研究論著，以政法制度研究居多。這說明，港澳政法制度研究是港澳制度研究較為重視的論域。究其原因，是因為「一國兩制」的制度體系是我國國家治理體系的重要組成部分，這一體系是政策、法律和制度的有機構成。政法制度是港澳制度較為根本、活躍和基礎的部分。鄧小平告訴我們，「一國兩制」能不能夠真正成功，要體現在香港特別行政區基本法裏面。根據憲法制定的港澳基本法先後為我國兩個特別行政區設計了一套嶄新的制度和體制，這就是港澳特別行政區制度或者簡稱港澳制度。港澳制度實質就是「一國兩制」政策的法律化、制度化，是根據憲法制定港澳基本法、建構「一國兩制」制度體系來完成的。所以，在港澳政法制度研究的論著裏，較多地是圍繞根據憲法和基本法管治港澳的理論和實踐來展開。數年前，三聯書店（香港）有限公司精心打造推出的、由王振民教授主編的「憲法與基本法研究

1　鄧小平：《鄧小平文選》（第三卷），北京：人民出版社 1993 年版，第 85 頁。

2　〈習近平在慶祝香港回歸祖國 20 週年大會暨香港特別行政區第五屆政府就職典禮上的講話〉，新華社 2017 年 7 月 1 日電。

叢書」即是這方面的積極成果。在當下港澳制度進入重要創新發展階段，「港澳制度研究叢書」的問世，不僅將繼續關注「一國兩制」、憲法和基本法在港澳的實施等問題的宏觀討論，還較大範圍拓展了問題論域，將突出從中觀、微觀角度，去探索港澳制度具體實際運作層面的體制機制層面，深入挖掘港澳研究的中觀、微觀研究板塊，推出更多高質量的、以往被宏觀的「一國兩制」論述所遮蔽的更細緻、更具體的研究成果，拓展、拓深港澳制度研究的格局。特別是，叢書將不僅限於政法制度，還將視野擴及港澳經濟、社會、文化、教育、科技、政府管治、媒體等方面的制度，這將使得港澳制度研究在廣度、深度方面更為拓展和深化，進一步豐富港澳制度研究範疇的包容性和統攝性，為廣大讀者展示港澳制度立體多面的全貌，這十分令人期待。

　　第三，前瞻港澳制度研究的未來發展。港澳制度研究要為港澳「一國兩制」事業做出應有的貢獻，不僅要敏銳抓住研究論域的根本和重點，還要善於把握港澳制度的脈搏和運行規律。毋庸諱言，現有的港澳制度研究成果對制度運行的規律性研究還不夠，高水平、有分量、有深度的成果還不多，特別是能有效解決疑難問題、足資回應實踐挑戰的成果還不多。進入新時代以後，港澳形勢出現的新情況、新問題給中央管治港澳提出了新的挑戰。**在政治方面，**香港維護國家主權、安全、發展利益的制度還需完善，對國家歷史、民族文化的教育宣傳有待加強。2020 年國家層面出台國安法，為解決治理危機提供了有力抓手，但國安法律制度和執行機制如何進一步發展完善還有很多具體和複雜問題需要研究解決。而且，單靠國安法的落地還不夠，還需要認真研究特區教育、媒體、司法、文化、政府管治方面的制度問題。需要指出的是，港澳制度中的「制度」既包括在特區內實行的制度，也包括決定這個制度的制度。因而港澳制度就不能僅僅限於兩個特區內部實行的制度，而首先應從國家治理體系的制度角度出發。

例如目前中央全面管治權的制度機制都面臨一些新情況和新問題，如中央對特區政治體制的決定權、中央對特區高度自治權的監督權包括對特首的實質任命權、特區本地立法向人大的備案審查等制度問題，都存在值得研究的理論和實踐問題。澳門特區政府依法治理的能力和水平，與形勢發展和民眾的期待相比仍需提高，政府施政效率、廉潔度和透明度與社會的發展存在一定的差距。習近平提出，澳門要「繼續奮發有為，不斷提高特別行政區依法治理能力和水平。回歸以來，澳門特別行政區治理體系和治理能力不斷完善和提高。同時，我們也看到，形勢發展和民眾期待給特別行政區治理提出了更新更高的要求」。[3] **在經濟方面**，香港經過幾十年的快速發展，面臨著經濟結構進一步調整等問題，部分傳統優勢有所弱化，新經濟增長點的培育發展需要時間，來自其他經濟體和地區的競爭壓力不斷增大；澳門博彩業「一業獨大」，明顯擠壓其他行業的發展空間，經濟結構單一化問題突出，經濟多元發展內生動力不足，缺乏政策配套和人才支持。**在社會方面**，港澳長期積累的一些深層次問題開始顯現，特別是土地供應不足、住房價格高企、貧富差距拉大、公共服務能力受限等民生問題突出，市民訴求和矛盾增多，中下階層向上流動困難，社會對立加大，改善民生、共用發展成果成為港澳居民普遍呼聲。要解決港澳社會存在的各種問題，歸根結底是要全面準確理解和貫徹「一國兩制」方針，始終依照憲法和基本法辦事，不斷完善與憲法和基本法實施相關的制度和機制，聚焦發展，維護和諧穩定的社會環境。

研究解決這些問題，都需要在完善制度機制方面下功夫，而這些正是港澳制度研究的未來，亟待深度開掘。據我所知，本叢書重視和歡迎如下選題：中央權力實際行使需要完善的制度機制，回歸後國家在港澳建立健全的相關制度，全面落實愛國者治港治澳的制度，憲

3　參見習近平：〈推進澳門「一國兩制」成功實踐走穩走實走遠〉（2014 年 12 月 20 日），載習近平：《習近平談治國理政》（第二卷），北京：外文出版社有限責任公司 2017 年版，第 424 頁。

法和基本法上對特區的授權制度，特區依法行使高度自治權的相關制度和機制，特區行政主導體制，特區政府施政能力和管治水平方面的制度，特區行政管理權實施的制度機制，特區立法權實施的制度機制，特區司法權的制度機制（如香港司法審查制度），基本法有關特別行政區經濟、教育、文化、宗教、社會服務和勞工方面的制度運行問題，特區區域組織或市政機構及其制度，特區公務員制度以及香港政黨制度，香港的某些特殊制度（如高官負責制、新界原住民權利），等等。

香港三聯書店特邀請我擔任本叢書的主編，我十分高興，也非常期待和樂意與廣大內地、港澳學人共襄此舉，為實現上述三個「小目標」，為完善「一國兩制」制度體系貢獻智識和力量。「一國兩制」是一個史無前例的偉大事業，我有幸參與研究港澳問題 20 多年，深深體會到，港澳制度的理論和實踐，是中國對於世界治理所能奉獻的獨有的、寶貴的領地，從學術理論上探討和解決上述一系列複雜、敏感和重大的制度運行問題並不斷完善它們，必將有利於回答堅持「一國兩制」制度體系對於維護國家主權、安全和發展利益，保障港澳的長期繁榮穩定，對於推進國家治理體系和治理能力現代化為什麼十分必要、為什麼現實可能、為什麼是歷史必然這一時代命題。因此，我相信本叢書的推出，將對支撐建構中國特色哲學社會科學奉獻中國獨有的理論貢獻和智力支撐，這不但是值得期許的，也是中國學人的使命擔當。

是為序。

鄒平學

2021 年 4 月 1 日於深圳

序

林來梵[*]

作為代議機關與選舉制度改革的產物，現代政黨通過參與或組織選舉、表達民眾利益訴求或影響公共政策的制定，而在民主國家和地區的政治生活中起着重要作用。儘管香港政黨政治的產生時間相對較晚，且長期處於所謂「半政黨政治」的相對低度發展水平，但香港政黨作為當地重要的政治媒介，可謂持續地參與和影響了香港政治發展的進程。尤其是回歸後，政黨在新的憲制框架下較大程度地參與和影響了香港政制的發展，並在一系列重大政治事件中起到了重要的組織和參與作用。

然而，正如本書作者所指出的那樣，不管是從政黨權利保障面向抑或是從政黨行為規制面向對香港現行有關立法進行綜合性的對比考察，均可發現香港現行的政黨立法體系尚不完備。這在一方面導致了針對政黨的保障性規範遠遠不足，另一方面又導致了針對政黨行為的管制性規範一直落後於本地區政黨政治發展的狀態。

法治為香港社會的核心價值之一。隨着特區政制的進一步發展，如何完善政黨立法並實現政黨的合理規範，已然成為香港在新時期所必須回應的其中一個迫切性課題。香港特區政黨法治化問題作為我國憲法學的重要理論分支，當下正需要我國憲法學、港澳基本法學者對其開展有針對性的專門研究。而令人遺憾的是，迄今為止此領域的理論研究在憲法學界仍未受到足夠重視，有關香港政黨立法研究的

---

* 法學博士，清華大學法學院教授，博士生導師，中國法學會憲法學研究會副會長，中國法學會香港基本法澳門基本法研究會副會長兼秘書長。

專門著作尚不多見。

　　因此，當得知黎沛文博士的專著《政黨法論：基於香港的視角》即將付梓並邀請我為其作序時，我欣然答允。黎沛文博士曾師從我六年之久，是我 2009 年從浙江大學調至清華大學任教後培養的第一屆碩士，畢業後他決定繼續深造，成為我所指導的博士研究生中的一員，今天已成長為一名專注於港澳基本法研究的青年學者。這部厚實的著作，正是基於前述的問題意識，並以他的博士學位論文為基礎修訂而成的。全書主要以規範主義法學為基本立場，從比較分析、實證研究等角度分別對香港政黨的發展歷程和現狀、政黨在香港憲制秩序中的定位、香港政黨的權利保障和行為規制、「防衛型民主」理念下香港反憲制政黨的禁止等與香港政黨法治化緊密相關的七個核心問題進行了深入的梳理和探討，在內容上兼具基礎性研究和應用性研究的特點。書中有關研究不僅論證紮實，且不乏洞見，相信能對香港政黨立法規範問題理論研究的拓深以及具體實務的開展起到積極的推動作用和參考意義。

　　是為序。

林來梵

2021 年 7 月 16 日於北京清華園

前　言

　　回顧香港的政制發展歷程，香港在港英當局的殖民統治下長久以來政黨政治並不發達。[1]直至上世紀 80 年代初，隨着港英政府逐步推行「地方行政改革計劃」並有計劃地引入民主選舉制度，香港政治生態才逐步出現轉變，並使政治參與得以實際興起。在此政治背景下，香港的本地政黨開始形成，並於 1991 年立法局直選前後產生了香港民主同盟、匯點、民協等一大批政黨。此後直到九七回歸的前夕，香港政黨在議會民主和選舉政治的推動下已走向穩步發展階段，並初步形成了具有濃厚本地特色的政黨政治。

　　在香港回歸後，《中華人民共和國香港特別行政區基本法》（以下簡稱基本法）所確立之代議政制的全面落實，更是使得民主政治在香港獲得了較之此前任何時期都要大的發展空間，香港政黨在新的憲制框架下實現了迅速的發展，並參與和影響了香港本地區的公共政治。應該說，如今的香港政黨作為本地區重要的政治媒介，已經在實際上成為了香港民主進程中不可或缺的參與者，其對香港本地公共政治所發揮的持續影響力亦不容忽視。尤其是香港回歸以來所發生的一系列重大政治事件，如反對基本法第 23 條立法、反對「國民教育」、「違法佔中」、「修例風波」等，背後都有政黨的組織和參與，而且，政黨的組織和參與在實際上亦起到了至為關鍵的作用。未來，隨着香

1　　See Lau Siu-Kai, *Basic Law and the New Political Order of Hong Kong* (Hong Kong: Centre for Hong Kong Studies, The Chinese University of Hong Kong, 1988), pp. 30-32; Jermain T. M. Lam, Party Politics in Hong Kong During the Political Transition, in Sing Ming (eds.), *Hong Kong Government and Politics* (Hong Kong: Oxford University Press, 2003), pp. 220-221.

港民主政制的發展，將為香港政黨提供更廣闊的政治活動空間，這種影響亦會進一步加大。

然而，香港目前政黨法制的整體現狀卻與本地政黨蓬勃發展、政治影響力不斷增強的政治現實形成強烈反差：現有立法不僅體系未完備而且條文亦較為粗疏，顯然不足以有效地規範政黨及其活動。事實上，政黨法制的落後已經為香港政黨管理和政治穩定帶來了一定程度的消極影響 —— 目前實際存在的、由規範缺失所導致的「政黨登記混亂」、「政黨財務缺乏監管」等問題便是最好的證明。而如所周知，現代社會的民主政治通常都是表現為一種以規範化為取向的政治，法治是其最重要特徵之一。法治原則的貫徹，最基本標誌即在於一切公權力機關、組織和個人都必須以憲法和法律為最根本的行為準則。應該說，隨着政黨政治的發達，尤其是政黨國家正式出現之後，法治原則也當然會被要求全面貫徹於政黨政治的實際運作過程當中，政黨立法的完善亦普遍為各民主國家（地區）立法所重視。香港一向被譽為法治之都，作為社會核心價值的體現，有效推進本地區的政黨法治化可以說是香港進入代議民主發展新階段所無法回避的新課題。在回應這一課題時，如何借鑒域外經驗並結合自身之政制特點在本地區構建起完善的政黨規範體系，以及通過這個規範體系有效保障政黨權利和規制政黨行為，是香港應重點思考的問題。

關於香港政黨立法規範問題的研究，筆者始終強調這樣一項基本原則：「立法規範」本身、又或者說「規範政黨」本身並不是我們研究的最終目的；之所以要針對政黨立法規範問題進行深入細緻的梳理探討，最終目的是希望理清如何藉由「立法規範」這種技術性手段有效促使香港良好政黨制度的形成，並確保政黨在基本法設置的憲制框架下積極、良好地發揮其政治功能，實現香港政黨政治的健康發展。為此，本書就香港政黨立法規範問題所展開的相關論述主要圍繞主輔兩條論述線索而展開。

首先，是論述的主線。這條主線主要是基於香港政黨政治的現實情況，以及現代民主社會政黨政治的必然發展趨勢等客觀情況而形成的一種相對樸素的立論理念。該立論理念認為，從絕大多數民主社會的歷史經驗來看，政黨政治的發展最終都必然走向規範化，這不僅是政黨政治趨於成熟的標誌，也是政黨政治健康發展的實際需求；而香港作為政黨政治的後發展地區，隨着民主化進程的加深，政黨規範問題亦將日形嚴峻，因此政黨立法的發展和完善需要盡早地提上議程。當然，通過比較分析世界各國（地區）政黨立法的經驗可知，政黨立法的模式並非一致。二戰後，有不少國家（地區）採取制定專門「政黨法」的形式對政黨進行全面規範，而更多的國家（地區）則是通過分散式的立法或部分專項立法對政黨進行規範。回到香港，筆者贊同主流見解，即針對政黨的立法規範，目前暫不宜採取制定專門「政黨法」的立法模式，而應採行一種着眼於政黨規範之實質性內容，急其急、緩其緩，由漸進遍及全面的立法完善方式。而在立法的具體內容上，基於德國與香港之政治歷史背景的相似性，以及考慮到德國《政黨法》可算是當今各國專門「政黨法」中最為精良者，筆者建議香港未來的具體的立法內容完善可考慮仿效德國《政黨法》的立法內容，進行全面完善。

其次，是論述的輔線。這裏所謂的輔線是指在比較分析世界各主要國家（地區）政黨立法形式的基礎上，回應到香港政黨的現實發展情況以及香港本身的政制特點等主觀條件，而衍發的一種用以適當調整香港政黨立法方案的輔助性論述思路。申言之，基於香港政黨目前所處的相對初級發展水平，以及香港現行政治體制中所存在的一些諸如「政黨排斥主義」傳統等不利於本地政黨進一步發展壯大的因素，在探討政黨立法規範這一主題時，除針對政黨行為立法規制的通常形態進行詳細討論外，亦特別重視有關政黨權利之立法保障問題的論述。筆者之所以秉持此種強調「政黨立法的權利保障面」的價值立

場，主要目的是試圖通過確立針對政黨的權利保障機制，以達至有效糾正香港現行政治體制中所存有的對政黨發展的不利因素。此外，突出強調「政黨立法的權利保障面」的另一目的也是為了克服或防止由政黨立法本身所涵括的、在內容上相對「政黨權利保障性立法」所佔比例更大的「政黨規制性立法」為香港政黨發展所可能帶來的侵擾或窒礙。

綜上，香港政黨立法的完善應該是一個辯證的課題，一方面必須要體現其體系的嚴密性，相關立法應足以對香港政黨的活動進行全面而合理的規範；另一方面，鑒於香港政黨尚處於初級發展階段，而且發展空間本身具有一定的局限性，因此對政黨權利的切實保障必須成為政黨規制的前提。本書的寫作其實就是在前述認識基礎上，圍繞一個簡樸的學理原則而展開 —— 政黨立法在行為規制與權利保障之間必須保持適度的平衡。當然，筆者也期待，書中的有關探討能夠為香港政黨立法規範的實務及理論研究帶來一定的積極影響。

目 錄

第一章

港式「半政黨政治」：地區政黨的一種發展形態

◇◇◇

　　以政黨的活動地域作為劃分標準，可以將政黨劃分為地區政黨、全國政黨和國際政黨。其中，地區政黨（亦可稱為地區性政黨），主要是指以一國中的某一地區為其活動地域的政黨，在通常情況下，地區政黨的組織發展和政治影響主要都是在其活動地域內。[1]目前，地區政黨在世界範圍內為數並不少，不過多數規模不大。當中也有一部分地區政黨力量較為雄厚，影響較大，與其他政黨聯盟參與執政，或在本地區執政，如德國的巴伐利亞基督教社會聯盟。[2]

　　香港，在其歷史發展過程中，從來都不曾是一個主權獨立的政治實體。無論是回歸前作為英國的「殖民地」，抑或是回歸祖國後作為直轄於中央人民政府下的特別行政區，它始終都只是以一種在內部治理上相對自主且內部秩序較為自成體系，但在整體政治地位上又不是完全獨立的身份而存在。尤其是回歸後，從劃分國家結構形式的標準來看，我國作為單一制國家，「一國兩制」下的香港只是一個享有高度自治權而直轄於中央人民政府的地方行政區域。而生發於香港的

---

* 　本章部分內容曾以〈港式「半政黨政治」：地區政黨的一種發展形態〉為題刊於《原道》2015 年第 3 輯。

1 　值得注意的是，儘管地區政黨與地區主義政黨是相接近的概念，而且實務中很多地區政黨在大多數時候都可以歸類為地區主義政黨，但這並不必然推導出所有地區政黨都屬於地區主義政黨。所謂地區主義政黨，是指一個國家中以某一特定地區為基礎形成的以發展本地區社會、經濟和文化事業為目標的政黨。這類政黨的組織發展和政治影響一般局限於本地區，具有一定的民族和語言背景，代表和反映本地區特定的利益和要求，地方保護主義色彩相對比較濃厚。地區主義政黨在許多國家都存在，且數量眾多；但大多屬於小黨，政治影響不大。不過也有勢力比較強大的，如英國的威爾斯民族黨和蘇格蘭民族黨。詳見趙曉呼主編：《政黨論》，天津：天津人民出版社2002 年版，第 77、92-93 頁。

2 　此外，也有一些地區性政黨只代表某少數民族的利益，在國內政治生活中起着特殊的作用，如印度的阿卡利黨。該黨只吸收錫克族人參加，現有黨員 200 多萬人，聯合其他政黨多次在旁遮普邦執政。詳見牛旭光：《政黨政治與民主問題研究》，北京：中國人民大學出版社 2014 年版，第75 頁。

政黨，基本上都是以香港為其活動領域，在一般情況下香港政黨的組織發展和政治影響都不會超出香港的區域範圍。因此，香港的本地政黨完全符合上文所定義的「地區政黨」，其發展形態亦可歸類為地區政黨發展形態的類型之一。

此外，相較於西方民主社會，香港的政黨政治是 20 世紀 90 年代初才正式起步的，[3] 處於相對初級的發展階段，而香港目前亦尚未出現成熟的大型政黨。由此可以想見的是，香港政黨作為地區政黨的一種類型，其發展形態自然也會具有較強的自身特點。而此種特點，可概括為港式「半政黨政治」。本章作為全書的首篇，將立足於香港自身的特殊情況，考察和分析香港政黨在現行憲制秩序下之發展概況以及港式「半政黨政治」的具體展現形態。

---

3   See Louie Kin-sheun, *Politicians, Political Parties and the Legislative Council,* in Sing Ming ed, *Hong Kong Government and Politics* (Hong Kong: Oxford University Press, 2003), p. 199; Lam Wai-man, Percy Luen-tim Lui, Wilson Wong and Ian Holliday (eds.), *Contemporary Hong Kong Politics: Governance in the Post - 1997 Era* (Hong Kong: Hong Kong University Press, 2007), p. 131.

政黨在香港的定義

◇◇◇

對於中國人來說，「政黨」是近代西風東漸過程中所引進的舶來品之一。現代意義上的政黨概念，自 19 世紀末 20 世紀初才傳入中國。在西文中，政黨這個詞，無論是英文的 Party，法文的 Parti，德文的 Partei，意大利文的 Partito，還是西班牙文的 Partido，都是從拉丁文 Pars 一詞演變而來的。[1] 由於 Pars 一詞在其字面含義上是指部分的意思，而政黨之為「部分」又可以引申出兩種意義，「一是構成方面是部分的，即任何政黨的黨員都只是國民一部分；二是觀念方面是部分的，即任何政黨的政見都只能代表一部分國民的意思」。[2] 因此，有政治學者直接指出，若將「整個的社會人群」視為一個大集團的話，政黨就是這個大集團之下，「以奪取政權、實施政綱為目的的有組織的政治集團」。[3] 當然，並非所有的政黨均以「黨派」自稱，有的政黨會命名為聯盟（Federation）、同盟（Union）、陣線（Front）等。這種狀況在香港尤為明顯，鑒於香港的特殊情況，很多本地政黨如民建聯、社民連等均不以「黨派」進行命名。

在當今學界，有關政黨概念的論述無論在東西方均早已汗牛充棟，筆者在此無意於對「政黨」概念作重複的冗長論述，只是希望基

1　參見陳旭：《政黨論》，上海：上海華通書局 1930 年版，第 19 頁；趙曉呼主編：《政黨論》，第 12 頁；王長江：《政黨論》，北京：人民出版社 2009 年版，第 26 頁；王韶興主編：《政黨政治論》，濟南：山東人民出版社 2011 年版，第 37-38 頁。

2　薩孟武：《政治學新論》，上海：大東書局 1948 年版，第 37 頁。

3　楊玉清：《現代政治概論》，上海：商務印書館 1934 年版，第 65 頁。

於本書論述需要就關涉政黨定義要旨的相關內容作簡要敘述。首先，在正式界定何謂政黨之前，有必要將政黨與以下兩個相近概念加以區分。

第一，對政黨的認知應區別於「朋黨」或「派系」。政黨是隨着近代民主政治發展而衍生出來的一種有組織政治團體，它以爭奪政治權力與贏取選舉為目的，與一般所謂的「朋黨」或「派系」有着本質的差別。

「朋黨」（Cabal）此一用語，我國古已有之，且為歷代君主所深惡痛絕。中國人向來不主張「黨同伐異」、「朋比為奸」、「入主出奴」，至多也只重精神上的契合，而鄙棄形式上的組織。[4]《論語·述而》中即有所謂「君子不黨」。[5] 這裏所說的「黨」，「依孔安國注，即『相助匿非』之意，其更進一步便將演變到班固所謂的『背公死黨之誼成，守職奉上之義廢』（遊俠列傳序）的地步」。[6] 而後世陸續出現的如東漢的鉤黨，唐代的牛、李黨，宋代的新、舊黨，明代的東林黨、閹黨，清末的維新黨、守舊黨等均是有名的例子。通常認為，「朋黨是在權利的取得，非依民主程序，決定於選舉的勝負的環境中，少數人爭奪政治權力的非正式結合」。[7] 而所謂「派系」（Faction），最初可與政黨互換使用，其在當今更常用來指較大組織（通常是政黨）內的部分或團體。[8] 在傳統的政治觀念中，派系常用作

4　對此，孔子的教訓是「君子群而不黨」。此處所謂的群與黨，雖然未作界說，但不難看出孔子褒群貶黨之意——群是公，循乎自然；黨是私，勉強湊合。因此，孔子也說「大道之行也，天下為公」。不過，到了宋代，歐陽修對黨的解釋則有所不同了，《朋黨論》裏似乎把黨視為群，認為只有君子才能有黨，小人不能有黨。但不得不說的是，歐陽修的這種見解在中國封建王朝歷史上是不可多得的。詳見楊玉清：《現代政治概論》，第 67 頁。

5　「陳司敗問：昭公知禮乎？孔子曰：『知禮。』孔子退，揖巫馬期而進之，曰：『吾聞君子不黨，君子亦黨乎？君取於吳，為同姓，謂之吳孟子。君而知禮，孰不知禮？』巫馬期以告。子曰：『丘也幸，苟有過，人必知之。』」《論語·述而》，第三十一章。

6　雷飛龍：《政黨與政黨制度研究》，台北：韋伯文化國際出版有限公司 2002 年版，第 1-6 頁。

7　同上，第 14 頁。

8　參見〔英〕安德魯·海伍德著，張立鵬譯：《政治學》（第三版），北京：中國人民大學出版社 2013 年版，第 167 頁。

貶義，意指「只表示個人的衝突，只顧自己不顧公眾的行為。用伯克（Edmund Burke）的話說，派系的衝突，只代表一種卑劣的爭權奪位的利益鬥爭」。[9] 而「政黨乃屬追求集體利益的工具，其目標不只是相爭者的私人利益而已」，而且，政黨在追求集體利益的過程中須遵循所處政治體系所設定的程序並接受必要的限制。[10] 因此，認識政黨的第一要點就是要將其區別於「朋黨」或「派系」。

第二，對政黨的理解應區別於利益團體等一般壓力團體。利益團體（Interest Group），亦譯為利益集團，廣義地說可以指任何基於一定的利益基礎而結合在一起的政治團體勢力；在狹義上是指在開放的民主政體中為實現共同的利益而公開註冊、組織在一起、共同參與政治運動、影響政治決策的民間團體。[11] 正如美國政治學者史蒂芬·E·弗蘭澤奇所指出的，在最為基本的意義上，政黨是一個思想相對接近的個人集合起來、通過選舉來控制政府的人事和政策的、有組織的團體，它們主要通過選舉來追求它們的目標。[12] 因而，一個只對個別議題爭取利益的利益團體或壓力團體（Pressure Group），亦因其關心議題的狹窄以及不以爭取執政為目的，而不被視為政黨。[13]

目前，利益團體在香港大量存在，是一股重要的政治力量。它們與政黨的區別在於：第一，利益團體的議題交點特別少，它們通常

9　〔意〕Giovanni Sartori 著，雷飛龍譯：《最新政黨與政黨制度》，台北：韋伯文化國際出版有限公司 2003 年版，第 38-39 頁。

10　同上，台北：韋伯文化國際出版有限公司 2003 年版，第 39 頁。

11　在狹義說中，所謂「民間團體」可以是大財團首領們在一起精心策劃、有組織原則、有行動綱領的聯合體，也可以是村野小民即興組成的「烏合之眾」。但他們必須是公開註冊、有共同目標、積極影響公共決策的政治運作的實體。總體上來說，現代政治學中，「利益團體」的概念取向偏重狹義的「利益團體」的定義，強調的是「組織活動」。參見藍志勇：〈利益團體：在西方的運作、在東方的前景〉，載鄭宇碩、羅金義編：《政治學新論：西方學理與中華經驗》，香港：中文大學出版社 1997 年版，第 317-318 頁。

12　參見〔美〕史蒂芬·E·弗蘭澤奇著，李秀梅譯：《技術年代的政黨》，北京：商務印書館 2010 年版，第 8 頁。

13　周陽山：〈政黨與政黨體系〉，載鄭宇碩、羅金義編：《政治學新論：西方學理與中華經驗》，第 293 頁。

只關心某個特定群體的特殊事業或利益，很少有更廣泛的計劃或意識形態特徵；而政黨則是基於共同政治偏好和一般意識形態認同而團結起來的（但各黨程度不一），並且政黨所關注的議題亦通常比較廣泛，涉及到政府政策的各個主要領域（但小黨可能會關注單一議題）。第二，利益團體力圖從外部施加影響而不是贏得或行使政府權力，它們只是希望影響議會的立法和政府的政策；而政黨的目標則是贏得政治職位並掌握執政權（但小黨更多利用選舉獲取宣揚理念的平台，而非贏得權力）。第三，利益團體只代表本集團成員的特殊利益，它們可以支援促進其目的的實現的任何政黨和候選人；而政黨通常是宣稱關心公共利益的，為了吸引廣泛的支援，它必須用節制與折衷的政治工具，把那些較小的集團在比較寬闊的一般福利裏聯合起來，並且政黨只是支持自己的候選人。[14] 在香港，利益集團主要包括了商業團體、公民團體、專業團體、宗教慈善組織、工會組織等。

下文將結合論述主題從政治學、公法學以及實定法的規定三個維度，對政黨的定義進行界定。

▋ 一、政黨的政治學定義

在政治學界，伯克（Edmund Burke）是公認的較早對政黨進行明確定義的學者，他認為「政黨是建基於人們集體認同的特別的原則之上，共同致力於促進國家的利益而聯合組成的實體」。[15] 此後，

14　此處有關利益團體與政黨之區別的總結分別參考自〔美〕賴斯黎・里普遜著，登雲譯：《民主新詮》，香港：新知出版社 1972 年版，第 111 頁；〔美〕施密特、謝利、巴迪斯著，梅然譯：《美國政府與政治》，北京：北京大學出版社 2005 年版，第 167 頁；周平：《香港政治發展（1980-2004）》，北京：中國社會科學出版社 2006 年版，第 42 頁；〔英〕安德魯・海伍德著，吳勇譯：《政治學核心概念》，天津：天津人民出版社 2008 年版，第 275 頁；梁琴、鍾德濤：《中外政黨制度比較》（第 2 版），北京：商務印書館 2013 年版，第 281 頁；〔英〕安德魯・海伍德著，張立鵬譯：《政治學》（第三版），第 166 頁。

15　Edmund Burke, *Thoughts on the Cause of the Present Discontents (6th edition)* (London: M.DCC. LXXXIV, 1784), p. 110.

伯克對政黨的界定作為一個重要學說被無數學者反覆引用，並奉為經典。德國學者 Georg Brunner 就曾在該定義的基礎上總結出了政黨所必須具備的三要素，分別為：第一，政黨必須是人們的一種結合，亦即與結社有關，而且這種結合須具有一定的持久性；第二，政黨的目標應當是旨在促進伯克所說的共同福祉，亦即國家的利益；第三，此種要素並未包含在伯克的定義裏，所指向的是政黨實現其政見或目標的手段，現代政治學認為政黨爭取國家統治權的途徑應該是透過選舉。[16]

而我國台灣地區政治學者馬起華教授則在其鴻篇巨制《政治學原理》一書中通過引敘伯克（Edmund Burke）、佛倫（C. J. Friedrich）、熊彼特（J. A. Schumpeter）、杜魯門（D. B. Truman）、矢都貞治、鈴木安藏、薩孟武等四十餘位中外著名學家針對政黨所下的定義以及結構功能的分析，異中求同地歸納出「政黨」之各類型定義的共通要點。根據他的結論，政黨具有結構、目的、性質、手段以及形式五大方面的要點：在結構上，政黨是部分人民或選民自願結合的社會系統和政治系統；在目的上，政黨不是盲目的組織，卻以共同的主義、理想、計劃、黨綱或政策為努力、奮鬥方向；在性質上，政黨不是烏合之眾，而是有組織的政治團體，也可說是一種群眾組織；在手段上，有和平的及非和平的，前者以提名候選人競取公職而執政，後者以革命、政變等方式而取得政權，但無論用哪種手段，政黨都以控制政府的決策、人事與行動為近程標的；在形式上，政黨都有一定的名稱和標誌（如黨旗、黨徽等）。[17]

另外，政治學者亦往往較為注重從外部功能的維度觀察政黨，並以此對政黨進行界定。如美國政治學者大衛‧杜魯門就認為，政黨是一種機制，通過它可以在追求公職的人們中挑選合適者，因而政黨

16　參見〔德〕Georg Brunner 著，鄒忠科、黃松榮譯：《比較政府論》，台北：五南圖書出版有限公司 1995 年版，第 292-293。

17　馬起華：《政治學原理》（下冊），台北：大中國圖書公司 1985 年版，第 1112-1126 頁。

在通常情況下是一種動員投票的工具，也是一種「利益聯盟」；而在某些特定時期，政黨組織甚至可以是「由一個人或一群人在全國或部分地區與他人建立的一種臨時的、變動的關係」。[18]

二、政黨的公法學定義

在法學領域，公法學者對政黨作界定時亦較常借用政黨的政治學定義。其中較為主流的觀點認為，政黨乃「人民基於共同的政治理念，為推派候選人參與民主選舉，進而影響民主政治運作，所集結而成的政治性團體」；[19] 其「藉著參加國家或地方之選舉，爭取選民支持，獲得行政或立法機關之職（席）位，在這種政治過程中，來形成、凝聚及實現本身及國民的政治意志」。[20]

但是，與政治學者不同的是，公法學者對政黨進行描述時，所着力強調的往往是政黨的法律屬性以及對其的規範定位。比如，公法學界普遍認同，政黨政治已成為了「民主政治運用上所必需之政治的基本組織」。[21] 在現代民主社會中，民主政治——尤其是選舉政治——若無政黨的參與，根本是無法開展的。以德國為例，隨着代議政制的發展，政黨在事實上已經成為了憲法規範所確立的「自由民主秩序」所不可或缺的構成要素，其在德國聯邦憲法法院之裁判中亦長期以來被視為「選舉準備組織」，履行其於憲法生活內部範圍中之組織功能，係憲法中為實現憲法生活所不可或缺之制度。[22] 而在現實

18　參見〔美〕大衛‧杜魯門著，陳堯譯：《政治過程：政治利益與公共輿論》，天津：天津人民出版社 2005 年版，第 294-297 頁。

19　許志雄、陳銘祥、蔡茂寅等：《現代憲法論》（四版），台北：元照出版公司 2008 年版，第 281 頁。

20　陳新民：〈論政黨的內部民主制度〉，載陳新民：《德國公法學基礎理論》（增訂新版‧上卷），北京：法律出版社 2010 年版，第 298 頁。

21　史尚寬：〈政黨政治問題〉，載史尚寬：《憲法論叢：史尚寬法學論文選集之二》，台北：自版 1973 年版，第 71 頁。

22　參見〔德〕Peter M. Huber：〈民主政治中之政黨〉，載 Peter Badura, Horst Dreier 編，蘇永欽等譯注：《德國聯邦憲法法院：五十周年紀念論文集》（下冊），台北：聯經出版事業股份有限公司 2010 年版，第 645-646 頁。

的憲制架構中，政黨本身並非國家機關的組成部分，其明確的法定身份是社會領域中的政治性結社組織。就此而論，政黨的圖像其實是擺盪於公法與私法兩者之間的：一方面是植根於社會領域之結社，另一方面是扮演着與最高憲法機構相同視野，而參與國家政治決策過程之角色。[23]

因此，從公法學看政黨，往往認為其同時具有私法人和公法人兩種身份。首先，政黨的私法人身份是指，政黨屬於人們基於共同的政治理念，並為推出候選人參與選舉而進行結社活動所形成的一般政治性團體；其次，政黨的公法人身份是指，隨着政黨民主理念與政黨法制化的發展，政黨步入「政黨被納入憲法時期」被賦予了一定的憲法職責，成為了兼具公法性質的政治組織。

三、政黨的法定定義

所謂政黨的法定定義是指，公權力機關以法規範的形式對政黨所下的定義。對此，有德國學者曾指出，制定出精密正確的政黨定義在理論上是非常重要的，尤其是在法律秩序賦予政黨一種特別的合乎憲法之地位時，對政黨進行精確定義就更加成為了一種必要。[24] 而現代民主國家，如德國、意大利、葡萄牙、希臘、韓國等均通過其憲法對政黨的功能、權利作出專門規定。[25]

舉德國為例，1949 年《基本法》第 21 條第 1 款明確規定，「政黨參與人民政治意願的形成。政黨的建立是自由的」。在此項規定

23　〔德〕Peter M. Huber：〈民主政治中之政黨〉，載 Peter Badura, Horst Dreier 編，蘇永欽等譯注：《德國聯邦憲法法院：五十周年紀念論文集》（下冊），第 647 頁。

24　參見〔德〕Georg Brunner 著，鄒忠科、黃松榮譯：《比較政府論》，第 294 頁。

25　詳見德國《憲法》第 21 條、意大利《憲法》第 49 條、葡萄牙《憲法》第 10、114 條、希臘《憲法》第 29 條以及韓國《憲法》第 8 條。本書所論及之憲法條文均參考自孫謙、韓大元主編，《世界各國憲法》編輯委員會編譯：《世界各國憲法》（亞洲卷／歐洲卷／非洲卷／美洲大洋洲卷），北京：中國檢察出版社 2012 年版。

中，《基本法》保障了政黨享有免於國家干預的權利，「不僅保護政黨獨立於國家之外，也維護政黨屬於自由組成，『根植於社會政治領域之團體的屬性』」。[26] 與此相應，德國作為世界上首個在法律秩序中賦予政黨一種特別的合乎憲法之地位的國家，其《政黨法》對「政黨」作了明確的界定。根據該法第 2 條第 1 款的規定，「政黨是一種公民的組合，他們持續地或者在較長時間內影響着整個聯邦或者一個州的政治意志的形成，並且在德國聯邦議院或者州議院參與代表人民，根據其事實關係的全貌，尤其是根據其組織的規模和穩定性，通過其成員的人數和在公共場所的展示，樹立並保證其目標的嚴肅性。一個政黨的成員只能是自然人」。[27]

德國學者伯陽（Björn Ahl）在上述條文對政黨所作定義之基礎上，通過規範分析歸納得出結論認為，在德國《政黨法》的規範架構中政黨必須具備以下特徵：政黨是公民的聯合體；政黨在聯邦或某個州的範圍內，必須對公民政治意志的形成保持持續的或持續較長時期的影響；政黨必須具備照常參與聯邦或州選舉的意願；政黨必須保證上述兩大目標的嚴肅性，嚴肅性的標準主要指組織的規模與穩定性、黨員的數量，以及在公共領域中的表現；黨員不得由外國人佔多數，政黨的住所與領導機構不得設在聯邦境外。[28]

再以韓國為例，韓國明確賦予政黨憲法地位並保障政黨的權利，其《憲法》第 8 條明確規定：政黨設立自由，複數政黨制得到保障；政黨參與到國民的政治意思形成；政黨根據法律規定受國家保護，國家可按法律規定補助政黨運營所需資金。以《憲法》第 8 條作

---

26 〔德〕Peter M. Huber：《民主政治中之政黨》，載 Peter Badura, Horst Dreier 編，蘇永欽等譯注：《德國聯邦憲法法院：五十周年紀念論文集》（下冊），第 648 頁。

27 德國《政黨法》之中文譯本參見自何力平：《政黨法律制度研究》，哈爾濱：黑龍江人民出版社 2003 年版，附錄 2；崔英楠：《德國政黨依法執政的理論與實踐》，北京：中國社會科學出版社 2009 年版，附錄 2。

28 〔德〕伯陽：《德國公法導論》，北京：北京大學出版社 2008 年版，第 47 頁。

為規範基礎，韓國制定了現行《政黨法》，該法第 2 條規定，所謂政黨是「指為國民之利益，促進有責任之政治主張或政策，且推薦或支持公職選舉之候選人，以參與國民政治意見形成為目的之國民自願性組織」。[29]

由上述所列舉之情況來看，如德國、韓國等國家的政黨法律對政黨所下之定義基本上是涵括了政治學及公法學所列舉之政黨元素和特徵的。

▌四、對香港政黨應採取寬鬆定義

如前所述，筆者並無意於逐字逐句對政黨的定義進行學理的考據。實際上，「任何一種關於政黨的定義，都有可能找到某些組織，它們被公認為是政黨，但在某些重要方面又與政治學家提出的任何一種政黨定義不相符合」。[30] 尤其是在香港這樣的民主政治後發展地區，直至上世紀 90 年代之前，狹義的政黨政治仍未誕生，已是眾所熟知的事實（即使廣義的政治參與 —— 通過群眾動員影響政治決策 —— 起碼到 70 年代壓力集團政治出現之前，亦乏善足陳 [31]）。由於政黨政治起步較晚，而政黨的發展也處於較為初階的水平，直至回歸後香港亦很難找到幾個符合嚴格定義的成熟政黨。[32] 時至今日，如嚴格地按照前述定義來加以考察，那麼恐怕香港的很多所謂「政

---

29 韓國《政黨法》之中文譯本參見〔日〕丸山健著，呂漢鐘譯：《政黨法論》，台北：八十年代出版社 1983 年版，附錄《大韓民國政黨法》。

30 〔英〕艾倫·韋爾著，謝峰譯：《政黨與政黨制度》，北京：北京大學出版社 2011 年版，第 8 頁。

31 李明堃：〈從身份團體看香港政治的發展〉，《信報財經月刊》1985 年 7 月，第九卷第四期，第 76 頁。

32 事實上，這種情況在香港政黨產生的初期就曾被廣泛地指出，香港學者如程介南、葉建民等人均認為，若以嚴謹之政黨定義去衡量香港的政黨，香港「在九七前甚至特區政府成立一段時期根本沒有可能出現一個強而有力的真正政黨」。因此，「香港在九七前後將只有廣義上的政黨 —— 政見相同者或利益集團的聚合 —— 存在，而其作用充其量是爭取在議政方面的聲音和對政策制定影響程度而已」。詳見程介南：〈政黨發展應順其自然〉，《經濟日報》1991 年 2 月 22 日；葉建民：〈政黨難在港冒起〉，《信報》1991 年 3 月 20 日，第 22 版。

黨」都未必能符合。

為此，儘管學界對政黨通常採用狹義的定義，但在香港則一般「傾向於接受在廣義定義上的政黨」。[33] 比如，有香港學者就曾指出，對香港政黨可以採取一種「適度的定義」，「即把政黨界定為具有組織、有地方支援基礎、為影響政府決策而參加選舉的團體」，[34] 以此使得目前香港存在的那些自詡為政黨的政治團體可以被算作政黨。而實際上，此種界定標準亦為香港現行法律所採用。根據《行政長官選舉條例》第 31 條第 2 款的規定，「政黨」是指：（a）宣稱是政黨的政治性團體或組織（不論是在香港或其他地方運作者）；或（b）其主要功能或宗旨是為參加選舉的候選人宣傳或作準備的團體或組織，而候選人所參加的選舉須是選出立法會的議員或任何區議會的議員的選舉。[35] 這也就是說，任何政治團體只要符合上述任一個條件，都屬於香港現行立法所規定的政黨。而且，即使是一些從不以「政黨」名號自居的政治團體，只要其主要功能和宗旨是符合上述第二項規定的，都可被歸類為政黨。

綜上，鑒於香港民主政治發展歷程以及政制安排的特殊性，筆者認同對香港政黨應採取一種相對寬鬆的定義。在此，可以借用英國政治學者艾倫·韋爾對政黨所提出的寬鬆定義，將香港的政黨界定為：（a）常常試圖通過佔有政府職位來尋求其在政治體中的影響力；（b）通常涵納不止一種社會利益，並因此在某程度上試圖「凝聚不同的社會利益」的政治組織。[36]

33　簡福飴：〈特區政黨與政黨政治前瞻〉，《大公報》1989 年 1 月 9 日。

34　參見盧兆興：〈議會派系、政黨、政治組合和選舉制度〉，載鄭宇碩、盧兆興編：《九七過渡：香港的挑戰》，香港：中文大學出版社 1997 年版，第 61 頁。

35　香港特別行政區《行政長官選舉條例》第 31 條第 2 款。

36　相比其他學者對政黨所下的定義，艾倫·韋爾教授對政黨所下的這種定義的優越之處在於：一、它把注意力集中於國家的核心領域，將之作為政黨活動的目標；二、它認識到，對許多政黨儘管不是對所有政黨而言，「執政」是政黨發揮影響力的一種重要手段；三、它適用於在非自由民主政體下運行的政黨；四、它使得區分政黨與利益集團成為可能，儘管它認識到，在特定情況下，兩者之間的邊界可能並不總是那麼清晰；五、它避免了一種可能會引起誤解的斷言，即認為政黨必然是由持相同原則和主張的人聯合而成的。詳見〔英〕艾倫·韋爾著，謝峰譯：《政黨與政黨制度》，第 11-12 頁。

香港政黨發展歷程回顧：
基於三階段論的考察

◇◇◇

　　對於政黨究竟產生於民主政治發展進程中的哪個階段的問題，當今學界存在不同見解。有學者認為，「政黨早在古希臘時就已經形成了，那時不同的群體都設法影響公民大會的討論和決定，這些影響基於各種熟悉的標準：社會地位、居住地、職業以及最受歡迎的領袖等」；另外，也有學者認為，「政黨就是教皇派與保皇派、新教徒與天主教徒、教會與禮拜堂以及王室與人民等相互對立的集團陷入長期的黨派衝突並各自謀求獲得政治權力的產物」。[1] 而多數學者則認為，政黨是近代以來才產生的政治產物。按照通說，近代政黨最早出現於英國在 17 世紀後期議會中的派別鬥爭以及 18 世紀後期美國有關制憲討論的派別爭議。英美國家的政黨由近代政黨轉變成為現代政黨是 19 世紀以後的事情 —— 美國於 19 世紀 30 年代產生了世界上最早的大眾政黨。再到了 20 世紀，隨着代議政制的發展及大眾民主的普及，政黨政治亦隨着得到迅速發展。尤其是在政黨國家出現之後，政黨更是在現代民主制度中擔當起了核心者的角色，其性質和組織可謂對國家（地區）的民主政制的實踐起着關鍵性的作用。

　　因此，粗算起來，政黨在西方國家產生並逐步形成相應的政黨

1　〔美〕理查·岡瑟、拉里·戴蒙德主編，徐琳譯：《政黨與民主》，上海：上海人民出版社 2012 年版，第 41 頁。

制度、政黨政治以及獲得巨大的發展，至今已經有 300 多年歷史。[2]
在歷經了長時間的歷史發展後，「現在世界上 200 多個國家和地區約
有 5,700 多個政黨」。[3] 回顧政黨在西方國家的整個發展歷程，其大致
歷經了三個階段和四次浪潮。

首先，政黨發展的三個階段。德國學者韋伯（Max Weber）認
為，政黨的發展有三個階段：第一階段的政黨完全是貴族的隨從；第
二階段是權要的政黨，它在地方是有資產和有知識的人的非正式結
合，在中央是議會人士的結合；第三階段是現代的群眾組織的政黨，
這是選舉擴及全民後的發展。[4]

其次，政黨發展的四次浪潮。根據我國內地學者施雪華教授的
考察，政黨的建立和發展大致經歷過四次浪潮：第一次浪潮出現於
19 世紀 70 年代至 19 世紀末，英、美、德、法、意、日等主要資本
主義國家都建立起政黨；第二次浪潮出現於 20 世紀頭 40 年，這一時
期除原有的政黨處於完善、演變之中，政黨世界最引人注目的變化是
共產黨從原來工人政黨中分離出來或另行創建，以及法西斯黨猖獗一
時；第三次浪潮出現於第二次世界大戰之後，這一時期政黨的發展趨
勢是，共產黨突飛猛進，社會黨重振旗鼓，部分保守黨重新改組，發
展中國家的政黨迅速增長；第四次浪潮出現於 80 年代末 90 年代初，
這一時期先是東歐劇變、後是蘇共垮台，導致大批政黨的解散、重
組，亦刺激了新政黨的產生。[5]

而在香港，政制的民主化與政黨的發展可謂有着不可分割的關

2　王長江：〈西方學者的兩種政黨觀〉，《團結》2000 年第 4 期，第 31 頁；梁琴、鍾德濤：《中外政
　　黨制度比較》（第 2 版），第 29 頁。

3　王韶興主編：《政黨政治論》，第 36 頁。

4　H. H. Gerth and C. Wright Mills, *From Max Weber: Essays in Sociology* (New York: Oxford University
　　Press, 1958), pp. 99-114. 轉引自雷飛龍：《政黨與政黨制度之研究》，台北：韋伯文化國際出版有限
　　公司 2002 年版，第 132 頁。

5　參見施雪華主編：《政治科學原理》，廣州：中山大學出版社 2001 年版，第 309-319 頁。

係，[6] 本地政黨自港英政府於 20 世紀 80 年代起逐步引進代議政制之後才逐漸出現的。從 20 世紀 90 年代初香港第一個本地政黨香港民主同盟成立至今，香港政黨的發展歷史才區區 30 餘年。回顧於香港政黨的發展歷程，主要可以分成幾個大的階段。對於香港政黨發展歷程的階段劃分，不同學者有不同的見解，其中比較有代表性的學說主要有如下三種。

第一，是馬嶽博士所提出的劃分模式。他認為香港政黨的發展歷程可劃分為三個階段，分別為：前政黨年代（20 世紀 90 年代之前）；政黨蓬勃期（1991-1997 年）；回歸後的政黨發展（香港九七回歸後）。[7]

第二，是張定淮教授所提出的劃分模式。他認為香港政黨的發展歷程可以劃分為三個階段，分別為：香港政黨孕育形成和準備產生的時期（20 世紀 70 年代末至 90 年代初）；香港政黨正式產生和初步發展的時期（1992 年彭定康就任末代港督前後至香港九七回歸前之前）；香港政黨進入相對穩定的發展期（香港九七回歸後）。[8]

第三，是朱世海副教授所提出的劃分模式。他認為香港政黨的演進歷程可以劃分為四個階段，分別為：香港政黨的醞釀階段（20 世紀 80 年代）；香港政黨的初創階段（1991 年前後）；香港政黨的成長階段（20 世紀 90 年代）；香港政黨的壯大階段（進入 21 世紀以來）。[9]

應該說，上述三位學者所提出的劃分類型的差異並不大。首先，他們都承認香港自 20 世紀 80 年代起進入了政團的迅速發展階

6　參見葉健民：〈政黨與政制改革〉，載陸恭惠、思匯政策研究所編著：《創建民主：締造一個優良的香港特區政府》，香港：香港大學出版社 2003 年版，第 48-49 頁。

7　詳見馬嶽：《香港政治：發展歷程與核心課題》，香港：香港中文大學香港亞太研究所 2010 年版，第 57-65 頁。

8　詳見張定淮：〈香港政黨的產生、發展、功能與定位〉，載王禹主編：《基本法研究》（第四期），澳門：濠江法律學社 2013 年版，第 14-43 頁。

9　詳見朱世海：《香港政黨研究》，北京：時事出版社 2011 年版，第 17-58 頁。

段。其次，他們都認可 20 世紀 90 年初是香港政黨發展的歷史性跨越時期，自此香港的政黨政治開始起步發展。因此，綜合三位學者的觀點並結合香港的政黨的實際發展進程，我們可以以回歸前香港的歷次重大政治事件作為標誌，將香港政黨的發展歷程劃分為前政黨年代（1843-1979 年）、政黨產生的醞釀階段（1979-1989 年）以及政黨的產生和穩步發展階段（上世紀 90 年代初至今）三個大的階段。

一、前政黨年代（1843-1979 年）

香港真正意義上的本地政黨產生於上世紀 90 年代初。而在 80 年代之前，香港甚至還沒有進入政黨產生的醞釀階段，這段期間可稱之為前政黨年代。

回顧香港的殖民政制史，英國對香港實行殖民統治後，「將香港編入為皇屬殖民地，但對當地的住民，並未給予參政權，其殖民政策之要點，亦秘而不宣」。[10] 在所謂皇屬殖民地的建制基礎上，香港的立法、司法、行政的政務均由英國政府監督下的官吏執行，其中行政權由英皇及英殖民部長所任命的總督行使，同時設立行政會議作為總督的輔助機關，並且總督又負有立法權的一部分責任，設立立法局作為其輔助機關。[11] 可以想見，殖民體制下的香港總督擁有極大的權力。根據《殖民地規例》第 105 條的規定，總督是向女王負責並代表女王的唯一的最高權威。這正如第 22 任港督葛量洪在其《葛量洪回憶錄》中所說的，「在這個英國直轄殖民地，總督的地位僅次於上帝」。[12]

10　英國在直轄統治（Direct Administration）上的英國殖民地制度有三種，分別為：一、皇屬殖民地（Crown Colonies）；二、具有代議制度而無責任政府的殖民地（Colonies Possessing Representative Institution But Not Responsible Government）；三、自治殖民地（Self Governing Colonies）。參見〔日〕植田捷雄著，石楚耀譯：《香港政治之史的考察》，上海：上海國立暨南大學海外文化事業部 1936 年版，第 61、87 頁。

11　參見〔日〕植田捷雄著，石楚耀譯：《香港政治之史的考察》，第 62 頁。

12　參見余繩武、劉蜀永主編：《20 世紀的香港》，香港：麒麟書業有限公司 1995 年版，第 6 頁。

在上述的制度安排下，香港可謂毫無民主可言。以立法局為例，除總督擔任立法局主席外，該局另有 45 名成員，其中 22 名為官守議員，23 名為非官守議員。官守議員，包括以行政局的當然官守成員（駐港英軍司令官除外）為當然官守議員及經由總督提名的其他政府部門負責人或知名文職官員 18 人。23 名非官守議員，亦是由總督從社會各方廣泛選任的。[13]

這種狀況至少維持了百多年。在將近一個半世紀之後，研究當代香港政治的學者邁樂文（N. J. Miners）於 1975 年在其著作《香港的政府與政治》中寫道，「假如香港的第一任總督璞鼎查爵士今天重臨香港，他能認出的東西幾乎只有山頂區的輪廓和政府制度」；這也就是說，後者在 130 年中差不多沒有變化。[14] 由此可見，香港在作為英國「殖民地」期間，百年以來基本上是毫無真正的民主可言。直至上世紀 80 年代，「英國在香港自始至終很少做什麼努力推進政治民主化。總督在政策事務上諮詢商業精英和其他一些關鍵支持者，但是立法機構以及政府並不通過選舉產生」。[15]

在這種情況底下，政黨的產生根本就是無從談起，在本階段香港本地主要存在一些參政團體。儘管在上世紀 80 年代以前，包括中國國民黨、中國共產黨以及眾多的中國民主黨派已經在香港進行活動。尤其是解放戰爭時期，香港曾是在國民黨一黨獨裁之下難以生存的中國各民主黨派的活動基地 —— 在 1948 年初，香港集中了民革、民盟、農工、民促、救國會、民進、致公黨等民主黨派的總部及其主要領導人，成為中國南方民主運動的中心。[16] 但這些政黨，均不是產

13　〔紐西蘭〕瓦萊里·安·彭林頓著，毛華、葉美媛等譯：《香港的法律》，上海：上海翻譯出版公司 1985 年版，第 40 頁。

14　參見余繩武、劉蜀永主編：《20 世紀的香港》，第 3 頁。

15　〔美〕加布里埃爾·A·阿爾蒙德、拉塞爾·J·多爾頓、小 G·賓厄姆·鮑威爾等著，楊紅偉等譯：《當代比較政治學：世界視野》（第八版 更新版），上海：上海人民出版社 2010 年版，第 505 頁。

16　參見余繩武、劉蜀永主編：《20 世紀的香港》，第 167、169 頁。

生於香港本地的政黨組織。

在本階段，香港社會只存在大量的社團組織，以及「三合會」等秘密會社組織。[17] 以前者為例，隨着香港經濟的發展，如商會、同鄉會、工會等社團組織亦不斷地湧現，根據 20 世紀 30 年代末的統計，香港大約有 300 個社團，名義會員 11.4 萬人，其中有 28 個商會、28 個手工業行會、4 個同姓宗親會、36 個同鄉會、84 個工會以及若干俱樂部性質的聯誼機構。[18] 當然，香港在本階段也存在其他的一些政團，如香港革新會和香港公民協會等早在 80 年代之前就已經成立，並參與市政局的政制改革和選舉，但它們並未取得實質性的政治權力。[19]

表 1-1：本階段成立之主要政治團體 [20]

團體名稱	成立日期	會員人數（人）
香港觀察社	1975 年	約 30
香港公民協會	1954 年	約 10,000
香港革新會	1949 年	約 46,000

但值得注意的是，20 世紀 70 年代的學生和壓力團體運動作為香港後來 80 年代民主運動的先兆，為後者培養了一批民主運動的領袖，同時這批人也成為了 90 年代本地政黨的領袖。[21]

17　詳見葉勇勝：《香港三合會：來歷、堂口與掌故》，香港：藝苑出版社 2011 年版，第 13-60 頁。

18　轉引自劉蜀永主編：《簡明香港史》（新版），香港：三聯書店（香港）有限公司 2009 年版，第 228 頁。

19　See Norman Miners, *The Government and Politics of Hong Kong (5th edition)* (Hong Kong: Oxford University Press, 1991), p. 197. 轉引自盧兆興：〈議會派系、政黨、政治組合和選舉制度〉，載鄭宇碩、盧兆興編：《九七過渡：香港的挑戰》，第 61 頁。

20　方華：〈香港政治團體易生難長〉，《明鏡月刊》1991 年 4 月號，第 8 頁。

21　Lam Wai-man, Percy Luen-tim Lui, Wilson Wong and Ian Holliday (ed.), *Contemporary Hong Kong Politics: Governance in the Post - 1997 Era* (Hong Kong: Hong Kong University Press, 2007), p. 117.

二、香港政黨產生的醞釀階段（1979-1989 年）

1978 年底，時任香港總督麥理浩應中國外貿部長的邀請訪問北京，並於 1979 年 3 月和 4 月舉行雙邊會談。雙方經過艱苦談判，終於就香港問題的前途達成基本協議。[22] 在這以後，英國首相戴卓爾夫人於 1982 年 9 月訪華，正式揭開了中英雙方關於香港問題的正式談判的序幕。自 1979 年中英雙方就香港問題的前途達成基本協議起，到香港首個政黨成立的前一年 1989 年，可被視為香港政黨產生的醞釀階段。

1982 年中英談判的意義在於，在英國管治香港的 150 多年時間裏，它將香港的「民主發展」進程分為前後兩個時期——之前的 140 年為禁止民主發展時期，而之後的 15 年則為超速民主發展時期。[23] 在香港的前途問題明朗後，英國在其即將撤出香港的前 15 年一反常態，積極催谷香港超速的「民主發展」，使香港出現了「忽然民主」現象。[24] 此後，隨着港英政府代議政制改革的推進，尤其是立法局、市政局以及區議會這個三級議會架構開放之後，更有組織的政治參與逐漸成為一種需求，而與此同時，有關「政權回歸的前途談判也帶來更高層的政治投入與思考」。[25]

自 1980 年 6 月發佈《香港地方行政改革的模式綠皮書》起，港英政府就開始按照其既定步驟有計劃地「在區域及地區層面推展代議政制」。[26] 1981 年 1 月，港英政府又發佈了《香港地方行政白皮書》，宣佈在當時的 18 個行政區內推行地方行政改革，每個區設立一個區

22　〔英〕弗蘭克·韋爾什著，王皖強、黃亞紅譯：《香港史》，北京：中央編譯出版社 2009 年版，第 556 頁。

23　參見劉曼容：《港英政治制度與香港社會變遷》，廣州：廣東人民出版社 2009 年版，第 119 頁。

24　同上，第 135 頁。

25　參見葉健民：〈政黨與政制改革〉，載陸恭惠、思匯政策研究所編著：《創建民主：締造一個優良的香港特區政府》，第 49 頁。

26　《代議政制綠皮書：代議政制在香港的進一步發展》，香港：香港印務局 1984 年版，第 5 頁。

議會和一個地區管理委員會。此後所推行的「代議政制」內容包括：第一，1982 年首次舉行直接的區議會選舉，選民資格甚寬；第二，1983 年市政局議員人數進一步增至 30 名，其中半數由各個以地區劃分的選區選出，選民資格甚寬；第三，委任市政局議員及區議會民選議員為立法局議員，今後仍會繼續這種委任方式。[27]1984 年 7 月，港英政府在發表《代議政制綠皮書：代議政制在香港的進一步發展》諮詢代議政制發展方面的意見後，於 1985 年立法局選舉中引入了間接選舉機制，此後又在 1991 年立法局選舉中首次加入直選議席。

在中英談判以及港英政府政制改革的刺激下，香港社會整體的參政意欲明顯提升。本階段，香港產生了大量的參政團體，從而為下一階段政黨的萌芽和發展作了鋪墊。本階段的參政團體主要分為兩波集中湧現，下文將分別進行回顧考察。

（一）第一波：1982-1984 年

第一波的參政團體發展潮是因為中英兩國就香港前途展開談判而觸發的，這股熱潮從 1982 年起，一直持續至 1984 年底。[28]

1982 年在英國首相戴卓爾夫人訪問北京後，中英開始就香港前途問題進行談判，至 1984 年中英簽署聯合聲明前後，隨着香港政制改革步伐的加快，香港社會一些有志從政的人士紛紛組團結社，準備趁這一「歷史契機」有所作為。[29] 而且，就在這一年香港邁出了民主進程中的重要一步 —— 在今年首次舉行的區議會選舉中，全港有三分之一的區議會議員合共 132 人由選舉產生。結果，這大為刺激了香港本地參政團體的發展。數以百計的人開始組織起來，成立了多個參政團體，主要包括匯點、太平山學會及港人協會等。[30]

27　《代議政制綠皮書：代議政制在香港的進一步發展》，香港：香港印務局 1984 年版，第 3 頁。

28　參見方華：〈香港政治團體易生難長〉，《明鏡月刊》1991 年 4 月號，第 8 頁。

29　周建華：《香港政黨與選舉政治（1997-2008）》，廣州：中山大學出版社 2009 年版，第 2 頁。

30　方華：〈香港政治團體易生難長〉，《明鏡月刊》1991 年 4 月號，第 8 頁。

表 1-2：本階段成立之主要參政團體

團體名稱	成立日期	會員人數（人）
新香港學會	1982 年 11 月	20
匯點	1983 年 1 月	190
太平山學會	1984 年 2 月	約 100
香港論壇	1984 年 10 月	約 15
港人協會	1984 年 11 月	約 20

　　應該說，雖然上述團體代表了當時香港不同的政治立場——它們分別致力於推動民族主義、民主和福利資本主義等目標，但卻有一些共同特質，即他們的組織者通常是前學運分子，後來則成為了從事社會服務的專業人士，在工作上與社會低下層有密切聯繫。[31] 當年，有社論曾經這樣描述過本階段香港的參政團體生態：

　　香港沒有政黨，但卻存在幾個活躍的參政組織，在上一屆 1985 年區議會選舉中，參政團體開始參與競選，經過幾年的發展，部分參政團體的勢力得到擴張，在今次（1988 年）區議會競選中，有三至四成的候選人屬於這些參政團體的會員，反映出這些團體的發展將是本港政治文化發展一個重要指向。……這些參政團體在政治取向上可以分為兩派，較為傾向維持現狀的公民協會、革新會與勵進會，和較為傾向西方民主思想的匯點、太平山學會和民主民生協進會。……六個團體今屆共有一百七十多人參選，比去屆大幅地增加。

　　參政團體參加這次區議會選舉的態度顯得較前成熟，如在 1985 年時，公民協會出現會員在同一小選區中互相排擠的局面，為防止這類事件重演，公民協會這次特別制定會員參選守則；太平山學會、匯

31　參見高馬可著，林立偉譯：《香港簡史：從殖民地至特別行政區》，香港：中華書局（香港）有限公司 2013 年版，第 231 頁。

點和民主民生協進會則互相協調，使三個會的成員盡量避免出現彼此排擠，類似的協定亦在公民協會與勵進會之間存在。[32]

（二）第二波：1985-1989 年

在本階段，港英政府開始引入代議政制並積極推進地方行政改革，大大增強了本地團體的參政熱情。而 1989 年的「六四事件」亦「進一步提高了群眾的社會意識和對政治參與熱情」，進而也推動了香港「政治力量的重新整合」。[33] 隨着如香港勵進會、香港民主民生協進會、新香港聯盟等一批新興參政團體的出現，香港社會的整體參政氣氛變得相當熱烈。在本階段產生之參政團體的相關情況可參見下表：

表 1-3：本階段成立之主要政治團體[34]

團體名稱	成立日期	會員人數（人）
香港勵進會	1985 年 2 月 14 日	約 150
民主民生協進會	1986 年 10 月	160
新香港聯盟	1989 年 5 月	36
香港民主促進會	1989 年 10 月	340

當然，需要留意的是，儘管在這短短幾年的政治發展過程中，香港迎來了一波又一波的參政團體發展熱潮，但這些參政團體在後來能夠真正發展壯大的只有一小部分。其中，大多數參政團體都是「急起暴跌，就像煙花那樣，雖曾一度惹人注目，但瞬間即沉寂下來」。[35] 而且，相較於後來出現的政黨，這些參政團體大多組織較鬆

---

32 詳見〈參政團體能否成為政黨 不少問題仍然有待克服〉，《信報》1988 年 2 月 1 日。

33 葉健民：〈政黨與政制改革〉，載陸恭惠、思匯政策研究所編著：《創建民主：締造一個優良的香港特區政府》，第 49 頁。

34 方華：〈香港政治團體易生難長〉，《明鏡月刊》1991 年 4 月號，第 8 頁。

35 同上。

散、資源較匱乏，同時亦缺乏明確而完整的參政綱領，僅是香港政黨政治產生之前的一種過渡性現象。

三、政黨的產生和穩步發展階段（20世紀90年代初至今）

隨着政權移交的臨近，港英政府為落實其撤退前的非殖民化部署，不斷加大對香港代議政制發展的推進力度，並於 1991 年在立法局的組成方式中引入了直選機制。立法局議席迎來首次直選，對於香港的民主發展來說，是具有標誌性的重大事件。至此，香港的政治權力之門已在立法局、市政局和區域市政局、區議會等三個層面上向社會全部打開。這也為香港政黨的產生造就了重要歷史契機，香港本地各政治團體開始積極轉型走向政黨化。香港立法局 1984-1995 年的組成方式詳見下表：[36]

表 1-4：1984-1995 年立法局組成方式

	1984 年	1985 年	1988 年	1991 年	1995 年
官員	16 名	10 名	10 名	3 名	/
委任議員	30 名	22 名	20 名	18 名	/
由功能組別選出	/	12 名	14 名	21 名	30 名
由直接選舉選出	/	/	/	18 名	20 名
由選舉團選出	/	12 名	12 名	/	/
由選舉委員會選出	/	/	/	/	10 名
議員總數	46 名	56 名	56 名	60 名	60 名

在立法局「九一直選」的刺激下，香港歷史上首次出現了組黨

---

36 劉騏嘉、余倩蕊：《八十年代以來香港的政治發展》，香港立法局 RP17/95-96 號文件，1996 年 9 月，附錄 2。

熱潮。在此階段，香港新政黨如雨後春筍般湧現，萌芽發展之速度相當驚人。[37] 其中，香港第一個具規模的政黨「香港民主同盟」於 1990 年 4 月 7 日正式宣佈成立，時任立法局首席議員李柱銘獲選該黨第一屆中央委員會主席。[38] 香港民主同盟的成立，是香港本地區政黨發展史上的一個里程碑。它的註冊成立標誌着香港本地第一個真正意義上之政黨的產生，並開啟了本地區的政黨政治時代。[39] 同時，香港民主同盟作為本地區首個政黨，其產生和運作均得到公權力認可，也預示着政黨在香港的發展正式步入了德國學者杜禮培所說的「法律承認政黨」階段。

香港民主同盟號稱由香港社會各界別及階層組成，是一個植根於香港，爭取民主的獨立政治組織；認為香港的前途有賴中英聯合聲明、一國兩制、港人治港及高度自治的落實，而「自由」、「民主」、「法治」和「社會公義」更是人民應有的基本權利、穩定社會的重要基礎；其組織結構，主要包括三個高層的委員會：負責行政的中央委員會（有 30 名委員）；負責監察的評議會（10 名委員）；負責會章執

37　這次組黨熱潮可從當時香港本地報章的報導和社論中得到反映，具體參見：〈民主派組成政黨 李柱銘當選主席〉，《明報》1990 年 4 月 9 日；〈群眾政黨的萌芽發展——從公務員加薪談起〉，《經濟日報》1990 年 4 月 30 日；〈啟聯、親中派加快組黨步伐〉，《信報》1992 年 3 月 4 日；〈為防某等派別獨大商界擬組黨〉，《信報》1992 年 4 月 13 日；〈組新黨民主建港聯盟 譚耀宗月內正式介紹〉，《明報》1992 年 5 月 11 日；〈民主建港聯盟將成立〉，《文匯報》1992 年 5 月 11 日；〈彭定康促啟聯政黨化〉，《經濟日報》1992 年 5 月 13 日；〈民協組黨順利年底訂出政綱 95 選舉前正式成立群眾政黨〉，《信報》1992 年 8 月 24 日；〈匯點決組黨拉得梁智鴻加盟〉，《信報》1992 年 9 月 14 日；〈啟聯組黨密鑼緊鼓 利國偉可能任黨魁〉，《明報》1992 年 10 月 7 日；〈自由黨正式成立 41 中委選出 李鵬飛：全力拓展地區支部〉，《明報》1993 年 6 月 27 日。

38　關於哪個組織才是香港本地產生的首個政黨的問題，較主流意見均認為「香港民主同盟」係香港第一個政黨。具體可參見當時香港主流媒體的報導：〈爭取民主政治組織「香港民主同盟」昨創會會議討論成立宣言〉，《成報》1990 年 4 月 8 日；〈「香港民主同盟」第一屆中央委員當選人名單〉，《華僑日報》1990 年 4 月 9 日；〈李柱銘出任港同盟黨魁 指屬地方組織致力港事〉，《經濟日報》1990 年 4 月 9 日。此外，學界的觀點可參見馬嶽：《香港政治：發展歷程與核心課題》，第 58 頁；Louie Kin-sheun, "The Party-Identification Factor in the 1991 Legislative Council Election", in Lau Siu-kai and Louie Kin-sheun (ed.), *Hong Kong Tried Democracy: the 1991 Election in Hong Kong* (Hong Kong: Hong Kong Institute of Asia- Pacific Studies, 1993), pp. 157-158。

39　在此之前，「本港的政治團體還未有自稱為政黨」。參見劉成漢：〈港人的政治醒覺與組黨去向〉，《南北極》1985 年 9 月，第 4 頁。

行的紀律委員會（5 名委員）。[40]「香港民主同盟」第一屆中央委員會當選人名單，請見下表：[41]

表 1-5：香港民主同盟第一屆中央委員會當選人名單

主席： 李柱銘（L.）	常委： 司徒華（L.） 吳明欽（R. C.; D. B.） 蕭賢英 李永達（D. B.） 羅致光 黃碧雲	委員： 周美德（L.） 楊逸芝 梁國棟 陳偉業（R. C.; D. B.） 陳清華 單仲偕（R. C.; D. B.） 張楼祥 李文豪（D. B.） 張文光 劉千石
副主席： 何俊仁（內務） 楊森（外務）		
秘書： 黃匡忠（R. C.; D. B.）		
司庫： 吳崇文（D. B.）		

注：L. 代表立法局議員；R. C. 代表區域市政局；D. B. 代表區議員

對此，當時有報章社論認為香港民主同盟的出現「標誌着民主派人士在議政和參政的路途上，逐漸走向成熟的階段」，[42] 同時也表明政黨政治的出現和發展乃是香港代議民主發展不可避免的趨勢。在「九一直選」議席公佈之後，香港熱心政治的人士積極組織政治團體，預備參加選舉，當時已經「埋堆」成形的「半政黨」或決志「政黨化」的政治團體，至低限度有：第一，由「民主派」激進派（主流派）人士組成的「香港民主同盟」；第二，由部分工商界、專業人士及「少數民族」（英裔人士、印裔人士等）組成的「香港民主促進會」；第三，由過往所謂「八十九人集團」的工商界、專業人士做骨

---

40 參見：〈爭取民主政治組織「香港民主同盟」昨創會會議討論成立宣言〉，《成報》1990 年 4 月 8 日。

41 〈「香港民主同盟」第一屆中央委員會當選人名單〉，《華僑日報》1990 年 4 月 9 日。

42 〈朝向政黨政治發展〉，《信報》1990 年 4 月 23 日，第 16 版。

幹組成的「香港自由民主聯盟」；第四，由「民主派」溫和派（非主流派）人士掌握過往「民主派」所謂「三大門派」之一的「香港民主民生協進會」。[43] 在此次選舉中，「立法局直選議席選舉之選票份額分佈」以及「立法局直選議席選舉之獲選議席分佈」的情況詳見下表：[44]

表 1-6：1991 年立法局直選議席選舉之選票份額分佈（投票人數比率：39.1%）

黨派	港同盟	匯點	民協	民主會	親中團體	保守派／工商界團體	其他
選票份額	45%	7.2%	4.4%	1.4%	8.3%	5.1%	28.6%

表 1-7：1991 年立法局直選議席選舉之獲選議席分佈（直選議席總數：18 席）

黨派	港同盟	基督教工業委員會	匯點	民協	鄉事勢力	獨立人士
獲選議席	11	1	2	1	1	2

此後，港英政府進一步擴大了直接選舉的範圍，1994 年 9 月的區議會選舉取消了委任議席，實行全面直選，1995 年所有立法局議席均由選舉產生。政治生態的轉變及政治參與的興起加速了香港政黨的形成，使香港本地催生了民主黨、民建聯、自由黨等一大批政黨。以 1991 年的立法局直選為例，角逐 9 個雙議席選區共 18 個席位的 54 位候選人當中，就有 34 位是由政治團體提名或者公開宣稱是獲得政治團體支持的。[45]

43　魯凡之：〈港人治港的新形勢 ——「半政黨政治」在香港〉，《廣角鏡月刊》1990 年 5 月，第 26 頁；另可參見〈香港模式的團體參政〉，《明報》1990 年 5 月 4 日。

44　表格之資料參考自鄭宇碩：〈香港的立法局選舉 —— 九一選舉回顧與九五選舉部署〉，載鄭宇碩、雷競璇：《香港政治與選舉》，香港：牛津大學出版社 1995 年版，第 90-91 頁。

45　See Louie Kin-sheun, "The Party-Identification Factor in the 1991 Legislative Council Election", in Lau Siu-kai and Louie Kin-sheun (ed.), *Hong Kong Tried Democracy: the 1991 Election in Hong Kong* (Hong Kong: Hong Kong Institute of Asia- Pacific Studies, 1993), p. 157.

根據馬嶽博士的考察，在「九一直選」後「保守陣營」和「民主派陣營」均有了不同的發展變化。一方面，保守陣營自「九一直選」慘敗後，明白必須政黨化，集結力量才能在直選中與民主派政黨較量；1992 年，本地左派組織——主要包括左派工會和地區左派組織骨幹成員——組成民主建港聯盟（簡稱民建聯），從此成為保守陣營最強大的政黨；1994 年，親北京的商界人士組成香港協進聯盟（簡稱港進聯），並於 1997 年與自民聯合併，成為主要親中商界政黨。[46] 另一方面，民主派陣營亦在此後數年間有分有合：1994 年，匯點與港同盟合併為民主黨，成為民主派的主力政黨；同年，親國民黨人士組成一二三民主聯盟；1996 年，劉慧卿跟部分民主派人士如劉千石、李卓人和梁耀忠等組成了鬆散的政治聯盟前線，在爭取民主的立場上甚至比民主黨更加進取；1997 年，陸恭惠成立民權黨，以關注民權及環保等議題為主。[47]

　　而在香港回歸後，隨着基本法所確立的民主政制正式落實，本地政黨的發展從回歸前由彭定康政改方案所導致的混亂秩序中得到了逐漸恢復，正式步入穩步發展的壯大階段。同時，政黨亦在憲制框架所允許的範圍內有效地參與並影響着香港特區公共政治的運作。

46　馬嶽：《香港政治：發展歷程與核心課題》，第 59-60 頁。
47　同上，第 60 頁。

第三節

回歸後香港政黨發展的概況及特徵

◇◇◇

美國政治學者史蒂芬・E・弗蘭澤奇認為，在政治秩序急劇變革的社會，「隨着革命的完成，為政黨發展的舞台就打造好了」。[1] 而具體到香港，九七回歸所帶來的無異於一場沒有硝煙的憲制性革命。這場「革命」為香港帶來「最大的變化就是『法統』和憲法體制的根本性改變」，[2] 而基本法規範框架下所建立起來的代議政制亦為香港政黨提供了史無前例的發展空間。回歸後，香港政黨經過 20 多年的發展，已經具備了一定的規模，同時也展現出較強的自身特徵。

一、回歸後香港政黨的發展現狀

根據香港現行《行政長官選舉條例》第 31 條第 2 款針對「政黨」所作的界定，所謂「政黨」是指：（a）宣稱是政黨的政治性團體或組織（不論是在香港或其他地方運作者）；或（b）其主要功能或宗旨是為參加選舉的候選人宣傳或作準備的團體或組織，而候選人所參加的選舉須是選出立法會的議員或任何區議會的議員的選舉。[3] 也就是說，任何政治團體只要符合上述條件之一者，即可被歸類為政黨。從《行政長官選舉條例》為政黨所下的法定定義可知，香港目前在法律

1　〔美〕史蒂芬・E・弗蘭澤奇著，李秀梅譯：《技術年代的政黨》，第 37 頁。

2　王振民：〈論港澳回歸後新憲法秩序的確立〉，《港澳研究》2013 年第 1 期，第 28 頁。

3　香港特別行政區《行政長官選舉條例》第 31 條第 2 款。

規範層面對政黨採取極為寬泛的定義。事實上，此亦係基於香港政黨和民主政治的現實而不得不採取的折衷辦法。然而，不得不說的是，在這樣的寬泛定義下，香港的政黨數量會變得很龐大，是不利於有針對性地展開學術討論的。因此，為了便於本書相關論述的進行，筆者嘗試為香港的政黨劃定一個統計門檻，以便於確定探討對象的範圍。

需要指出的是，這種所謂的為政黨劃定身份門檻的行為，在政治實務中其實並不鮮見，例如日本就有相關法例為其本國之政黨設置了類似的身份門檻。在日本，現行《政治資金規正法》將「以推進、支持或者反對政治上的主義作為本來目的的團體」、「以推薦、支持或者反對特定的公職候選者為本來目的的團體」等，稱為「政治團體」，而將其中從屬於該政治團體的眾議員或參議員有 5 人以上，以及在最近一次進行的選舉中該政治團體得票總數佔該次選舉有效投票總數的 2% 以上的團體，稱為政黨。[4] 再如我國台灣地區，《人民團體法》就規定了以共同民主政治理念，協助形成國民政治意志，促進國民政治參與為目的的政治團體，若符合下列條件之一者則屬於法律意義上的政黨：第一，「全國性」政治團體以推薦候選人參加公職人員選舉為目的，依本法規定設立政黨，並報請「中央」主管機關者，如國民黨、民進黨、親民黨、新黨等；第二，已立案之全國性政治團體，以推薦候選人參加公職人員選舉為目的者。[5] 除此之外，如德國等國亦有類似的涉及政黨身份門檻的規定，在此不再逐一展開列舉。

考慮到香港目前政黨政治尚處於初階的發展水平、本地仍然缺乏成熟的政黨，而且本書設置所謂政黨身份門檻之目的僅在於為研究

4　〔日〕蘆部信喜著，〔日〕高橋和之增訂，林來梵等譯：《憲法》（第三版），北京：北京大學出版社 2006 年版，第 254 頁。

5　我國台灣地區《人民團體法》第 44、45 條。另可參見謝瑞智：《憲法新論》，台北：正中書局 2000 年版，第 285 頁；〔日〕水野聖紹、范俊松、賴欣欣等編著：《中華民國憲法概論》，台北：新文京開發出版有限公司 2005 年版，第 88 頁。

對象劃定一個較為具體的範圍，因此筆者決定為香港政黨設置一個分類簡易且要求不高的身份門檻。該具體的門檻設置為：凡宣稱是政黨，或主要功能或宗旨是為參加選舉的候選人宣傳或作準備，並且在上一屆立法會選舉至少有 1 名成員成功當選為立法會議員的香港本地政治團體或組織均屬於本書所指的政黨。若按此門檻計算，在香港現有的數十個政治團體中，能夠符合條件的香港政黨大致有 20 多個。[6] 這些政黨主要包括民建聯、民主黨、公民黨、自由黨、工黨、民協、工聯會、社民連、人民力量等。

通常，香港政黨「在民生問題上，各政黨之間，就國際標準來說，都是屬於中間派，不大分得出差別」。[7] 而香港不同政黨之間的基本分歧主要是「源於它們在政治立場上的巨大差異，尤其是對中國共產黨、對中央、對『一國兩制』、對民主改革和特區政府的態度」。[8] 按此基準，香港政黨的政治光譜通常會被劃分為：第一，建制派政黨，是「泛指通常在基本政治原則上與特區政府及中央政府立場一致的或接近」的政黨，如民建聯、工聯會等；第二，反對派政黨，或稱泛民主派政黨，是泛指那些「基於站在特區政府及中央對立面的政治立場而走到一起的」形成鬆散政治聚合的政黨，如民主黨、公民黨、工黨等；第三，中間派政黨，是指「在兩極劃分中未被標籤化的中間」政黨，如自由黨等。[9] 經常活躍於香港政壇，具有明確的政治綱

6　當然，其他學者也有採用不同類型的政黨定義標準。參見周建華：《香港政黨與選舉政治（1997-2008）》，第 11-31 頁；朱世海：《香港政黨研究》，第 45-58 頁。此外，值得一提的是，香港大學民意研究計劃主任鍾庭耀提出了用民意研究方法解決香港政黨的界定問題。他認為：第一，由香港的政治團體自己界定，自稱政黨者便是政黨，自稱不是政黨者便不是政黨；第二，由香港市民和公眾界定，被市民公認為政黨者便是政黨；第三，以最廣義的角度針對政治團體作出研究分析，回避政黨和一般政治團體的分別。參見張宏任：《香港發展前景與政爭困境》，香港：和平圖書有限公司 2011 年版，第 230 頁。

7　洪青田：〈港同盟讓出「中國市場」給民建聯 —— 兼析曾鈺成與李柱銘的思維方式〉，《信報》1993 年 2 月 23 日。

8　劉兆佳：《回歸後的香港政治》，香港：商務印書館（香港）有限公司 2013 年版，第 179-180 頁。

9　詳見李曉惠：《邁向普選之路：香港政制發展進程與普選模式研究》，香港：新民主出版社有限公司 2013 年版，第 343-345 頁。

領、以參政議政為主要目的、有完整的組織架構以及有相對穩定數量的成員和有較大的影響力的政黨主要有傳統三大黨民建聯、民主黨、自由黨，以及公民黨、社民連、工黨等新生政黨。

而值得一提的是，根據香港中文大學香港亞太研究所於 2013 年 7 月就香港市民對本港政黨的印象和評價進行民意調查，調研的結果反映，在多個本港政黨中，最多受訪市民表示支持的首五位是民建聯（11.2%）、民主黨（7.6%）、公民黨（5.7%）、人民力量（2.1%）和工聯會（1.8%）；而且，調查資料還反映了政黨排名出現的波動情況，如工黨就由上次的第六位下降至第九位，自由黨則由第七位下降至第八位；此外，該次民調的結果亦顯示，當時仍有高達 58.1% 的受訪市民表示，沒有任何本地政黨或政團值得支持。[10]

儘管香港目前還沒有出現成熟穩定的政黨政治，但相較於回歸前已取得了很大的發展。回顧於 1991 年，當時只有一半立法局議員有政黨、政團背景，但到了今日，香港立法會絕大多數的議員都有特定的政黨、政團背景。各政黨在最近的三屆立法會選舉中佔有的議席比例，大致可以反映出當前香港的政黨格局及各政黨的政治影響力。香港各政黨在最近的三屆立法會選舉中所佔議席比例的情況，可參見下表：

表 1-8：2016 年立法會選舉各主要政黨所佔議席比例

（實際樣本量為 76 位議員：地區直選議席 40 席；傳統功能組別議席 36 席）

政黨名稱	直選議席	佔議席比例	功能議席	佔議席比例
民建聯	9	23%	5	14%
民主黨	6	15%	2	6%
自由黨	/	/	4	11%

10　參見〈香港亞太研究所民調：市民對政黨評價仍然欠佳〉，香港中文大學香港亞太研究所，http://www.cuhk.edu.hk/hkiaps/tellab/pdf/telepress/13/Press_Release_20130731.pdf（最後訪問時間：2019 年 10 月 19 日）。

政黨名稱	直選議席	佔議席比例	功能議席	佔議席比例
公民黨	4	10%	1	3%
工聯會	3	8%	2	6%
社民連	1	3%	/	/
新民主同盟	1	3%	/	/
香港經濟民生聯盟	1	3%	7	19%
香港眾志	1	3%	/	/
新民黨	2	5%	/	/
街工	/	/	1	3%
港九勞工社團聯會	/	/	1	3%
公共專業聯盟	/	/	1	3%
熱血公民	1	3%	/	/
實政圓桌	1	3%	/	/
青年新政	2	5%	/	/
人民力量	1	3%	/	/
新民主同盟	1	3%	/	/
新世紀論壇	/	/	1	3%
專業議政	/	/	4	11%
新界社團聯會	3	20%	/	/
西九新動力	1	3%	/	/
公民力量	1	3%	/	/

* 其中有 5 位議員加入了兩個政治團體，獨立無黨派的議員有 14 位。

資料來源：香港特別行政區立法會網頁，https://www.legco.gov.hk/general/chinese/members/yr16-20/biographies.htm，存取時間：2020 年 1 月 12 日。

表 1-9：2012 年立法會選舉各主要政黨所佔議席比例

（地區直選議席 35 席：傳統功能組別議席 30 席；超級區議席 5 席）

政黨名稱	直選議席數	佔議席比例	傳統功能議席	佔議席比例	超級區議席	佔議席比例
民建聯	9	26%	3	10%	1	20%
民主黨	4	11%	/	/	2	40%
自由黨	1	3%	4	13%	/	/
公民黨	5	14%	1	3%	/	/
工黨	3	9%	1	3%	/	/
工聯會	3	9%	2	7%	1	20%
人民力量	3	9%	/	/	/	/
民協	/	/	/	/	1	20%
社民連	1	3%	/	/	/	/

資料來源：香港特別行政區立法會網頁，http://www.legco.gov.hk/general/chinese/members/yr12-16/biographies.htm，存取時間 2020 年 1 月 12 日。

表 1-10：2008 年立法會選舉各主要政黨所佔議席比例

（地區直選議席 30 席；功能組別議席 30 席）

政黨名稱	直選議席	佔議席比例	功能議席	佔議席比例
民建聯	7	23%	3	10%
民主黨	7	23%	1	3%
自由黨	/	/	7	23%
公民黨	4	13%	1	3%
工聯會	2	7%	2	7%
社民連	3	10%	/	/
民協	1	3%	/	/
前線	1	3%	/	/
公民行動	1	3%	/	/

政黨名稱	直選議席	佔議席比例	功能議席	佔議席比例
職工盟	1	3%	/	/
街工	1	3%	/	/

資料來源：香港特別行政區立法會網頁，http://www.legco.gov.hk/general/chinese/members/yr08-12/biographies.htm，存取時間 2020 年 1 月 12 日。

二、香港式的「半政黨政治」發展形態[11]

一般認為，所謂政黨政治「係指以政黨作為政治操作之主要單位、透過政黨競爭以實現民主的一種政治運作形態；雖然民主政治的定義中，未必有政黨的概念存在；但是民主缺乏政黨政治，幾乎是民主政治中難以想像的假設」。[12] 自上世紀 90 年代已降，以立法局「九一直選」為標誌，香港的政黨政治正式邁上發展的軌道。然而，正如上文所述，香港的政黨政治是一種半成品，即所謂的「半政黨政治」。

考查筆者目前所掌握的研究資料，在漢語學界較早將「半政黨政治」作為一個本土政治學名詞使用的是香港學者魯凡之。他在 1990 年 4 月 11 日發表於《明報》的一篇題為〈香港式的「半政黨政治」〉的文章中，首次將香港政黨政治的發展形態概括為「半政黨政治」。此後，他又在 1990 年 5 月出版的《廣角鏡月刊》發表論文〈港人治港的新形勢 ——「半政黨政治」在香港〉，對港式「半政黨政治」作了進一步的闡釋。他認為，儘管在立法局直選的刺激下「香港開啟朝向政黨政治之門，但香港這種向政黨政治發展的進程，在相當長的時間內只能表現為某種香港特有的『半政黨政治』」[13]，「需要多方努力

11　本部分內容曾以〈港式「半政黨政治」：地區政黨的一種發展形態〉為題發表於《原道》2015 年第 3 輯。今筆者根據香港政黨政治的最新發展情況對原稿作了更新調整。

12　李念祖編著：《案例憲法（一）：憲法原理與基本人權概論》，台北：三民書局 2002 年版，第 157 頁。

13　魯凡之：〈港人治港的新形勢 ——「半政黨政治」在香港〉，《廣角鏡月刊》1990 年 5 月，第 26 頁。

及條件配合，才可能在日後發展出充分的政黨政治」。[14] 而事實上，時至今日，這種「半政黨政治」的發展形態仍然是香港政黨的一大特色。

根據魯凡之先生在其文章中的論述，港式「半政黨政治」主要體現在四個方面：第一，立法機關難有「多數黨」；第二，政府沒有「執政黨」；第三，政黨缺乏群眾基礎；第四，「政黨化」存在客觀局限（香港市民的民主政治意識縱使較前有所提高，但在壓力及困難複雜的情況下，「政黨化」的群眾基礎仍然是相當脆弱的）。[15] 然而，他所提出的「半政黨政治」仍然僅是對香港政黨政治特殊發展形態的一種現象概括，而且在後來較長的一段時間裏，「半政黨政治」的概念並沒有在學界討論香港政黨政治問題時獲得較多的沿用。

直至 2013 年，我國內地學者曹旭東博士在其所發表的一篇題為〈香港政黨政治的制度空間〉的論文中重新又使用了「半政黨政治」這一概念。儘管曹博士並沒有在論文中對港式「半政黨政治」概念的發展淵源進行概要性的梳理和交代，但卻殊為難得地對「半政黨政治」概念進行了發展性的運用。他認為，所謂「半政黨政治」即政黨政治的不「全面的」狀態，具體是指某個政治體制在「制度設計層面否認政黨有資格透過選舉染指全部的公權力，或者在政黨獲得部分公權力的道路上設置障礙」，使政黨政治「受限於制度劃定的範圍」。[16] 由此看來，曹旭東博士通過對「半政黨政治」的內涵加以進一步的理論凝煉，加上有效的抽象化概括，已然使「半政黨政治」發展成為了一個相對嚴謹的學術概念。然而，其不足之處在於，經過提煉後的概念變得過於狹窄化，並不足以有效概括港式「半政黨政治」的特殊性。

因此，綜合上述兩位論者的見解，並結合筆者對該問題的認識，所謂的港式「半政黨政治」主要體現為如下幾個方面：第一，政

14　魯凡之：〈香港式的「半政黨政治」〉，《明報》1990 年 4 月 11 日。

15　同上。

16　詳見曹旭東：〈香港政黨政治的制度空間〉，《法學》2013 年第 2 期，第 115 頁。

黨尚處於較為初級的發展階段，普遍規模較小，意識形態不明顯，且組織較為鬆散；第二，香港現行政黨體系具有明顯的不完整性；第三，香港政黨社會之間表現出一種不正常的關聯式結構，缺乏厚實的社會基礎。

第一，政黨尚處於較為初級的發展階段：政黨普遍規模較小，意識形態不明顯，且組織較為鬆散。

如前文所指出的，由於香港引入代議政制的時間尚短，政黨的出現不過是近 20 多年來的事情，因而香港政黨在的諸多方面仍處於較為初階的發展水平。目前，「香港政黨的規模都不大，而且絕大多數政黨的組織都很鬆懈，缺乏紀律性」。[17] 這正如不少學者曾指出的，香港政黨目前尚處於「低度發展」的狀態，政黨政治的整體水平仍不甚發達。[18] 申言之，香港政黨的這種初階發展水平主要體現在如下幾個方面。

首先，香港政黨的規模普遍比較小。在香港由於本地區各類型政黨的數量眾多，經常被學者評價為「彈丸之地而政黨林立」——關於具體的數量，據筆者統計目前香港可稱之為政黨的政治組織有 20 多個。然而，實際情況是，香港目前這種所謂政黨林立的現象充其量只不過是小黨林立。原因在於，香港缺乏大眾型政黨，目前活躍於本地政壇之主要政黨均屬於幹部型政黨，[19] 規模普遍不大。以黨員的數

17　林媛：〈香港特區行政主導體制與政治發展探討〉，《行政》2007 年第 20 卷，第 742 頁。

18　參見葉健民：〈政黨與政制改革〉，載陸恭惠、思匯政策研究所編著：《創建民主：締造一個優良的香港特區政府》，第 48-49 頁；馬嶽：《香港政治：發展歷程與核心課題》，第 60-62 頁；劉兆佳：《香港的獨特民主路》，香港：商務印書館（香港）有限公司 2014 年版，第 184 頁。

19　最早將政黨模式歸納劃分為群眾型、幹部型、信徒型三種模式的是法國政治學家迪韋爾熱（Maurice Duverger）教授。根據他所提出的理論，群眾型政黨（the mass parties）組織化程度較高，擁有大量的、在意識形態方面高度認同的成員，如西歐的社會主義政黨；幹部型政黨（the cadre parties）組織化程度較低，是主要依靠黨內活躍的政治精英，或由一些職業政治家操控的政黨，如美國的民主黨和共和黨；至於所謂的「信徒」（devotee）型政黨，則是指正式結構由一個人來創立，依賴於單一人格的政黨，如希特勒領導的納粹黨，以及拉丁美洲獨裁者，如阿根廷的庇隆、巴西的瓦格斯所建立的個人魅力型政黨。參見〔美〕邁克爾‧G‧羅斯金等著，林震等譯：《政治科學》（第十二版），北京：中國人民大學出版社 2014 年版，第 202 頁。

量為例，香港政黨的黨員人數普遍都比較少，除民建聯已登記之黨員人數突破 2 萬人、工聯會號稱有成員人數超過 35 萬之外；其餘政黨中少者只有百餘人，如民協即僅由百多名成員組成，而多者亦不過幾百人，如香港泛民主派龍頭政黨民主黨，自其前身香港民主同盟於 1990 年創黨以來，經歷了多次的分組合併，到近年黨員亦僅有 600 餘名。又，香港政黨規模有限的另一表現，是資源的相對缺乏。對此，劉兆佳教授曾指出，「在政治功利主義彌漫的香港，港人難以給予政黨充分的支持、工商財團不願意向政黨投入大量資源、人才不會藉助政黨發展政治事業」。[20] 尤其是泛民主派的政黨，由於得不到中央和香港政府的支持，在資源上相對建制派政黨更形匱乏。

其次，香港政黨的意識形態不明顯。香港是個利益多元分化的社會，加上多年來的持續發展，令港人有廣大的空間和機會，而社會流動亦很容易，所以階級利益和意識並不明顯。[21] 而且，香港社會的主流價值是具有功利主義傾向的，這每每使得「香港人的普遍信念流於模糊、重實際、工具取向、多元化和投機，難以作為政治思想或行動的指引」。[22] 此種社會環境會導致「政黨為了爭取最多群眾的支持，其綱領必然是包容性很高，含糊不清和抽象，以期在一些大原則如『民主』、『自由』、『法治』、『合理運用資源』下吸引群眾」。[23] 此外，由於香港政黨的最大功能僅在於收集選票，所以政黨的意識形態色彩普遍不會太過濃厚。[24] 因此，香港政黨在意識形態的問題上一直處於模糊狀態，沒有完整的政治綱領，沒有明確政治理論基礎，使它們難以制訂長遠的政治目標和政策研究，很容易搖擺不定。[25]

20　劉兆佳：《回歸後的香港政治》，第 187 頁。

21　陳民正：〈香港政黨化的困境〉，《經濟日報》1989 年 7 月 18 日，第 16 版。

22　關信基、劉兆佳：〈中英協議後的香港〉，載劉兆佳編：《過渡期香港政治》，香港：廣角鏡出版社有限公司 1996 年版，第 41 頁。

23　陳民正：〈香港政黨化的困境〉，《經濟日報》1989 年 7 月 18 日，第 16 版。

24　參見〈雖無政黨之名 卻有政黨之實 香港政黨由來已久〉，《快報》1989 年 1 月 22 日。

25　曾平輝：〈香港政黨的特點、功能探析〉，《學術論壇》2008 年第 12 期，第 52 頁。

再次，政黨的組織普遍比較鬆散，黨內派系分立。由於香港發展時間尚短，本地區缺乏大規模的群眾型政黨，現有政黨多為一些規模較小的幹部型政黨，因此香港政黨多數組織較為鬆散，內部派系分立，凝聚力不足。而且，由於香港政黨是典型的為選舉而生的政黨，不少政黨的重要職能都僅限於組織選舉，更確切地說是為其黨內核心成員進行助選。為此，香港政黨政治中的政治明星現象尤其突出，事實上不少政黨僅圍繞着一個或幾個黨內的政治明星而運作。以早期的民主黨為例，李柱銘不僅是該黨的創黨主席，而且是該黨重量級的政治明星。李柱銘在香港的知名度達到了幾乎每一位市民都認識他，即使是港府的高官乃至港督，都沒有一人能在曝光率上可與他相媲美，在接收媒體的訪問和上鏡的次數方面，他遠超過了當年的鄧蓮如、李鵬飛等人。[26] 因此，他毫無疑問地成為了民主黨的核心靈魂人物，在很長的時間裏民主黨在某程度上就是圍繞着以他為代表的幾個政治明星而運作的。

第二，香港現行政黨體系並不完整，在某程度上甚至帶有一定的「殘缺」（Stunted）性。

所謂政黨體系，又稱政黨體制，在漢語學界也被慣常地譯為政黨制度；而在以下論述中所討論的政黨體系應區別於廣義的政黨制度，[27] 主要指的是隨着政黨的出現而逐漸發展起來的一種政治系統，它不僅涵括了各黨派之間相互關係的總和，也反映了政黨與政權之間的關係網路或結構。[28] 如前文所述，香港正式引入代議政制的歷史並

26　參見〈明星議員與隱形黨現象的探討〉，《星島日報》1991 年 6 月 4 日，第 29 版。

27　通常而言，對政黨制度的理解有廣義和狹義之分。廣義地講，政黨制度是指一國中政黨的存在及其活動方式，包括各種政黨的法律地位，政黨與各種團體的關係，政黨與政權的關係以及政黨對政治生活的影響等。狹義地講，政黨制度是指一國內掌握或可能掌握國家政權之政黨的地位，以及他們與其他政黨及政權之間的關係。詳見李步雲主編：《憲法比較研究》，台北：韋伯文化國際出版有限公司 2004 年版，第 957 頁。

28　參見王長江：《政黨論》，第 130 頁；李金河主編：《當代世界政黨制度》，北京：中國編譯出版社 2011 年版，第 1 頁；梁琴、鍾德濤：《中外政黨制度比較》（第 2 版），第 11-12 頁；〔美〕邁克爾·G·羅斯金等著，林震等譯：《政治科學》（第十二版），第 203 頁。

不長，本地政黨的產生和發展只經歷了很短的時間。因此，香港政黨政治的發展水平僅處於初階水平，而現有政黨體系更是既不完整也不成熟。針對香港政黨體系的這種實際現狀，劉兆佳教授將之概括為「一種頗為獨特的政治現象」，並認為香港的政黨體系是「一個不完整的、甚至是『殘缺』（Stunted）的政黨體系」。[29]

據筆者的理解，劉兆佳教授所提出的「『殘缺』的政黨體系」，在內涵上與美國學者邁克爾‧G‧羅斯金等人所提出的「易變或不發達的政黨體系」是具有實際指向的一致性的。在邁克爾‧G‧羅斯金等學者的理論體系中，「易變或不發達的政黨體系」通常出現在新建立且不穩定的民主政治中：所謂「不發達」，即政黨體系尚未形成完備；「易變」，則是意指政黨體系的「混亂」狀況，具體表現為政黨的成立和消亡迅速，政黨經常是使政黨領袖贏得選舉的人格型工具，沒有具體的計劃和意識形態。[30] 而回到香港的政治現實，我們通過考察可以發現香港的這種被稱為「『殘缺』的政黨體系」具有其自身特點的表現形態，以下分述之。

首先，香港政黨在現時的政治體制下無法取得執政黨的地位。根據香港《行政長官選舉條例》第 31 條的規定，在行政長官選舉中「勝出的候選人須聲明他不是政黨的成員」。[31] 在此種制度設計下，行政長官不能有任何的政黨背景，甚至行政長官公開表示支持某個黨派亦是被嚴格禁止的。應該說，《行政長官選舉條例》所設置的這種禁止性規定在實際上已經排除了香港本地政黨奪得最高執政權，進而成

29　參見劉兆佳：《回歸後的香港政治》，第 160 頁；另可參見劉兆佳：〈沒有執政黨的政黨政治——香港的獨特政治形象〉，《港澳研究》（國務院發展研究中心港澳研究所主辦）2012 年冬季號（總第 28 期），第 53 頁。

30　參見〔美〕邁克爾‧G‧羅斯金等著，林震等譯：《政治科學》（第十二版），第 204、207 頁。

31　香港特別行政區《行政長官選舉條例》第 31(1) 條。關於本款規定是否妥當一直存在爭論，贊同者有之，反對者亦不少。相關討論可參見馬嶽、蔡子強：《選舉制度的政治效果：港式比例代表制的經驗》，香港：香港城市大學出版社 2003 年版，第 3 頁；朱世海：〈香港政黨與香港特別行政區政府的關係取向〉，《嶺南學刊》2010 年第 3 期，第 14 頁；劉兆佳：《回歸十五年以來香港特區管治及新政權建設》，香港：商務印書館（香港）有限公司 2013 年版，第 174-191 頁。

為執政黨的可能性。

因此，香港目前實行的是一種「無執政黨的政黨制」。這種所謂「無執政黨的政黨制」，主要是指允許政黨存在，並對其開放政治參與途徑，但政黨不能奪取最高值政權成為執政黨。香港在這種「無執政黨的多黨制」下所形成的政黨政治，又被稱為「沒有執政黨的政黨政治」，即「在執政黨缺位的情況下，由眾多政黨在發展、互動和競爭過程中所衍生的各種政治形象」。[32] 實際上，「無執政黨的政黨政治」與「只有執政黨的政黨政治」[33] 一樣，在世界上均較為少見。從國家的政治結構及其實際運行的情況考察，在普京出任總統初期的俄羅斯，可算作屬於「無執政黨的多黨制」的國家。在俄羅斯當時的國家政治生活中，政黨和政黨體系為憲法所承認並的確存在，但政黨在俄羅斯的政治生活中又處於邊緣地位，發揮着有限的作用，而且沒有任何一個政黨可以被冠以執政黨的稱號：首先，執掌國家最高行政權力的總統是超黨派的；其次，俄羅斯的政府也是超黨派的，在議會中獲勝的政黨沒有組閣權。[34]

綜上可知，在香港當前的政黨體系下，所有的政黨都是在野黨。執政黨的缺失，導致了行政長官在現行體制下往往不能足夠地獲取本應可以基於其政黨背景而得到的政治支援，進而在一定程度上加劇了行政機關的弱勢地位。因此，自回歸以來，不論是董建華政府、曾蔭權政府、梁振英政府又或者是林鄭月娥政府，在「推動立法」時都面對不少阻力；「而這些反對聲音不單來自被視為反對派的泛民政

---

32 劉兆佳：《回歸後的香港政治》，第 160 頁；另可參見劉兆佳：〈沒有執政黨的政黨政治 —— 香港的獨特政治形象〉，《港澳研究》（國務院發展研究中心港澳研究所主辦）2012 年冬季號（總第 28 期），第 53 頁。

33 在一些國家，政治強人、部落 / 部族領導、或藉政變上台的軍人都會組織以個人或極少數人為領導核心的執政黨來充當統治工具。政黨政治在這些國家主要表現為「只有執政黨的政黨政治」。參見劉兆佳：《回歸後的香港政治》，第 163 頁；另可參加劉兆佳：〈沒有執政黨的政黨政治 —— 香港的獨特政治形象〉，《港澳研究》（國務院發展研究中心港澳研究所主辦）2012 年冬季號（總第 28 期），第 55 頁。

34 參見李金河主編：《當代世界政黨制度》，第 168 頁。

黨，也包括各大建制派政黨」，並且，「由於無法確保在立法會取得足夠支持，特區政府往往傾向迴避處理爭議政策，結果導致每年都有大量法案被擱置及押後」。[35]

其次，政黨體系呈現「碎片化」的狀態。一般而言，所謂「碎片化」（Fragmentation），指的是「進入議會的政黨越來越多」，[36] 主要表現為議席的碎片化及選票的碎片化，它往往反映政治體內部由於尚未形成多數黨而導致了政黨體系的不穩定。相關研究顯示，在如比利時、奧地利、丹麥、意大利、挪威、瑞士等國家，政黨體系都普遍呈現出向更顯著的多黨制發展的趨勢。[37] 而通常認為，當「碎片化」的程度不高時，這種政黨體系的模式就可以被定義為有限的或者適度的多黨制。[38]

基於上述認識，筆者認為香港目前的政黨體系已接近美國學者G·薩托利所指的「數目多而兩極化的多黨制」。所謂「數目多而兩極化的多黨制」，是相對「有限而溫和的多黨制」而言的，其顯著現象包括：存在相關性的反體制政黨（Relevant Anti-system Parties）；出現「兩邊的反對」（Bilateral Oppositions），即反對黨居於政府的兩邊，而且互為排斥，不能聯合；兩極的分離非常深，政治體系的正當性受到質疑；中間派政黨日趨衰弱；政黨之間不僅在政策上意見不一，而且在原則性問題上也立場不同；反對黨不負責任地反對；出現「過度叫價的政治」（Politics of Outbidding）或「過分承諾的政治」（Politics of Over-promising）。[39] 回顧歷史，「香港自從八十年代初以

35　香港新力量網路（Synergy Net）：《2012 年度香港特區管治評估報告》，2012 年 6 月，第 8 頁。

36　〔美〕理查·岡瑟、拉里·戴蒙德主編，徐琳譯：《政黨與民主》，第 260 頁。

37　參見〔美〕阿倫·利普哈特著，陳崎譯：《民主的模式：36 個國家的政府形式和政府績效》，北京：北京大學出版社 2006 年版，第 54 頁。

38　〔美〕理查·岡瑟、拉里·戴蒙德主編，徐琳譯：《政黨與民主》，第 260 頁。

39　事實上，「數目多而兩極化的多黨制」並不太常見，過去曾存在於上世紀 20 年代的德國、法國第四共和以及 1973 年 9 月以前的智利。筆者在此是希望指出香港的政黨體系近年已出現逐漸走向「數目多而兩極化的多黨制」的端倪。詳見〔意〕Giovanni Sartori，雷飛龍譯：《最新政黨與政黨制度》，第 147-166 頁。

來，特別在各級議員選舉活動及《基本法》爭論、政制改革爭論裏形成的各個政治派別和團體，也紛紛出現了嚴重分化和重再改組的新局面，以適應由過往的『壓力團體政治』、『政團政治』過渡為『半政黨政治』的需要」。[40] 而事實上，在當下的香港政壇，政黨體系仍然未有出現趨於穩定的跡象，目前各政黨的分化、改組等情況仍時有出現。尤其是，近年來隨着本土派政黨的崛起，這種情況更為明顯。可以說，香港政黨體系所呈現的「碎片化」狀態，「一方面反映社會上矛盾分化越趨嚴重，另一方面則反映『香港式』比例代表制和功能選舉辦法的政治效果」。[41] 香港的政黨體系總體上離成熟定型尚有一段不小的距離。

第三，香港政黨的社會基礎較為薄弱，政黨在市民中所能獲得的認可度普遍不高。

由於種種原因，香港並不存在一個相對成熟的政治社會，甚至不少作為建構政治社會的關鍵性條件都尚不具備。基於這樣的社會現實，可以想見的是，政黨在香港很難獲得廣泛的社會支持。而事實上，就目前的實際情況而言，政黨在香港市民社會所能獲得的認可和支持度並不高。有較近期的針對政黨在香港社會所能獲得的認可程度的社會調研報告顯示，香港市民對本港政黨的印象和評價仍偏向負面。

香港中文大學香港亞太研究所曾分別於 2012 年 11 月及 2013 年 7 月連續就香港市民對本港政黨的印象和評價進行民意調查，並通過電話成功訪問了 840 位 18 歲或以上的市民。其中，2013 年 7 月的調查結果顯示：有 7.5% 的受訪者表示，整體來說滿意香港政黨的表現，較去年 11 月份上升 2.9%；表示不滿意的有 41.5%，較去年 11 月

40　魯凡之：〈港人治港的新形勢——「半政黨政治」在香港〉，《廣角鏡月刊》1990 年 5 月，第 26 頁。

41　劉兆佳：《回歸後的香港政治》，第 187 頁。

份微跌 0.6%。詳見下表：[42]

表 1-11：對政黨的整體滿意度（%）

選項	2013 年 7 月	2012 年 11 月
不滿意	41.5	42.1
普通	48.7	50.3
滿意	7.5	4.6
不知道 / 很難說	2.3	3.0
（樣本數）	840	（839）

* 題目：整體來講，你對香港政黨的表現有多滿意呢？是滿意、普通，還是不滿意呢？

該調查結果亦顯示，與 2012 年相比，2013 年 57.6% 的受訪市民對香港政黨的整體印象差了，35.5% 表示沒有改變，只有 4.8% 說變好了。詳情見下表：[43]

表 1-12：對比一年前對香港政黨的整體印象（%）

選項	百分比
差了	57.6
無改變	35.5
好了	4.8
不知道 / 很難說	2.1
（樣本數）	（840）

* 題目：同一年前比較，你對香港政黨的整體印象是變差了、變好了，還是無改變？

42　參見〈香港亞太研究所民調：市民對政黨評價仍然欠佳〉，香港中文大學香港亞太研究所，http://www.cuhk.edu.hk/hkiaps/tellab/pdf/telepress/13/Press_Release_20130731.pdf（最後訪問時間：2019 年 10 月 19 日）。

43　同上。

此外，在政黨的發展前景方面，2013 年 7 月的調查發現，49.0%
的受訪市民對未來 10 年政黨的發展前景不感樂觀，較 2012 年 11 月
份上升 1.1%；而表示樂觀的則只有 9.0%，較去年 11 月份下降 1.1%。
詳見下表：[44]

表 1-13：對未來十年香港政黨的發展前景是否樂觀（%）

選項	2013 年 7 月	2012 年 11 月
不樂觀	49.0	47.9
一半半	38.9	39.3
樂觀	9.0	10.1
不知道 / 很難說	3.0	2.6
樣本數	（840）	（839）

* 題目：整體來講，你對未來 10 年香港的政黨發展前景樂不樂觀呢？是不樂觀、樂觀，還是一半
半呢？

從中大亞太研究所的調研資料以及前述有關香港政黨的實際發
展情況可知，政黨在香港的社會基礎是較為薄弱的。究其原因，主要
是因為香港目前並沒有形成一個相對成熟的政治社會，而且，香港的
大多數普通民眾往往偏向對政治表現得比較「冷漠」。[45]

44　參見〈香港亞太研究所民調：市民對政黨評價仍然欠佳〉，香港中文大學香港亞太研究所，http://
　　www.cuhk.edu.hk/hkiaps/tellab/pdf/telepress/13/Press_Release_20130731.pdf（最後訪問時間：2019
　　年 10 月 19 日）。

45　See Ambrose Yeo-chi King, "The Political Culture of Kwun Tong: A Chinese Community in Hong Kong",
　　in A. King and R. Lee (ed.), *Social Life and Development in Hong Kong* (Hong Kong: The Chinese
　　University Press, 1981), pp. 147-168.

小結

◇◇◇

　　成熟的政黨是現代民主政治發展的前提。[1] 現代民主政治的一個重要特點就是政黨政治的充分發展，政黨在國家政治生活中的地位越來越突出，其重要性可以概括為：沒有政黨就沒有現代政治。而在香港，政黨從上世紀 90 年代初正式產生，歷經 25 年的發展，至今已形成了一個初具規模的政黨體制。然而，相對於在西方的民主社會的政黨被視為現代民主制度的核心，並對民主政府的成功建構起着「關鍵性的作用」，[2] 香港政黨只是本地區選舉政治發展的附屬產品，而香港的政黨政治更是以一種半成品的形態呈現 —— 目前所有政黨僅能在本地區政治運作以及公共政策形成的過程中「扮演一個低度參與的角色」[3]。通過上文的考察、分析可知，香港的整個政黨體制所展現出來的是一種「半政黨政治」的特徵，政黨在過往所形成的這個不甚成熟的政治體制中始終僅能對本地政治過程保持着低度的政治參與，發揮相對有限的政治功能。事實上，對於香港政黨所將有可能進入的這樣一種發展困境，早在其醞釀產生階段已被一再地指出。[4] 而由於

1　See Elmer Eric Schattschneider, *Party Government*, p. 1.

2　Political parties are the core of the democratic system, its alpha and omega, and their nature and organization determine the success or failure of democratic government. Robert G. Neuman, *European and Comparative Government (3rd edition)* (New York: McGraw-Hill Book Company, 1960), p. 740.

3　馬嶽：《香港政治：發展歷程與核心課題》，第 64 頁。

4　其中較為有代表性的是香港中文大學劉兆佳教授的觀點，他在上世紀 80 年代末曾指出，假如我們把政黨理解為那些具備強大政治領導、完整的意識形態、嚴密組織及可靠的群眾基礎的政治組織的話，則我們可以說香港政黨的前景並不光明。雖然當時的政制改革及政治氣氛的轉變為政黨的產生創造了一些政治空間，但由於客觀的限制，政黨擴張發展的機會，依舊是十分有限的。詳見 Lau Siu-Kai, *Basic Law and the New Political Order of Hong Kong* (Hong Kong: Centre for Hong Kong Studies, The Chinese University of Hong Kong, 1988), pp. 30-32。

香港「現行『半政黨政治』的制度結構無法容納和有效消解現有的政治力量」，因而亦在很大程度上導致了香港自回歸以來整體政治環境的「亂象」。[5] 下文，將從憲制規範的層面對港式「半政黨政治」之所以形成的原因進行進一步的挖掘和分析。

---

5 參見曹旭東、王磊：〈香港政黨政治的制度塑造 —— 需要怎樣的政黨法律體系？〉，《中國憲法年刊》2013 年第九卷，第 276 頁。

第二章

政黨在香港憲制秩序中的定位

◇◇◇

　　如前文所述，香港政黨只經歷了一個較短的發展時期，其政黨政治更是一種半成品，即所謂的「半政黨政治」。事實上，由於發展受限而衍生而成的這種被稱之為港式「半政黨政治」的地區政黨發展形態，是建基於特定的規範基礎之上的。而這個規範基礎本身，亦折射出了一個更為深層次的決定性因素，那就是深植於香港政制及香港社會中的「政黨排斥主義」傳統。為此，本章將重點探討香港政黨在現行憲制秩序下的定位問題，並在此基礎上，通過深層發掘和整體分析對目前深植於香港的制度和社會中之「政黨排斥主義」傳統進行系統呈現，並對香港現行的政黨制度加以整體性的反思。

　　而定位政黨的目的，其實是要劃定政黨於憲制秩序中所應歸屬的基本地位。根據蔡宗珍教授的見解，「屬於人民領域的政黨與其活動，自然應受憲法關於基本權的保障，並須忍受國家合憲性的干預」；同時，政黨若是「被認定為國家機關的一環，或是雖非國家機器之一環，但藉由種種制度設計與憲政發展的結果，已逐步取得一定程度可離開人民範疇而主張的『權力』，成為一種即使是非國家機關，但也相對獨立於人民領域之外的一個特殊機制的話，即須將之置於憲法的監控之下，不能再以一般享有憲法基本權保障的人民領域視之」。[1]另外，蔡教授在論述「政黨於憲政體制下的定位」問題時還指出，政黨的「定位」應同時關照到「由實證法規範依據而得的形式定位」，以及「由政黨於具體憲政秩序下之權力網路中所處之位置而來的實質性定位」兩個面向；對此她認為，這兩個定位面向的出發點

1　蔡宗珍：〈我國憲政體制下政黨的定位、發展及其危機〉，載蔡宗珍：《憲法與國家（一）》，台北：元照出版有限公司 2004 年版，第 186 頁。

與觀察點是不同的，但二者之間具有密不可分的互動關係，前者是政黨於實體法中所處地位、所受規範的問題，而後者則是政黨作為一權力要素，對於整體權力結構所具有之意義以及所可發揮之影響力的問題。[2]

　　如將前述理論運用到香港，所謂香港政黨在現行憲制秩序下的形式定位，即以香港現行之相關法例為依據，所得出的政黨在規範層面的定位；所謂香港政黨在現行憲制秩序下的實質性定位，則主要是指政黨作為一種權力要素於香港現行憲制秩序下之整體權力結構所具有之意義以及所可發揮之影響力。下文，筆者將主要以該理論為基礎，從香港政黨的法律地位、憲法性格以及政治功能三個維度展開對香港政黨在現行憲制秩序下之定位的考察。

2　參見蔡宗珍：〈我國憲政體制下政黨的定位、發展及其危機〉，載蔡宗珍：《憲法與國家（一）》，第 184-185 頁。

有缺陷的政黨定位：
香港政黨的法律地位和憲法性格

◇◇◇

一、香港政黨的法律地位

政黨的法律地位，即政黨在國家法秩序中的表現形態，主要反映在政黨與法律的關係上。縱觀西方各國政黨的發展歷程，「西方政黨法制化的過程不是一蹴而就的」，[1] 政黨的法律地位均歷經了一個從法律之外到法律之內的漫長變遷過程。在發展的早期，就法律性質而論，政黨僅屬於一種法律之外的私人會社，且往往為公權機關所敵視並禁止。然而，隨着政黨在政治實踐中的影響力不斷增強，政黨作為一種私人結社逐漸獲得國家的承認，成為了民法上所稱的社團——一種私法上的政治結社。再後來，由於民主政治的迅速發展，尤其是源於國家踐行選舉民主的需要，政黨制在現代民主國家紛紛確立，政黨逐漸發展成為兼具公法人性質的政治團體並在大多數國家獲得了特殊的憲法地位。

上述過程，在德國學者杜禮培（Heinrich Triepel）1927 年 8 月 3 日於柏林大學所發表的有關「國法與政黨關係」的演說中被加以概括並首次得到了完整的呈現。由杜禮培所提出的有關「國法與政黨關

1　參見房震：〈西方政黨法制化初探〉，《當代法學》2003 年第 12 期，第 98 頁。

係」的發展階段劃分理論，又被後世學者稱為「杜禮培原理」，[2] 它主要將國法對政黨的態度劃分為四個階段，即「敵視」、「漠視」、「承認及法制化」以及「納入憲法」四階段。[3] 也就是說，按上述各階段的先後次序，政黨法律地位的變遷大致歷經了四個時期：公權力敵視政黨時期；法律漠視政黨時期；法律積極承認政黨時期；政黨被納入憲法時期。

第一，公權力敵視政黨時期。公權力敵視政黨，即公權力對政黨展現出一種敵視的政治立場，並採取積極措施打壓以禁止政黨的發展。一般來說，公權力敵視政黨主要發生在「君主專制時期及民主政治初期」。[4] 「在君主專制主義下的議會制度裏，國民的參政權，其實只是在君主恩賜之下，所給予的少許政治權利而已。所以，議會的許可權是被極端限制的。另外，根深蒂固的超然主義、反議會主義及官僚主義，因極度厭惡政黨透過議會來影響政府，或干涉施政方針，所以極力鎮壓政黨，並盡可能藉此抑制國民與議會（下院）的民主主義的抬頭。」[5] 此時的政黨又被人們稱為徒黨，被「認為是一些追求私欲、部分利益者之結合，目的是結黨營私」；[6] 而黨派的結合，則「被認為是『黨同伐異』、『朋比為奸』，有害於君權及國家團結」。[7]

在本階段，由於「反政黨主義」傳統的影響，政治家和學者都

2　李鴻禧：《李鴻禧憲法教室》，台北：元照出版有限公司 2004 年版，第 189 頁。

3　H. Tripel, *Die Staatsverfassung und die politische Parteien* (1928). 本書主要參考〔日〕丸山健著，呂漢鐘譯：《政黨法論》，第 18-19 頁；〔日〕阿部照哉等編著，許志雄審訂，周宗憲譯：《憲法（上冊）：總論篇、統治機構篇》，北京：中國政法大學出版社 2006 年版，第 214 頁；許志雄：〈立憲國家與政黨〉，載許志雄：《憲法之基礎理論》，台北：稻禾出版社 1992 年版，第 203-204 頁。此外，在杜禮培教授所提出的分類理論的基礎上，也有學者提出了略有差異的劃分類型，具體可參見雷飛龍：《政黨與政黨制度》，台北：韋伯文化國際出版有限公司 2002 年版，第 83-85 頁；葉海波：《政黨立憲研究》，廈門：廈門大學出版社 2009 年版，第 7-24 頁；劉紅凜：《政黨政治與政黨規範》，上海：上海人民出版社 2010 年版，第 181 頁。

4　雷飛龍：《政黨與政黨制度之研究》，台北：韋伯文化國際出版有限公司 2002 年版，第 83 頁。

5　〔日〕丸山健著，呂漢鐘譯：《政黨法論》，第 22 頁。

6　許慶雄：《憲法入門》，台北：元照出版公司 2000 年版，第 510 頁。

7　雷飛龍：《政黨與政黨制度之研究》，台北：韋伯文化國際出版有限公司 2002 年版，第 83 頁。

往往傾向強調政黨的危害性，多對政黨抱持負面評價。比如我國古代政治傳統中的儒家學者就極力反對「結黨」，認為「君子群而不黨」；而在西方世界，帶領美國走向獨立的美國國父如華盛頓（George Washington）、麥迪遜（James Madison），德國學者賴布霍滋（P. Leibholz），法國政治學者托克維爾（Charles Alexis de Tocqueville）等人均對政黨持否定態度。

其中，作為美國的開國元勳，華盛頓於 1796 年正式脫離公職，他於同年 9 月 17 日在費城發表題為〈告別演說 —— 致合眾國人民〉的演說中列舉了當時美國國內各政黨的種種危害，並指政黨的黨派性會「渙散人民的議會，削弱政府的行政機構」，是「政府的最危險的敵人」，因此他向美國人民「以最嚴肅的態度提出警告，決不要受到黨派性的有害影響」。[8] 同被譽為美國建國先賢之一的麥迪遜在其〈代議制的共和制，能適用於廣土眾民的國家、廣土眾民的共和國，能控制黨派活動的猖獗〉一文中亦說，所謂黨派，「只是一定數量的公民受到某種共同的激情、共同利益驅使，聯合起來，採取行動，不顧其他公民利益、不顧整個社會的長遠利益、集合利益」。[9] 而德國學者賴布霍滋則認為，對政黨寬容或讓政黨進入法律，將會嚴重影響民意代表的自由，動搖議會民主政治的本質。[10] 此外，法國學者托克維爾亦在其名著《論美國的民主》中直截了當地指出，政黨就

8 〔美〕喬治・華盛頓著，聶崇信等譯：《華盛頓選集》，北京：商務印書館 1983 年版，第 319 頁。當然，華盛頓對政黨所持的極端否定態度可能在某程度上也是因為他在履任公職過程中所受到的來自政黨的惡意攻擊。華盛頓在其 1796 年 7 月寫下的〈談反對黨 —— 致湯瑪斯・傑弗遜〉中曾這樣說過，當他盡最大的努力去建立為義務和正義所允許的、不同於世界上其他各國的美國的特性，並希望沿著航道穩步前進，使美國擺脫毀滅性戰爭所帶來的恐怖時，他卻被敵對黨派指控為全國的公敵，一個受他黨勢力影響的人。為了證明他是這樣的人，這些黨派歪曲了政府的每一個行動，甚至對華盛頓本人使用了對暴君尼祿、對劣跡昭彰的盜用公款犯、甚至對普通扒手都很難使用的言過其實的下流語言，來片面地、陰險地顛倒黑白。詳見〔美〕喬治・華盛頓著，聶崇信等譯：《華盛頓選集》，第 309 頁。

9 〔美〕漢密爾頓、麥迪遜、傑伊著，尹宣譯：《聯邦論》，北京：譯林出版社 2010 年版，第 59 頁。

10 轉引自李鴻禧：《李鴻禧憲法教室》，第 190 頁。

是自由政府的固有災禍。[11]

　　第二，法律漠視政黨時期。隨着議會民主的運作逐步成熟，選舉政治的普遍發展，「在議會內部，政黨已支配了審議的程序與內容；在議會之外，政黨已贏得許多選舉人的支持並加以統合」。[12] 到了 19 世紀初，「責任政治逐漸明朗」，[13] 政黨的作用變得更加重要，公權力不可能再繼續將政黨作為排斥的對象，遂逐漸轉變其針對政黨的敵視態度。然而，在本階段雖然公權力不得不放棄其一向敵視政黨的政策，轉為採取在表面上無視政黨、而實質上與政黨妥協甚至懷柔的策略；但是，在成文法層面，公權力卻仍然不願賦予政黨明確的地位，甚至加以排斥。[14] 因此，這一時期屬於國法漠視政黨的階段。

　　根據許慶雄教授的歸納，在國法漠視政黨時期，公權力針對政黨採取的是無視其存在的排斥態度，並認為：第一，民意代表應該以全體國民利益為發言、表決的依據，而政黨操控議員發言、表決實際上反而與民意對立；第二，官僚體系感覺政黨危及其權益，故宣稱政黨分化國民統一意志，不利民主發展；第三，政黨介入國民與國家之間，使民意被惡用或扭曲。[15]

　　以德國為例，歷史上的德國從 1878 年的卑斯麥體制，到 1914 年第一次世界大戰爆發為止，這個期間可以被視為漠視政黨的時期。[16] 在國法漠視政黨的時期，儘管「公權力在政治現實上積極的與政黨保持着種種的關係」，但立法者則依然抱持不承認政黨存在的觀念，因此在該時代的任何一部憲法、法律中，都找不到「政黨」這個用語。[17]

11　〔法〕托克維爾著，董果良譯：《論美國的民主》（上卷），北京：商務印書館 2011 年版，第 195 頁。

12　〔日〕丸山健著，呂漢鐘譯：《政黨法論》，台北：八十年代出版社 1983 年版，第 29 頁。

13　李鴻禧：《李鴻禧憲法教室》，第 191 頁。

14　參見〔日〕丸山健著，呂漢鐘譯：《政黨法論》，第 30、31 頁。

15　許慶雄：《憲法入門》，第 510 頁。

16　參見〔日〕丸山健著，呂漢鐘譯：《政黨法論》，第 30 頁。

17　同上，第 31 頁。

第三，法律積極承認政黨時期。隨着代議制度的發達，政黨制度也跟着有所發展，此種政治現實改變了公權力對政黨的敵視或無視的態度，國家法律逐漸承認政黨，最後更不得不採取使政黨走向法制化的方向，亦即在法律、命令或議事規則等國家法律中承認了政黨及議會內的派系。[18] 在進入「法律積極承認政黨時期」後，政黨的法律地位獲得積極承認。所謂積極承認政黨，即認為政黨在組織選舉，形成民意方面，對民主政治的運行有積極貢獻。[19] 而法律積極承認政黨時期又可以細分為三種類型：選舉法等一般法律對政黨加以積極承認；憲法對政黨的積極承認；專門「政黨法」對政黨的積極承認。這三個階段在當今各國又可以是同時存在的。

概括地說，法律在本階段轉向積極承認政黨，究其原因有三：第一，政黨「符合了資本主義政治機制的需要，滿足了資本主義代議民主制的基本制度的現實運行的要求」；[20] 第二，議會民主制的落實和選舉權的普及之後，選舉的規模變得十分龐大，沒有起着形成民意、組織選舉作用的政黨參與其中，根本無法運作；第三，隨着代議政制的發展和成熟，政黨逐漸成為國家政權運轉的中心，政治影響力大為增強。

步入法律積極承認政黨時期之後，幾乎在所有國家，政黨均已成為了公權力和社會之間十分重要的政治媒介，政黨的法律地位獲得廣泛的承認。即便是 20 世紀臭名昭著的軍事獨裁者，如西班牙的弗朗哥、智利的皮諾切特、巴基斯坦的將軍們，都不得不在竭力指責和排除政黨存在的同時，又利用一些被馴服的政黨來襯托自己的統治；並且，在他們的獨裁統治結束後，這些地區不久便立即出現自由性的政黨。[21] 此外，有的國家還進一步承認反對黨、政府黨在議會及其

---

18 〔日〕丸山健著，呂漢鐘譯：《政黨法論》，第 43 頁。
19 雷飛龍：《政黨與政黨制度之研究》，第 84 頁。
20 張志堯：《西方國家政黨政治與政制發展》，北京：中國社會科學出版社 2010 年版，第 18 頁。
21 參見〔美〕邁克爾·G·羅斯金等著，林震等譯：《政治科學》（第十二版），第 194 頁。

他場合的對抗與相互批評，對民主政治有積極的貢獻，因而給予反對黨領袖以等同於部長的薪俸——如英國 1937 年的皇家國務大臣法（Ministers of the Crown Act 1937）即有此種規定。[22]

第四，政黨被納入憲法時期。根據美國學者 G·薩托利在《政黨與政黨制度》一書中的梳理分析，在二戰之前，有關憲法政府的理論，自洛克（Locke）到科克（Coke），從布萊克斯通（Blackstone）到孟德斯鳩（Charles de Secondat, Baron de Montesquieu），從聯邦黨人（the Federalist）到貢斯當（Benjamin Constant），都沒有談到政黨；而當憲政法學家着手討論憲法理論時，政黨亦尤其被置於不受重視的地位，只在二戰之後，政黨才獲得公法上的地位，但也僅是在極少數國家的憲法中被提及。[23] 所以，從政黨現象產生一直到 1940 年代二戰結束這一較長的歷史階段，絕大多數存在政黨的國家，都把政黨視為一種普通的結社組織，在憲法和法律上屬政治結社團體，沒有對政黨的法律地位和作用作出特別的明文規定。[24]

在二戰後，政黨政治成為民主政治的常態，政黨的法律地位開始在越來越多國家的憲法上獲得到確認，並被納入憲法的規範範圍，此即學界所言的政黨入憲。[25] 在世界成文憲法國家中，較早將政黨納入憲法規範的國家當屬意大利。意大利於二戰投降後開始着手制定新憲法，最終於 1947 年 12 月 22 日由其國內 556 名議員所組成的「制憲會議」以大比數通過，並於 1948 年 1 月 1 日開始實施；新通過的意大利《憲法》不僅確認了「否認戰爭」的原則，並對公民的基本人

22　雷飛龍：《政黨與政黨制度之研究》，第 84-85 頁。

23　參見〔意〕Giovanni Sartori 著，雷飛龍譯：《最新政黨與政黨制度》，第 20-21 頁。

24　李步雲主編：《憲法比較研究》，第 997 頁。

25　我國內地學者葉海波教授又將此現象稱為「政黨立憲」。根據其專著《政黨立憲研究》的論述，政黨立憲這一概念所描述的是二戰後現代國家普遍出現的一種將政黨納入憲法調整範圍，在憲法典中設立政黨條款，調整產生於市民社會中的政黨的現象，它既是二戰後現代國家立憲的一個基本內容，亦是二戰後憲法發展的一個趨勢。詳見葉海波：《政黨立憲研究》，第 4 頁。而韓大元教授則將之概括地稱作「政黨的憲法制度化」。參見韓大元：《亞洲立憲主義研究》（第二版），北京：中國人民公安大學出版社 2008 年版，第 348 頁。

權予以廣泛的保障。[26] 其中，該《憲法》第 49 條明確規定，為了以民主的方式參與國家政治決策，公民有自由組織政黨的權利。這以後，西德於 1949 年 5 月 8 日通過《基本法》（又稱波昂憲法）亦以專門條文對政黨作專門規定。西德《基本法》有關政黨的規定，比意大利《憲法》更為詳細，不僅確認了政黨的憲法地位，而且其第 21 條第 1 款對政黨的憲法任務及活動規範作了明文規定。

德國《基本法》第 21 條：

一、政黨參與人民政治意願的形成。政黨的建立是自由的。政黨內部組組須符合民主制度的各項原則。政黨須公開說明其經費來源和使用情況以及財產狀況。

二、凡政黨的宗旨或政黨擁護者的行為有意破壞和推翻自由民主之基本秩序，或有意危害德意志聯邦共和國的存在，則該政黨違反憲法。政黨違憲與否，由聯邦憲法法院予以裁決。

三、具體細則由聯邦法律予以規定。

通常而言，政黨於「入憲」之後就等於被賦予了特殊的憲法地位。以我國台灣地區為例，根據其現行「憲法」的規定，政黨除了作為私法團體外，「憲法」的第 7、80、88、138、139 條均提及「黨派」一詞，而「憲法」增修條文第 5 條第 4、5 項更明文使用「政黨」此一用語，顯見政黨相較於其他私法團體而言，在「憲法」上有其特殊之地位。[27] 不過，目前仍有不少國家並未將政黨納入為憲法之規範對象。根據許慶雄教授的歸納整理，這些國家所持的主要理由如下：[28]

26 參見〔日〕木下太郎編，康樹華譯：《九國憲法選介》，北京：群眾出版社 1981 年版，第 91-94 頁。
27 參見法治斌、董保城：《憲法新論》（二版），台北：元照出版有限公司 2005 年版，第 35 頁。
28 許慶雄：《憲法入門》，第 512 頁。

（1）政黨本質上不適於以法規範，其組成及運作基本上並無規律，幾乎都是在自然狀態及意外的情形下形成。政黨受規範反而無法發揮其應有功能。

（2）憲法一方面保障結社自由（當然包括政黨），一方面又規制政黨自由，根本相互矛盾。何況，政黨與國民主權及民主政治原理有關，本來就應獲得比其他結社更完整的保障，結果卻反而比其他結社更受制約，法理上無法說明。

（3）憲法規範的結果，極易成為打壓在野黨或弱勢政黨的手段，反而使政黨自由及政治自由受侵害。

（4）憲法規範實際上是否具備法效果，值得懷疑。政黨之權力、影響力來自國民的支持，根本解決仍應由國民以政治判斷的方式處理。

毋庸置疑，德國學者杜禮培所提出的國法對政黨態度變遷之「四階段論」，對於我們今天討論政黨法律地位的發展變遷時仍極具參考價值。不過，亦正如有日本學者對此提出質疑時所指出的，國法與政黨關係之間所存在的不同歷史階段是累積而成的，在整理和分析國法與政黨關係之間所存在的每一階段時，不能對前一階段完全置之不顧，而僅注意單獨階段的成立。[29] 因此，我們在分析政黨法律地位變遷的過程中必須充分注意到，國家某個時期的法律對政黨所採取之態度極有可能會「重疊存在着各階段中國法對政黨的態度，亦即四種對政黨的不同態度同時存在」。[30]

具體到香港，筆者認為香港目前應該是處於「法律積極承認政黨時期」，但在整個法律體系中仍部分地保留了「法律漠視政黨時期」的一些立法理念。申言之，就整體而言，目前香港政黨為一般法律所積極承認並加以規範。第一部對政黨進行明確規定的法律是作為香港

29　參見〔日〕丸山健著，呂漢鐘譯：《政黨法論》，第 19 頁。

30　同上。

社團註冊及社團管理依據的《社團條例》（1949 年 5 月 27 日頒佈）。該條例第 2 條將「政治性團體」解釋為「政黨或宣稱是政黨的組織」，該項規定的意義在於香港首次以立法的形式明確承認了本地政黨的實際存在，並且將政黨列為法律的規範對象的同時，對政黨的法律屬性進行了適切的界定。後來，於回歸後頒佈的《行政長官選舉條例》（2001 年 9 月 21 日頒佈）也對政黨進行了明確規定。《行政長官選舉條例》第 31 條第 2 款作為其第 1 款所作的禁止性規定的補充，對「政黨」的概念作了十分清晰的界定。在該款條文中，政黨被定義為：第一，宣稱是政黨的政治性團體或組織（不論是在香港或其他地方運作者）；第二，其主要功能或宗旨是為參加選舉的候選人宣傳或作準備的團體或組織，而候選人所參加的選舉須是選出立法會的議員或任何區議會的議員的選舉。[31]

然而在憲制層面，基本法並未就特區的政黨機制進行明確規定，而且「政黨自由」亦非基本法所明文保障的權利。甚至，基本法自始至終未提及「政黨」二字。這也就是說，香港政黨並未被納入本地區的最高憲制性法律文件中，其在現行的憲制秩序下僅被等同於一般之政治性團體，不具有特殊的憲法地位，因而這亦表示香港目前並未完全步入前述的「政黨被納入憲法階段」。而且，在香港現行的憲制安排中，更有不少的地方體現了對政黨的否定性評價傾向。其中，最為明顯的莫過於《行政長官選舉條例》第 31 條第 1 款所作的，明確禁止當選行政長官的候選人擁有政黨背景的規定。儘管該項禁止性規定在實際操作過程中僅具有形式上的意義，但是在政黨政治大行其道的今天，不管法律基於何種理由而作出類似規定，其背後所反映的立法理念必然包含了前述「法律漠視政黨時期」所保留的政黨排斥主義價值觀。

31　香港特別行政區《行政長官選舉條例》第 31 條第 2 款。

▋ 二、香港政黨的憲法性格

　　如上文所述，政黨於二戰後對現實政治所產生的影響力不斷增強，並逐漸成為了現代民主國家民主制度正常運作所不能缺少的一環。因此，將政黨納入憲法規範中，在世界範圍內成為民主國家憲政發展的一種趨勢。如德國、法國、俄羅斯等國家的憲法均通過專門條款規定政黨在憲法層面的特殊位階，賦予政黨參與國民的政治意志形成的權利和職責。應該說，政黨地位的「憲法化」，有效地解決了此前現實政治中存在的一個矛盾，即一方面政黨已經在事實上深入地影響整個國家的政治生活，而另一方面，在規範基本政治制度和社會生活秩序的憲法中卻沒有其地位。[32]

　　在現代民主國家開始步入「政黨被納入憲法時期」後，本身屬於社會領域之一般政治結社團體的政黨，又在憲法層面被賦予了參與國民的政治意志形成的權利和任務。政黨從之前只能被動地接受公權力管理的地位，搖身一變成為了公權力運作過程的參與者，進而導致政黨的自身屬性發生了微妙變化。為此，對於如何理解現代民主社會中政黨的憲法性格，學界出現了一些分歧。而此處所謂政黨的「憲法性格」，[33] 即「政黨在憲法上之地位」，[34] 具體是指憲法對政黨的定位，以及政黨與國家所處的關係。目前，學界關於如何界定政黨的憲法性格的學說主要存在「社會團體說」、「國家（憲法）機關說」以及「公

32　參見徐學東：〈西德政黨的法律地位〉，《政治學研究》1986 年第 4 期，第 62 頁；許光任：〈試論政黨憲法化〉，《現代法學》1987 年第 4 期，第 50 頁。

33　陳耀祥：〈淺論制定政黨法的幾項問題（一）〉，《萬國法律》1993 年第 71 期，第 15 頁。

34　〔韓〕金哲洙：《韓國憲法》，首爾：法英社 1990 年版，第 77 頁。

權力與社會媒介說」三種。[35]

第一，社會團體說。社會團體說，主要以德國學者耶林（G. Jellinek）、蓋格爾（W. Geiger）、佛斯特霍夫（E. Forsthoff）、賽菲爾特（Karl-Heinz Seifert）以及威爾恩斯（G. Willms）等人為代表。總括而言，此說的觀點主要是否定政黨的「國家機關」或「憲法機關」性質，認為政黨的發生、構成、運作等皆非國家的作用，而是屬於民間社會團體的性質。[36]

根據上述社會團體說的觀點，政黨產生於市民社會，其構成、運作等均屬於私法領域的政治結社組織，並不會因為憲法特定條款對其進行規範而改變其憲法性格。而憲法對政黨的自由權利予以特別的保障，並賦予特殊之憲法位階，是「屬於例外的情形，原因乃在政黨對一國政治上的影響超越一般社會上之團體」，為此不得不對其進行特別規範。[37] 因此，不論將政黨歸類為「國家機關」、「憲法機關」都是錯誤的。

在西方發達國家中，英國是持此種立場的代表性國家。在英國，政黨在法律上仍然屬於私法領域的一般社會團體。首先，在英國現行憲制架構中，政黨僅被視為「自願組織」的一種，其法律屬

35　參見〔韓〕金哲洙：《韓國憲法》，第 77-78 頁；陳耀祥：〈德國的政黨法律地位〉，《憲政時代》1992 年第 3 期，第 52-55 頁；許志雄：〈立憲國家與政黨〉，載許志雄：《憲法之基礎理論》，第 208-212 頁；沈玄池：〈德國政黨經費來源之研究〉，《歐美研究》1993 年第 1 期，第 44-46 頁；許慶雄：《憲法入門》，第 500-502 頁；崔英楠：〈政黨的憲法地位和實際角色 —— 德國「政黨國家」的批評及啟示〉，《科學社會主義》2007 年第 3 期，第 158 頁；葉海波：〈西方政黨法律性質的學理之爭〉，《嶺南學刊》2008 年第 1 期，第 41-45 頁；劉紅凜：《政黨政治與政黨規範》，第 75-81 頁。

36　參見陳耀祥：〈德國的政黨法律地位〉，《憲政時代》1992 年第 3 期，第 52 頁。此外，亦可參見許志雄：〈立憲國家與政黨〉，載許志雄：《憲法之基礎理論》，第 209-210 頁；沈玄池：〈德國政黨經費來源之研究〉，《歐美研究》1993 年第 1 期，第 44-45 頁；崔英楠：〈政黨的憲法地位和實際角色 —— 德國「政黨國家」的批評及啟示〉，《科學社會主義》2007 年第 3 期，第 158 頁；葉海波：〈西方政黨法律性質的學理之爭〉，《嶺南學刊》2008 年第 1 期，第 43 頁；劉紅凜：《政黨政治與政黨規範》，第 76 頁。

37　參見陳慈陽：〈論政黨在憲法位階上之意義及地位〉，載陳慈陽：《憲法規範性與憲政現實性》（二版），台北：翰蘆圖書出版有限公司 2007 年版，第 137-138 頁。

性「屬於行使公共職權但由私法統轄的實體」。[38] 其次,從政黨內部秩序的緯度來看,政黨與其黨員之間所確立的關係乃「建立在合同的基礎上」。[39] 再次,在政黨選拔其公職候選人方面,英國亦呈現出與世界多數民主國家不同的情形 —— 候選人的選拔被認為是「政黨的私事」,[40] 國家不應對此加以干預。而在美國,儘管州法對政黨公職候選人的選拔進行了詳細規定,但在性質上政黨仍不屬於「國家機構」。首先,在規範層面,美國的政黨是存在於憲法之外的,其並未在憲法中出現;其次,在政治現實的層面,美國的政黨可謂是當今各民主國家中組織最為鬆散的政黨,其職責僅是選拔本黨公職候選人、為候選人開展競選活動等,並不具體參與政府的運作。因此,美國政黨乃屬於一般政治社會團體。

第二,國家(憲法)機關說。「國家機關說」或「憲法機關說」是相對於「社會團體說」的政黨憲法性格理論學說。此說認為,若就政黨實際上在國家統治機構的運作過程中,所擔負的任務觀之,即使將其視為實質上國家組織的一部分,並非不可思議。[41] 持此一學說的代表性學者有德國學者拉德布魯赫(G. Radbruch),他認為,政黨是具有「創設機關(德文:Kreationsorgan)意義的國家機關」;此外,還有另一位德國學者杜禮培,他雖將政黨視為憲法外的現象,並非具有為法律上國家意思之權力的純粹「國家機關」,但仍認為其有「創

---

38 〔英〕A‧W‧布蘭得利、K‧D‧尤因著,程潔譯:《憲法與行政法》(上冊)(第14版),北京:商務印書館2008年版,第307頁。

39 同上,第307頁。

40 〔美〕利昂‧D‧愛潑斯坦著,何文輝譯:《西方民主國家的政黨》,北京:商務印書館2014年版,第272頁。

41 手島孝:《憲法學の開拓線》,東京:三省堂1987年版,25頁。轉引自陳耀祥:〈德國的政黨法律地位〉,《憲政時代》1992年第3期,第52頁。此外,亦可參見許志雄:〈立憲國家與政黨〉,載許志雄:《憲法之基礎理論》,第208-209頁;沈玄池:〈德國政黨經費來源之研究〉,《歐美研究》1993年第1期,第44頁;崔英楠:〈政黨的憲法地位和實際角色 —— 德國「政黨國家」的批評及啟示〉,《科學社會主義》2007年第3期,第158頁;葉海波:〈西方政黨法律性質的學理之爭〉,《嶺南學刊》2008年第1期,第41頁;劉紅凜:《政黨政治與政黨規範》,第77頁。

設機關」性質。[42]

事實上，在德國《基本法》頒佈實施初期，德國聯邦憲法法院曾一度將政黨與國家機關作等同看待，但在 1954 年聯邦憲法法院的聯席決定最終將政黨確定為「憲法機構」——「通過參與形成人民政治意願的過程，政黨作為憲法機關而發揮職能」。[43] 那麼，假如我們根據「國家機關說」的理論進行推理，可得出的其中一個推論是，政黨既然屬於國家機關的組成部分，那麼國家就應該為政黨的活動提供財政的支持和幫助。這正如國家機關說的代表學者 Richard Stöss 等人所主張的，政黨應被視為擁有部分權利的準國家機關，應直接提供經費予以補助。[44] 這一問題最終由西德聯邦憲法法院採取折衷的辦法加以解決，並通過其判決確立了國家向合資格政黨按比例提供最高總限額以內的公共支援和補助機制。西德聯邦憲法法院所主張的主要理由是，「由於政黨是向政府機關輸送候選人的政治組織，所以，不經過政黨的事先活動就不能形成國家意志，選舉是為了使人民的政治意願轉變為國家意志，因而，聯邦政府可以給政黨提供一部分競選費用」。[45]

第三，公權力與社會媒介說。「公權力與社會媒介說」主要以德國的伊納（Scheuner）、黑塞（K. Hesse）以及亨克（W. Henke）等學者為代表。此派學說主要認為，無論將政黨當作國家機構抑或是社會組織都不妥當，因為那種見解仍停滯於傳統二者擇一的國家與社會二元論，在現今大眾民主國家中，忽略兩者間有很大的媒介領域出現

42　轉引自陳耀祥：〈德國的政黨法律地位〉，《憲政時代》1992 第 3 期，第 52-53 頁。

43　張千帆：《憲法學導論：原理與應用》（第三版），北京：法律出版社 2014 年版，第 425-426 頁。

44　參見沈玄池：〈德國政黨經費來源之研究〉，《歐美研究》1993 年第 1 期，第 44 頁。

45　徐學東：〈西德政黨的法律地位〉，《政治學研究》1986 年第 4 期，第 62 頁。

的事實，而政黨正是屬於此第三領域，具有交相連接作用的制度。[46]

　　根據「公權力與社會媒介說」，政黨在現代民主社會中乃處於公權力與社會之間，扮演着公權力與社會之間的仲介者角色。無論是在發達地區還是發展中地區，「在政黨與社會關係方面，政黨的一個首要功能是整理公共意見，檢測公眾態度，並將其傳送給政府官員和領導人，以使統治者與被統治者、公眾與政府，步調保持相當的一致」。[47] 此外，政黨的媒介功能還體現為政黨在選舉中擔當「傳送帶」的角色，為人民提供黨綱與人選；若無政黨此種媒介功能，選舉則無法民主地進行。[48] 因此，政黨可被認為是「民主制度的橋樑」，它「把社會和國家連接了起來」。[49]

　　應該說，儘管「公權力與社會媒介說」是後起的學說，但目前這一學說正獲得越來越多學者的認同，成為了主流觀點。如德國聯邦憲法法院即認為，儘管政黨擁有憲法機構的地位，但政黨自身卻屬於社會領域，並且從社會領域中對國家領域產生影響，因此政黨是連接國家與社會的交點，它能夠在國民中形成政治意願，並將該意願傳達給國家，從而使得兩大領域連接起來。[50] 再如，由日本蘆部信喜等學者所提出的憲法學說亦認為，政黨乃是「國民與議會之間的媒介」，而且政黨的這種媒介功能有「越益發達」的趨勢，政黨甚至「在形成國

46　陳耀祥：〈德國的政黨法律地位〉，《憲政時代》1992 年第 3 期，第 54 頁。此外，亦可參見許志雄：〈立憲國家與政黨〉，載許志雄：《憲法之基礎理論》，第 210-212 頁；沈玄池：〈德國政黨經費來源之研究〉，《歐美研究》1993 年第 1 期，第 45-46 頁；崔英楠：〈政黨的憲法地位和實際角色──德國「政黨國家」的批評及啟示〉，《科學社會主義》2007 年第 3 期，第 158 頁；葉海波：〈西方政黨法律性質的學理之爭〉，《嶺南學刊》2008 年第 1 期，第 44 頁；劉紅凜：《政黨政治與政黨規範》，第 80 頁。

47　〔美〕大衛‧E‧阿普特著，李劍、鄭維偉譯：《現代化的政治》，北京：中國編譯出版社 2011 年版，第 115 頁。

48　參見〔德〕Peter M. Huber：〈民主政治中之政黨〉，載〔德〕Peter Badura, Horst Dreier 編，蘇永欽等譯注：《德國聯邦憲法法院五十周年紀念論文集》（下冊），台北：聯經出版事業股份有限公司 2010 年版，第 645-646 頁。

49　〔美〕賴斯黎‧里普遜著，登雲譯：《民主新詮》，第 110 頁。

50　轉引自〔德〕伯陽：《德國公法導論》，第 47 頁。

家意思時」扮演了「主導角色」。[51] 而且，這種學術觀點在日本是有其現實之規範依據的，日本最高法院大法庭曾於 1970 年的判決中指明：政黨乃「構建議會制民主主義所不可欠缺的要素」，而且是「形成國民意思之最有力的媒介」。[52]

綜上可知，在現代民主社會，政黨的憲法性格是具有一定之多重性的，在很多情況下政黨會同時具備上述三種類型的憲法性格。而事實上，上述三種學說之間所存在的差異，只不過是由於看待政黨的側重點不同而導致理論上的分歧。第一，社會團體說主要是着眼於公民權利的維度，它所凸顯的是政黨乃公民行使其結社自由的一種產物之身份屬性；第二，國家（憲法）機關說主要着眼於公權力的維度，它所凸顯的是，政黨在現代民主國家（地區）往往由於其自身所具有的重要政治作用而被法律視同為國家公共機構組成部分並賦予公共職能，因而獲得之國家（憲法）機關的身份屬性；第三，公權力與社會媒介說則主要着眼於現代民主政治運作過程的維度，它所凸顯的是政黨在現代民主國家踐行代議政制和選舉政治的過程中所發揮的不可替代的、連接政府和社會的媒介作用。基於這樣的認知基礎，下文將進一步有針對性地就香港政黨的憲法性格問題展開討論。

筆者認為在香港的現行憲制秩序下，我們可以將香港政黨之憲法性格界定為：香港政黨在規範層面屬於「政治性團體」（Political Body）[53] 的範疇，而在政治現實層面，則同時具備公權力與社會媒介的屬性。在香港，由於現代意義上之政黨和政黨政治的出現和發展只是經歷了很短的時間，而且在回歸後基本法所設置的憲制框架下，

---

51 參見〔日〕蘆部信喜著，〔日〕高橋和之增訂，林來梵等譯：《憲法》（第三版），第 253 頁。

52 日本最高法院大法庭 1970 年 6 月 24 日判決，民集 24 卷 6 號 625 頁。〔日〕蘆部信喜著，〔日〕高橋和之增訂，林來梵等譯：《憲法》（第三版），第 254 頁。

53 參照《社團條例》第 2 條由 1997 年第 118 號第 3 條增補的釋義，所謂政治性團體」（Political Body），在香港現行的立法體例中是指：第一，政黨或宣稱是政黨的組織；第二，其主要功能或宗旨是為參加選舉的候選人宣傳或作準備的組織。

「特區政治體制的設計並沒有為政黨政治在香港的發展預留太大的空間」，[54] 所以政黨在香港現行憲制秩序中的定位恐怕在短期內尚難以得到清晰的界定。目前，香港的政黨機制以及本地區政黨的任務和目的均未有在基本法中得到明確規定，只能從基本法第 27 條所規定的「居民結社自由權」中被間接地推導出來。[55] 換言之，香港政黨並未像德國、法國等西方民主國家的政黨一樣在「憲法」層面被賦予協助形成國民政治意志，促進國民政治參與的權利和任務。而且，另需指出的是，香港現行的憲制秩序也沒有就政黨自由以及政黨權利作專門的立法保障。[56] 在現行憲制秩序下，香港政黨的憲法性格應被界定為一般的政治性社會團體，不具有憲法機關的屬性。因此，目前港澳基本法學界甚至有部分學者持否認香港存在「政黨」的觀點。[57]

　　當然，我們也不能忽略的是，作為政府與市民之間的重要溝通管道，香港政黨亦具備公權力與社會間之媒介的憲法性格。在政治過程中，尤其是涉及政府重大決策的制定時，香港政黨都扮演着協助公權力與社會之間進行溝通的仲介者角色。此外，香港政黨的媒介功能還體現為主要在立法會及區議會議席選舉中擔當「傳送帶」的角色，為選民提供黨綱與人選，協助選舉的順利完成。

54　王巧瓏主編：《香港特別行政區基本法辭典》，香港：新香港年鑒有限公司 2001 年版，第 128 頁。

55　基本法諮詢委員會政制專責小組就政黨政治問題進行多次討論，最後因各方意見差異較大，基本法（草案）徵求意見稿內就沒有對政黨問題進行規定。參見中華人民共和國香港特別行政區基本法諮詢委員會：《中華人民共和國香港特別行政區基本法（草案）徵求意見稿諮詢報告》（3），1988 年。

56　實際上，在基本法的起草過程中，就曾有修改意見認為應該在 BL27 中加入居民「組織和參加政黨的自由」。但是，由於種種原因，建議最終沒有被採納。具體可以參閱 1988 年 10 月基本法諮詢委員會：《中華人民共和國香港特別行政區基本法（草案）徵求意見稿諮詢報告第五冊 —— 條文總報告》；1989 年 11 月基本法諮詢委員會：《中華人民共和國香港特別行政區基本法（草案）諮詢報告第三冊 —— 條文總報告》。以上兩份文件中關於香港居民「組織和參加政黨的自由」主要內容可以分別參見李浩然主編：《香港基本法起草過程概覽》（上冊），香港：三聯書店（香港）有限公司 2012 年版，第 247、252 頁。

57　例如宋小莊教授就認為，香港特區的政治性組織和團體是地區性的政治性結社，不是政黨，香港特區的政團似可理解為「參與本區分區直選的政治性結社」。詳見宋小莊：〈結社自由與結社限制〉，載謝緯武主編：《安得猛士守四方：香港特別行政區基本法第二十三條立法面面觀》，香港：香港文學報社出版公司 2003 年版，第 155 頁。

三、香港政黨在現行憲制秩序下的政治功能

長久以來，香港政治體制最重要的特色，「是徵詢民意和以民意大致所歸，作為施政的基礎；而不是一個以政黨、派別和反對派系構成的政制」。[58] 因此，政黨在香港整個政制中，只能對公共政治保持着不高的參與度。這正如劉兆佳教授於上世紀 90 年代初香港政黨產生階段出席一個關於香港民主及政制發展的研討會時所指出的，政黨在香港的發展「『上下左右』均受制肘，上面受到中方的壓力，下面的限制是香港缺乏明顯的社會矛盾，難以藉矛盾來博取群眾支持，左右則是指普選產生的議席有限，政黨不能取得執政權」。[59]

但即便如此，香港政黨仍然在香港民主政治的發展過程中確實地發揮了一定程度的不可替代作用。其作為本地重要的政治媒介，持續地參與和影響了香港民主政治的發展；尤其是回歸後，政黨在新的憲制框架下較大地參與和影響了香港政制的發展，並在一系列重大政治事件中起了組織和參與的作用。

一般認為，無論在民主體制抑或是專制體制，政黨都承擔着許多重要的政治功能，「以幫助整合政治體制並使其保持運轉」。[60] 儘管政黨的活動在香港現行憲制秩序下受到一定的限制，但政黨在香港仍發揮着不可或缺的政治功能，主要有以下三項。

---

58 《代議政制綠皮書：代議政制在香港的進一步發展》，香港：香港印務局 1984 年版，第 7 頁。

59 〈劉兆佳認為發展有限 政黨在香港處處受制肘 只能扮演反對者角色〉，《經濟日報》1991 年 5 月20 日。

60 〔美〕邁克爾・G・羅斯金著，林震譯：《政治科學》（第十二版），中國人民大學出版社 2014 年版，第 194 頁。根據日本政治學者岡澤憲芙教授的論述，政黨的功能一般包括：第一，利益的集約功能——政黨接受個人和集團在社會生活中形成的並向政治系統表露的各種利益、要求、意見和欲望，把它們歸納成為在決策時便於處理的幾套可供選擇的方案；第二，補充和選出政治領導人的功能——政黨向政治系統內的各種職務和機構輸送個人，使之就職；第三，決策機構的組織化功能——政黨使流入政治系統的輸入轉換為輸出的機構組織化；第四，政治的社會化功能——政黨把公民引入政治領域，讓公民特別是新進入政治場所的人學習關於政治領域的一般見解、知識和意見。詳見〔日〕岡澤憲芙著，耿小曼譯：《政黨》，北京：經濟日報出版社 1991 年版，第 4-7 頁。

第一，推動選舉，傳播政治文化。誠如美國學者熊彼特（Joseph A. Schumpeter）所曾指出的，政黨的首要目標就是要戰勝其他政黨以奪取政權或維繫已取得的政權。[61] 可以說，在選舉中勝出並贏得政治權力，對於政黨來說是生死攸關的事情。在競選活動中，政黨負責招募並提名候選人競選公職；登記、動員選民；通過培訓候選人、為候選人募集經費、為候選人提供調查研究結果和選民名單、招募志願者為候選人工作等方式幫助候選人。[62]

在香港現行的政治體制下，政黨的活動場域主要被局限於立法會和區議會；正因如此，政黨更加重視立法會及區議會的選舉。但是，香港在長達一個世紀的英式殖民統治下形成了一個典型的資本主義經濟社會，政治化程度很低，市民普遍對政治不甚關心，政治參與的自覺性亦不高。政黨為了爭奪議席，必須積極地參與和推動選舉。它們通過提名候選人，讓候選人到民眾中去宣傳自己的政綱，製造選舉氣氛，鼓動市民參與選舉的熱情。政黨在歷次選舉中都扮演着重要的角色，可以說政黨成為了香港選舉發展的最重要推動力量，沒有政黨的積極參與和積極的活動，便不會有選舉制度的發展和完善。[63] 相關的統計資料顯示，政黨在香港具有不容小覷的動員能力。例如，在2004年9月的第三屆立法會選舉中，有170萬名市民投票，當中大約有100萬的票是投給有政黨及政團支持的候選人的。[64]

有學者將香港政黨對選舉活動的參與和推動概括為如下三方面內容：第一，提名候選人參加選舉，在香港，絕大多數的候選人都是

61 Joseph. A. Schumpeter, *Capitalism, Socialism and Democracy* (New York: HarperCollins, 2008), p. 279. 另可參見該書 George & Unwin 出版公司 1976 年英文原版之漢譯本，〔美〕約瑟夫·熊彼特著，吳良健譯：《資本主義、社會主義與民主》，北京：商務印書館 2000 年版，第 408 頁。

62 〔美〕大衛·B·馬格萊比、保羅·C·萊特著，吳愛明、夏宏圖編譯：《民治政府：美國政府與政治》（第 23 版·中國版），北京：中國人民大學出版社 2014 年版，第 99 頁。

63 參見周平：〈香港的政黨與政黨政治〉，《思想戰線》2004 年第 6 期，第 53-55 頁。

64 〈政制事務局長就「促進政黨政治發展」議案的致辭全文〉，http://www.info.gov.hk/gia/general/200612/06/P200612060306.htm（最後訪問時間：2019 年 9 月 6 日）。

由各政黨推薦的，只有少部分是獨立候選人；第二，發表政綱吸引選民支持，在香港，政黨在選舉前會提出自己的政綱並通過政綱宣傳爭取選民的支持；第三，各個政黨在立法會內或聯合或分裂，形成不同類型的政黨聯盟以更有利於競選，或佔據多數席位並左右政府的政策。[65]

第二，監督和制衡政府，影響政府政策。從民主政體的運作方面來看，現代民主政體的一個極其重要的特徵，就是公共決策的開放性。[66] 不過，「由於政府都擁有政黨所沒有的權力 —— 實施政策的權力或者拒絕實施政策的權力，因此，政黨往往需要通過從外部施加壓力來實現自己的目標」。[67]

從權力配置的角度而言，回歸後的香港實行的是「強行政、弱立法」體制。[68] 而且，在香港現行的政黨制度下，政黨與行政權是互相分離的，所有的政黨都是在野黨。在野黨身份的局限，使得香港政黨不可能通過奪取最高執政權並直接制定政策的形式來實現它們的政治主張，而在野黨的地位亦使得它們少了政治顧慮，因此外部施壓的方式就成為了政黨影響政府決策的最重要途徑。

同時，為了爭奪民意，贏取選票，政黨一般都十分注重對政府的制約和監督。尤其是在香港目前獨特的政治生態下，所有政黨其實都在不同程度上扮演着監察政府的角色，反對派政黨當然會盡可能地以反對政府為己任，而就算是建制派政黨也不時藉反對政府以取悅群眾。[69] 在政治實務中，政黨通過本黨議員在立法會針對政府

65　參見孫曉暉：〈香港政黨政治的發展現狀及其政治影響〉，《桂海論叢》，2007 年第 6 期，第 17-18 頁。

66　藍志勇：〈利益團體：在西方的運作、在東方的前景〉，載鄭宇碩、羅金義編：《政治學新論：西方學理與中華經驗》，第 320 頁。

67　〔法〕讓·布隆代爾、〔意〕毛里齊奧·科塔主編，史志欽等譯：《政黨與政府：自由民主國家的政府與支持性政黨關係探析》，北京：北京大學出版社 2006 年版，第 26 頁。

68　劉兆佳：《回歸後的香港政治》，第 115 頁。

69　同上，第 150 頁。

政策發起質詢和辯論，往往能夠給政府造成很大的壓力。例如，在 2003 年的 3 月，時任香港財政司司長的梁錦松因為在公佈增加車稅政策前買車，被媒體指有避稅嫌疑，引發軒然大波，最後梁錦松面對各方壓力不得不引咎辭職。在整個過程中，政黨起了十分關鍵的作用。

第三，整合利益和表達民意。利益整合（Interest Aggregation）是指，公民或團體的政治訴願被整合，到政府政策方案之中的活動。通過利益整合，原本存在競爭關係的政策目標可以通過互相妥協而產生出平衡的政府治理方案，而公民的願望和要求亦得以轉化為少數可行的政策。[70] 政黨正是通過整合社會利益來實現階級利益的 —— 通過利益整合，政黨得以「駕馭和平息利益集團之間的衝突，把不同的利益聚合到一個更大的組織中」；而「政黨，尤其是大黨，就是利益集團的聯盟」。[71]

在香港，目前「存在的政治、階層和官民三大分野，導致政黨意識形態差距較大，各方面之間的矛盾比較尖銳，理念、利益難以調和」。[72] 這樣一個社會，其利益必然是多元分化的，各個階層甚至同一階層裏的不同群體都有自己的利益訴求，並且都希望自己的利益得到政府的承認和保障。在現行憲政制度下，「意識形態和政治傾向各不相同的政黨，恰恰扮演了整合社會，反映民意的角色」。[73] 政黨通過把它所代表的那部分民眾的意見和要求加以整合，變成黨的政策和主張，然後再利用這種主張對政府的施政施加影響，進而達致其表達民意的目的。在這樣一個過程中，原本多元但相互纏繞的社會利益得到有效整合和表達。

70　參見〔美〕加布里埃爾·A·阿爾蒙德、拉塞爾·J·多爾頓、小 G·賓厄姆·鮑威爾等著，楊紅偉等譯：《當代比較政治學：世界視野》（第八版 更新版），第 92、109 頁。

71　〔美〕邁克爾·G·羅斯金等著，林震等譯：《政治科學》（第十二版），第 195 頁。

72　朱世海：〈論香港政黨與香港社會的關係〉，《嶺南學刊》2010 年第 5 期，第 28 頁。

73　周平：《香港政治發展（1980-2004）》，第 277 頁。

一般認為，在香港這種競爭性政黨體系中，政黨的利益整合主要在三個層面進行：第一，每個政黨將一定利益整合成為一套政策方針；第二，政黨力爭在任命決策者（例如局長、副局長和政治助理等）和立法會議員的選舉中取勝，這些決策者和議員將會使用先前整合的政策綱領作為政策輸入規則形成的基礎；第三，通過談判和聯合，在立法或行政中向政府爭取實踐自己的主張。[74]

74　李浩然：〈香港政黨政治發展模式研究〉，《清華法治論衡》2009 年第 1 輯，第 220 頁。

第二節

政黨定位不明確的原因分析：
香港政制中的「政黨排斥主義」傳統

◇◇◇

　　如上文所述，香港現行憲制秩序下，政黨的規範定位存在一定的缺陷，主要表現為，香港政黨在現行憲制秩序中的定位並不明確。對此需作說明的是，此處所謂的「不明確」，並非指向實然層面——現行立法體例未有對政黨的法律地位作清晰的界定；相反，這種「不明確」乃是指向應然層面而言的，屬於一種具有應然指向性的不明確。即香港在規範層面對政黨憲制地位所作的界定，不僅與民主社會之通常發展潮流不甚相符，而且更是與香港政黨的現實政治地位嚴重脫節，存在對香港政黨的地位加以「矮化」之嫌。在筆者看來，目前香港之所以存在這種政黨定位的缺陷，核心因由乃在於其政治體制及香港社會本身潛藏着一種隱微的「政黨排斥主義」傳統。下文，筆者將通過縱深的考察和分析，使香港的這種「政黨排斥主義」傳統得到相對清晰的呈現。

一、何謂「政黨排斥主義」

　　為便於問題的探討，在展開正式論述之前，有必要對何謂「政黨排斥主義」作扼要的交代。所謂「政黨排斥主義」，主要表現為公權力對政黨抱持「消極主義」的否定態度，敵視或刻意無視政黨的存在。參照日本學者丸山健有關「反政黨主義」的相關論述，我們對香

港這種「政黨排斥主義」傳統的理解，大致可以通過考察以下兩種意識形態得到理清：

第一，是伴隨着議會制的產生而存在，屬於傳統意義上之排斥政黨的意識形態。古典的議會制理論認為，議會制是一種「討論的政治」（Regierung durch Diskusion）制度，凡有妨害議員呈現自由意志的嫌疑，都應加以排斥；為此，對政黨的寬容或使其法制化，將嚴重威脅議員的自由並動搖代議制議會主義的基礎。[1]

第二，與前述存在於議會制內部政治理論中的意識形態不同，此種意識形態屬於政治實踐層面上的一種政黨排斥主義理念。亦即所謂的反議會主義，甚至也可以說是官僚主義的意識形態。這種意識形態主要表現為：尚在運作中且仍維持強大勢力的傳統絕對制，通過限制憲法層面上議會制之確立，防止其在議會中所佔有的領導地位轉移到政黨的手中。[2]

因此，以前述理論為基礎而展開，我們大致可以從以上兩個層面去界定並解讀「政黨排斥主義」。[3] 首先，第一種「政黨排斥主義」，是在民主政治發展過程中，作為民主思潮的一個分支而形成的一種反多元主義的民主思想或理念，並非敵視民主本身的。申言之，現代民主政治的核心是政黨政治，而政黨政治乃是建基於「多元主義」的理論基礎之上，因此只有在承認社會利益多元化的前提下，政黨政治的發展才能是順理成章的。然而，並非所有人 —— 尤其是近代的民主理論家 —— 都認同民主政治必須建基於多元主義理論之上。相反地，在眾多的民主理論家中對於政黨及民間團體抱持否定或負面看法

1　參見〔日〕丸山健著，呂漢鐘譯：《政黨法論》，第 21-22 頁。

2　同上，第 22 頁。

3　另外，參閱日本憲法學者岡山信弘教授針對「反政黨主義」的相關論述，我們可以知道「政黨排斥主義」還源自除此以外的第三種意識形態 ——「排斥中間團體的意識形態」。詳見岡山信弘：〈憲法與政黨〉，載《憲法學之基礎概念》，東京：勁草書房 1983 年版，第 36-37 頁。轉引自許志雄：〈立憲國家與政黨〉，載許志雄：《憲法之基礎理論》，第 204 頁。

者，所在多有，其主要理由往往是：政黨或團體往往容易為其幹部所操縱，致使所謂「黨的利益」或「團體利益」逐漸與人民利益疏離，故反對以「政黨」當作人民的代言人，或否認「政黨」可以作為民主制度的要素。[4]

有鑒於此，這種敵視政黨或多元團體的說法，又被學者稱之為「反多元主義」或「原子論式的民主」。[5]如法國近代民主先哲盧梭以及在德國納粹時期被稱為「桂冠法學家」的卡爾‧施米特便是持此種觀點的代表性學者。其在政治現實中的例子，可以德國波昂憲法為例。在波昂《基本法》中，承認政黨的規定（第 21 條第 1 項）與符合傳統議會制觀念的規定（第 38 條規定：議員不受委託及指示所拘束，僅服從自己之良心）之間，就存在着一定的緊張矛盾關係。[6]

其次，第二種「政黨排斥主義」，則是對以政黨政治為代表的民主政治的一種消極態度，甚或是赤裸裸的敵視態度。如前所述，這種政黨排斥主義乃延續了傳統的官僚主義或威權主義的意識形態，通過阻礙或延緩以議會制為代表的現代民主制的確立，以防止由其所壟斷的公共權力「轉移到政黨的手中」。其背後所隱含的，乃包含敵視民主政制本身的價值立場。應該說，此種類型的「政黨排斥主義」在近代民主國家建立的初期，或無政黨的專制社會步向民主化的轉型階段表現得相對地明顯和激烈。

當然，在現代政治實踐中，此種類型的「政黨排斥主義」亦非鮮見，但在具體的展現形態上會則發生一定的變化。譬如說，它甚至可以表現為一個具有相對支配性地位且其本身不排斥政黨政治的政治體，針對另一個對其具有從屬性或依附性、但又在一定程度內被獲准

4　李建良：〈民主政治的建構基礎及其難題──以「多元主義」理論為主軸〉，載李建良：《憲法理論與實踐（一）》（二版），台北：學林文化事業有限公司 2003 年版，第 15-16 頁。

5　同上，第 16 頁。

6　參見〔日〕阿部照哉等編著，許志雄審訂，周宗憲譯：《憲法（上冊）：總論篇、統治機構篇》，第 215 頁。

相對獨立而存在的政治體發展其本地區政黨政治所採取的排斥立場。較為常見的例子便是，宗主國往往對其殖民地發展政黨政治採取種種限制或打壓措施。這也就正好解釋了為什麼像香港這樣經濟社會、公民社會均相對發達的「殖民地」，政黨政治的發展卻是如此的滯後和緩慢。

二、香港政治體制中的「政黨排斥主義」傳統

在筆者看來，當下的香港，無論是在其政治現實層面所存在的「半政黨政治」現象，抑或是在其憲制秩序層面所存在的政黨定位缺陷問題，都充分反映了前述之所謂「政黨排斥主義」元素已經是作為「整體的部分」被深刻地嵌入於香港的整個政治體制當中。這繼而導致香港目前的整個政制安排在不同方面都表現出針對本地政黨發展的具有排斥甚或抑制傾向的價值立場。概括而言，此處所試圖呈現的這種香港政治體制中的「政黨排斥主義」傳統，在本質上乃是一種針對政黨政治形成和發展的消極意識形態，它是在特定歷史背景下被殖民者強制性地植入於香港政治體制中的，在九七回歸後又被香港現行政治體制加以繼承和發展。基於這樣一個整體性認知基礎，下文將對之展開系統的梳理和分析。

（一）在特定歷史背景下被強植於香港政制中的「政黨排斥主義」

就制度層面而論，香港政治體制中所存在的這種「政黨排斥主義」傳統，應該說是在特定歷史背景下為外力所強制性地植入的。在筆者看來，這種所謂的「政黨排斥主義」可以被歸入為港英政府在其殖民統治過程中所貫徹的「反代議政制」意識形態的一個主要組成部分。

回溯香港的政制發展史，由於港英當局在香港逾百年的統治中

均實行經過「柔化」的港督獨裁制 ——統治者容許公眾參與管治，但僅限於委任社會精英進入行政局、立法局及政府的諮詢組織和委員會系統，再加上國際環境的局限，香港本地政黨又不可能「在反殖民和反獨立的基礎上建立起來」，[7]因此直至「中英聯合聲明簽訂時，香港仍沒有產生類似西方國家的那種通過選舉途徑以參加政權為目的的政黨政治」。[8]香港本地政黨的正式產生，是到了1991年立法局直選前後才出現的事情。在香港的殖民統治過程中，港英政府採取了不同的措施以達至維持香港本地政黨政治處於較低水平發展狀態之目的；具體包括設置種種關卡限制本地區代議民主、政治團體的發展，對應政黨本身所具有的政治功能建立起有效的替代機制。

首先，港英政府限制香港本地代議民主的發展。在80年代初引入代議民主之前，港英政府為維護其有效的管制秩序，一直極力限制本地區代議政治的發展。

如前文所述，英國自近代將香港編入為其「殖民地」實行殖民統治以來，香港在大約一個半世紀內都是由一個「純粹」的官僚政府所管治的，而這個官僚政府的首腦更是一位被賦予絕對憲制權力的總督。[9]香港總督作為「港英政府的第一官員，在等級森嚴的官僚系統中立於金字塔的頂端」，[10]整個殖民地的政治權力高度集中在其手中。自後，在將近一個半世紀的殖民統治期間，由於港英政府的極力限制，代議政治在香港一直未有任何發展；百年以來基本上是毫無真

7　劉兆佳：〈香港人對政黨的態度〉，載劉兆佳：《過渡期香港政治》，第283頁。

8　劉曼容：《港英政府政治制度論》，北京：社會科學文獻出版社2001年版，第413頁。

9　參見劉兆佳：〈香港人對政黨的態度〉，載劉兆佳：《過渡期香港政治》，第283頁。

10　根據《殖民地規例》第105條的規定，總督是向女王負責並代表女王的獨一無二的最高權威。由此可見，總督在殖民地所擁有的權力不可謂不大。有學者曾就此作過一個生動的比喻 ——如果說香港的盾形紋章圖案上那隻頭戴王冠、前爪緊抱東方之珠的猛獅象徵英國對香港的統治，那麼港督就是人格化的獅爪。參見余繩武、劉蜀永主編：《20世紀的香港》，第5頁。

正的民主可言。[11] 此種情況一直維持到 1980 年代初，英國政府在決定將香港歸還中國的同時，亦開始參照其昔日在其他殖民地實施的「非殖民地化計劃」，着手在香港部署代議政制改革。[12] 其標誌性事件是港英政府於 1981 年頒佈《代議政制綠皮書：代議政制在香港的進一步發展》，準備推行所謂的「地方行政改革」。[13]

在上述情況下，香港本地區的政治權力形成了較高的自我封閉性，自 1843 年起一直到 1981 年中英兩國就香港前途問題展開談判前，代議制民主從未在香港真正踐行過，而普通民眾亦無法參與到香港本地的政治過程當中。因此，在一個長期不存在「開放的政治管道讓政治組織能夠參與政治決策的過程」的殖民地體制下，[14] 政黨也就不可能通過民主選舉的實踐而得以建立起來。

其次，港英政府壓制政黨、政團的發展。港英政府在其殖民統治過程中，亦採用了頗為嚴苛的立法規限本地政治團體的成立和運作。港英政府雖然在表面上沒有禁止政黨的產生和發展，但實際上則通過制度性的限制，在各方面限制政黨的發展。這正如有論者所曾指出的，自英國佔領香港以後的百多年來，香港作為一個殖民地可謂是毫無民主可言，「政黨更無從談起，即使是一般社團，港府也依據嚴屬的《社團條例》加以規限，這種情況只是到了 1984 年中英聯合聲

---

11 以立法局議員的選任為例，除總督擔任立法局主席外，該局另有 45 名成員，其中 22 名為官守議員，23 名為非官守議員。官守議員，包括以行政局的當然官守成員（駐港英軍司令官除外）為當然官守議員及經由總督提名的其他政府部門負責人或知名文職官員 18 人。而 23 名非官守議員，則是由總督從社會各方廣泛選任的。參加〔紐西蘭〕瓦萊里‧安‧彭林頓著，毛華、葉美媛等譯：《香港的法律》，第 40 頁。

12 余繩武、劉蜀永主編：《20 世紀的香港》，第 306 頁。

13 在此，需要一提的是，港英政府當年所發佈的《代議政制綠皮書：代議政制在香港的進一步發展》亦曾在一定範圍內引起過批評及爭議。如司徒華先生就曾撰文指，綠皮書這個文件的正題和副題都名不副實，因為香港一直以來所實行的都只是諮議政制，從沒有過代議政制。參見司徒華：〈港人民主治港〉，載太平山學會編：《過渡時期的香港政制與法制》，香港：《百姓》半月刊出版 1985 年版，第 73 頁。

14 Jermain T. M. Lam, "Party Politics in Hong Kong During The Political Transition", in Sing Ming (ed.), *Hong Kong Government and Politics* (Hong Kong: Oxford University Press, 2003), p. 220.

明簽署之後才有明顯改變」。[15]

　　根據陳弘毅教授於上世紀 80 年代對香港社團立法體例的考察，在殖民地時期《社團條例》對香港政黨採取頗為嚴苛的規限。在該階段，政黨於法律層面是作為社會團體的一種類型，被置於《社團條例》所確立的規管架構之下的。《社團條例》賦予政府相當的管理社團的權力，使其「不但有權禁止社團的成立，而且即使一個社團被註冊或豁免註冊之後，政府仍有廣泛的權力去監察社團的活動，例如如果社團更改名稱、修改章程或設立附屬社團，必須得到政府同意或批准」；政府亦隨時「有權要求社團提供某些資料，如負責人和會員名單、社團擁有或使用的地方的位址、過去六個月之內開會的次數和地點等」；此外，「港督會同行政局認為某些社團對香港的治安或利益有害，可以下令社團立刻解散」。[16] 為此，我們可以想見的是，在這樣嚴密的法律規限之下，政黨在可能的情況當然會盡量避免《社團條例》的規限，而事實上，這亦直接導致了如前文所討論到的香港政黨身份的異化 —— 政黨往往以有限公司的身份註冊成立，以規避《社團條例》的規範。

　　再次，港英政府在其殖民統治的過程中，亦不斷地積極構建起對應於政黨本身所具有之政治功能的有效替代機制。從公共管治的角度來看，在整個殖民過程中，港英政府通過實踐其「將社會精英和潛在對手吸納到行政階層」的行政管理戰略，確實是「有效地消解了政治系統中對組建政黨的需求」。[17] 在香港學界，港英政府所採行的這種行政管理戰略被金耀基教授稱之為「行政吸納政治」。根據金教授的相關論述，這種「行政吸納政治」實際上是「英國統治者與非英

15　黃雲民：〈本港政黨政治不宜超前發展〉，《文匯報》1990 年 3 月 23、24 日。

16　參見陳弘毅：〈結社自由和表達自由 —— 香港現行法律的不足之處〉，載陳弘毅：《香港法制與基本法》，香港：廣角鏡出版社有限公司 1986 年版，第 47 頁。

17　See Jermain T. M. Lam, "Party Politics in Hong Kong During The Political Transition", in Sing Ming (ed.), *Hong Kong Government and Politics* (Hong Kong: Oxford University Press, 2003), p. 221.

國統治者（絕大部分是中國人）精英共同分擔決策角色的」一種「共治」型行政體系，同時它又是港英政府「回應『政治整合』（Political Integration）問題所採取的一種可名之為『草尖式』（Grass Tops）的途徑」（別於『草根式』〔Grass Roots〕的途徑）。[18] 港英政府通過上述這種「草尖式」的精英共治，不僅為其殖民統治權力賦予了一定的合法性，而且也在「無形中化解了社會精英分子與政府對立的可能」。[19]

在實務層面，港英政府這套被稱為「行政吸納政治」的行政管理戰略，主要是通過推行政府諮詢制度來完成的。因此，香港亦逐漸成為了一個政府諮詢制度十分發達的地區，在「政制中扮演利益匯集和表達角色的不是政黨，而是龐大的、系統的諮詢網路」。[20] 在政府諮詢制度下，香港政府不僅會就重大決策進行相關諮詢，而且在涉及政府內部的任何一個行政機構的相關決策也都要進行行政諮詢。具體流程可參見右頁圖：[21]

18　所謂「行政吸納政治」是指一個過程，在這個過程中，政府把社會精英或精英團體（Elite Group）所代表的政治力量，吸收進行政決策結構，因而獲致某一層次的「精英整合」（Elite Integration）。此一過程，賦予了統治權力以合法性，從而，一個鬆弛但整合的政治社會得以建立起來。詳見金耀基：《中國政治與文化》（增訂版），香港：牛津大學出版社 2013 年版，第 235-236 頁。

19　參見狄英：〈轉捩點上的香港〉，載天下雜誌編輯：《轉捩點上的香港：天下編輯集體越洋採訪專集（三）》，台北：經濟與生活出版公司 1988 年版，第 5-6 頁。

20　為此，亦有人將香港政制稱為「無政黨影響的政制」。而甚至可以說，整個港英政府都是由諮詢網路組成的，上至行政局，下到部門的諮詢委員會都發揮着行政吸納政治的功能。參見徐克恩：《香港：獨特的政制架構》，北京：中國人民大學出版社 1994 年版，第 9 頁。

21　陳瑞蓮、汪永成：《香港特區公共管理模式研究》，北京：中國社會科學出版社 2009 年版，第 162 頁。

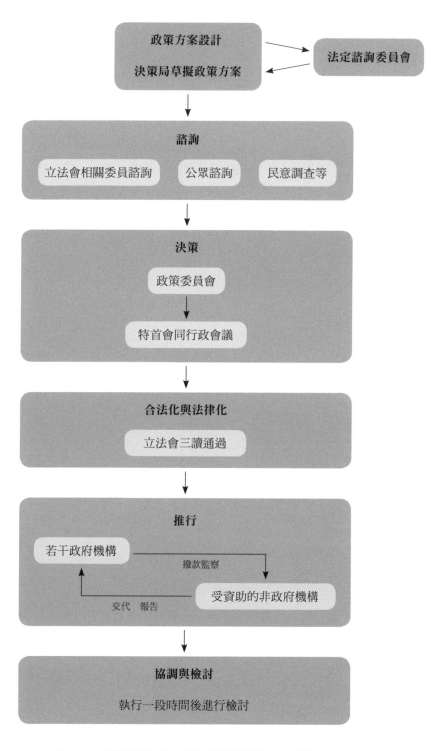

圖 2-1：香港特區政府一般性政策制定與執行過程

根據特區政府的統計數據，香港目前約有 5,100 名社會人士在全港近 460 個諮詢及法定組織服務。這些組織使得香港社會各界人士及有關團體得以在制定政策和籌辦公共服務的最初階段，即參與有關工作；同時，為確保社會各界能廣泛參與及持續引入不同的新思維，特區政府亦會定期更替其組成之委任成員。特區政府通過諮詢委員會這個平台，與作為精英代表的諮詢委員進行決策問題的溝通，並以此掌握民意，在具體公共政策的某些問題上及時與民眾達成共識；更重要的是，這亦可以在一定程度上滿足社會專業人士、精英分子的政治參與需求，並能夠保證政府所制定的政策較易獲得諮詢委員所代表的精英階層的支持。此外，政府諮詢委員會制度對政府公共政策的科學性和合理化亦具有積極的促進作用。原因在於，較多地參與政治活動的一般都是具有較高社會地位和教育水平的人，而這些人對政治有更為積極的傾向性，對於政治活動的開展亦有較多的了解。[22] 因此，由這些社會精英所組成的諮詢委員會通過行政諮詢機制有效地替代了政黨在社會利益整合、政策諮詢等方面的功能，進而消解了社會對政黨的需求。

綜上，在上世紀 80 年代之前港英政府治下的香港，基本上是不存在代議民主的，[23] 政黨及政團的發展亦多受壓制；排斥政黨政治的意識形態，更可謂是一以貫之地被踐行於其整個殖民管治過程中。可以說，在港英殖民政權管治下，香港政治體制的各個部分都已經被不同程度地嵌入了排斥政黨政治發展的「政黨排斥主義」元素。而隨着時日的推移，上述的「政黨排斥主義」元素早已融貫於香港整個政治

22　參見〔英〕大衛·米勒、韋農·波格丹諾編，中國發展研究所等組織譯：《布萊克維爾政治學百科全書》，北京：中國政法大學出版社 1992 年版，第 564 頁。

23　上世紀 80 年代以前，市政局是香港唯一設有民選議席的「民主櫥窗」。市政局的前身是衛生局（昔稱潔淨局），成立於 1883 年，負責管理港島的公共衛生。為了爭取市民合作，1887 年港督任命 6 名非官守議員，其中 4 名為華人，另 2 名從陪審團名單中選出。參見余繩武、劉蜀永主編：《20 世紀的香港》，第 33 頁。

體制中，並最終在制度層面生成了我們所要論述的香港政治體制中之「政黨排斥主義」傳統。

（二）回歸後香港政治體制對港英時期「政黨排斥主義」傳統的繼承和發展

九七回歸後，香港政治體制經過對殖民體制一定的揚棄之後，做了最大限度的保留和繼承。其中，「政黨排斥主義」作為港英政府在長期殖民統治中強制植入於香港政治體制中的一種政治元素，儘管由於基本法所確立之代議政制的普遍落實受到了一定程度的抑制，但不得不說其相當的一部分仍得到了香港現行政治體制的繼承。誠如葉健民教授所指出的，在回歸前，香港的憲制安排曾對本地政黨的發展造成諸多限制，而很大程度上，這些限制在香港回歸之後仍然繼續存在。[24] 總的來說，回歸後香港政治體制中所保留的這種「政黨排斥主義」傳統，在現階段主要表現為，通過在憲制安排上「矮化」政黨的地位以及在選舉制度層面弱化政黨的功能來達到有效抑制香港本地政黨政治發展之目的。

在一方面，這種承繼於港英殖民政權的「政黨排斥主義」傳統，在香港現行政治體制中主要表現為，整體憲制安排拒絕對政黨的實際政治地位予以積極承認，刻意「矮化」政黨的憲制地位。

如前文所述，在香港現行憲制安排下，政黨的政治地位並未獲得基本法之明確承認。對此，亦有香港研究者認為，雖然基本法沒有提到香港的政黨，但其第 23 條關於「禁止外國的政治性組織或團體在香港特別行政區進行政治活動，禁止香港特別行政區的政治性組織或團體與外國的政治性組織或團體建立聯繫」的規定，仍可以算作是

24　參見葉健民：〈政黨與政制改革〉，載陸恭惠、思匯政策研究所編著：《創建民主：締造一個優良的香港特區政府》，第 49 頁。

對香港政黨的一種隱含的承認。[25] 應該說，此種見解作為有關基本法對政黨所持態度的一種規範解讀亦未嘗不可；然而，我們仍然需要指出的是，這種規範解讀本身對於為香港政黨確立起憲制意義上的、合乎其實際政治地位的規範地位並無太大的實際作用。因為，上述政黨憲制地位的確立，必須是通過立法規範，尤其是憲制性規範的積極承認來達成的。而很遺憾的是，筆者在考察香港目前的整個政黨立法體例時，並未有發現這類法律規範的存在。

而且，有必要進一步指出的是，作為香港現行法例中較早對政黨進行明確規範的《社團條例》，其在第 2 條「釋義」（由 1997 年第 118 號第 3 條增補）中將政黨界定為政治性團體（Political Body）的一種類型。從規範的文意可知，在香港現行憲制安排下，政黨憲制地位是與一般的政治性團體無異的。當然，這是僅限於憲制規範層面而言的，它並不意味着政黨在政治實務層面的地位便真的與一般政治性團體毫無區別。而事實是，香港現行憲制安排對香港政黨之憲制地位的界定，不僅與民主社會之通常做法不甚相符，而且更是與香港政黨在特區現實政治中之重要地位嚴重脫節，實乃對香港政黨的一種嚴重「矮化」。舉例而言，在現時香港的各級選舉中，「政黨與獨立候選人身分相若，甚至在選管會的『平等時間』原則下，政黨黨魁與一個全無經驗和勝算的獨立候選人，只能在電子傳媒得到相同時間作宣傳，傳媒報導受到嚴重限制」，這實際上就在一個側面反映了政黨在現行憲制安排中「被嚴重矮化」的事實。[26] 另外，基本法同時亦針對政黨的主要政治功能，在整個制度安排的不同層面進行了替代性的設計：在表達民意方面，建立了行政性的諮詢政府，集合個體意見和利益表達；在選舉功能上，設計了一個廣泛代表性的選舉委員會選舉行政長官，並且香港立法會的一半議員由功能團體選舉產生，這種「職業

25　參見周八駿：《香港跨入新紀元的腳步》，香港：世紀出版有限公司 2000 年版，第 405 頁。

26　參見蔡子強：〈提供制度誘因發展政黨政治〉，《明報》2005 年 8 月 10 日，A29 版。

化」的「小圈子」選舉也直接限制了對政黨的需求；在協調立法和行政關係上，設立了行政會議制度來試圖化解行政與立法之間可能出現的齟齬。[27]

　　當然，就如有香港學者已經指出的那樣，基本法的這種制度安排可能會被視為其「不鼓勵香港發展政黨政治的表現」。[28] 而更激進的觀點則甚至認為，上述制度安排本身即實際反映了中央其實「不希望香港本地的政黨過於迅速地發展」，而基本法的採行此種制度設計之目的更主要是為了延續港英政府「原有的『行政主導』模式，並盡量減慢民主化的步伐」。[29] 事實上，通過我們對實際情況的了解，該兩種意見也並非完全沒有道理的。對此，可以從當年處理港澳事務的官員在香港媒體所發表的公開言論中進行考察分析。

　　通過查閱相關資料可以發現，在起初中央確實「對香港政黨的出現持否定態度，擔心會加劇政治矛盾和衝突，以及煽起香港的反共情緒」。[30] 不過，隨着香港本地政黨的出現成為不可改變的政治發展趨勢，尤其是自 1988 年區議會選舉開始後，中央對政黨在香港發展的態度已經發生了一些微妙的變化 —— 就是從過去反對的態度轉變為一種不支持亦不反對的默許態度。[31] 例如，時任國務院港澳辦副主任李後於 1988 年 2 月初接受媒體採訪時就曾表示，「中國收回主權，實行港人治港，政治團體的發展不可避免」，中央「對政治團體的發

27　盧永琦：〈論香港政制的非政治化〉，載姜明安主編：《行政法論叢》（第 16 卷），北京：法律出版社 2013 年版，第 199 頁。

28　李曉惠：《邁向普選之路：香港政制發展進程與普選模式研究》，第 352 頁。

29　陳祖為：〈政制改革的基礎分析〉，http://hkddn.org/index.htm（最後訪問時間：2004 年 1 月 17 日）。

30　劉兆佳：《回歸後的香港政治》，第 150 頁。

31　在此之前，曾經有基本法起草委員（司徒華、李柱銘）一而再地以公開信的形式向香港特別行政區基本法起草委員會政治體制專題小組負責人（查良鏞、蕭蔚雲）公開指出討論「政黨問題」的必要性，並認為尤其需將「中共和其他地區或國家的政黨在香港特區所扮演的角色」、「香港特區的政治體制與政黨之間的關係」等問題正式列入專題小組的議程展開討論。然而，該等建議最終因為小組多數委員草委不主張將政黨問題列入討論議程的意見不變，由此未被接納。據悉，草委會政制小組多數委員不同意在基本法中列入政黨問題，是考慮到在香港不宜搞政黨政治，也不能把結社自由與組織政黨劃等號。參見〈基本法要不要政黨〉，《文匯報》1987 年 10 月 13 日。

展順其自然」；而在談及香港政治團體的發展以及政治團體的政黨化傾向時，他又指出，「過去香港在外國統治下，沒有選舉，將來收回主權，實行港人治港，政治團體將不可避免地發展起來，無論贊成也好，不贊成也好，它們也會存在」；而被問及中央會否鼓勵政治團體的發展時，他的回答是「順其自然」。[32] 為此，中央對於香港政黨的出現以及政黨政治的發展所採取的態度被當時的論者概括為，「不支持，不反對，不公開表態的『三不政策』」，其要點主要是在「不公開表態」上。[33] 總體而言，筆者認為中央對於香港政黨的發展所採取的「不支持，不反對，不公開表態」的「三不政策」即是一種對香港政黨的默許但不承認和支持的立場。結合上文的論述，我們其實就可以從回歸後香港憲制安排所保留的「政黨排斥主義」中反推出，中央當年對香港政黨所採取的這種默許但不承認和不支持的立場在實際上對基本法的制定以及特區具體政治體制的設計起到了不小的影響作用。

此外，在基本法的起草過程中，曾經有修改意見認為應該在第 27 條中加入居民「組織和參加政黨的自由」，[34] 而基本法起草委員會亦就此作了專門討論，最終討論會議上的較多意認為不作規定為宜。原因在於，「在九七年後，政黨的作用究竟如何，還有待觀察。在這個過渡期的十年中，政治局面的發展，也有待總結。所以，不作規定，比較靈活」。[35]

綜上所述，目前基本法所採取的有意回避對政黨的憲制地位進

32　參見〈本港參政團體發展情況　中方採取順其自然態度〉，《信報》1988 年 2 月 1 日。

33　參見葉知秋：〈香港出現政黨是歷史大事——香港政黨政治及選舉之一〉，《快報》1990 年 5 月 7 日。

34　該等意見被記錄在基本法諮詢委員會的兩份文件中——1988 年 10 月基本法諮詢委員會：《中華人民共和國香港特別行政區基本法（草案）徵求意見稿諮詢報告第五冊——條文總報告》及 1989 年 11 月基本法諮詢委員會：《中華人民共和國香港特別行政區基本法（草案）諮詢報告第三冊——條文總報告》。以上兩份文件的主要內容可參見李浩然主編：《香港基本法起草過程概覽》（上冊），第 247、252 頁。

35　敢鳴：〈九七後應否有政黨？〉，《明報》1987 年 12 月 22 日。

行明確界定的設計安排，確實是不鼓勵香港政黨政治發展的一種表現。而深究現行憲制安排之所以刻意「矮化」政黨背後的緣由，按照香港學界較為主流的解讀，可以理解為中央希望「在憲制設計上盡量堵塞政黨政治的發展」[36] 的一種表現。筆者認為，在基本法的設計邏輯中，某程度上甚至是通過設置抑制香港政黨政治發展的機制以達至有效維持「行政主導」制的落實，以及促成選舉民主以符合「循序漸進」原則的形式發展。

在另一方面，這種承繼於港英殖民政權的「政黨排斥主義」傳統，在香港現行政治體制中主要又表現為，選舉制度通過對政黨的活動範圍作消極限制等措施來弱化政黨的政治功能。

這種限制主要表現為，政黨在香港現行選舉制度下之活動範圍受到了明顯的局限。首先，就本地最高一級的選舉而言，香港政黨目前是完全被排除於行政長官選舉之外的。《行政長官選舉條例》第31 條罕見地規定了在行政長官選舉中「勝出的候選人須聲明他不是政黨的成員」，[37] 因此政黨的活動範圍被主要局限於立法會及區議會之內。可以說，香港現行的選舉制度安排似乎對政黨表現出一種否定性的價值傾向。該條文有關禁止行政長官擁有政黨背景的規定在實際上排除了政黨奪得最高執政權的可能性，杜絕了香港出現執政黨的可能，是對政黨權利的一種比較嚴重的限縮。而且，該項規定亦在一定程度上給公眾造成「有政黨背景的人士可能未能以社會的整體利益作

36　馬嶽、蔡子強：《選舉制度的政治效果：港式比例代表制的經驗》，第 210 頁。而有更為偏激的觀點則認為，中央之所以這樣避忌政黨，並非不明白政黨在議會政治中的作用，而是另有一套打算：其不贊成香港有政黨政治，實則是要自己做一個最大的幕後的政黨，出現一個暗中由共產黨領導的、表面上是多個政治團體合作的政治局面，近乎大陸的政協的運作模式。參見秋一泓：〈香港政黨政治已初步形成〉，《信報》1991 年 3 月 6 日。

37　香港特別行政區《行政長官選舉條例》第 31(1) 條。關於本款規定是否妥當一直存在爭論，贊同者有之，反對者亦不少。相關討論可參見劉兆佳主編：《香港 21 世紀藍圖》，香港：中文大學出版社 2000 年版，第 13 頁；馬嶽、蔡子強：《選舉制度的政治效果：港式比例代表制的經驗》，第 3 頁；朱世海：〈香港政黨與香港特別行政區政府的關係取向〉，《嶺南學刊》2010 年第 3 期，第 14 頁。

依歸」、「政黨只會追求私利，不能為公眾謀福祉」等錯覺，[38] 貶損了政黨在公眾心目中的形象。

其次，即使在現階段對政黨開放的立法會選舉中，選舉制度在設計上亦構成了對政黨選舉功能的局限。目前，立法會選舉分別以地區直選和功能組別選舉兩種形式同時進行，這也就是說，立法會有一半議席是由功能組別選舉產生的。而這種功能組別選舉的設置，在客觀上使得立法會直選議席的規模大為縮小，政黨的政治影響力也因此受到進一步的限制。同時，由於功能組別選舉是分配政治權力的主要機制，這大大減低了商界及專業人士以籌組政黨或其他管道去爭取權力的意慾，進一步局限了本地政黨的發展。[39]

此外，在立法會地區直選的選舉制度設計上，香港又採取了一種不利於政黨發展壯大的模式。目前，在立法會地區直選中採用的是比例代表制，而比例代表制所適用的餘額和當選的基數通常有不同的計算方法，香港選用的是最大餘額法加黑爾基數——二者均是對大政黨較為不利的。[40] 面對一個對自己不利的選舉制度，大政黨被迫在選舉實務中採取分拆名單的方式參選，以避免額外議席的喪失。然而，政黨如採取分拆名單參選的話亦會面臨一定的風險，因為在該情況下「政黨也有機會因配票失當，而使其謀一份參選名單之得票，遠高於區內它的其他名單，而反過來再進一步使其額外喪失自己本來贏得的議席」。[41] 實際上，據香港學者的分析，香港之所以選用這樣一

---

38 參見葉健民：〈政黨與政制改革〉，載陸恭惠、思匯政策研究所編著：《創建民主：締造一個優良的香港特區政府》，第 49 頁。

39 同上，第 49 頁。

40 根據蔡子強博士的分析，所謂最大餘額法是指先定下一個「當選基數」，然後把每份參選名單與此對照，名單中排名第一的候選人，便可獲分配該組得票數的全部，第二候選人則獲分配該組總得票數減去一倍於當選基數所需選票而剩下來的餘額，至於第三候選人，他又可以獲得分配減去兩倍於當選基數所需要選票後的餘額，餘此類推。最後，檢視所獲分配選票的多寡，再行分配議席。至於前述之「當選基數」如何計算出來？採用的便是黑爾基數法，即將選區內的有效票總數，除以選區議席總數得出來。參見蔡子強：《香港選舉制度透視》，香港：明報出版社 1998 年版，第 102-103 頁。

41 蔡子強：《香港選舉制度透視》，第 108 頁。

種比例代表制，其目的是比較單純的 —— 意在「盡量減少民主派在直選中取得的議席數目，因為比例代表制可以削弱大黨在選舉中『超額贏得議席』的效應」。[42]

應該說，儘管我們通過立法原意解讀可知，有關行政長官履職者政黨背景的禁止性規定、立法會選舉中功能界別議席的設置，以及在選舉制度上選用最大餘額法加黑爾基數的比例代表制均係有其正當性及法理基礎的，但就其對香港政黨所實際造成的消極影響而論，則是極大地窒礙了香港政黨政治功能的發揮以及香港政黨政治的發展。在筆者看來，上述之兩項針對政黨的選舉制度設置，同樣也可歸類為香港政治體制中所潛藏的「政黨排斥主義」元素的制度化展現。而該兩項選舉制度設置與上文所論述之基本法對香港政黨的憲制地位採取刻意回避的消極態度所不同之處在於，它以一種積極的立場在選舉制度層面對香港政黨進行消極的限制。

三、香港政制中「政黨排斥主義」背後的邏輯分析

如前文所述，通過對香港政制發展史的回顧，我們不難發現香港政治體制中所潛藏的這種「政黨排斥主義」是在特定歷史背景下被強制性地植入其中的。應該說，作為香港回歸前的殖民統治者，港英政府之所以刻意地將「政黨排斥主義」融貫於其所構建的整個香港政治體制中，背後的原因是比較容易理解的。它所反映的，無非就是港英政府基於功利主義的價值考量、為有效實現其對香港的殖民統治而採取的一種管治策略；而就其本質而論，也體現了港英殖民政權敵視代議民主的一種統治立場。事實上，被港英政府所內植於香港政治體制中的這種「政黨排斥主義」，在某程度上是可以被歸類為近代「反

42　馬嶽、蔡子強：《選舉制度的政治效果：港式比例代表制的經驗》，第 211 頁。

議會主義」意識形態之組成部分的。只不過，其相對而言會帶有更濃厚的殖民色彩。

在九七回歸後，「政黨排斥主義」作為香港政治體制的一個組成部分被保留了下來。應該說，在一方面，此種「政黨排斥主義」的保留是現行政治體制延續本地區政治傳統的一個體現；而在另一方面，此種「政黨排斥主義」也在新的憲制框架下得到了一定程度的修正和發展，並被賦予了新的內涵。為此，筆者認為香港現行政治體制中所帶有的這種「政黨排斥主義」傳統，反映的是「一國兩制」本身所包含的、無法在較短時期內得以有效消解的制度性矛盾。甚至可以說，這種所謂的制度性矛盾，其實也是「一國兩制」內部所蘊含的核心價值之間的矛盾。[43]

而對於何謂「一國兩制」的核心價值這個問題，基本法已在其自身內容中充分展示。通過規範分析可知，基本法中蘊含的多種重要核心價值至少包括：國家統一、高度自治、居民的基本權利、社會的繁榮穩定、法治、國家利益等。但不得不說，其中的不少核心價值之間是存在矛盾的，例如維護「一國」（國家統一）與落實「兩制」（高度自治）之間，又或者維持香港社會「繁榮穩定」與發展特區「代議民主」之間在某些層面均存在本質上的衝突。

首先，維護「一國」（國家統一）與落實「兩制」（高度自治）之間所存在的矛盾和衝突。金耀基教授指出，在「一國兩制」所設定的制度框架下，「一國」所強調的是香港的「依附性」，而「兩制」則是強調香港的「自主性」。[44] 換言之，香港在「一國兩制」制度框架下被容許有較大自主性而實行高度自治，並保留其資本主義制度不

43　有學者甚至在上世紀 90 年代初香港政黨出現的初期就曾直指，「『一國兩制』容許香港出現政黨，但出現政黨後，呈現的卻是悲劇性的效果，這是『一國兩制』的矛盾。也為此，註定了香港的政黨政治，只能是一直畸型的形態」。詳見葉知秋：〈香港政黨操中共之手——香港政黨政治及選舉之三〉，《快報》1990 年 5 月 9 日。

44　參見金耀基：《中國政治與文化》（增訂版），第 276 頁。

變，但是這種「自治」必須是以「一國」為基礎的有限度自治，絕對不能是所謂的「絕對自治」。而上述原則得以實現的最重要前提，就是確保香港的民主化進程能夠維持在可控的範圍內適度發展。此外，儘管中央基於「一國兩制」的政策方針允許香港實行與國家主體不同的政黨體制，但中國共產黨作為我國多黨合作體制下的長期執政黨，它當然亦不希望看到未來香港會出現一個具有強大號召力的地區執政黨，以減弱其自身的執政權威。因此，中央對於香港政黨的態度其實從一開始就是警惕的，並在基本法的制定過程中盡量通過特定憲制安排及選舉機制的設置來延緩香港政黨的發展及削弱香港政黨的政治功能。

其次，保持香港社會的「繁榮穩定」與發展特區「代議民主」之間所存在的矛盾和衝突。通過規範解讀我們可以了解到，保持香港社會的繁榮穩定以及循序漸進地發展香港的代議民主同樣都是基本法所保障的核心價值。但不得不說，此兩者之間也是存在本質矛盾的。原因在於，要保持香港社會的「繁榮穩定」就需要以九七回歸的平穩過渡以及回歸後香港政治環境的穩定為前提，而發展香港的代議民主則必須要在一定程度上承受民主改革所帶來的動盪和陣痛，兩者之間在實踐形式上就存在巨大衝突。事實上，中央在綜合考量各項因素後，最終選擇了優先保障香港社會的「繁榮穩定」，為此而採取的主要措施包括在設計香港的政治體制時保留了港英政府的「精英主義」管治理念和「行政主導」的政制模式，更輔之以通過「循序漸進」的大原則將回歸後的香港代議民主改革限定在相對保守的範圍內發展。因此，基於這樣的認知前提，我們就不難理解中央為何需要在香港民主政制的運作以及「民主化」的問題上，對普遍奉行西方自由主義意識形態的香港政黨採取一種防備立場。

最後，有必要簡要交代一下的是，「政黨排斥主義」在香港的社會基礎。如上文所述，無論在回歸前抑或是回歸後，香港的政治制

度中都確切地存在着一種意在排斥或抑制政黨發展的「政黨排斥主義」。那麼，由此而引申出來的一個問題是，這種最初被強制性地植入於香港政治體制中的「政黨排斥主義」之所以能夠長期地存續下來，除了歸因於統治者的政治決斷以及對此所強加的外力因素之外，是否還具有其社會基礎呢？

對此，了解香港歷史的人都知道，香港的現代史其實就是典型的移民社會發展史。作為一個移民社會，香港社會民眾的重要組成部分，多是上世紀從祖國內地逃到香港的「難民」及其後代。特別是1949年解放後，大量中國內地移民流入香港，老一代的移民及其子女，加上這批新一代移民和他們的後代，構成了新的、穩定的香港人口。[45] 因此，這些移民身上所帶有的「難民心態」亦當然地成為了香港社會的重要社會文化之一。客觀地說，難民心態在過去曾極大地促進了香港社會的發展，[46] 但它同時也造就了內生自香港社會之「政黨排斥主義」的根源。

首先，當年逃港的難民絕大多數是由於飽受內地國共兩黨爭奪政權所導致的政治紛亂，而不得不逃難到香港的。因此，他們在心態上往往帶有對政治的厭惡情緒，[47] 尤其是對政黨間的政治紛爭存在強烈的排斥心態。這正如有論者所指出的，對於政黨，香港普通民眾往往是「保留了十二分的戒心」，他們直覺認為「政黨不是開玩笑的事，而是認真的，有組織行動而可以影響市民生活的機構」。[48]

其次，難民心態亦使得民眾往往只着眼於眼前利益，對香港社會的歸屬感不強，缺乏針對香港社會整體發展的長遠考慮，對本地區

45　參見關信基：〈香港政治社會的形成〉，載劉青峰、關小春編：《轉化中的香港：身份與秩序的再尋求》，香港：中文大學出版社1998年版，第102-103頁。

46　正如有論者曾分析認為，香港成功的原因有很多，但其中最重要的動力卻是難民心態——將過去的種種置諸腦後，捲起袖子，義無反顧，勇往直前地自謀生路。參見狄英：〈轉捩點上的香港〉，載天下雜誌編輯：《轉捩點上的香港：天下編輯集體越洋採訪專集（三）》，第3頁。

47　參見郭偉峰主編：《香港前途的冷靜思考》，香港：中國評論文化有限公司2003年版，第18頁。

48　參見吳靄儀：〈香港需要政黨嗎？〉，《明報》1985年5月23日。

的公共政治更是缺乏關注的熱情。關信基教授曾對此作過生動的比喻：對於這些逃到香港的「難民」來說，香港就像一條救生艇，「在天氣惡劣的大海中漂浮，等它到達彼岸邊，也就各散東西」，反正就是「談不上什麼社會共同體，什麼香港認同」。[49]

再次，難民到港後往往孑然一身、身無長物，但卻求得了彌足珍貴的安定生活，為此他們往往十分珍惜這個環境，願意依靠個人努力在社會拼搏、白手興家。因此，香港社會的不同階層通常只以個人和家庭的經濟利益為主要奮鬥目標，並由此形成了兩大特點：一是崇尚個人奮鬥精神和個人主義，二是個人「身份」、「地位」觀念高於階級或階層觀念。[50] 當然，這也與在香港社會作為主導性中間力量的中產階層的階層特性有密切關係。首先，「香港中產階層的成長和發展，是在比較平和與寬鬆的社會環境中實現，不像其他有些地區，需要通過偏激的行動為自己爭取空間」；其次，香港特殊的社會環境，使得憑藉個人努力實現向上流動的中產階層「形成了信奉個人主義、崇尚自由競爭、提倡個人奮鬥、不偏激、不太關心政治的品格，不習慣有組織甚至較為激烈的行動，不屑於政黨政治，缺乏組織政黨和政治團體來代表自己利益的內在動力」。[51] 而且，港人一般對政治人物和政黨還抱有懷疑，普遍認為政治應該是那些事業有成的人回饋社會的一種公共服務，而不應該是個人賴以發家致富、揚名立萬的途徑，因此傾向鄙視那些只吃「政治飯」的人。[52]

基於以上對香港社會政治文化的認知，我們亦不會驚訝上世紀的香港竟然曾經不止一次地出現過有關「香港應否發展政黨政治」的討論。這些討論的主題大致是：隨着政制開放和參政團體的湧現，參

49　關信基：〈香港政治社會的形成〉，載劉青峰、關小春編：《轉化中的香港：身份與秩序的再尋求》，第101頁。

50　李曉惠：《邁向普選之路：香港政制發展進程與普選模式研究》，第353頁。

51　同上，第192、463頁。

52　劉兆佳：《回歸十五年以來香港特區管治及新政權建設》，第166頁。

政團體會不會進一步演變為政黨？政制「民主化」，政黨出現是不是必然的發展？而政黨的形成，對香港前途又會作出怎樣的影響？[53] 而事實上，香港社會當時對於「香港應否發展政黨政治」這種議題的態度亦確實地表現得莫衷一是。通過資料整理，可以從當年的有關論述中了解到當時香港社會各界對於「香港應否發展政黨政治」這議題的不同見解：[54]

反對者認為香港不應發展政黨政治，主要理由包括：希望基本上維持現狀，害怕改變；中國制度是一黨獨大，倘香港出現政黨，恐怕不為中央接納，造成對抗政治；一旦出現多個政黨，內部造成對抗政治，會引起社會混亂（即社會矛盾具體化，制度化）；懷疑政治人物的野心，害怕政黨出現會導致政治交易制度化。

贊成者認為香港應發展政黨政治，主要理由包括：個人能力有限，任何政治動員都需要組織化；政黨政治有利政策的同意和穩定，在一定任期內，避免議會內四分五裂的混亂局面；對個別議員有更強的監察作用；培養政治人才。

應該說，在當年的香港社會，民眾對於在香港推行政黨政治是普遍存在思想顧慮的，其中具代表性的理由如前立法會議員吳靄儀當年所總結的：[55]

第一，政黨政治加深對立，破壞社會的穩定和團結；

第二，有強大代表性的港人政府，雖然有利於抗拒中國中央政府的不合理干預，但一旦港人政府採取對抗的態度，後果可能是嚴重的政治動盪；

第三，外地的政治組織可能透過政黨模式，介入本港政壇，使本港政治環境更形複雜；

---

53 吳靄儀：〈香港需要政黨嗎？〉，《明報》1985 年 5 月 23 日。

54 李慧玲：〈現時港人對政黨的態度〉，《明報》1986 年 10 月 24 日。

55 吳靄儀：〈政黨，你的名字是禍水？〉，《明報》1987 年 9 月 25 日。

第四，執政黨若數年一換，政府政策可能隨之而每數年作基本性的改變，影響投資環境；

第五，一些尷尬的問題將隨着政黨而出現，例如：若容許政黨在港大規模公開活動，共產黨是否也可以公開活動？國民黨有應當得到怎樣的對待？

此外，還需要進一步理解的是，香港社會在圍繞上述問題進行討論時，本地政黨還沒有正式的產生。那麼，在上世紀 90 年代初香港本地政黨產生之後，類似的疑問是否就不存在了呢？答案是否定的。即便是政黨在香港真正出現之後，香港社會仍有不少意見認為香港不宜發展政黨政治，否則將不利於香港在回歸中的平穩過渡。[56]這種對政黨心存顧慮、厭惡及排斥的情緒在香港社會中歷經了九七回歸，並一直延伸至今，從後來相關機構所做的民意調查中即可見一斑。據香港中文大學香港亞太研究所於 2013 年 7 月向 840 位 18 歲或以上市民就香港市民對本港政黨的印象和評價進行民意調查的結果反映，受訪市民對政黨的整體觀感仍然不佳：有多於一半（55.4%）的受訪市民同意，政黨間經常互相爭拗，根本做不了實事，只有 16.2% 不同意這個說法；同時，有相對較多（42.0%）受訪市民同意加入政黨的人都是為了替自己爭取更多利益，並非真心為市民謀福利，不同意這種講法的只有 13.5%。[57]

56　該等意見詳見傅品：〈政黨政治不利平穩過渡〉，《文匯報》1992 年 4 月 6 日。

57　〈香港亞太研究所民調：市民對政黨評價仍然欠佳〉，香港中文大學香港亞太研究所，http://www.cuhk.edu.hk/hkiaps/tellab/pdf/telepress/13/Press_Release_20130731.pdf（最後訪問時間：2019 年 9 月 6 日）。

小結

◇◇◇

誠如李鴻禧教授所指出的，現代民主政治講求公意政治、法治政治和責任政治，而民主政治首先必須是政黨政治。因為，「如果沒有政黨凝聚不同的意見或利益，公意無法形成；而且如果沒有政黨將公意制定成法律，並在政黨間藉法案的提出、辯難、討論、妥協，法律也制定不出來，當然也無法實行法治政治；況且責任政治最好是由政黨來承擔政治責任，在交替輪政中將責任政治發揮出來」。[1] 由此可見，政黨在現代政治中的功能幾乎可以說是不能或缺的。事實上，隨着上世紀 90 年代初號稱香港首個政黨的香港民主同盟的成立，香港政黨的出現和發展就已經成為了香港社會不可逆轉的一種趨勢，而香港本地政治的發展亦逐步走向以政黨政治為核心的氛圍。

然而，通過前述梳理分析可以發現，儘管政黨政治在香港得到了一定的發展，但由於香港政治體制中「政黨排斥主義」傳統的作用，使得香港目前的整個政治體制並不有利於政黨政治的發展。從當前的情況來看，香港政黨政治的發展狀態在某程度上應驗了某種預測：在一定程度上帶着「悲劇性的效果」，而且在客觀層面展現為一種「畸型的形態」。[2] 若對此加以演繹，則所謂「悲劇性的效果」，是指香港政黨囿於對政黨具有排斥性的制度安排，其政治功能以及整體發展受到了較為嚴重的削弱；而所謂「畸形的形態」，則如前文所述，作為地區政黨的一種發展形態，香港的政黨政治目前處於一種

1　李鴻禧：《李鴻禧憲法教室》，第 185 頁。

2　參見葉知秋：〈香港政黨操中共之手——香港政黨政治及選舉之三〉，《快報》1990 年 5 月 9 日。

「欠發達」的「半政黨政治」狀態。而實際上香港自回歸以來所出現的種種政治亂局，與其不無關係。因為，政黨基於其自身在政治現實中的強大影響力，並不甘於接受現行制度對其所設置的局限，往往試圖通過製造與現體制的對立性政治衝突來突破這種制度局限。

　　總之，由於受到政治體制中「政黨排斥主義」因素的局限，香港政黨無論是在規模、資源、政治影響力等各個方面均處於「半政黨政治」式的欠發達狀態。必須說，繼續保持這種欠發達狀態的政黨政治水平，從長遠來說是極不利於香港政制和香港社會發展的，即便從短期來說，它亦只會製造更多政黨與現體制之間的對立性政治衝突。因此，筆者認同鍾士元先生、蔡子強博士就香港政黨政治的發展問題分別從政治實務及政治理論中提煉出來的具有相近性的觀點，即：環顧世界各民主國家和地區，都普遍採用政黨政治作為管治工具，香港根本無必要自行實驗另外一套未經考研的管治體制；[3] 未來，香港應該在其憲制規劃中重新肯定政黨的地位，不單不應強行排斥，更應提供各種制度誘因，令政黨更理性、健康及成熟地發展。[4]

3　鍾士元：《香港回歸歷程：鍾士元回憶錄》，香港：中文大學出版社 2001 年版，第 226 頁。

4　蔡子強：〈提供制度誘因發展政黨政治〉，《明報》2005 年 8 月 10 日，A29 版。

第三章

政黨發展的規範供給及香港政黨立法之權利保障面

通過系統的政黨立法對政黨進行有效規範，是現代民主國家（地區）政黨政治的共同發展趨勢。事實上，早在上世紀 90 年代初，隨着立法局「九一直選」的臨近，政黨立法規範的問題就已經被提出。比如，香港民促會發言人就曾於 1990 年底公開表示，「由於本港缺乏政黨法例，本港政治團體只能根據社團條例或公司法註冊，社團條例賦予警方過大的權力，干預政治團體的工作，而公司法亦不適合政治組織的運作」。為此，該會亦聲明「要求港府設立政黨法，以配合和監察政黨的成立和運作」，該會又認為，「由於本港政制的發展促使了政治團體的出現，港府有必要修改現行有關的籌款法例，使政治組織可以在有法例監察的情況下，進行公開籌款」。[1] 而與此相隔不到一月，工商專業界政黨自民聯的主席胡法光亦公開表示，政黨在「九一直選」後將會在本地政治中發揮更重要的作用，而「港府沒有一套法例管束政黨，目前的有關法例，又含糊不清，如選舉經費的計算期等，故政府應參照外國的選舉條例，加以完善」。[2] 應該說，政黨立法的體系化既是成熟政黨政治的重要標誌，同時也是政黨政治進一步良好發展的必要前提。環顧當今世界，這早已成為國際通例。本章將主要運用比較分析的方法，就世界各國（地區）政黨立法的實踐概況以及香港政黨發展的政黨權利的保障性立法問題作全面的梳理分析。

1　〈民促會要求設政黨法　增對議員津貼並允政治團體公開籌款〉，載清華大學法學院基本法圖書館編：《香港基本法報刊資料剪輯：政黨政治·1990 年第 2 號（1990.5.3~1990.12.28）》2004 年 2 月。

2　〈九一直選進入硬碰階段　各政黨黨魁紛暢談己見〉，《星島晚報》1991 年 1 月 14 日，第二版。

政黨發展之規範供給：
對政黨立法實踐的考察

◇◇◇

　　如前所述，現代政黨政治的良好發展離不開多種條件的支撐，其中很重要的一項就是要對其提供充分的規範供給 —— 政黨立法對政黨權利的有效保障以及對政黨外部和內部行為的合理規制。此即通常所說的政黨法制化，是「政黨地位和活動規範化、制度化的過程」。[1] 其具體表現為，國家立法機關通過憲法、憲法性文件、法律對政黨及其行為作出相對詳盡具體的規定，使政黨組織及其活動趨於規範化。需注意的是，公法學所討論的政黨法制不同於政治學上的政黨制度，它主要可以從靜態和動態兩個面向來理解：其靜態面，是指一國（地區）規範政黨及其行為的法律法規的總稱；其動態面，表現為政黨接受法律的規制，是「立基於政黨民主理念，對政黨的憲法地位、政黨的內部與外部活動進行憲法與法律上的分析與考量過程」。[2]

　　當前，通過立法對政黨進行合理規範是現代法治國家的通行做法，而在實際操作中，世界各國的政黨法制化亦呈現為多種不同樣態。關於政黨立法規範具體形式的類型劃分，當今學界主要存在「二分法」、「三分法」、「四分法」以及「五分法」四種學理見解：

　　首先，「二分法」，以日本學者丸山健為代表。主要認為：有關政黨的法律規制，就形式上言，有採取單一立法者，即制定政黨法，

1　房震：〈西方政黨法制化初探〉，《現代法學》2003 年第 12 期，第 98 頁。

2　鄭賢君：〈論西方國家政黨法制〉，《團結》2004 年第 4 期，第 39 頁。

將政黨的規範編成單一的普通法，如西德、韓國、阿根廷、土耳其等均屬之；另一種方式，是不採單一立法，而將選舉法的公平性、政治資金的公開化以及公職人員的中立性等問題，為適應各別的目的分開立法，藉以規制政黨，如日本、美國等屬之。[3]

其次，「三分法」，以我國台灣地區學者蘇俊雄為代表。主要認為：政黨規範之有關規定，大致可分為三種立法形態，一是於憲法中規定，二是於政黨法中規定，三是於其他法律中規定。[4]

再次，「四分法」，以我國內地學者劉紅凜為代表。主要認為：根據世界各國政黨法律規範存在的情況，政黨法律規範主要包括四種形式——憲法、政黨法、選舉法等相關法律規範以及專項政黨立法。[5]

最後，「五分法」，以我國內地學者曾長秋等為代表。主要認為：國外政黨立法模式可劃分為憲法立法模式、政黨法模式、專門法規模式、憲法慣例模式以及其他法律法規涉及政黨的立法模式五種類型。[6]

應該說，上述四種分類學說屬於大同小異，並不存在重大分歧。而且，就各國立法之實際情況而言，有單取其中一種的，亦有兼取兩種或以上的。筆者認為，「三分法」已經足以涵括現有的各類立法形式，而且在分類上亦較為簡略，在此採用為下文的論述架構。

3　〔日〕丸山健著，呂漢鐘譯：《政黨法論》，「譯序」第 4 頁。

4　主張本分類方法的代表性學者蘇俊雄教授進一步指出，上述三種立法形態，皆是就法律規範政黨問題而言的。此外，亦有以判例、政治倫理規範單獨規範政黨，或是作為法律之外的補充規範。參見蘇俊雄：《政黨規範體制的研究》，台北：「行政院」政黨審議委員會委託研究，1992 年 4 月，第 6 頁。

5　參見劉紅凜：《政黨政治與政黨規範》，第 120 頁；劉紅凜：〈「政黨法制」論析——基於戰後世界政黨法制歷史發展與當代現狀的考察〉，《當代世界與社會主義》2013 年第 3 期，第 109 頁。除此之外，學界亦存在其他的「四分法」劃分類型，如鄭賢君教授就將之劃分為憲法性法律規範、議會普通法律規範、專項政黨立法以及有關政黨的憲法慣例，詳見韓大元、林來梵、鄭賢君：《憲法學專題研究》（第二版），北京：中國人民大學出版社 2008 年版，第 592-594 頁。

6　參見董衛華、曾長秋：〈國外政黨立法情況研究〉，《當代世界與社會主義》2013 年第 3 期，第 99-103 頁。

一、以憲法及憲法性法律規範政黨

　　從憲法原理而言，憲法是以限制政治權力為其基本作用的基本規範，政黨的運作，力量大到可以透過選舉的方式取得執政權力，也可以在取得執政權力之後繼續運作以冀確保繼續執政，其與國家憲政機關掌握政治權力的地位，實已相埒，自然也有由以節制政治權力為務的憲法加以規範的理由與需要。[7] 如前文所述，二戰以後，隨着各國階級力量對比發生變化，西方民主國家步入了在法律上積極承認政黨的時期，憲法開始承認政黨，並且將政黨納入憲法的規範範圍。總之，在當代的政治實踐中，以憲法規範調整政黨體制，強化對政黨活動的控制是保障立憲主義實現的中心環節之一。[8] 究其表現形式，可分為以憲法條文明確規定政黨地位、任務、權利等內容的客觀規範模式和僅規定確立政黨自由等原則的主觀規範模式兩種。

　　通過歷史考察及比較分析可知，在世界成文憲法國家中，意大利應該是較早將政黨納入到憲法中進行規範的國家。[9] 頒佈於 1947 年 12 月的戰後意大利新憲法第 49 條明確規定，為了採取各種民主方法幫助決定國家政策，一切公民均有自由組織政黨之權利。其中，以憲法對政黨的各方面進行詳細規定之典型者當屬土耳其、尼日利亞等國無疑。以土耳其為例，該國《憲法》第四章「政治權利和義務」中專闢了「關於政黨的規定」一節，該節規定通過兩個條文（第 68、

7　李念祖編著：《案例憲法（一）：憲法原理與基本人權概論》，第 156 頁。

8　韓大元：《亞洲立憲主義研究》（第二版），第 348 頁。

9　相關立法資料主要參考自〔日〕木下太郎編，康樹華譯：《九國憲法選介》，第 91-94 頁。在我國內地學界，有關研究認為意大利是世界上在憲法中明確規定政黨地位的第一個國家，相關論述可參見程邁：〈歐美國家憲法中政黨定位的變遷——以英美法德四國為例〉，《環球法律評論》2012 年第 3 期，第 87 頁；劉紅凜：〈「政黨法制」的歷史進步性與政治局限性——基於對戰後世界政黨法制歷史發展與當代現狀的考察〉，載王韶興、呂連仁主編：《政黨政治研究：第四屆中國政黨論壇文集》，濟南：山東大學出版社 2012 年版，第 46 頁；牛旭光：〈世界各國政黨立法概況及對我國政黨立法問題的思考〉，載牛旭光：《政黨政治與民主問題研究》，北京：中國人民大學出版社 2014 年版，第 83 頁。

69 條）合共一千餘字就政黨的成立、黨員的入黨退黨、政黨活動的原則、政黨的財務、政黨的解散等作了詳細規定，可算得上是一部被放置在憲法中的小型「政黨法」。[10]

根據荷蘭學者亨克‧范‧瑪律賽文等針對 1976 年 3 月 31 日前生效的 142 個民族國家的成文憲法進行比較研究及統計分析所得出的經典結論，「憲法中明確規定了結社自由的佔 84.8%（119 部）；憲法中有對政黨作了相關規定的佔 65.5%（93 部），沒有規定的佔 43.0%（61 部）」。[11] 從該研究結論可知，通過憲法對的政黨作相關規定已然成為了現代國家的一種政黨立法趨勢。有關採行此種類型的政黨立法規範模式的主要國家以及其憲法之具體規定，可參閱下表：[12]

表 3-1：憲法中含有政黨規範條款的主要國家統計表

洲名	序號	國家	憲法條文	規範內容
歐洲	1	奧地利	第 26 條之一、第 35(1) 條	1、選舉委員會非法官委員的名額應由各參選黨派依據其在上屆國民議院選舉中的席位比例推薦產生；2、政黨在聯邦議院議員選舉中的權利。
	2	丹麥	第 78 條	1、結社自由；2、防衛條款；3、立法委託。
	3	德國	第 21 條	1、政黨之功能；2、政黨自由；3、政黨民主；4、財務公開；5、防衛條款；6、立法委託。

10　字數的統計樣本取自孫謙、韓大元主編之《世界各國憲法》（亞洲卷）土耳其憲法部分。詳見孫謙、韓大元主編，《世界各國憲法》編輯委員會編譯：《世界各國憲法》（亞洲卷），第 607-608 頁。

11　〔荷蘭〕亨克‧范‧瑪律賽文、格爾‧范‧德‧唐著，陳雲生譯：《成文憲法：通過電腦進行的比較研究》，北京：北京大學出版社 2007 年版，第 83 頁。

12　表格參考相關學者之研究成果整理而成；此外，筆者亦根據孫謙、韓大元主編之《世界各國憲法》（亞洲卷 / 歐洲卷 / 非洲卷 / 美洲大洋洲卷）對個別國家已修改的憲法規範作了更新。參見蘇俊雄：《政黨規範體制的研究》，台北：「行政院」政黨審議委員會委託研究，1992 年 4 月，第 34-36 頁；何力平：《政黨法律制度研究》，附錄一：七十五個國家（地區）憲法中的政黨條款，第 162-211 頁；葉海波：《政黨立憲研究》，第 79-92 頁；孫謙、韓大元主編，《世界各國憲法》編輯委員會編譯：《世界各國憲法》（亞洲卷 / 歐洲卷 / 非洲卷 / 美洲大洋洲卷）。

洲名	序號	國家	憲法條文	規範內容
歐洲	4	俄羅斯	第 13 條	1、國家意識形態多元化的承認及中立態度；2、政治多元化及多黨制；3、社團地位平等；4、防衛條款。
	5	法國	第 4 條	1、政黨任務；2、政黨自由；3、政黨平等；4、防衛條款。
	6	葡萄牙	第 10、114、223(8) 條	1、政黨自由；2、保障少數派政黨的民主反對權；3、防衛條款。
	7	西班牙	第 6 條	1、政黨功能；2、政黨自由；3、政黨民主。
	8	希臘	第 29 條	1、政黨自由；2、政黨民主；3、財務公開；4、競選公平；5、中立條款。
	9	匈牙利	第 2 章第 VIII 條	1、政黨自由；2、政黨活動及財政管理須合法；3、防衛條款；4、立法委託。
	10	意大利	第 18、49 條	1、防衛條款；2、政黨自由。
亞洲	11	巴基斯坦	第 17 條	1、政黨自由；2、防衛條款；3、政黨財務公開。
	12	韓國	第 8 條	1、政黨自由；2、政黨民主；3、公共資助；4、防衛條款。
亞洲	13	泰國	第 65、68 條	1、政黨自由；2、政黨內部組織、管理和章程應符合君主立憲政體；3、護憲（防衛）條款。
	14	伊朗	第 26 條	1、政黨自由；2、防衛條款。
	15	越南	第 4 條	1、越共是國家和社會的領導力量；2、政黨應遵守法律。
	16	中國	序言、第 5 條	1、中共的執政黨地位；2、多黨合作協商制；3、政黨應遵守法律。
南美洲	17	巴西	第 17 條	1、政黨自由；2、政黨任務；3、防衛條款；4、政黨財務公開；5、政黨內部組織原則；6、政黨註冊；7、針對政黨的公共資助。

洲名	序號	國家	憲法條文	規範內容
南美洲	18	哥斯達黎加	第 96、98 條	1、公共資助；2、政黨自由；3、政黨財務公開；4、政治多元；5、政黨民主。
	19	古巴	序言、第 5、6 條	古巴共產黨的執政地位
	20	秘魯	第 35 條	1、政黨權利；2、政黨功能；3、政黨自由；4、政黨註冊；5、政黨民主；6、國家針對政黨的公共資助。
	21	尼加拉瓜	第 55 條	政黨自由
	22	委內瑞拉	第 67 條	1、政黨自由；2、政黨功能；3、政黨民主；4、政黨財務公開；5、防衛條款。
	23	烏拉圭	第 77(11) 條	1、政黨自由；2、政黨功能；3、政黨民主。
	24	智利	第 19(15)、93(10) 條	1、結社自由；2、政黨民主；3、政黨財務管制；4、政治多元；5、立法委託；6、防衛條款。
非洲	25	阿爾及利亞	第 42 條	1、政黨自由；2、防衛條款；3、立法委託。
	26	埃及	第 4 條	1、政黨自由；2、防衛條款。
	27	肯亞	第 38、91、92 條	1、政黨自由；2、政黨功能；3、政黨民主；4、防衛條款；5、立法委託。
	28	利比里亞	第八章	1、政黨自由；2、政黨任務；3、政黨民主；4、政黨財務公開；5、防衛條款；6、立法委託。
	29	盧旺達	第三編	1、多黨制；2、政黨自由；3、政黨民主；4、政黨功能；5、防衛條款；6、國家針對政黨的公共資助；7、政黨中立。

洲名	序號	國家	憲法條文	規範內容
非洲	30	尼日利亞	第 40、221、222、223、224、225、226、227、228、229 條	1、政黨自由;2、政黨民主;3、政黨財務公開;4、防衛條款。

　　總括而言,在現代民主社會的政治實踐中,以憲法規範調整政黨體制、強化對政黨活動的控制,已然成為了保障立憲主義實現的中心環節之一。[13] 當然,亦需要指出的是,各國憲法基於其自身的法律特性,通常只會針對政黨作原則性的規範。至於進一步之詳細政黨立法,則需要普通法律在其所提供的規範基礎上作進一步延伸。例如,不少國家(地區)的個案是,憲法中有關政黨活動的一般原則會與議會規範政黨活動的各種立法相結合,以此共同構建起政黨法制體系。[14]

二、制定專門的「政黨法」規範政黨

　　所謂專門的「政黨法」,是指國家立法機關對政黨的法律地位、內部組織、權利和義務以及活動形式等問題而專門制定的,適用於所有政黨的法律文件。此處的「政黨法」所採取的是一種狹義的概念,所指向的乃正如德國學者沃爾夫岡・穆勒等所界定的「專門調節政黨組織生活的法律」,是一部界定清晰的法律,在特定的國家可能存在或者並不存在。[15] 其具體表現形式為《政黨法》等政黨基本法律。

13　參見韓大元:《亞洲立憲主義研究》(第二版),第 348 頁。

14　參見韓大元、林來梵、鄭賢君:《憲法學專題研究》(第二版),第 592 頁。

15　參見〔芬蘭〕勞瑞・卡爾維尼著,程玉紅編譯:〈全球比較:政黨政治法制化〉,《當代世界與社會主義》2011 年第 1 期,第 147 頁。

據考察，世界上較早制定專門「政黨法」的國家是阿根廷，該國於 1944 年曾公佈一部《政黨組織法》，但並未正式實施。其後，阿根廷貝隆獨裁政權另於 1949 年 9 月公佈實施另一部政黨法律（共 10 條），此外又於革命後 1956 年 10 月公佈另一有關政黨黨則的法律（共 23 條）。[16] 而全球化的、成規模的專門「政黨法」立法則始於上世紀 60 年代，迄今為止已有數十個 [17] 國家陸續頒佈了「政黨法」，如：原聯邦德國於 1967 年制訂的《政黨法》；1996 年 7 月 2 日，獨立後的哈薩克以《憲法》和《社會團體法》為基礎，制定規範政黨的專門性法律《政黨法》並頒佈實施；[18] 俄羅斯於 2001 年公佈《政黨法》。此外，值得一提的是，從第一個社會主義國家誕生至今，尚未有任何一個社會主義國家曾制定過專門「政黨法」。筆者在相關研究成果的基礎上，整理得出下表：[19]

表 3-2：已制定專門「政黨法」的主要國家一覽表

洲名	序號	國家	政黨法名稱	制定或通過時間
歐洲	1	德國	《政黨法》	1967 年
	2	芬蘭	《政黨法》	1969 年
	3	西班牙	《政黨法》	1978 年
	4	匈牙利	《政黨法》	1988 年

16 蘇俊雄：《政黨規範體制的研究》，台北：「行政院」政黨審議委員會委託研究，1992 年 4 月，第 9 頁。
17 對於世界上有多少個國家頒了政黨法？目前尚無確切資料，國內學者對此也認識不一：何力平在《政黨法律制度研究》指稱，目前世界上共有 22 個國家有專門的「政黨法」；陶雙文在〈中國政黨法之未來〉中列出了 30 多個先後頒佈政黨法的國家；葉海波在《政黨立憲研究》中指出，當下有 30 餘個國家制定了專門的「政黨法」；劉紅凜在《政黨政治與制度規範》指稱，目前有 62 個國家存在或在歷史上存在過政黨法。此外，芬蘭的政治學者勞瑞·卡爾維尼教授認為截至 2003 年全世界得到確認的政黨法共有 39 部，詳見〔芬蘭〕勞瑞·卡爾維尼著，程玉紅編譯：〈全球比較：政黨政治法制化〉，《當代世界與社會主義》2011 年第 1 期。
18 任允正、於洪君：〈哈薩克《社團法》與《政黨法》〉，《外國法譯評》1996 年第 4 期，第 72、74 頁。
19 表格之資料參考自蘇俊雄：《政黨規範體制的研究》，台北：「行政院」政黨審議委員會委託研究，1992 年 4 月，第 9-15 頁；何力平：《政黨法律制度研究》，第 68-84 頁；劉紅凜：《政黨政治與制度規範》，上海：上海人民出版社 2010 年版，第 122-127 頁。

洲名	序號	國家	政黨法名稱	制定或通過時間
歐洲	5	保加利亞	《政黨法》	1990 年
	6	波黑	《政黨法》	1990 年
	7	波蘭	《政黨法》	1990 年
	8	捷克	《政黨法》	1990 年
	9	立陶宛	《政黨法》	1990 年
	10	愛沙尼亞	《政黨法》	1994 年
	11	俄羅斯	《政黨法》	2001 年
	12	白俄羅斯	《政黨法》	2005 年（修改）
亞洲	13	泰國	《政黨條例》	1955 年
	14	巴基斯坦	《政黨法》	1962 年
	15	韓國	《政黨法》	1962 年
	16	土耳其	《政黨組織法》	1965 年
	17	印尼	《關於政黨和專業集團的法令》	1975 年
	18	緬甸	《政黨登記法》	1988 年
	19	伊朗	《政黨法》	1988 年
	20	蒙古國	《政黨法》	1990 年
	21	也門	《政黨和政黨組織法》	1991 年
亞洲	22	約旦	《政黨法》	1992 年
	23	哈薩克	《政黨法》	1996 年
	24	烏茲別克	《政黨法》	1996 年
	25	柬埔寨	《政黨法》	1997 年
	26	塔吉克	《政黨法》	1998 年
	27	阿富汗	《政黨法》	2003 年
	28	東帝汶	《政黨法》	2004 年
非洲	29	埃及	《政黨法》	1977 年
	30	聖多美和普林西比	《政黨法》	1990 年

洲名	序號	國家	政黨法名稱	制定或通過時間
非洲	31	加蓬	《政黨法》	1991 年
	32	馬里	《政黨法》	1991 年
	33	毛里塔尼亞	《政黨法》	1991 年
	34	莫桑比克	《政黨法》	1991 年
	35	尼日爾	《政黨法》	1991 年
	36	布隆迪	《政黨法》	1992 年
	37	赤道幾內亞	《政黨法》	1992 年
	38	幾內亞	《政黨法》	1992 年
	49	阿爾及利亞	《政黨法》	1997 年
	40	摩洛哥	《政黨法》	2005 年
南美洲	41	阿根廷	《政黨組織法》	1944 年
	42	巴西	《政黨組織法》	1971 年
	43	墨西哥	《政黨組織與選舉程序法》	1977 年

▌三、通過其他法例規範政黨

除上述通過憲法（或憲法性文件）和專門「政黨法」規範政黨外，更有不少政黨立法則是採取專項立法或普通法律的形式。

首先，是不同國家在不同時期曾經出現過的針對政黨的某些專項立法。所謂政黨法制中的專項立法，乃是一種具有明顯針對性的政黨立法形式。某些國家的立法機關會針對某一政黨或政黨的某一方面活動制定專項立法對之進行規範。事實上，這類以專門立法規範政黨的情況並不鮮見。歷史上，德國納粹政權就曾分別於 1933 年 7 月

14 日、1933 年 12 月 1 日頒佈《新政黨禁止法》及《保障政黨國合一法》，以法律的形式對其一黨獨裁的統治形態加以保障，並據此在法律上確立其作為「德意志國家思想的擔任者」，而試圖使其與國家形成「不可分的結合關係」。[20]

　　通常，針對政黨的專項立法可大致分為兩種。第一，針對某一（某些）政黨的支持性或禁制性專項立法。其中，支持性專項立法，如緬甸政府於 1974 年通過的、規定了緬甸社會主義綱領黨對國家和社會的領導權以及權力行使方法的《保障黨的領導作用法》；禁制性專項立法，如美國於 1954 年制訂的宣佈美國共產黨為「非法」、剝奪共產黨之法人權利的《共產黨管制法》（*Communist Control Act*）。[21] 第二，針對政黨活動中某一重要方面所作的法律規定。例如，英國的《性別歧視（選舉候選人）法令》、法國的《政黨經費法》、新加坡的《2000 年政治捐贈法》等。

　　其次，是通過「選舉法」、「政治獻金法」、「行政法規」等普通法律的相關規定規範政黨。如日本公法學者所言，「即使在憲法及政黨法未就政黨設有任何規定的場合，隨着選舉法制內容的不同，對諸政黨（或其中的特定政黨），亦會產生規制效果或保護效果」。[22] 事實上，不少國家即是通過如「選舉法」、「政治獻金法」、「行政法規」等普通法律的部分規定對一部分的政黨行為進行立法規範。例如德國《聯邦選舉法》及韓國《選舉法》都對政黨公職候選人的提名程序及限制作了規定。又如，美國各州均在其選舉法中訂定了一系列確定黨員身份的規則和政黨組織在初選中的活動程序，並以立法形式控制政

20　參見〔日〕佐藤功著，許介麟譯：《比較政治制度》，台北：正中書局 1981 年版，第 116 頁。

21　參見劉紅凜：〈政黨法律地位比較與思考〉，《中國人民大學學報》2009 年第 6 期，第 115 頁；劉紅凜：《政黨關係和諧與政黨制度建設》，北京：人民出版社 2013 年版，第 258-259 頁。

22　參見〔日〕阿部照哉等編著，許志雄審訂，周宗憲譯：《憲法（上冊）：總論篇、統治機構篇》，第 216-217 頁。

黨的經費。[23]

概括而言，在前述各種類型的立法體制中，雖然各國由於「政治力量的對比不同和現行政黨制度的不同」而導致「在憲法和政黨法中對政黨及其活動的規定也很不一樣」；[24] 但實際上，不管是如德國、俄羅斯、韓國等採取將政黨的規範統合於一部專門「政黨法」者，抑或是如英國、美國等不採行單一立法而將政黨立法根據不同的規範目標分開訂定者，就其內容而言，均可以分為政黨法制的權利保障面以及政黨法制的行為規制面兩大部分。目前，此種學理劃分亦為一般憲法學原理所普遍承認。[25] 總之，在政黨立法及政黨規範的法治理念之下，政黨一方面被賦予特殊的法律地位，必須「履行與現代民主政治目標和實踐相稱的功能」；[26] 而另一方面，政黨的成立、目的及行為亦須服從法律的一般性原則，接受國家法律的規範和調控。

應該說，前文論述在很大程度上其實是源自於對現實政治中政黨立法實踐的實證考察和總結。以政黨立法之先驅德國為例，其《基本法》中的有關規定就同時體現了政黨立法的權利保障和權利限制兩個面向。根據德國《基本法》第 21 條的規定，憲法一方面通過賦予政黨在國家民主生活中特殊的憲制任務，使其獲得了不同於一般政治團體的準憲法機關的地位；而另一方面，憲法為免自身所確立的「自由民主憲制秩序」以及「國家之存在」受到極端政黨或者非極端政黨之不法行為的侵害，又設置了專門的防衛機制，以允許在法定情形下對侵害前述法益的政黨進行禁止。此外，再以在政黨立法方面多有效法德國經驗的我國台灣地區為例，其「憲法」對於政黨的規範，同樣

23　韓大元、林來梵、鄭賢君：《憲法專題研究》（第二版），北京：中國人民大學出版社 2008 年版，第 592 頁。

24　許萬全：〈政黨立法與政黨制度評述〉，《社會主義研究》1991 年第 3 期，第 41 頁。

25　參見〔日〕阿部照哉等編著，許志雄審訂，周宗憲譯：《憲法（上冊）：總論篇、統治機構篇》，第 214-216 頁。

26　〔芬蘭〕勞瑞‧卡爾維尼著，程玉紅編譯：〈全球比較：政黨政治法制化〉，《當代世界與社會主義》2011 年第 1 期，第 147 頁。

具有兩面性。根據李念祖教授的考察和歸納，我國台灣地區「憲法」一方面將政黨作為保障的對象，除了以第 14 條規定集會結社自由加以保障之外，也訂立了特別的規定（如第 7 條），甚至由「憲法法庭」加以保障（「憲法」增修條文第 5 條第 4 項）；另一方面，我國台灣地區「憲法」也對於政黨明文設定若干限制，包括政黨不得違憲（「憲法」增修條文第 5 條第 5 項）、不得干涉審判（第 80 條）、不得以武力從事政爭（第 138 條）等。[27]

綜上所述，一個國家或地區的政黨政治能否良性發展，在很大程度上乃取決於政府是否能夠有效地構築起一套適切的與之相配套的規範體系，以滿足政黨發展的規範需求。具體到香港，這種所謂「與之相配套的規範體系」的構建即對應本書所要論述的香港政黨立法的系統完善，其基本內容包括了「政黨立法對政黨權利的有效保障」以及「政黨立法對政黨外部和內部行為的合理規制」兩個方面。而在本書的論述結構中，基於香港自身的實際情況，特區政黨立法的完善應以「政黨立法對政黨權利的有效保障」作為基本前提；不過，鑒於實際情況中針對政黨的規制性立法目前具有較大需求，因此有關討論在內容及篇幅上亦會稍為偏重於「政黨立法對政黨外部和內部行為的合理規制」方面。當然，正如關信基教授所言，「制度規範的建立，是一個創作性的，因此是開放的、需要不斷對話的學習過程」，[28] 為此，下文的論述亦將會主要以比較分析為視角，對香港之政黨立法問題作全面的考察和探討。

27　李念祖編著：《案例憲法（一）：憲法原理與基本人權概論》，第 156 頁。

28　關信基：〈香港政治秩序的尋求〉，載劉青峰、關小春編：《轉化中的香港：身份與秩序的再尋求》，第 92 頁。

香港政黨立法規範之權利保障面

◇◇◇

　　如前文所述，政黨權利的保障面毫無疑問是針對政黨之規範供給問題中最為重要的探討內容之一。尤其是對於像香港這樣政黨發展尚處於「半政黨政治」狀態、整體制度設計亦暗含排斥政黨政治之「政黨排斥主義」元素的社會而言，研究如何通過建構和完善對政黨權利的保障具有積極促進意義的系統立法，對克服政黨目前所面臨的體制性發展障礙，並促進本地政黨政治功能的充分發揮，更是具有重大的現實意義。

一、政黨權利立法保障概述

　　通常，政黨之基本權利，最主要的是創設自由、活動自由與機會平等，此外亦享有其他個別的基本權利，例如居住自由、財產權等。[1] 政黨權利的實質在於作為權利主體的政黨對自身利益的自主追求和維護，從本質上體現了政黨與其他權利主體之間的利益分配關係。[2] 而所謂政黨立法規範的權利保障面，則是指國家採取積極承認政黨的立場，以立法的形式明確保障政黨自由原則不受侵害。

　　隨着政黨制在現代民主國家的確立，成熟的政黨成為了民主政

1　蘇俊雄：《政黨規範體制的研究》，台北：「行政院」政黨審議委員會委託研究，1992 年 4 月，第61 頁。

2　徐龍義：〈政黨權利基本問題探討〉，山東大學博士學位論文，2006 年 4 月，第 11 頁。

治發展的必要條件；[3] 國家的「統治機構會呈現出何種機能，除受憲法上的制度構造影響外，亦受政黨數目（兩大黨制或兩政黨集團或多黨制）、內部構造（黨規律的薄弱）、政黨間的同性質或異性質之程度等重要因素所左右」。[4] 鑒於政黨在政治生活中的重要價值，現代民主國家對待政黨的立場從消極防禦轉變為積極承認並通過立法對政黨權利進行保障，通常做法是將政黨與其他一般結社加以區別，在憲法中將政黨自由從結社自由分立出來加以明文保障。如德國、意大利、葡萄牙、希臘等均通過其《憲法》對政黨權利作出專門規定。其中，最為典型的例子是德國 1949 年《基本法》第 21 條的規定。[5] 德國《基本法》第 21 條第 1 款規定「政黨參與形成人民的政治意志，可以自由建立政黨」，是在憲法層面確立了政黨自由原則。與此同時，該法第 21 條第 2 款亦率先規定了「政黨特權」原則，授權聯邦憲法法院判定政黨的適憲性；也就是說，對政黨所實施的違憲禁止命令必須由憲法法院裁決作出，否則無效。因此，這可以推導出一個基本事實，德國的政黨已經不僅是社會組織，它們的目標、組織和財政規定在憲法法律意義上相較於一般的政治結社具有較強的特殊性。[6]

　　一般來說，政黨權利之保障，需要着力樹立兩個基本點。首先，是明晰政黨在憲制秩序中的定位。唯有對政黨在憲制秩序中的定位加以準確界定之後，方能對政黨之權利保障以及行為規制進行合理的規範。其次，是確立以保障政黨權利不受侵害為依歸的政黨規制立法原則。相關立法原則的確立，能避免因過度規限而導致的政黨權利

3　See Elmer Eric Schattschneider, *Party Government*, p. 1.

4　〔日〕阿部照哉等編著，許志雄審訂，周宗憲譯：《憲法（上冊）：總論篇、統治機構篇》，第 215 頁。

5　事實上，同樣在德國，比德國 1949 年憲法更早將政黨納入憲法條款的是德國巴登（Baden）邦的邦憲法。因為該邦受納粹的危害最烈，所以早在 1947 年就將類似於上述第 21 條的條文列入邦憲法。參見李鴻禧：《李鴻禧憲法教室》，第 194 頁。

6　參見〔德〕沃爾夫岡·魯茨歐著，熊煒、王健譯：《德國政府與政治》（第 7 版），北京：北京大學出版社 2010 年版，第 27 頁。

侵害。除此之外，由於現代政黨國家民主政治之各項機制的運作基本上都離不開政黨的參與，因而，動用公共資源對具有特殊公共職能的政黨進行直接或間接的支持和幫助以緩解其財政壓力，就成為了順理成章的事情，並逐漸為多國所實踐。[7]

二、明晰香港政黨在憲制秩序中的定位

所謂明晰政黨在憲制秩序中的定位，即以規範的形式在以憲法為基礎所構築起來的憲制秩序中，對政黨的地位進行明確的界定，或賦予政黨特殊的憲制性任務。如蔡宗珍教授所言，關於政黨在憲制秩序中的定位問題是「攸關制度發展的合理性：透過其於憲政體制下的定位，方能以之為據，更進一步思考政黨於憲政國家之權利義務如何釐定的問題」。[8] 因此，對政黨在憲制秩序中的定位加以準確界定，是對政黨權利進行有效保障以及政黨行為進行合理規範的重要前提條件。

針對政黨權利保障之關鍵性爭議問題在於，是否應該在前述保障之基礎上再賦予政黨以特殊之憲制地位，以使其獲得較一般結社更高的權利保障水平。通常認為，政黨地位形成於政黨政治實踐中，其一方面反映了「政黨—國家—社會」之間的關係，另一方面則反映了政黨實力和政黨在國家社會發展中的功能與作用。[9] 如前文已引述的，德國學者杜禮培將國法對政黨的態度劃分為四個階段：「敵視」、「漠視」、「承認和法制化」以及「納入憲法」。其中。第四階段就是

7　針對政黨的公共資助亦係政黨立法之權利保障的重要內容之一，但由於考慮針對該問題的討論與政黨財務之立法規範問題具有更強之關聯性，本書將其放在第五章「香港政黨內部行為的立法規制」中進行論述。

8　蔡宗珍：〈我國憲政體制下政黨的定位、發展及其危機〉，載蔡宗珍：《憲法與國家（一）》，第185頁。

9　參見劉紅凜：〈政黨法律地位比較與思考〉，《中國人民大學學報》2009 年第 6 期，第 112 頁。

指政黨被納入憲法時期。在此階段，由於人們普遍認識到政黨是國民政治意志與國家意思的重要轉換媒介，「較之其他人民團體，政黨具有更高的政治任務，應享有憲法上之地位，不應矮化地將其與其他人民結社同視」；[10] 因此，有不少國家通過在憲法中設置專門的政黨條款，賦予政黨特殊的地位以保障其權利。

根據葉海波教授對德國、法國、韓國等 66 個在憲法中賦予政黨特別地位的國家所進行的考察歸納，我們可以從憲法規範的維度，大致推斷政黨在這些國家（地區）憲法秩序中所獲得的承認及被賦予之憲法地位：首先，在如烏克蘭、土耳其、秘魯、巴西、尼加拉瓜等多數國家所採行的將政黨條款置於「憲法權利編」的立法體例中，「政黨雖然為其他社會組織所不能比擬的公共機能得到強調，但政黨首先並主要是作為一個市民組織而為憲法所承認」；其次，在如德國、法國、西班牙、韓國等國家所採行的將政黨條款置於「總綱編」的立法體例中，「政黨作為政治多樣性的體現，和民主政治的必備要素，人民表達政治意志、追求特定利益、參與政治生活的重要機制」，被確立為憲政體制的原則之一；再次，在如希臘、墨西哥、玻利維亞等國家所採行的將政黨條款置於「憲法權力編」的立法體例中，政黨「源於市民社會中的公民結社並為憲法確認為憲法上的機關」。[11]

此外，筆者亦留意到，在現今民主國家中，如英國、日本等均尚未在本國憲法或憲法性法律文件中設置專門政黨條款或明確賦予政黨特殊憲法地位。而事實上，類似「是否應該在憲法層面明確賦予政黨以特殊之地位」這樣的問題，在這些國家也同樣存在爭議。不過，在此需要特別指出的一個重要細節是，儘管上述國家並未在其本國憲法或憲法性法律文件中設置專門政黨條款或明確賦予政黨特殊之憲法

10　蘇俊雄：《政黨規範體制的研究》，台北：「行政院」政黨審議委員會委託研究，1992 年 4 月，第142 頁。

11　參見葉海波：《政黨立憲研究》，第 78-92 頁。另外，此處亦參考了孫謙、韓大元主編，《世界各國憲法》編輯委員會編譯：《世界各國憲法》（亞洲卷／歐洲卷／非洲卷／美洲大洋洲卷）。

地位，但並不意味着政黨的憲法地位在這些國家中就與一般政治結社完全無異，同樣，這也不代表政黨的權利在這些國家中沒有得到特別的保障。因為，與之相關的司法解釋和判例對此作了有效的補充性規範。以英國為例，儘管英國政黨並未被賦予特殊的憲制地位，但並不影響政黨獲得英國法律對其合法權利之有效保障。首先，在英國法中，結社自由已經毋庸置疑地被奉為基本的法律原則之一；[12] 而英國的司法機構亦在不同的判例中通過反覆確立「政黨政治慣例」，[13] 並明確「結社自由當然地涵括政黨自由」而使政黨自由成為了毋庸置疑的原則性共識，因此，政黨在英國已被普遍地認為是「當然存在或不可欠缺的組織」。[14] 此外，政黨在英國的法律上不僅「屬於自願組織」，同時也被認定為「屬於行使公共職權但由私法統轄的實體」。[15] 實際上，在目前英國的政黨立法體例中亦不乏以政黨為主要規範對象的法例，如《2000 年政黨、選舉及全民投票法令》（*Political Parties, Elections and Referendums Act 2000*）[16] 即是該類立法的代表。

對於香港而言，明晰政黨在憲法秩序之定位是政黨立法所亟需解決的一項課題。在此需要說明的是，就本書寫作的架構而言，下文的論述亦係順接前文有關香港政黨在現行憲制秩序下之定位問題的探討結論所作的進一步論述，並將為之提出對策性建議。

前文曾指出，就整體而言，香港政黨在現行憲制秩序中的定位是「不明確」的。當然，在此需要再次說明的是，此處所謂的「不明確」，並非指向實然層面——現行立法體例未有對政黨的法律地位作

12　Howard Davis, *Human Rights and Civil Liberties* (Devon, UK: Willan Publishing, 2003), p. 236.

13　朱世海：〈論香港政黨法制的必要性、原則和內容〉，《港澳研究》（國務院發展研究中心港澳研究所主辦）2010 年夏季號（總第 18 期），第 69 頁。

14　〔日〕丸山健著，呂漢鐘譯：《政黨法論》，第 18 頁。

15　〔英〕A‧W‧布蘭得利、K‧D‧尤因著，程潔譯：《憲法與行政法》（上冊）（第 14 版），第 307 頁。

16　UK: Political Parties, Elections and Referendums Act 2000, available at, http://www.legislation.gov.uk/ukpga/2000/41/contents, (last visited 12-11-2019).

清晰的界定；相反，這種「不明確」乃是指向應然層面的，屬於一種具有應然指向性的不明確。申言之，就香港現行政黨規範的實際情況而論，政黨在香港的憲法地位並非是不清晰的，相反，政黨自產生至今在香港立法體例下之憲制地位實際上都可謂是得到清晰界定的，即被歸類為「政治性團體」[17] 的一種類型。這也就是說，香港政黨的法律地位由始至終都是被界定為區別於西方政黨國家一般意義上之「政黨」，而與普通政團無異的政治性結社子類型。然而，這並不符合香港的政治現實。事實是，自上世紀 90 年代起，已有多個本地政黨獲香港政府批准註冊登記，而且香港政黨在本地公共政治中不僅發揮着與西方社會一般政黨無異的政治功能，同時亦被政府和社會各界所積極承認。因此，這反映了在香港的憲制秩序中，政黨長久以來都是「以政團之名而行政黨之實」——即處於一種名實不符、身份與實質撕裂的矛盾狀態中。而當香港政黨在現實政治中所實際發揮的政治功能和政治影響變得越來越重要，甚至遠遠超過一般的政治性結社時，這種名實不符、身份與實質撕裂的矛盾狀態將越形嚴峻，最終成為窒礙政黨進一步發展的屏障。

　　目前，香港基本法並沒有設置政黨條款，甚至條文中連「政黨」二字都沒有提及。在基本法中，可以找到與政黨關聯性最強的條款應該是第 23 條。該條文是基本法中具有防衛性功能的條款，其所規定的其中一項禁止性內容為：禁止香港的政治性組織或團體與外國的政治性組織或團體建立聯繫。通過結合《社團條例》第 2 條對基本法第 23 條中所指的「香港的政治性組織或團體」進行的規範解釋可知，所謂「香港的政治性組織或團體」涵括了香港政黨在內，而且探微該條文之立法原意可以推知該項規定尤其是指向香港政黨的。

17　參照香港特別行政區《社團條例》第 2 條由 1997 年第 118 號第 3 條增補的釋義，所謂政治性團體（Political Body），在香港現行的立法體例中是指：第一，政黨或宣稱是政黨的組織；第二，其主要功能或宗旨是為參加選舉的候選人宣傳或作準備的組織。

事實上，香港的這種政黨立法體例與魏瑪時期德國憲法的立法體例是十分相似的。其時，德國國家法有關政黨的規範秩序僅「體現在選舉法的若干規則之中」，而帝國憲法中唯一可被歸納為涉及政黨的規範第 130 條第 1 項（政府官員是全體國民而非某一黨派的侍者）則是一項「具有防禦性質」的條款。[18] 而香港目前針對政黨所採行的這種與魏瑪德國相近的憲制安排，在實際上亦導致了如德國學者康拉德・黑塞所指出的後果 —— 不僅「忽視了政黨的作用」，而且「並沒有因此而成功地將政黨納入政治秩序中」，使得政黨仍舊「游離於憲法之外」。[19] 最終，政黨在某程度上成為了敵視現政權的一種體制外的政治力量。

而據筆者考查，香港學者陳文鴻早在上世紀 80 年代就曾撰文指出香港回歸後特區憲制安排所可能會導致的弊端，認為「基本法不可能回避政黨的問題，在《基本法》中不列明政黨一條，只會在未來有關政黨的問題上，缺乏明確的界定和指示，造成混亂，引致紛爭」。[20] 另外，他又指出，在香港存在「一個不爭的事實」乃早已有政黨在活動（如中國共產黨和國民黨均長期在香港活動），對此無須恐懼；而香港真正應該懼怕的是「所有政黨都在非法活動，搞陰謀詭計，因為這必然會把任何法治和政治穩定的基礎破壞」；為此，「在《基本法》裏是否列明政黨一條，不在於香港應不應該有政黨，而在於怎樣承認現存的政黨，和將會產生的政黨，並為此立下一明確的憲法性的規制和規範」。[21]

綜上所述，既然政黨政治的出現和發展在香港已然成為不可改變的事實，而縱覽全球，政黨又是現代民主社會政治制度的重要一

18　參見〔德〕康拉德・黑塞著，李輝譯：《聯邦德國憲法綱要》，北京：商務印書館 2007 年版，第131 頁。

19　同上。

20　陳文鴻：〈否定政黨帶來混亂紛爭〉，《華僑日報》1987 年 10 月 13 日。

21　同上。

環，那麼香港未來政黨立法的完善就必須對本地政黨的憲制地位加以明確化，使其在憲制層面的規範定位與其在現實政黨中的地位相符。當然，在此亦必須指出的是，前文所強調的須賦予政黨較一般政治性團體特殊的憲法地位，並非是說要極端到將政黨固定為某種憲制性政治制度。對此，筆者完全同意德國憲法學者康拉德·黑塞的觀點，即政黨的憲法地位應該是一種「『單向度』的公共地位」，它的基礎「並非是建立在有組織的國家性的領域中，而是植根於所有從『非國家性』過渡到『國家性』的政治意志形成的領域之中」。[22]

三、申明香港政黨立法的相關立法原則

政黨權利保障的意義是多方面的，就政黨立法的層面而論，立法原則的一大功能就是要平衡政黨規制可能對政黨權利造成的侵害。申言之，儘管針對政黨行為的規制性立法是政黨法制化的最重要組成部分之一，然而亦正如日本公法學者所曾歸納的，對政黨的規制，無論在理念上或技術上都被認為存在不少的問題。首先，容易造成阻害政黨的組成及其活動自由之傾向；其次，容易侵害政黨的自由及秘密，並且從秘密投票制的精神而言，也會產生嚴重的情況，所以有直接、間接而不當限制國民思想及其他權利的可能性；再次，可能會造成公權力對黨內秩序的干涉，而使各政黨固有的特色消失及招致劃一的可能性。[23] 在實務中，尤其是規範目的在於對政黨「課予對憲法忠誠的義務」的相關政黨規制機制 —— 如違憲政黨禁止等，「不僅在適用面有不斷受濫用之虞，即使從原理觀之，亦不能否定此會限制政黨作為自由的結社而形成、代言輿論，以及相互競爭的活力」。[24]

22　〔德〕康拉德·黑塞著，李輝譯：《聯邦德國憲法綱要》，第 139 頁。

23　〔日〕丸山健著，呂漢鐘譯：《政黨法論》，第 147-149 頁。

24　〔日〕阿部照哉等編著，許志雄審訂，周宗憲譯：《憲法（上冊）：總論篇、統治機構篇》，第 216 頁。

為此，我們在探討政黨立法問題時，尤其是當立法的適用對象是香港這種政黨的發展尚處於「半政黨政治」初級階段的地區時，必須非常慎重地對待像政黨立法原則這樣以保障政黨權利為最終依歸的立法事項。

所謂政黨立法的基本原則，主要是指貫穿於憲法與法律有關政黨活動規範中的基本精神，這些原則通常由憲法加以規定。[25] 政黨法制與憲法的原則和精神是相通的，政黨法制的基本原則與憲法的基本原則相類似，是憲法基本原則在政黨活動的具體展開和表現，它們構成了評判政黨活動的基本標準。[26] 應該說，政黨立法的目的不是為了給政黨的發展設置障礙，而是希望通過建立起完善的規範體系使政黨本身和政黨活動規範化、制度化，讓政黨在現行的政制框架下更加良好地發展並發揮其積極影響。因此，要訂定出相對完整的政黨規範，「除了講究具體的文字內容之周延外，更重要的是在內涵方面要融匯民主憲政理念下政黨運作時不可或缺的立法原則，有了立法原則做上位理念，才能導引出下位周延完善的法律條文」。[27]

具體到香港，政黨立法應該在保障政黨權利與規制政黨行為之間盡量保持價值取向的平衡並須遵循必要的立法原則。在具體的立法過程中，香港政黨立法應當盡量協調結社自由和政黨基本權利限制與保障間的關係，當國家安全的價值與結社及政黨自由發生衝突時，以國家安全為前提確立結社及政黨自由的界限。[28]

當然，若就其內涵而言，政黨規制之立法原則範圍較廣。鑒於本部分所討論之主題為政黨立法之權利保障面，我們姑且對之進行簡單的分割，聚焦討論其中幾個以保障政黨權利為最終依歸的政黨立法

25　鄭賢君：〈論西方國家政黨法制〉，《團結》2004 年第 4 期，第 40 頁。

26　蕭太福：〈政黨法治比較研究〉，中國人民大學法學院博士學位論文，2006 年 5 月，第 51 頁。

27　蘇俊雄：《政黨規範體制的研究》，台北：「行政院」政黨審議委員會委託研究，1992 年 4 月，第 43 頁。

28　葉海波：〈香港特區政黨的法律規範〉，《法學評論》2011 年第 6 期，第 154 頁。

原則，如政黨自由原則、政黨平等原則、權利限制的限制原則以及權利救濟的保障原則。而除此以外的，在立法實踐中具有一般適用意義的立法原則，則暫不列於本部分的討論範圍之內。

（一）政黨自由原則

政黨是隨代議制的發達，自然產生的人民團體，在本質上需要自由的設立與活動。[29] 通說認為，政黨自由可以分為外部自由和內部自由。[30] 前者是指，從事政黨活動的個人以及政黨組織本身享有免受公權力的非法干預的自由；而後者則是指政黨的內部秩序必須合乎自由原則，即黨員得自由參與並影響政黨內部意志形成、公職候選人選拔等黨內事務。一般而言，政黨內部自由又被稱之為政黨民主原則，[31] 強調政黨組織在其內部關係和體制上應貫徹民主原則。而在此處，筆者所要展開討論的是政黨自由原則的外部自由部分，有關政黨內部自由，即政黨民主原則的更詳細討論，則放到「政黨內部秩序規範」部分進行討論。因此，在本書的論述架構中，所謂政黨自由原則乃取狹義的概念。

政黨自由作為現代國家所確立的一項政黨立法原則，乃建基於

29　〔日〕丸山健著，呂漢鐘譯：《政黨法論》，第 138 頁。

30　參見〔德〕康拉德‧黑塞著，李輝譯：《聯邦德國憲法綱要》，第 136 頁；葉海波：《政黨立憲研究》，第 113-117 頁；崔英楠：《德國政黨依法執政的理論與實踐》，第 110-114 頁。

31　根據蘇俊雄教授等學者以德國政黨法例為對象所進行的梳理，政黨民主原則的核心內容主要涵括以下八個方面：第一，基本的組織與意思之形成應是由下而上，且決議按多數決；第二，政黨大會為政黨之最高機關，關於組織章程、黨綱、解散、合併等，其決定權屬於政黨大會之職權；第三，政黨的主要人員產生與解任亦由政黨大會定期為之，黨員可以隨時退黨；第四，政黨幹事會採合議制，而所謂之「民主集中制」或黨魁有獨斷之地位者，皆係違反民主原則；第五，政黨推舉代表參與中央及地方之選舉，亦必須遵守民主原則，即由黨內意見民主形成來推舉，至於詳細規範則委由另外之「聯邦選舉法」定之；第六，黨員在政黨中有充分之資訊、言論及請願之權利；第七，政黨依地域分設地方黨部，各下級地方黨部具有獨立之許可權，且每一黨員參與意志形成之可能性均須被充分考量之；第八，政黨內部必須設立「仲裁法庭」，以類似司法的制度來解決黨內的爭議事件。詳見蘇俊雄：《政黨規範體制的研究》，台北：「行政院」政黨審議委員會委託研究，1992 年 4 月，第 45-46 頁。

政黨「排除國家非法干預之自由」[32]的法治理念基礎之上的，主要內容為政黨組建自由及政黨活動自由，適用主體包括了參與政黨活動的公民及政黨組織本身。應該說，「保障政黨免於受國家之干預之自由，正是確保社會領域不會國家化，甚至成為威權支配的工具，因而失去民主支配之正當性前提的關鍵所在」。[33]

在實務中，如意大利《憲法》第 49 條、德國《基本法》第 21 條第 1 項、法國《憲法》第 4 條以及韓國《憲法》第 8 條第 1 項均係確立政黨自由原則的專門政黨條款。其中，以德國為例，《基本法》第 21 條第 1 款即明確規定，法律應保障政黨的設立自由。[34] 此外，即便在未訂定任何政黨規範、甚至未有賦予政黨任何相較一般政治結社更為特殊之地位的英國，法律在原則上亦未對個人政治結社的自由施加限制，「人們可以自由地組織政黨、行動組織、運動委員會等，而無須事先獲得官方許可」。[35] 而且，當然地，在政黨自由原則下，政黨合法活動的自由亦應當成為「政治自由的必要環節」。[36]

不過，仍需辯證地指出，「政黨自由既非絕對權利，當其與國家自維生存（Self-preservation）相衝突時，當以國家的自維生存為重」，因此，「國家有必要構建一個具有自衛能力的憲政體系，在法律賦予政黨自有保障的同時，也需對政黨自由加以限制，以維繫憲政

32　法律保障政黨免於國家干預，不僅可保護政黨獨立於國家之外，也維護了政黨屬於自由組成，根植於社會政治領域之團體的屬性。參見〔德〕Peter M. Huber：〈民主政治中之政黨〉，載 Peter Badura, Horst Dreier 編，蘇永欽等譯注：《德國聯邦憲法法院：五十周年紀念論文集》（下冊），第 648 頁。

33　蔡宗珍：〈憲法、國家與政黨——從德國經驗探討政黨法制化之理論與實踐〉，載蔡宗珍：《憲法與國家（一）》，第 131-176 頁。

34　此處的政黨設立自由，即一般所謂的組黨自由。組黨自由的保障，首先表明政黨之創立不受國家設定之任何許可程序或條件所拘束，也不必以特定的法律形式為之，換言之，組黨程序中不應存在國家公權力之干預或協力行為（德文：Mitwirkungsakt）。參見蔡宗珍：〈憲法、國家與政黨——從德國經驗探討政黨法制化之理論與實踐〉，載蔡宗珍：《憲法與國家（一）》，第 156 頁。

35　〔英〕A·W·布蘭得利、K·D·尤因著，劉剛、江菁等譯：《憲法與行政法》（下冊）（第 14版），北京：商務印書館 2008 年版，第 344 頁。

36　龔祥瑞：《比較憲法與行政法》（第 3 版），北京：法律出版社 2012 年版，第 284 頁。

秩序的安定與發展」。[37]

在香港，基本法並沒有關於「組黨自由」的任何專門規範，政黨自由原則僅能通過法理解釋從基本法第 27 條所保障的結社自由中匯出。目前，基本法並未賦予政黨特別的保障地位，政黨所獲得的在基本法上的地位與其他社會團體並無多大的差別。特區在完善政黨規制立法過程中應當充分考慮政黨自由之保障，規制法例不應該過分限制政黨的自由，以免阻礙政黨發展。根據《歐洲人權公約》及《公民權利和政治權利國際公約》的規定，結社自由只可為達致下列目的而加以限制：第一，有利於國家安全和公共安全；第二，防止混亂或罪行；第三，維持衛生或風化；第四，保障他人的權利或自由。任何限制均須「在法例訂明」，而且必須是「民主社會」為達致上述四項目標的任何一項而「有必要施加的限制」。[38] 香港作為公約的成員，應該遵守其規定。[39] 另外，特區政府應該參考某些國家的做法，在立法規制政黨的同時對干預政黨自由設定罰則。[40]

（二）政黨平等原則

據學者的考察，政黨平等原本是涵括於法律平等之內而無須另立項目專門規定的，然而二戰後「若干國家因受戰爭重大影響，國內政治情況，異常複雜，故於制定憲法時，關於政治上之黨派或思想等問題，不得不明白規定，以求政治上的安定與和諧」。[41] 此後，政黨

---

37 陳佳吉：《台灣的政黨競爭規範與民主鞏固》（第二版），台北：翰蘆圖書出版有限公司 2008 年版，第 152 頁。

38 *Views on Political Party Law in Hong Kong* (Hong Kong: Legislative Council Secretariat of Legislative council of the Hong Kong SAR, 2005), p. 4.

39 香港特別行政區基本法第 39 條中《公民權利和政治權力國際公約》、《經濟、社會與文化權利的國際公約》和國際勞工公約適用於香港的有關規定繼續有效，並通過香港特別行政區的法律予以實施。

40 如韓國《政黨法》第 61 條規定：以威權或威權力妨害政黨活動，致使政黨功能喪失或暫時中止者，處 7 年以下徒刑或 3,000 萬韓元以下罰金。

41 左潞生編著：《比較憲法》，台北：國立編譯館出版，正中書局印行 1964 年版，第 93 頁。

平等原則便逐漸成為現代憲政民主的基本要求。一般認為，所謂政黨平等，所指向的通常為兩方面的內容：第一，政黨間的平等，政黨與國家分離，凡屬合法政黨則不因其黨員多寡、黨性為何、執政或在野而享受任何優待或特權，同時亦不受任何歧視或壓迫；第二，黨員間的平等，即在國家體系中，任何人不因其是否加入政黨或所屬政黨為何，而在公權上享受特別優待或歧視。[42] 而本書所論述之政黨平等，主要是指前者——政黨間的平等。此外，有憲法學者在前述基礎上進一步指出，政黨平等「並不是指公職應平等地分配於各黨派，而是謂各黨派均得法律同等之保護；均得以同等之機會，從事競選；均得以同一之自由，從事於主義之宣傳」。[43]

在司法實務當中，我國台灣地區「司法院」大法官曾經針對政黨不合理差別待遇於釋字第三四〇號中指出：「公職人員選舉罷免法關於政黨推薦之候選人保證金減半繳納，政黨撤回推薦者應全額繳納」之規定，此種以政黨推薦與否作為差別待遇之標準，依大法官之見解：「無異是無政黨推薦之候選人，須繳納較高額之保證金，形成不合理差別待遇，與憲法第七條之意旨有違」。[44]

不過，需要注意的是，儘管「政黨的平等權利在原則上是一種統一無差別的平等權利：在大黨與小黨之間、在執政黨與反對黨之間不允許存在法律上的差別」，但在實務運作中，當「民主秩序的任務」有需要時，「適當調整變化政黨平等權利地位」是允許的，[45] 因此政黨平等所指向的應該是一種基於「比例式」而非「機械式」的實質平

---

42 探討「政黨平等」之內涵的相關論述可參見管歐：《憲法新論》（三十版），台北：五南圖書出版股份有限公司 2003 年版，第 105 頁；〔日〕水野聖紹等編著：《中華民國憲法概論》，第 61 頁；法治斌、董保城：《憲法新論》（二版），第 251 頁；等等。

43 轉引自林紀東：《中華民國憲法逐條釋義（一）》（修訂八版），台北：三民書局 1998 年版，第 101 頁；薩孟武、黃俊傑修訂：《中國憲法新論》（修訂二版），台北：三民書局 2007 年版，第 88 頁，注 61。

44 法治斌、董保城：《憲法新論》（二版），第 251 頁。

45 參見〔德〕康拉德‧黑塞著，李輝譯：《聯邦德國憲法綱要》，第 137-138 頁。

等。它一方面在原則上保障了政黨的平等權，譬如要求有關政黨競選行為規制或者適用「政黨特權」等立法應平等地適用於各政黨，不應存在差別對待；同時，在另一方面，它又承認政黨間的「合理程度的合理差別」，[46] 強調不同事件差別對待，比如國家訂立的針對政黨的資源配置方式應當根據各政黨在最近一次選舉中的獲票率按比例分配，而不是採取一視同仁的做法。

以德國為例，儘管政黨的平等對待請求權為《政黨法》第 5 條第 1 款所明確規定，然而根據上述實質性平等原則，國家亦可能在法定範圍內基於政黨的重要性對各政黨實施差別對待。例如，在競選時的電視播出時間分配上，政府可以對各個政黨分別作適當的考慮。[47]

具體到香港，政黨平等原則目前可以從基本法第 25 條及第 27 條中匯出。在政黨平等原則之下，香港未來的政黨立法無論在立法內容或是適用範圍上均須嚴守中立，使各個政黨能夠得到平等的對待，保障政黨競爭的公平性。

（三）權利限制的限制原則

所謂「權利限制的限制原則」，是由德國學者在對基本權「核心內容」充分探討的基礎上發展而來的。明確基本權利「權利限制的限制原則」的主要目的在於，排除立法權對基本權利的「本質內容」[48] 進行過度限制而導致政黨權利的有名無實，以防止德國學者所謂的基本權利之「內部空洞化」[49] 現象的出現。而「權利限制的限制原則」

46　參見林來梵：《從憲法規範到規範憲法：規範憲法學的一種前言》，北京：法律出版社 2001 年版，第 115-118 頁。

47　〔德〕伯陽：《德國公法導論》，第 48 頁。

48　按照中國人民大學韓大元教授的見解，所謂人權之本質內容即通常所指的人權之實體內容。參見韓大元：〈保障和限制人權的合理界限〉，載許崇德主編：《憲法與民主政治》，北京：中國檢察出版社 1994 年版，第 238 頁。

49　所謂權利之內部空洞化，即基本權從內部被掏空的情形，具體是指由於濫用或過度使用法律保留等權利限制措施而引起的，「使基本權雖然形式上繼續有效、但卻無法履行其實質功能的情形」。詳見〔德〕康拉德·黑塞著，李輝譯：《聯邦德國憲法綱要》，第 265 頁。

在政黨立法的過程中可以進一步引申出兩項子原則，分別為合乎比例原則以及明確政黨特權原則。

首先，合乎比例原則。比例原則是指為達成某一特定目的（結果）而採取的某一種方法或措施，必須符合合理、合比例之原則。[50] 任何權利都有它的邊界，須受到一定的限制，但是該種限制必須合乎比例原則。申言之，一方面，合乎比例原則要求對政黨權利的限制須符合最小限制原則。即是在存在多種限制手段時，盡可能採用損害最小的形式，以避免因採取的手段過於強硬而導致人權侵害。[51] 另一方面，政府規制政黨的行為之目的必須是合法的，而且「對公民權利造成的影響不應與追求的公共目的不成比例」。[52]

根據《歐洲人權公約》的規定，除了法律所規定的限制以及在民主社會中為了國家安全或者公共安全的利益，為了防止混亂或者犯罪，保護健康、道德或者他人的權利與自由而必須的限制之外，不得對上述權利的行使施以任何限制。[53] 另外，按照《公民權利和政治權利國際公約》的規定，規制政黨之立法必須是為了「為民主社會維護國家安全或公共安寧、公共秩序、維護公共民事衛生或風化、或保障他人權利自由」，並且符合「比例原則」。[54]

---

50 法治斌、董保城：《憲法新論》（二版），第 65 頁。

51 韓大元：〈保障和限制人權的合理界限〉，載許崇德主編：《憲法與民主政治》，第 239 頁。

52 〔英〕A·W·布蘭得利、K·D·尤因著，劉剛、江菁等譯文：《憲法與行政法》（下冊）（第 14 版），第 700 頁。對此，有德國公法學者專門歸納並提出了審查國家措施是否損害了比理性原則的標準：第一，對目的的審查。首先必須查明國家採取的手段所要追求的目的。目的不明顯的，應從整體的狀況中查明。該目的必須是合法的（德文：legitim）。第二，有效性。手段有效（德文：geeignet）是指該手段提出可以實現所追求的合法目的。如果某個手段不能促進目的的實現，則該手段為非有效的手段。第三，必要性。如果國家還可以採取其他具有同樣效果但使公民負擔更輕的手段的話，則現行手段即為不必要（德文：nicht erforderlich）的。第四，適當性。國家措施適當（德文：angemessen），是指總體權衡干預強度與合法理由的緊迫性和重要性，使兩者保持在合理期待的界限之內。因此要查明的是措施給相關人帶來負擔的程度，以及國家採取該措施所追求的利益。如果相關人的利益更為重要，則國家就必須採取一些有效但強度更低的措施。參見〔德〕伯陽：《德國公法導論》，第 42-43 頁。

53 《歐洲人權公約》第 11 條第 2 款。

54 《公民權利和政治權利國際公約》第 22 條。

香港作為兩公約之成員，[55] 對政黨的規制必須合乎「比例原則」。如果法例強加政黨過多限制，只會阻礙本地政黨發展及政黨政治的成熟，不利於香港的長遠發展。

第二，明確政黨特權原則。一般社團的禁止，由行政機關作出決定即可。但是，對政黨的禁止必須待地位超然的法院公正審判案件並作出最後的裁決後方可為之，這是民主國家的一項普遍原則。學者把一國法律當中反映這項原則的具體法律條文稱為政黨的「特權條款」。在「特權條款」底下，政黨的取締須以違憲為前提，而政黨之違憲裁判則必須由地位崇高且能夠超然於政黨政治之影響以外的法院作出。

參照筆者所掌握的文獻資料，德國應該是最早通過立法確立起「政黨特權」的國家，其後被多國（地區）引進。例如，韓國《政黨法》規定行政機關不能直接採取行動解散某一政黨，政黨的解散須以憲法法院裁決政黨違憲為前提。再如我國台灣地區亦引進了該項原則，其「憲法」增修條文第五條明文規定「政黨違憲解散之事項，由大法官組成憲法法庭審理；並且明文將違憲政黨限定於：政黨之目的或其他行為，危害中華民國之存在或自由民主之憲政秩序者」。[56] 此外，我國台灣地區《人民團體法》第 58 條第 3、4 款亦規定了「政黨解散須由主管機關檢同相關事證移送司法院由大法官所組成之憲法法庭審理之。此項移送司法院大法官審理須經政黨審議委員會出席委員三分之二以上認有違憲情事者為限」。[57]

綜上，「政黨特權」能有效防止國家濫用公權力任意解散政黨及侵害作為政黨之權利基礎的公民結社自由，香港的政黨規制立法宜引

55　參見香港特別行政區《基本法》第 39 條的規定。

56　許志雄、周志宏、蔡宗珍等著：《現代憲法論》，台北：元照出版有限公司 2005 年版，第 268 頁。

57　我國台灣地區《人民團體法》第 58 條第 3 第 4 項。參見陳慈陽：〈論政黨在憲法位階上之意義及地位〉，載陳慈陽：《憲法規範性與憲政現實性》（二版），第 151-152 頁。

入政黨特權條款，賦予終審法院針對政黨的違憲審查權，建立起本地政黨違憲審查機制。

（四）權利救濟的保障原則

在現代法治條件和穩定的政治秩序下，政黨權利的救濟就是政黨通過合法途徑和手段以及政黨自身行為努力使權利侵害主體停止侵害，使自身權利得到恢復和保障。[58]「權利救濟是權利保障的最後手段，也是權利保障的一個不可或缺的重要環節」，[59] 沒有權利救濟就沒有權利。政黨規制原則上是對結社自由及政黨自由的限制，以規制權利為目的的立法必須確保權利主體有足夠的權利救濟途徑。

目前，各國政黨權利救濟的途徑主要有兩種：第一，行政救濟，有些國家確立了政黨可通過申請行政覆議的方式來進行權利救濟。如新加坡《社團法令》第 4 條規定，政黨註冊申請被社團註冊官拒絕後，申請人可向內政部部長提出上訴。第二，司法救濟，當政黨遭遇到國家錯誤的限制、取締或違法侵害時，可以基於其基本權利主體之地位，在用盡行政救濟程序後，提請司法救濟。不少國家均通過立法確立了本國的司法救濟機制，如吉爾吉斯《政黨法》第 11 條第 6 款規定，政黨可以按照法定程序對國家司法部作出的處罰決定向法院提出訴訟。

此外，《歐洲人權公約》成員國的政黨可以根據該公約的規定，向歐洲人權法院尋求司法救濟。[60] 近年以來，歐洲人權法院先後審理過 United Communist Party of Turkey and Others v. Turkey (App. 19392/92)、Socialist Party and Others v. Turkey (App.21237/93)、

58　徐龍義：〈政黨權利基本問題探討〉，山東大學博士學位論文，2006 年 4 月，第 65 頁。

59　林來梵：《從憲法規範到規範憲法：規範憲法學的一種前言》，第 229 頁。

60　《歐洲人權公約》第 34 條列明，政黨如因某些法例或國家行動限制了該公約所訂的各項權利而直接受到影響，可把有關個案訴諸歐洲人權法院。

Freedom and Democracy Party v. Turkey (App. 23885/94)、Refah Partisi (Prosperity Party) and others v. Turkey (Apps 41340/98, 41342/98, 41344/98) 等有關政黨解散爭議的案件。[61]

在香港,《社團條例》為註冊申請遭拒絕或者被依法禁止而感到受屈的社團提供了行政救濟手段。根據《社團條例》的規定,該等當事人可以向行政長官會同行政會議提出上訴。[62] 香港作為《歐洲人權公約》成員,本地政黨還可以根據該公約的規定,向歐洲人權法院尋求司法救濟。香港在未來完善政黨規制立法時應確認特區法院審判政府與政黨糾紛的權力,建立起本地的司法救濟機制。此外,立法應該允許政黨進行合法的私力救濟,包括通過媒體或以遊行集會等形式進行澄清、辯護及表達訴求。

---

61 詳細判例:*United Communist Party of Turkey and Others v. Turkey* (App. 19392/92), Judgment of 30 January 1998; (1998) 26 EHRR 121;*Socialist Party and Others v. Turkey* (App. 21237/93), Judgment of 25 May 1998; (1999) 27 EHRR 51;*Freedom and Democracy Party v. Turkey* (App. 23885/94), Judgment of 8 December 1999;*Refah Partisi (Prosperity Party) and Others v. Turkey* (Apps 41340/98, 41342/98 and 41344/98), Judgment of 31 July 2001。參見〔英〕克雷爾‧奧維‧羅賓‧懷特著,何志鵬、孫璐譯:《歐洲人權法‧原則與判例》(第三版),北京:北京大學出版社 2006 年版,第 400-402 頁。

62 香港特別行政區《社團條例》第 8 條規定:根據本條作出的命令涉及的任何社團或任何分支機構,以及該社團中或該分支機構中因保安局長根據本條作出的命令而感到受屈的幹事或成員,均可在該項命令生效後 30 天內,就該項命令的作出向行政長官會同行政會議上訴,而行政長官會同行政會議可確認、更改或撤銷該項命令。

小結

◇◇◇

　　政黨權利是政黨在國家政治體制中正確定位的一把尺規。[1] 可以說，完善針對政黨權利的保障性立法不僅有助於在政治體制中正確定位政黨，而且對於一個國家或地區的憲政體制的整體完善和發展亦具有極重要的積極意義。尤其是對於香港這樣的民主政治的後發展地區而言，完善政黨權利保障立法的價值更在於促進本地民主政制的良性發展，加快本地區政黨政治的現代化。有香港學者曾經撰文總結和分析香港過往的發展經驗，認為政治體與社會體的大致平衡對於香港在上世紀的迅速發展和崛起起到十分重要的促進作用。而言論自由及社會組織多元化則被認為是社會體平衡政治體的最重要機制，假如這兩個機制遭受破壞的話，政治體就會擴大，侵蝕其他社會組織，從而使香港逐漸成為一個封閉的社會。[2] 因此，對於香港來說，在政黨立法中明確地對政黨權利進行立法規範具有重大的現實意義。它在一方面能夠確保政黨的組織及活動自由，保障香港社會組織的多元化，而另一方面則可以緩解香港社會頻繁出現的政治衝突。

　　對此必須承認的是，在香港，由政黨所製造的政治衝突之所以頻繁出現，一方面固然是由於針對政黨的規制性立法不足，導致了對政黨行為規範的失衡。但另一方面，亦正如前文所述，係由於目前制度對政黨權利的保障不足造成的 —— 政黨不甘於現行體制對其所設置的種種局限，試圖通過製造與體制之間的政治衝突來突破制度對它

1　徐龍義：〈試論政黨權利的科學內涵〉，《理論學刊》2005 年第 1 期，第 15 頁。

2　參見王耀宗：〈政制發展與社會結構〉（下），《明報》1986 年 9 月 11 日。

的限制。因此，在某種意義上可以說，香港政黨政治的真問題不在於對政黨缺少管控，而在於現行「半政黨政治」的制度結構無法容納和有效消解現有的政治力量。[3] 此外，通過完善的立法對政黨權利加以明確保障，對於增進政黨規制性立法的合理性亦具有積極作用。誠如德國學者 Peter M. Huber 所言，「政黨法處於憲法、行政法總論、結社及公司法之交接點，所以係在一個無法輕易洞測、不同價值交錯之法領域當中進行解釋，故關於其適用亦有相當大之不確定性」。[4] 因此，針對政黨所作的規制性立法，極有可能使「政黨的自由且健全的發展受到阻止和妨礙」，[5] 進而窒礙了政黨的整體發展。而通過立法明確以保障政黨權利為依歸的政黨立法原則，則能夠在較大程度上減少前述由政黨規制立法所導致的窒礙政黨發展之情況的出現。

　　而隨着現代政黨國家的出現，民主社會開始遭遇「政黨政治普遍變形變質」的可怕現象 —— 政黨政治本來對於議會民主政治來說是一種生理，但現在則變質為病理，即政黨常常出賣選民，將人民所託付的公意變成黨利黨益。[6] 因此，為防止由政黨政治變質所帶來的弊病，通過系統的立法對政黨進行有效規制就成為一種必要。這也就是本書所論述之政黨立法規範主題的重要組成內容之一 —— 政黨立法的行為規制面。所謂政黨立法之行為規制面，主要是指公權力機關通過有針對性地訂立法律法規對政黨及其行為[7] 實施合理的規制。其

3　曹旭東、王磊：〈香港政黨政治的制度塑造 —— 需要怎樣的政黨法律體系？〉，《中國憲法年刊》2013 年第九卷，第 276 頁。

4　〔德〕Peter M. Huber：《民主政治中之政黨》，載 Peter Badura, Horst Dreier 編，蘇永欽等譯註：《德國聯邦憲法法院：五十周年紀念論文集》（下冊），第 647 頁。

5　〔日〕蘆部信喜著，〔日〕高橋和之增訂，林來梵等譯：《憲法》（第三版），第 255 頁。

6　參見李鴻禧：《李鴻禧憲法教室》，第 199 頁。

7　按照一般見解，大體上政黨組織主要從事三類活動：第一，準備並協助開展競選運動：其中有些活動在選舉期間舉行，另一些活動如籌集資金或進行公關，可能需要政黨持續做出努力；第二，維繫政黨的組織、黨員和其他資源，一旦政黨建立起一種資源基地，它必須投入一些資源來維持它的存在；第三，為擔任公職的政黨代表設計新的公共政策和戰略。當然，必須指出的是以上概括僅僅就一般意義而言的，並非所有政黨的活動都必然涵括以上三個方面。參見〔英〕艾倫‧韋爾，謝峰譯：《政黨與政黨制度》，第 98 頁。

目的乃在於防止政黨的目的及其活動危害良好憲法秩序的存續，確保國家能夠在政黨的活動威脅、危害公共秩序及國家安全時取締政黨。當然，針對政黨之規制性立法的發展也經歷了一個漸進的過程。以美國為例，由於政黨在美國被看作私人組織 —— 未經法律規定不受制約，直到 19 世紀後期，如同世界上大多數的政黨一樣，美國政黨的存在完全不受政府規制的約束。[8] 此後，隨着政黨對選舉政治的影響力不斷增大，相關立法才逐漸被制定以規範政黨的內部秩序及外部行為。應該說，「民主政治是法治政治，政黨不能外於法制而存在，違背法制而活動；法制亦不能置在民主歷程中扮演要角的政黨於不顧」。[9] 因此，儘管政黨規制實質上是對公民結社自由權的一種限制，但此種限制為國際社會所通行。根據《歐洲人權公約》第 11 條第 2 款的規定，「在民主社會中為了國家安全或者公共安全的利益，為了防止混亂或者犯罪，為了保護健康或者道德或者保護他人的權利與自由」，可以對公民結社自由權施加必要的限制。[10] 例如英國即於 2000 年制定了現行《政黨、選舉及全民投票法令》，其目的就是要對政黨的部分行為進行有效規範。[11]

8　參見〔美〕史蒂芬‧E‧弗蘭澤奇著，李秀梅譯：《技術年代的政黨》，第 11 頁。

9　馬起華：《政治學原理》（下冊），第 1153 頁。

10　不過，亦正如有英國公法學者在分析歐洲人權法院「United Communist Party of Turkey」案的判詞時所指出的，「就政黨而言，公約第 11 條當中所設定的那些例外條件應當嚴格加以解釋；只有有說服力的、壓倒性的原因才能夠證明對此類政黨結社自由的那些限制的合理性，而國家僅應當享有一種非常有限的自決範圍」。參見〔英〕克雷爾‧奧維‧羅賓‧懷特著，何志鵬、孫璐譯：《歐洲人權法‧原則與判例》（第三版），北京：北京大學出版社 2006 年版，第 400-401 頁。另，有關歐洲人權法院在「United Communist Party of Turkey」案的案情梗概及完整判詞可參閱：*United Communist Party of Turkey and Others v. Turkey* (App. 19392/92), Judgment of 30 January 1998; (1998) 26 EHRR 121。

11　詳見英國《2000 年政黨、選舉及全民投票法令》Introduction Text 部分的具體規定：An Act to establish an Electoral Commission; to make provision about the registration and finances of political parties; to make provision about donations and expenditure for political purposes; to make provision about election and referendum campaigns and the conduct of referendums; to make provision about election petitions and other legal proceedings in connection with elections; to reduce the qualifying periods set out in sections 1 and 3 of the Representation of the People Act 1985; to make pre-consolidation amendments relating to European Parliamentary Elections; and for connected purposes。

　　不過正如我們所知道的，限制權利的最終目的乃是確保權利的有效實現。同理，政黨規制立法的目的不是要限制政黨發展，而是希望通過建立起完善的規範體系使政黨及其活動規範化、制度化，讓政黨在現行政制框架下更加良好地發展並發揮其積極影響。參照德國、韓國、俄羅斯等國所制定的專門「政黨法」，政黨規制立法的內容大致可以劃分為針對政黨外部行為的立法規制，以及針對政黨內部行為的立法規制兩大方面。其中，所謂政黨外部行為的立法規制，主要是針對政黨的外部活動而言的，其最核心的內容包括立法對政黨行使其註冊權利以及政黨在選舉期間開展競選活動等兩個方面所設置的制約性規範。所謂政黨內部行為的立法規制，則主要是針對政黨的內部事務及內部組織而言，其最核心的內容包括了立法對政黨之內部秩序以及政黨之財務收支兩個方面所設置的制約性規範。下文將圍繞香港政黨外部行為和內部行為的立法規制問題展開系統的對比考察及分析。

第四章

比較視域中的
香港政黨外部行為
立法規範

◇◇◇

　　如前文指出的，隨着現代政黨國家的出現，政黨政治的發達也為民主社會帶來了「政黨政治變形變質」的風險。因此，為防止由政黨政治變質所帶來的弊病，通過系統的立法對政黨進行有效規制就成為一種必要。這也就是本書所論述之政黨立法規範主題的重要組成內容之一——政黨立法的行為規制面。此處所謂政黨立法之行為規制面，主要是指公權力機關通過有針對性地訂立法律法規對政黨及其行為實施合理的規制。其目的在於防止政黨的目的及活動危害良好憲法秩序的存續，確保國家能夠在政黨的活動威脅到公共秩序及國家安全時對之進行制止和懲治。

　　眾所周知，「民主政治是法治政治，政黨不能外於法制而存在，違背法制而活動；法制亦不能置在民主歷程中扮演要角的政黨於不顧」。[1] 因此，儘管政黨規制實質上是對公民結社自由權的一種限制，但此種限制仍為國際社會所通行。根據《歐洲人權公約》第11條第2款的規定，「在民主社會中為了國家安全或者公共安全的利益，為了防止混亂或者犯罪，為了保護健康或者道德或者保護他人的權利與自由」，可以對公民結社自由權施加必要的限制。[2] 例如，英

---

*　　本章部分內容曾以〈選舉政治媒介化時代的政黨及其競選行為規範——以香港特別行政區為中心的比較分析〉為題刊於《澳門法學》2019 年第 1 期。

1　　馬起華：《政治學原理》（下冊），第 1153 頁。

2　　不過，亦正如有英國公法學者在分析歐洲人權法院「United Communist Party of Turkey」案的判詞時所指出的，「就政黨而言，公約第 11 條當中所設定的那些例外條件應當嚴格加以解釋；只有有說服力的、壓倒性的原因才能夠證明對此類政黨結社自由的那些限制的合理性，而國家僅應當享有一種非常有限的自決範圍」。參見〔英〕克雷爾·奧維·羅賓·懷特著，何志鵬、孫璐譯：《歐洲人權法·原則與判例》（第三版），北京：北京大學出版社 2006 年版，第 400-401 頁。另，有關歐洲人權法院在「United Communist Party of Turkey」案的案情梗概及完整判詞可參閱：*United Communist Party of Turkey and Others v. Turkey* (App. 19392/92), Judgment of 30 January 1998; (1998) 26 EHRR 121。

國即於 2000 年制定了現行《政黨、選舉及全民投票法令》，其目的就是要對政黨的部分行為進行有效規範。[3]

　　本章將先就政黨外部行為的立法規制展開論述。這裏所謂的政黨外部行為立法規制，主要是針對政黨的外部活動而言的，在筆者預設的論述框架中，其最核心的內容包括立法對政黨行使其註冊權利以及政黨在選舉期間開展競選活動等兩個方面所設置的制約性規範。下文將以比較研究為視角，圍繞這兩方面內容對香港政黨外部行為的立法規制問題展開考察分析。

3　　詳見英國《2000 年政黨、選舉及全民投票法令》Introduction Text 部分的具體規定。

香港政黨的身份異化：
對現行政黨註冊制度的重新檢視

◇◇◇

　　所謂政黨身份的異化，是指在香港現行政黨註冊制度下，於法律屬性層面應被歸類為政治性結社的政黨，通常並非依據《社團條例》而註冊成立為社團，而是依據《公司條例》註冊成立為有限公司。這也就是說，在香港現行的制度框架下，有不少的政黨是以「有限公司」的身份設立並運作的。而事實上，根據已有的研究資料，目前包括民建聯、民主黨、自由黨等大黨在內的大多數香港本地政黨均是依據《公司條例》而註冊成立，並以「有限公司」的法人身份運作。[1] 在香港，此類依據《公司條例》而註冊成立的政黨又被稱為「政黨有限公司」。[2] 因此，我們可以認為，「政黨有限公司」的大量出現，是政黨在香港憲制秩序下身份異化的一種標誌性現象。

　　鑒於此種現象的普遍存在，而政黨又在香港的民主轉型中發揮着極為重要的作用，我們認為有必要對香港的「政黨有限公司」現象以及其成因進行深入分析，並就該層面所產生的問題有針對性地對香港現行憲制框架下政黨法律地位的定位以及實踐中的政黨註冊制度進行全面的反思。

1　參見周建華：《香港政黨與選舉政治（1997-2008）》，第 42 頁。

2　考諸筆者所掌握的研究資料，較早地公開使用「政黨有限公司」這一稱謂的是劉進圖先生，他於上世紀 90 年代初在香港《信報》的一篇社論中針對香港的「政黨有限公司」現象進行了討論。詳見劉進圖：〈香港的「政黨有限公司」問題〉，《信報》1990 年 4 月 7 日。

一、香港「政黨有限公司」現象解構

我們知道，香港政黨是上世紀 80 年代初港英政府逐步引入民主選舉制度、推行「地方行政改革」之後，隨着政治生態的轉變及政治參與的興起而逐步出現的。尤其是 1991 年的立法局直選前後，香港本地催生了香港民主同盟、香港自由民主聯會、香港民主促進會等一大批政黨。[3] 而在香港政黨的發展歷程中，「政黨有限公司」現象幾乎可以說是伴隨着政黨的產生而出現的。

回顧香港政黨的發展歷程，上世紀 90 年代初，被譽為香港首個政黨的「香港民主同盟」正式註冊成立。[4] 而事實上，該政黨在當時即是以「有限公司」的形式登記成立的，並在香港社會引起了不少的關注。當年，曾經有論者一針見血地指出香港民主同盟是為避開社團法，利用公司法出土的。[5] 而此種現象背後所隱含的原因則被認為是：一方面，政黨不希望依據《社團條例》註冊成為社團後，受社團註冊官的約束；另一方面，政黨註冊成為公司的話，能夠使組織以法人的身份運作，在管理、運作和法律責任方面均具有一定優點。[6]

不過，從辯證的角度來看，儘管香港民主同盟在法律規範的層面只是一家有限公司，但我們仍然不能忽視的是，它的成立對於香港政黨發展以及本地政黨註冊制度的實踐的來說，都具有里程碑式的意義。首先，它的註冊成立標誌着香港本地第一個真正意義上之政黨的

3　參見：〈香港模式的團體參政〉，《明報》1990 年 5 月 4 日；方華：〈香港政治團體易生難長〉，《明鏡月刊》1991 年 4 月號，第 8 頁。

4　香港第一個具規模的政黨「香港民主同盟」於 1990 年 4 月 7 日正式宣佈成立，時任立法局首席議員李柱銘獲選為第一屆中央委員會主席。參見〈爭取民主政治組織「香港民主同盟」昨創會會議討論成立宣言〉，《成報》1990 年 4 月 8 日；〈「香港民主同盟」第一屆中央委員會當選人名單〉，《華僑日報》1990 年 4 月 9 日；〈李柱銘出任港同盟黨魁 指屬地方組織致力港事〉，《經濟日報》1990 年 4 月 9 日。

5　參見葉知秋：〈香港政黨操中共之手——香港政黨政治及選舉之三〉，《快報》1990 年 5 月 9 日。

6　參見劉進圖：〈香港的「政黨有限公司」問題〉，《信報》1990 年 4 月 7 日。

產生，並開啟了本地區的政黨政治時代。[7] 在規範層面的意義，則香港民主同盟作為本地區首個政黨，其產生和運作均得到公權力認可，預示着香港正式步入德國學者杜禮培所說的「法律承認政黨」階段。其次，香港民主同盟同時也是香港首個依據《公司條例》以有限公司身份註冊成立的政黨，這標誌着香港「政黨有限公司」時代的肇始。儘管在這之前，不少政治團體也是以「有限公司」的形式存立的，但政黨作為被現代公法學普遍承認為兼具公法及私法主體雙重身份的政治結社，二者之間自然不可同日而語。

在九七回歸後，香港依舊沒有建立起專門的政黨註冊制度，政黨要獲得合法地位只能註冊成為社團或公司。在現行機制下，由於政黨在「註冊為社團抑或註冊為公司」的問題上被賦予了一定的選擇自由，因而更多的本地政黨都選擇不註冊為政治社團。在筆者看來，「政黨有限公司」這種政黨身份異化的現象之所以出現的原因在於香港目前實行的是一套特殊的政黨註冊制度：一方面，現行制度安排在「原則上」將本地政黨視為政治性團體的子類型之一，並將其與其他社會團體一併交由《社團條例》進行規範；而另一方面，作為一種例外，現行制度在實踐中亦同時允許政黨選擇以有限公司的形式註冊成立。

概言之，在香港現行之法律體系中，尚未有相關法例針對政黨註冊作專門規定，政黨組織在現時的制度下只能自行選擇依據《社團條例》或《公司條例》註冊成為社團或公司。應該承認，這種政黨註冊制度在實踐層面是存在較大程度之隨意性的。因為選擇依據《社團條例》註冊為政治團體，或依據《公司條例》註冊為公司，全憑政黨發起人的自由意志決定，政府對此並不加以限制。

《社團條例》作為香港規範本地社團之最重要專門立法，其通過

7　在此之前，香港的政治團體還未有自稱為政黨。參見劉成漢：〈港人的政治醒覺與組黨去向〉，《南北極》1985 年 9 月，第 4 頁。

第 2 條「釋義」將本地政黨納入到了該條例所指的「政治性社團」的範疇進行規制。[8] 與此同時，該條例第 5(1) 條又規定了任何本地社團均須於其成立或根據該條例第 2(2B) 或 4 條被當作成立後一個月內，以指明的表格向社團事務主任申請註冊或豁免註冊。[9] 而且，該條例亦規定了社團事務主任在何種狀況下，可以在諮詢保安局局長之後拒絕特定社團或分支機構註冊或拒絕予其豁免註冊。[10] 不過，香港目前政黨註冊的實際情況是，由於《社團條例》對政黨的設立和運作設了較多的限制，而如前文所述香港在政治實踐中又一貫不會強制要求政黨須依《社團條例》註冊為社團，因此本地政黨大多依據《公司條例》註冊成立為公司。

應該說，目前香港「政黨有限公司」大量存在的現狀在實際上已經造成了一定的消極影響。其中最為顯著的例子是，它已然使得由《社團條例》所構築起來的政黨規管架構變得有名無實。也就是說，由於有限公司在香港現行制度下主要接受《公司條例》的的規範，因此這些為數眾多的以有限公司身份存在的政黨根本就不在《社團條例》的規管範圍內，並進而導致《社團條例》針對本地區政黨的適用效力受到了很大程度的削弱。另外，由於作為私法人的公司與兼具公法社團性質的政黨之間存在重大的差別，這些以有限公司身份存在、在其運作上應受《公司條例》規範的政黨，其以「公司」身份所作出的政黨行為在實際上亦不大可能會受到《公司條例》相關規定的全面有效規範。這又進而導致了政府在現行法律框架下無法對這些以「公司」名義而存在的政黨進行統一有效的管理，使此類「政黨有限公司」的許多實質性「政黨行為」在不少情況下均是處於規管失衡的狀態。

綜上所述，「政黨有限公司」現象作為政黨在香港現行政黨註冊

8　據香港特別行政區《社團條例》第 2 條，「政治性團體」（Political Body）指：第一，政黨或宣稱是政黨的組織；第二，其主要功能或宗旨是為參加選舉的候選人宣傳或作準備的組織。

9　香港特別行政區《社團條例》第 5(1) 條。

10　香港特別行政區《社團條例》第 5A(3) 條。

制度下的一種身份異化，是普遍存在於香港當前的政治現實中的。鑒於「政黨有限公司」存在的普遍性，以及其對現行政黨規範體系所造成衝擊的本質嚴重性，筆者認為有必要及時地重新檢討香港現行之政黨註冊制度。

二、香港政黨註冊制度的再審視

政黨註冊（Party Registration），又可稱為政黨登記，是指政黨在成立前或成立後到政府主管部門申請政黨資格確認，進行註冊登記的行為。[11] 從政黨註冊的立法規定，可以看出各國政黨的自由程度。一般而言，各國法律對政黨設立自由之限制有兩種制度，一種為追懲制，另一種則為預防制。簡言之，「追懲制」是指結社時不需要任何程序，唯於結社後有違法行為，始加以處罰；而「預防制」則是指結社前須向行政機關報告，或須得行政機關許可。[12] 由此推演，我們可以將「政黨的成立是否以註冊作為要件」作為參照，把現代國家政黨立法關於政黨註冊的規定以消極主義和積極主義兩種進行劃分：前者是指，政黨的成立不以註冊為要件；而後者則是指，政黨成立以註冊為要件。

第一，消極主義：政黨的成立不以註冊為要件。由於國家治理的世界性發展潮流是日趨民主化和自由化，現代政黨國家之政黨立法對於政黨設立的規範都逐漸傾向於「追懲制」的模式發展。因此，目前大多數西方民主國家的法律都沒有規定政黨成立必須以註冊為前

11　與英文中的 party registration 對應，本書採「政黨註冊」的說法，主要目的是為了避免與美國式的政黨登記制度相混淆。在美國，party registration 是指聲明黨派關係的行為。美國的一些州會要求選民在登記參加選舉時必須聲明自己的黨派關係，然後選民會被登記為民主黨人或共和黨人或第三黨成員。政黨登記的目的是在初選時將參與者限定為某一政黨的成員，使政黨更易於與可能支持自己的選民建立關係。詳見〔美〕大衛‧B‧馬格萊比、保羅‧C‧萊特著，吳愛明、夏宏圖編譯：《民治政府：美國政府與政治》（第 23 版‧中國版），第 102 頁。

12　參見薩孟武：《中國憲法新論》，台北：三民書局 1974 年版，第 26 頁。

提。不過，筆者在實際考察中發現，這些國家雖然不會對政黨的註冊採取硬性要求，但一般都會對未經註冊的政黨在參加競選、獲得政府公共資助等方面的權利進行不同程度的限縮。

比如在德國，《基本法》及《政黨法》等相關法律均無明文規定成立政黨必須註冊，德國《基本法》第 21 條第 1 款通過專項規範更明確規定了政黨成立的自由原則。不過，德國政黨的成立儘管並不以註冊為要件，但在目前的體制下，未經註冊的政黨在參加競選、獲得公共資助等方面的權利均會受到一定程度的限制。而且，德國現行《政黨法》亦針對政黨在特定情形下喪失或不能獲得其作為政黨之資格設置了專門規定 —— 即政黨必須是作為自然人之公民的結合；任何社團如在 6 年內既不參加聯邦選舉又不參加某個州的選舉，那麼它就會喪失作為政黨的法律地位；此外，如政黨之成員或者執行委員會的成員大多數是外國人，或者其總部或領導機關並非設在《政黨法》的適用範圍以內的社團，亦不能成為政黨。[13] 因此，那些有意參選，但自聯邦議院或一個州議會的最近一次選舉後，因沒有派出自己的候選人而不能不間斷地至少有 5 名議員參加聯邦議院或州議會的政黨，則必須於距離選舉日的第 90 天或以前向聯邦選舉委員會主任提交有意參加選舉的書面通知；而且，該政黨之政黨屬性須經由聯邦選舉審查委員會予以確認後，才可以作為政黨派出候選人參選。[14]

針對德國上述的立法規定，有學者認為，德國雖然在整體上對政黨的成立採取完全不干預的做法，但因其在法律上就政黨活動有較一般社團特殊之規定，而且德國所實行的「向主管選舉機關的『報備』及主管選舉機關的『未否定』其政黨性質，實際上已成為政黨享有政黨待遇的要件」，因此不妨將其政黨註冊制度稱之為實質的「報

13　德國《政黨法》第 2 條。

14　政黨所提出的參選通知書，應說明該政黨將以什麼名稱參加選舉，附上該政黨的書面章程和書納以及有關本黨理事會係依照章程設立的證明，並且須由該政黨聯邦理事會包括主席或副主席在內的至少 3 名成員簽署。參見德國《聯邦選舉法》第 18 條第 2 款。

備制」。[15] 對於以上描述，筆者認為是中肯、恰當的。

而在英美法系國家，政黨儘管往往被認為是「當然存在或不可欠缺的組織」，[16] 但其在法律上「仍然屬於自願組織，屬於行使公共職權但由私法統轄的實體」。[17] 因此，英美國家在政黨成立問題上大多秉持消極主義立場，即政黨的成立並不以註冊為要件。

以英國為例，該國有關政黨註冊的規定最早出現於《1998 年政黨登記法》，在此之前，英國的法律僅在較小範圍存在對政黨的規範。[18] 而現行的政黨註冊相關規範則主要規定於《2000 年政黨、選舉及全民投票法令》之中。根據相關法例的規定，英國目前並不強制要求政黨的成立必須以註冊為前提，但與德國的做法相似，有關立法規定了非經註冊之政黨在選舉期間的某些權利或受到限制。根據英國《2000 年政黨、選舉及全民投票法令》的規定，代表沒有向選舉委員會註冊的政黨或其他政治團體參選的候選人只能在選票上以獨立候選人的名義介紹自己。[19] 此外，未向選舉委員會註冊的政黨在選舉廣播的播放方面亦會受到一定的限制。[20] 因此，儘管在英國政黨註冊制度並非強制性的，但政黨為了能使其權力免受立法的限制，一般均會選擇向選舉委員會進行註冊登記。相關統計資料顯示，截至 2005 年為止，英國至少有 113 家政黨進行了登記，這些政黨在歷屆選舉中一共提名了至少 3,550 位候選人。[21]

15　*Hwang, Anzeigepflichten im Verwaltungsrecht*, (Diss.), Tübingen, 1989. 轉引自蘇永欽：〈德國政黨與法律規範〉，載蘇永欽：《合憲性控制的理論與實踐》，台北：月旦出版社股份有限公司 1994 年版，第 212-213 頁。

16　〔日〕丸山健著，呂漢鐘譯：《政黨法論》，第 18 頁。

17　〔英〕A・W・布蘭得利、K・D・尤因著，程潔譯：《憲法與行政法》（上冊）（第 14 版），第 307 頁。

18　O. Hood Phillips and Paul Jackson and Patricia Leopold, *Constitutional and Administrative Law* (London: Sweet & Maxwell, 2001), p. 218.

19　*Political Parties, Elections and Referendums Act* 2000, Section 22 and 28.

20　*Political Parties, Elections and Referendums Act* 2000, Section 37.

21　〔英〕A・W・布蘭得利、K・D・尤因著，程潔譯：《憲法與行政法》（上冊）（第 14 版），第 309 頁。

此外，再以其他的英聯邦國家為例。加拿大現行之相關政黨立法亦未強制要求成立政黨必須註冊，但《選舉法令》（Canada Elections Act）則明確地對未經註冊之政黨的參選和收受政治資助的權利加以一定的限縮。而在紐西蘭，雖然《1993 年選舉法》（Electoral Act 1993）規定選舉委員會是該國政黨的法定註冊機關，[22] 但其相關法例並未對何謂政黨作出專門定義，亦未要求政黨成立時必須進行註冊。

第二，積極主義：政黨的成立以註冊為要件。在其他的國家或地區，要求政黨成立必須註冊者為數不少，例如新加坡、韓國、泰國、菲律賓、墨西哥等民主政治後發展國家均要求政黨的成立必須經過政府部門的註冊登記方為合法，及後才能依法享受有關權利並獲得參與本國政治的資格。

以新加坡為例，根據該國《社團法令》（Societies Act）第 14 條第 1 款的規定，成立政治社團必須經過註冊，未經註冊的社團屬非法社團，其籌辦人和成員的行為亦將構成刑事罪行，一經定罪可被判處監禁或罰款；同時，該法令第 4(2)(e) 條賦予了社團註冊官針對相關註冊事項的自由裁量權，社團註冊官可以在特定情況下拒絕某些政治性社團的註冊。[23] 再如韓國，該國現行《政黨法》對政黨註冊亦採取積極主義立場，規定政黨之成立須以向中央選舉管理委員會登記為要件。[24]

綜合而言，不管是採行積極主義還是採行消極主義的國家，如政黨進行註冊的話，都必須遵循一定的程序。通常，政黨登記程序根據主管機關的不同而有所區別，較常見的可分為行政登記和選舉登記兩種情況。行政登記是指由行政機關行使受理和批准申報建黨的權

22　*Electoral Act 1993*, Section 62 and 63.

23　*Societies Act*, Section 14(1) and 4(2)(e).

24　參見雷飛龍：《政黨與政黨制度研究》，第 103-104 頁。

力，比如泰國，建黨委員會必須向內政部提出申報，經內政部審查後方能登記註冊；至於選舉登記則是指由選舉活動的主管機關受理和批准成立政黨的申請，如墨西哥負責政黨登記的是聯邦選舉委員會，韓國是中央選舉管理委員會。[25]

而在多數情況下，政黨的設立，亦須受到相應條件限制。申言之，組織政黨雖然是民主國家人民的自由與權利，但政黨組織的設立也是有其須符合之基本條件的。根據我國台灣學者的梳理分析，較常見的主要有下列五種標準：第一，對設立政黨採自由放任原則，不需任何條件，可隨時宣佈成立政黨；第二，選舉時推薦候選人達一定人數即為政黨；第三，選舉時獲得一定百分比的選票即為政黨；第四，選舉結果當選一定數量的國會議員即為政黨；第五，由主管機關認定該政治團體符合某些條件，發給確認書之後，取得政黨的地位。[26]

在香港，政黨的概念已被現行法例明確界定，而政黨亦被賦予了相當的合法性。根據《社團條例》第 2 條的「釋義」，政黨被涵括於「政治性團體」（Political Body）之內，這也就是說，在目前的規範架構下，香港政黨的法律地位為政治性團體的一種類型。而香港現行之針對政黨註冊制度的有關規定則採取前文所述之積極主義立場，即政黨成立必須註冊。依據《社團條例》的規定，任何本地社團均須於其成立或根據第 2(2B) 或 4 條被當作成立後一個月內，以指明的表格向社團事務主任申請註冊或豁免註冊。因此，原則上香港的所有政黨都應當接受《社團條例》所建立之社團規範架構的規管。下文將對香港現行之規範架構，作簡要之梳理分析。

首先，在香港現行註冊制度下，任何本地社團及其分支機構，均須於其成立或根據第 2(2B) 或 4 條被當作成立後的一個月內，以指

25　李步雲主編：《憲法比較研究》，第 1012 頁。

26　許水德：〈析論非常時期人民團體組織法修正草案〉，（台灣）《理論與政策》1988 年第 1 期，第 10 頁。轉引自陳佳吉：《台灣的政黨競爭規範與民主鞏固》（第二版），第 164 頁。

明的表格向社團事務主任申請註冊。有關申請應由 3 名幹事簽署，並須詳細列明該社團或分支機構的名稱、宗旨、幹事的資料以及主要業務地點的位址等資料。[27]

其中，《社團條例》對申請註冊社團的名稱作了限制。任何本地政黨及其分支機構均不得使用以下名稱：與已存在的任何社團的名稱相同或十分相似的名稱；在該社團的真正性質或宗旨方面相當可能會誤導公眾的名稱；帶有意思指該社團屬於附表所指明的某類別的人的名稱，而事實上該社團並不屬於該類別的人；有「rural committee」字眼的名稱，或者有被社團事務主任認為是帶有意思指該社團是或刻意帶有意思指該社團是一個鄉事委員會或是一個由多於一個鄉事委員會組成的聯會或其他組織的任何其他字眼的名稱。[28]

此外，如任何社團採用任何根據前款被列為不准使用的名稱，則社團事務主任可向該社團送達通知，規定該社團在該通知所指明的時限內更改其名稱。[29] 通知具有法律約束力，凡任何政黨沒有遵從所送達之通知的規定，每名獲送達該通知副本的政黨幹事即屬犯罪，一經循簡易程序定罪可處罰款港幣 10,000 元，但如法庭信納幹事已盡應盡的努力以確保該政黨遵從該通知的規定，或者沒有遵從該通知的規定是由於非他所能控制的原因所致的，則屬例外。[30] 獲送達通知的政黨以及該政黨中因社團事務主任所作出的決定而感到受屈的幹事或成員，均可於通知送達後的 30 天內向保安局局長上訴，但不會影響該項通知的即行生效。[31]

其次，在香港現行註冊制度下，社團事務主任在接收到政黨所

27　香港特別行政區《社團條例》第 5 條。

28　就最後一項內容而言，根據《社團條例》的例外規定，如該社團是一個鄉事委員會或是一個由多於一個鄉事委員會組成的聯會或其他組織，並已獲民政事務局局長承認為鄉事委員會或上述聯會或其他組織者，則屬例外。參見香港特別行政區《社團條例》第 9(1) 條。

29　香港特別行政區《社團條例》第 9(2) 條。

30　香港特別行政區《社團條例》第 9(3)、(4) 條。

31　香港特別行政區《社團條例》第 9(5)、(6)、(7) 條。

提交的社團註冊申請之後，有權依法作出是否註冊的決定。[32] 一般情況下，社團事務主任應予以註冊，除非社團事務主任有合理理由相信：拒絕為該政黨進行註冊，是維護國家安全或公共安全、公共秩序或保護他人的權利和自由所需要者；該政黨與外國政治性組織或台灣政治性組織有聯繫。在上述情況下，社團事務主任在諮詢保安局局長後，可拒絕為該政黨進行註冊。但在此之前，社團事務主任應事先給予該政黨機會，就為何不應拒絕其註冊申請或豁免註冊申請而作出該社團認為適當的陳詞或書面申述。（另外，條例亦規定，如社團事務主任合理地相信給予該政黨機會作出陳詞或書面申述，在該個案的情況下並不切實可行，則不在此限。）在拒絕予以註冊之決定作出之後，社團事務主任須於 14 天內以書面方式將拒絕註冊的理由通知該政黨。政黨在接獲該通知之前，可正常運作。根據香港《社團條例》的規定，在拒絕註冊通知書送達之後，即行發生法律效力，如該政黨無人就該項拒絕在上訴期限內提出上訴，或該項拒絕在上訴後被確認，該政黨必須停止運作；否則，該政黨的每名幹事或每名自稱或聲稱是幹事的人即屬犯罪，一經定罪，將面臨刑事處罰。[33]

當然，現行法例亦為政黨保留了一定的救濟途徑 —— 就遭拒絕註冊而提出行政上訴。有關社團、有關分支機構或該社團中或該分支機構中的幹事或成員，如因社團事務主任的拒予註冊或拒予豁免註冊決定而感到受屈，均可在有關該項決定的通知發出予該社團後 30 天內，向行政長官會同行政會議提出上訴。行政長官會同行政會議可確認、更改或推翻該項決定，遭上訴的決定則暫停實施，直至行政長官會同行政會議就該項上訴作出聆訊及裁決為止。[34]

32　香港特別行政區《社團條例》第 5A 條。
33　香港特別行政區《社團條例》第 5F 條。
34　香港特別行政區《社團條例》第 5B 條。

三、現制度背後所隱含之政黨理念

通過對「政黨有限公司」現象以及現行涵括政黨在內之社團註冊制度的分析可知，目前香港的政黨註冊制度無論在規範層面抑或實際運作層面均存在一定的問題，並且與本地區政黨政治的發展現狀嚴重不符。質言之，在特區現行憲制秩序下，政黨的憲法性格乃被界定為：在規範層面，屬於「政治性團體」的範疇；在政治現實層面，則同時具備公權組織與社會媒介的屬性。而由於漠視政黨之政治理念的作用，基本法所確立的憲制秩序對政黨採取了刻意回避的態度，規範定位的不明確使得政黨的實際政治地位並沒有獲得法律的積極承認——未被賦予特殊憲制地位。此種「規範定位不明確」所展現者，是現行法例對政黨政治地位採取一種不予承認的態度，政黨在規範層面被「矮化」為一般的政治團體。對於如何理解現制度背後所反映的這種公權力漠視政黨的政治理念，筆者認為可以從政黨法律地位變遷的維度着手。

前文已述，香港目前正處於德國學者杜禮培（Heinrich Triepel）所指的「法律積極承認政黨時期」，但法律體系中仍部分地保留了「法律漠視政黨時期」的一些政治理念。即，香港的公權力目前在成文法層面仍不願賦予政黨以明確的地位，甚至加以排斥。應該說，香港目前的政黨理念已落後於時代的發展，而且更是與香港的政治現實嚴重脫節。此種理念一方面可謂是與二戰前民主國家憲法所抱持的政黨理念一脈相承，另一方面亦受香港政治體制本身固有之「政黨排斥主義」傳統的影響。

根據陳新民教授的梳理，二戰之前民主國家憲法所抱持的政黨理念主要表現為，憲法認可人民組成或加入政黨是屬於人民的結社權一部分，但這種對應於政黨之結社權利的行使在實際上與人民在私法領域內行使諸如成立公司等權利並無二致，只不過組織並加入政黨會

被歸入於「政治性」結社罷了。[35] 為此，在奉行這樣一種憲法政黨理念的國家，圍繞政黨而形成的只能是「人民結社權的衍生制度」，而不可能是一套「特殊的『憲法制度』（德文：Verfassungsinstitution）」。[36] 而具體到香港，我們從特區目前尚未建立起正式的政黨註冊機制，政黨的註冊成立僅由《社團條例》中針對普通社團註冊成立的相關規範來進行規定，而且在實務操作中又將政黨註冊本身視為居民的一種「私法自治」行為而放任政黨選擇依據《公司條例》成為公司，使「政黨有限公司」在現行政黨註冊制度下成為普遍現象的實際情形可以推斷——香港迄今為止仍在踐行着前述這種二戰前民主國家憲法所抱持的政黨理念。在香港所抱持的這樣一種「憲法政黨理念」之下，法律對政黨的身份屬性的界定是「單一化」的，它排斥現代政黨國家所確立的承認政黨公法屬性的「雙重身份」理念。也就是說，政黨在現代民主社會由於直接參與政治過程而在其原本就擁有私法身份屬性之基礎上又實際獲得了另一重公法身份屬性的事實，是不為香港現行之法律規範所承認的；同時，政黨在現行政治體制下只能接受一種被「矮化」的憲制地位，僅作為《社團條例》所界定的政治性團體的其中一個類型。因此，在香港的立法者眼中，民主政治發達社會所普遍存在的針對政黨之成立及註冊而採行有別於一般結社之規範措施的做法是不具有必要性的，而事實上，專門針對政黨註冊的機制在香港還遠未完全建立。

此外，亦如本書第二章已論證的，香港現行制度存在政黨定位缺陷的另一核心因由，是政治體制潛藏着一種隱微的「政黨排斥主義」傳統。這種「政黨排斥主義」主要表現為公權力對政黨抱持「消極」的態度，忽視政黨的存在。其在本質上乃是一種針對政黨政治形

35　參見陳新民：〈論政黨的內部民主制度〉，載陳新民：《德國公法學基礎理論》（增訂新版·上卷），第 300 頁。

36　同上。

成和發展的消極意識形態。通過對香港政制發展史的回顧，不難發現香港政治體制中所潛藏的這種「政黨排斥主義」是在特定歷史背景下被強制性地植入的。作為香港的殖民統治者，港英政府之所以刻意地將「政黨排斥主義」融灌於其所構建的整個香港政治體制中，背後的原因不難理解。它所反映的，無非是港英政府基於功利主義的價值考量、為有效實現其對香港的殖民統治而採取的一種管治策略；而就其本質而論，也體現了港英殖民政權排斥代議民主的一種統治立場。事實上，被港英政府所內植於香港政治體制中這種「政黨排斥主義」在某程度上是可以被歸類為近代「反議會主義」意識形態之組成部分的，只不過，其相對而言會帶有更濃烈的殖民色彩而已。在九七回歸後，這種針對政黨的排斥主義作為香港政治體制的一個組成部分被保留了下來，當然其亦在新的憲制框架下得到了一定程度的修正和發展，並被賦予了新的內涵。應該說，香港現行政治體制中所帶有的這種「政黨排斥主義」傳統，其實也是反映了「一國兩制」本身所包含的、無法在較短時期內有效消解的制度性矛盾。甚至可以這樣認為，這種所謂的制度性矛盾，其實也是「一國兩制」內部所蘊含的如國家統一、高度自治、居民基本權利、社會繁榮穩定、法治、國家利益等核心價值之間的矛盾。

總之，政黨在香港現行憲制秩序中並未獲得與其實際政治影響相稱的法律地位。為此，香港政黨亦普遍地不甘心於接受現制度在規範層面對其施加的種種局限，並常常試圖通過製造與特區政府間的政治衝突來打破這種制度局限。這其實極大地加劇了回歸以來香港社會內部的矛盾和撕裂。另外同樣值得注意的是，由於香港目前針對政黨行為的規制性立法亦處於「規範缺失」的狀態，特區政府難以依法對政黨的行為實施有效規管，這本身又導致了政黨很多激進行為的不受制約，繼而又進一步加劇了政治秩序的混亂。而隨着民主政治的發

展，這種「規範缺失」必然會越發明顯，特區政府未來有必要根據實際情況適時地對之加以完善。

四、肯認政黨之地位及完善相關制度的必要

綜上可知，香港政黨之所以出現異化現象，除受現行不甚合理之註冊制度影響外，也有其深層次的政治原因。未來，如欲進一步促使香港本地區政黨政治朝良性軌道發展，有必要對這兩方面制約因素加以對症下藥地克服。

首先，香港未來應考慮對政黨進行重新定位，積極肯認政黨的法律地位。即，通過規範的形式在以基本法為基礎所構築起來的憲制秩序中，對政黨的地位進行明確的界定，或賦予政黨特殊的憲制性任務。儘管，基於當前「一國兩制」的特殊制度安排，中央並不希望香港政黨政治過度地發展，但實際上政黨政治在香港的出現和發展已然成為不爭的事實。而縱覽全球政黨政治又是現代民主社會政治制度的重要一環，那麼，香港未來也有必要對本地政黨的憲制地位加以明確化，使其在憲制層面的規範定位與其在現實政黨中的地位相符。當然，強調賦予政黨較一般政治性團體特殊的憲制地位，並非是說要極端到將政黨固定為某種憲制性政治制度。就此而言，筆者完全同意如下觀點，政黨的憲制地位應該是一種「單向度」的公共地位，它的基礎「並非是建立在有組織的國家性的領域中，而是植根於所有從『非國家性』過渡到『國家性』的政治意志形成的領域之中」。[37] 而且，事實上儘管香港政黨政治的發展在民主政治作為大方向的前提下確實存在一定空間，但這種空間又受到了香港作為中國這樣一個高度集權的單一制國家內實行高度自治的特殊地區地位的限制，這也決定了其

37　參見〔德〕康拉德・黑塞著，李輝譯：《聯邦德國憲法綱要》，第 139 頁。

政黨政治不可能像國家層面的政黨政治那樣發展。[38]

與此同時，香港由於政黨理念的局限以及政黨立法的不完備，支撐政黨註冊機制充分落實的制度至今尚未得以建立。這實際使得香港政黨在現行制度下如規矩地按照《社團條例》進行社團註冊的話，不僅不會得到如西方社會所建基於註冊制度之上的各項政策支持機制對其權利所作的額外保障，反而會帶來社團規範架構下的很多不必要的限制。因此，政黨在可能的情況下都會設法規避來自《社團條例》的規限，其中選擇註冊成為公司即是最為簡捷有效的辦法。而事實上，政黨這種規避手法的代價也是非常低的 —— 由於「特殊憲法制度」的未建立，政黨不會因為其在規範層面政黨身份的不適格而招致政治上的風險，或失去依附於制度安排上的利益。在實踐中，對於一些政黨來說，註冊成為公司可能招致的最大麻煩就是其在法定情形下不能拒絕公開其政黨成員名單。[39] 有鑒及此，筆者認為特區政府應轉換其針對政黨的規範理念，並盡快着手對本地區之政黨註冊制度進行重新完善。比如，香港在未來可考慮通過專門立法，規定所有政黨均不得以公司的身份運作，並將前述「政黨有限公司」統一納入到《社團條例》的規管範圍內，以使政黨註冊制度不至有名無實，並確保有政黨立法所構建的政黨規管架構能夠保持普遍的適用效力。當然需要說明的是，前述建議的意思並非是要對香港政黨適用一種強制性的註冊制度。在這個問題上，筆者基本同意理查·卡倫的觀點，特區政府不應強制規定政黨必須註冊，亦不應該以註冊制度為賦予政黨合法地位的依據。[40] 不過，政黨畢竟不同於公司，政黨可以以非經註冊的身份存在，但不能通過註冊成為公司而規避政黨立法的規範。

38　張定淮、甘長山：〈論香港政黨政治的發展空間和限度〉，《深圳大學學報（人文社會科學版）》2013 年第 5 期，第 56-57 頁。

39　*Democratic Party V. Secretary for Justice*, HCAL 84/2006.

40　See Richard Cullen, Political *Party Development in Hong Kong: Improving the Regulatory Infrastructure*, Paper Prepared for Civic Exchange, August 2004.

此外，也需注意的是，儘管專門註冊制度的構建是完善政黨規管制度的其中一項重要內容，但註冊制度本身亦同樣不能脫離於整體的政黨規管制度而單獨存在。因此，構建切實可行的政黨註冊制度必須同時兼顧好兩個方面的內容。一方面需要注意的是，通過政黨規範體系的整體完善，尤其是建立起針對已註冊政黨的直接或間接的公共資助機制，以引導政黨自願註冊、接受政黨立法的規管。正如有學者指出的，為使政黨註冊制度有效落實，政府有必要設置基於政黨註冊的各種制度上的優惠，以此作為回報，鼓勵政黨註冊登記並心甘情願接受規範架構掣肘。[41] 如，德國等多數西方民主國家均採用了這種辦法。另一方面亦需注意的是，制定針對政黨的規制性立法時應遵循權利限制的限制原則，在有效規範政黨行為的同時亦須確保政黨的權利不會受到過度的限制。其中最為重要的一點是，有關政黨註冊的相關立法應以現代政黨國家憲法所普遍奉行的政黨自由作為基本原則。當然，政黨自由並非是指絕對排斥公權力對政黨的註冊成立進行限制，它要求的是這種限制「應以必要者為限，俾使政黨能自由地形成」[42]。而所謂過度限制，並不僅限於對政黨的成立作出過度限制，同樣亦包括對政黨註冊成立後的各種活動進行不合理的規制或妨礙。事實上，香港政黨過去之所以普遍通過註冊成立為有限公司來規避《社團條例》的規管，其中一個最重要的原因就是若按照《社團條例》的規定申請註冊登記為社團，政黨就需要接受一系列嚴格的政治審查，而且在註冊成立後更需要接受《社團條例》嚴格的規管。

41　蔡子強：〈提供制度誘因發展政黨政治〉，《明報》2005 年 8 月 10 日，A29 版。

42　陳淑芳：《民主與法治》，台北：元照出版有限公司 2004 年版，第 194 頁。

選舉政治「媒體化」時代
香港政黨競選行為之法律規制

◇◇◇

當代憲政主義肯認唯有人民能授予統治權，換言之，人民透過參政權形成國家意思，而政黨則試圖爭取人民的支持以取得統治權。[1] 在選舉政治高度「媒體化」的當今，探討如何在正處於民主轉型期的香港建立起一套行之有效的政黨規範機制，對政黨在競選過程中與媒體的互動關係進行必要規制，可以說是一個具有迫切研究需要的學術課題。有鑒於此，下文將以「選舉政治『媒體化』時代法律對政黨與媒體互動關係的規範問題」作為主題，擬主要採用比較及規範分析的方法展開對當今世界各國（地區）之相關法律制度的考察，並在整體分析香港實際情況的基礎上探討如何在選舉政治高度「媒體化」的時代通過法律對香港之政黨與大眾媒介關係進行有效規範。

一、現代選舉政治的「媒體化」：政黨競選功能再定位

在立憲政治的持續影響下，代議制政體已然成為了現代國家政權組織的最主要形式。與此同時，民主選舉亦被奉為一個政權獲取其自身合法性的最重要途徑。而「大眾傳媒」在這種背景下之出現 —— 尤其是電子媒體的普及 —— 則使得候選人和政黨越來越意識到，通

---

1 蘇俊雄：《政黨規範體制的研究》，台北：「行政院」政黨審議委員會委託研究，1992 年 4 月，第 93 頁。

過各類媒體高品質、高效率地影響選民對於獲取選舉的勝利具有舉足輕重的作用。誠如李建良教授所指出的，「在現代多元社會中，大眾傳播媒體對於人民思想及言論的表達，乃至於公意的反映與民主的強化，往往扮演相當重要的角色」，大眾傳播媒體機制已然與多黨體系、多元團體體系並列成為了民主政治的基本保障要素。[2] 因此，現代政治的「媒體化」傾向便發生了不可逆轉的趨勢。特別是近三四十年來，隨着「主流媒體在商業化背景下實現對政治系統的主導性」，[3]「媒體化」的政治傳播可以說「已經在當今民主政治和公共生活之中佔據了核心地位」。[4]

（一）何謂選舉政治「媒體化」？

根據英國學者 P・埃瑞克・洛關於現代社會媒體與政治間關係的研究，在選舉政治「媒體化」時代人們主要通過三種途徑與自由民主過程產生聯繫：第一，作為（活躍的）「內部人」的政治精英，分別兼顧政治的「實質性」工作和政治「宣傳」（內部人包括：議員、高級官員、政黨內部人士等）；第二，作為活躍的政治「半內部人」，扮演「舞台工作人員」或精英與大眾之間的傳播橋樑的角色（半內部人包括：記者、政黨外部人士〔作為一般大眾的政黨成員〕等）；第三，作為「外部人」的（消極）大眾，則消費着內部人和半內部人的工作。[5] 對於大部分人來說，直接進入政治領域成為活躍的「內部人」（政治精英）是不太可能的，最多只能以媒體為仲介接觸政治，扮演

2　參見李建良：〈民主政治的建構基礎及其難題——以「多元主義」理論為主軸〉，載李建良：《憲法理論與實踐（一）》（二版），第9頁。

3　唐海江：〈政治媒體化：當代西方媒體與政治關係的形態分析〉，《求索》2003年第1期，第90頁。

4　〔美〕W・蘭斯・本奈特、羅伯特・M・恩特曼主編，董關鵬譯：《媒介化政治：政治傳播新論》，北京：清華大學出版社2011年版，第1頁。

5　參見〔英〕P・埃瑞克・洛著，陳晞、王振源譯：《西方媒體如何影響政治》，北京：新華出版社2013年版，第16-17頁。

作為「外部人」的消極大眾角色。而媒體的存在，則是他們消費「內部人和半內部人的工作」最重要的途徑。

如果以「候選人—內部人」、「媒體—半內部人」、「普通公民—外部人」作為替換形式，再套用美國學者 W・蘭斯・本奈特和羅伯特・M・恩特曼在《媒介化政治：政治傳播新論》中所提出的有關理論，媒體與候選人、選民之間所存在的是類似於如下「選舉三角模式」的一種動態傳播關係：[6]

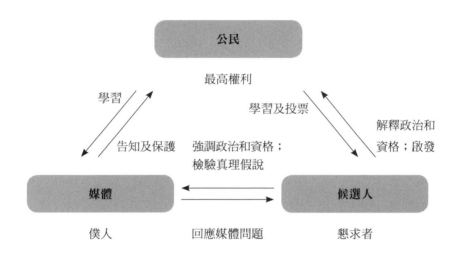

圖 4-1：選舉三角模式

在該「選舉三角模式」中，「媒體」與「公民」、「候選人」鼎足三立，已經成為了民主政治運作的最重要機制之一，並直接參與並支撐起了整個選舉制度的動態民主政治機制。申言之，民主政治的落實，顯然離不開包括大眾媒體在內的各種條件之間的相互配合。假如沒有大眾媒體在選舉過程中的多方面運用的話，作為由一整個系統程序所組成的選舉運動便不可能有效地完成。而媒體作為作為活躍的政治「半內部人」，扮演着類似於「舞台工作人員」的「雙重角色」，

6　參見〔美〕W・蘭斯・本奈特、羅伯特・M・恩特曼主編，董關鵬譯：《媒介化政治：政治傳播新論》，第 280-281 頁。

它「一方面扮演政治傳播傳輸者（Transmitters）的角色，讓政治組織的訴求、政策計劃與廣告宣傳和民眾的意見在媒體上流通，另一方面發揮傳送者（Sender）的功能，透過報導、社論、評論、分析，將各種政治信息傳達給各方」。[7]

而本節所討論的選舉政治「媒體化」，可以說是在「大眾傳媒私有化時期」的「政治媒體化現象」中截取下來的一個介面。概言之，所謂選舉政治「媒體化」，主要是指在現代民主社會大範圍的直接選舉中，媒體作為選民和候選人之間直接且高效率的溝通橋樑，在選舉實務中已經成為了選民獲取選舉信息、政黨和候選人樹立自身形象以及宣傳選舉理念、政綱的最重要管道，政黨和候選人在組織競選的過程中對媒體利用程度和利用效率的高低，往往會成為正常情況下影響選舉勝負的最關鍵因素。

當然，在此也需要說明的是，在下文的論述中「媒體」應該是取一種寬泛的定義，即除了視聽廣播、報章、雜誌、書籍、宣傳冊、展示牌等傳統媒體之外，也包括手機、電郵、互聯網等新媒體在內。應該說，這種解釋在立法實務中也是有所依據的。以作為政黨競選文宣最主要類型之選舉廣告為例，根據香港現行法例的規定，選舉廣告（Election Advertisement）的傳播形式包括：公開展示的通知；由專人交付或用電子傳送的通知；以無線電或電視廣播；以錄影片或電影片作出的公告；任何其他形式的發佈。[8] 這也就是說，在香港的法律層面上，媒體作為選舉廣告的傳播載體，是具有多樣性的。而事實上，在香港目前的選舉實務中，政黨亦係主要通過宣傳單張、街板、橫額、海報、免費郵遞、直幡、易拉架、報章雜誌及網路等媒體傳播競選文宣的。[9]

7　彭懷恩：《政治傳播：理論與實踐》，台北：風雲論壇有限公司 2007 年版，第 19 頁。

8　參見香港特別行政區《選舉（舞弊及非法行為）條例》第 2 條。

9　參見香港民主動力編輯委員會編著：《選舉工程師：香港選舉九招必殺技》，香港：非傳媒有限公司 2011 年版，第 109-115 頁。

（二）選舉政治「媒體化」時代政黨競選功能的再定位

政黨被譽為「專為政治而生」的「最重要政治組織」，[10] 它最重要的職責就是「在『市場上』推銷自己的政治理念，並與其他黨派進行競爭」，[11] 通過競選過程把本黨所推出的人選輸送到政府系統中去。在有的時候，能否贏取選舉甚至會成為政黨生死存亡的關鍵性因素。因此，民主國家的政黨作為人民直接參與政治事務的主要媒介，它的所有工作都是圍繞選舉而展開的。[12] 尤其是政黨內部主要資源的分配，都是以選舉的開展為核心，每逢大選政黨都要投入大量的人力物力進行各種宣傳和拉票活動。

在香港，政黨於現行選舉制度下之主要活動場域是立法會和區議會，因此政黨十分重視立法會及區議會的選舉。政黨在選舉中所起到的主要作用包括：第一，提名候選人的功能，競選立法會和區議會的議席，在香港，絕大多數的議員候選人都是由各個政黨推薦的，只有少部分是獨立候選人，即使以個人身份參選的「政治明星」，很多背後往往也都有政黨資源的支持；第二，發表政綱吸引選民注意，香港政黨在選舉前夕為贏得選票都會提出自己的政綱，並通過宣傳自己的政綱去努力吸引選民，有時這些政綱甚至能達到影響政府決策的程度；[13] 第三，充當候選人與選民間媒介，開展競選文宣活動的功能，為候選人爭取選民支持。

不過，隨着選舉政治的「媒體化」，「大眾政治的選民其信息來源，越來越不能依賴人際傳播的通道，不得不依附大眾媒介所提供的

10　〔德〕Martin Morlok，蕭文生譯：〈民主與選舉〉，載〔德〕Peter Badura, Horst Dreier 編，蘇永欽等譯注：《德國聯邦憲法法院五十周年紀念論文集》（下冊），台北：聯經出版事業股份有限公司 2010 年版，第 602 頁。

11　〔美〕威廉‧龐德斯通著，劉國偉譯：《選舉中的謀略與博弈：為什麼選舉不是公平的》，北京：中國編譯出版社 2011 年版，第 321 頁。

12　See Howard Davis, *Human Rights and Civil Liberties* (Devon, UK: Willan Publishing, 2003), p. 239.

13　參見孫曉暉：〈香港政黨政治的發展現狀及其政治影響〉，《桂海論叢》2007 年第 6 期，第 17-18 頁。

政治消息及評論」，於是大眾媒介在選舉中成為了選民與政黨間不可或缺的一種聯繫（Linkage）。[14] 尤其是電子媒體出現之後，「傳播科技的發達」作為整體因素之一，更是使得政黨在選舉中的角色日趨式微，[15] 新興電子媒體在很大程度上已經替代了政黨原先在競選中所起到的「媒介功能」。以目下最為普遍的電子媒體電視為例，在美國它的出現可謂簡單化了一切，並觸及了全國大批新觀眾，像《時代》和《每週新聞》這類雜誌因為擁有二三百萬美國讀者，一度被視為全國性大刊物，而現在的電視新聞，每晚在同一時間、同一節目就能傳及六百萬之眾。[16] 可以這樣說，在當今的選舉實務中，幾乎沒有人能夠否定媒體已經成為了民主政治過程的關鍵性參與者；快速變化的政治生態，在實際上已經使得政黨在競選活動中的多種功能被逐漸取代。因此，政黨必須要盡快適應這種變化，並迫使自己培育出一種新的可以「使政治通信的新技術應用於它們的目的」的能力，才可以在選舉政治中繼續扮演「一個重要的，雖然已經變化了的」角色。[17]

　　事實上，為了適應「媒體化」的選舉政治，政黨已經不得不對其自身的競選功能作重新的定位。這種重新定位主要集中在「媒介功能」方面，表現為政黨逐步將大部分原先由其承擔的在「候選人—選民」之間起選舉媒介作用的功能直接轉介給了媒體，而政黨則退居幕後憑藉其自身在資金籌集、組織動員等方面的優勢，通過媒體開展其競選文宣活動，為本黨候選人爭取選票。其實，在上述情況下，政

14　參見彭懷恩：《政治傳播：理論與實踐》，第 157-158 頁。

15　美國知名政治學者克勞帝教授（William Crotty）認為，初選制度的興起、傳播科技（尤其是電子媒體）的發達、政治政動委員會（PAGs）的出現、單一議題團體（如：環保、消費者保護、反核等團體）的活躍，都使得政黨在選舉中的角色日趨式微。參見葛永光：《政黨政治與民主發展》（第二版），台北：國立空中大學 2000 年版，第 283 頁。

16　〔美〕大衛·哈伯斯塔姆著，尹向澤等譯：《媒介與權勢：誰掌管美國》（下卷），北京：國際文化出版公司 2006 年版，第 467 頁。

17　參見〔美〕史蒂芬·E·弗蘭澤奇著，李秀梅譯：《技術年代的政黨》，第 398 頁。

黨在實際上又重新獲得了它之前曾一度被取代了的媒介功能——通過直接迎戰其他媒體的進犯，政黨亦增強了其自身的「服務角色」，「直接向投票人、候選人和被選舉的官員提供他們所需的物質和服務」。[18] 而這種轉變在很大程度上是基於「競選」在選舉政治「媒體化」時代對「集體合作」的強烈需求。對此，有美國學者曾指出，「隨着傳播科技的日益發達，民主制度轉而要求集體的溝通能力」，尤其是電視機出現後，「選戰要達到宣傳的效果，必須有個技巧純熟的競選傳播團隊」。[19] 換句話來說，在選舉政治「媒體化」時代，競選活動的開展必須通過一個緊密合作的競選團隊來完成。而政黨在這個競選團隊中所扮演的角色，就是團隊的核心成員及集體合作的協調者。

經過競選功能的重新定位之後，政黨在組織競選的過程中多數時候會退居幕後，積極利用大眾媒體在選民與候選人之間建立起認同與支持的關係，在一般情況下三者關係如下圖所示：[20]

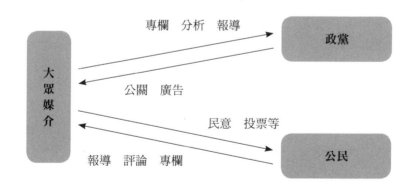

圖 4-2：政黨、媒體與公民之關係

18　同上，第 33 頁。

19　〔美〕詹姆士・梭柏拉・坎迪斯・納爾遜主編，郭岱君譯：《選戰必勝方程式：美式選戰揭密》，台北：智庫股份有限公司 1999 年版，第 124 頁。

20　Brian McNair, *An Introduction to Political Communication* (London: Routledge, 1995), p. 5. 轉引自彭懷恩：《政治傳播：理論與實踐》，第 159 頁。

綜上所述，由於選舉「媒體化」導致客觀民主政治環境發生了重大變化，政黨將原先在競選活動中由其承擔的大部分溝通候選人和選民的「媒介功能」轉介給了媒體，從而使得其自身的競選功能得到重新的聚焦和定位。在競選功能重新定位之後，政黨自身的「服務角色」得到了較大增強，其在大多時候會退居幕後並憑藉自身在資金籌集、組織動員等方面的優勢，通過媒體開展競選文宣，為候選人爭取選票。當然，任何作為被描述的政治現象都不可避免地存在一些例外。在某些場合，比如德國式的政黨比例代表制選舉模式底下，政黨自身在法定情況下也是被選舉的對象，需要直接參與到選舉的角逐當中，而不是僅局限於發揮輔助競選的功能。

二、選舉政治「媒體化」時代香港政黨競選行為之類型梳理

香港因其人口密集且大眾媒介高度自由和發達，又被學者稱為「媒介之都」（Mediapolis）。[21] 根據特區政府出版物《香港年報》的統計，截至 2020 年底，香港的大眾傳播媒介共有 94 份日報（包括電子報章）、500 份期刊、3 家本地免費電視節目服務持牌機構、2 家本地收費電視節目服務持牌機構、10 家非本地電視節目服務持牌機構、2 家聲音廣播持牌機構，以及 1 家公共廣播機構。此外，4 家流動網絡營辦商及 24 家流動虛擬網絡營辦商共有 2,314 萬名流動通訊服務用戶，人口普及率達 293%，流動數據用量達 88,017 太字節（TB），每名居民在過去 12 個月平均每月用量為 10,380 兆字節（MB）。很明顯，前述媒體作為現代民主社會選舉政治最重要參與者之一，已然成為了香港選民獲知選舉信息以及政黨向選民開展競選宣傳、爭取選民支持的最主要管道。下面，將主要從兩個方面來考察香港政黨如何通

21　參見梁麗娟：《媒介之都：縱論大眾傳播與社會》，香港：香港教育圖書公司 2010 年版，第 2-7 頁。

過媒體來開展其競選活動，分別是：香港政黨為樹立自身形象而開展
的競選活動；香港政黨為爭取其候選人贏得選舉而開展的競選活動。

　　第一，政黨通過媒體進行自我形象塑造：營造選民的「政黨認
同」。在最精確的定義上，政黨認同是一個不含有其他動機的心理依
附狀態。[22] 良好的政黨形象是一個政黨所擁有的精神財富，也是政黨
發揮執政能力的重要前提條件，是政黨合法性和權威性的重要來源，
是政黨推行綱領、政策並產生效果的關鍵因素，也是整個社會道德水
平提高和社會精神文明建設的推動力。[23] 儘管近年來「政黨認同」逐
漸式微，但其影響則仍然存在，而且總會不斷地在各類選舉事務中得
到體現。例如，在美國的政治傳統中，「政黨認同」對大多數選民的
最終投票決定就起到了相當關鍵的作用，尤其在總統大選或國會議員
的選舉中，大部分（約 75%）的選民都根據其「政黨認同」來作出投
票決定。[24]

　　而香港的特殊之處在於，社會對政黨的評價普遍欠佳，這其實
也就佐證了前文在探討「香港政治體制中之政黨排斥主義傳統」時所
指出的 —— 多數香港市民對政黨的認同感不強。[25] 因此，為吸引更
多選民的支持，香港政黨無不珍惜其在選民中的政治形象，以至於盡
一切辦法通過不同途徑來進行自我形象的塑造。其中，最為有效的方
式當然就是利用媒體效應，即製造大量正面的政治新聞和政治廣告來
進行自我政治宣傳。據筆者了解，特區政府目前所設立的部分選舉機

22　〔美〕史蒂芬・E・弗蘭澤奇著，李秀梅譯：《技術年代的政黨》，第 227 頁。

23　黃麗萍：〈媒介化時代黨的形象塑造〉，《政黨論壇》2012 年 4 月號，第 20 頁。

24　參見〔美〕詹姆士・梭柏拉、坎迪斯・納爾遜主編，郭岱君譯：《選戰必勝方程式：美式選戰揭
　　密》，第 172 頁。

25　如前文已引述，香港中文大學香港亞太研究所於 2013 年 7 月向 840 位 18 歲或以上市民就香港
　　市民對本港政黨的印象和評價進行民意調查的最終資料顯示，有多於一半（55.4%）的受訪市
　　民同意，政黨間經常互相爭拗，根本做不了實事，只有 16.2% 不同意這個說法；同時，相對
　　較多（42.0%）受訪市民同意，加入政黨的人都是為了替自己爭取更多利益，並非真心為市民
　　謀福利，不同意這種講法的只有 13.5%。參見〈香港亞太研究所民調：市民對政黨評價仍然欠
　　佳〉，香港中文大學香港亞太研究所，http://www.cuhk.edu.hk/hkiaps/tellab/pdf/telepress/13/Press_
　　Release_20130731.pdf（最後訪問時間：2019 年 12 月 29 日）。

制的用意，就包含了促進「政黨認同」在選舉過程中發揮其對選民投票意向的影響作用。例如，特區政府為了方便選民在投票過程中辨認所選擇的候選人或候選人名單與政黨的關係，於 2004 年的立法會選舉中設立了「容許訂明團體向選舉管理委員會登記其擬在選票上印上的名稱及標誌」的機制。而根據現行《選票上關於候選人的詳情（立法會及區議會）規例》的有關規定，所謂的訂明團體的名稱及標誌即包括了一般所指的「黨籍標籤」。[26]

第二，政黨通過媒體之競選功能實現：競選文宣的開展。政黨的首要目標，就是要壓倒對手以奪取政權或維繫其已取得的政權。[27] 可以說，選舉對於政黨來說是攸關生死的頭等大事。尤其在香港，政黨目前主要是「通過其成員參與立法會選舉及當選議員發揮社會影響力，因而爭取選舉獲勝就成為各黨奮鬥的目標」。[28] 然而，「選舉是在短時間決勝負的零和遊戲，候選人不是當選就是落選，而且參選經費龐大，如何適當運用文宣策略，在短時間思考、決策，並凝聚瞬間的爆發力以求選戰的勝利，這就有賴候選人與文宣人員的智慧了」。[29] 因此，展開競選宣傳「是競選活動最直接的表現，基本形式是公佈競選綱領，發表競選演說，提出競選口號，大張旗鼓地展開爭取選票的宣傳戰」。[30]

一般而言，政黨的競選文宣應該要達到以下傳播效果：第一，認知效果：提高選民對候選人的認識以及對其政見的認知；第二，情

26　香港特別行政區《選票上關於候選人的詳情（立法會及區議會）規例》第 2 條訂明「政治性團體」（Prescribed Political Body）指在香港運作的：一，屬政黨的團體或組織；二，宣稱是政黨的團體或組織；或三，首要功能或主要宗旨是為參加選出議員的選舉的候選人宣傳或作籌備的團體或組織。

27　Joseph. A. Schumpeter, *Capitalism, Socialism and Democracy* (New York: HarperCollins, 2008), p. 279. 另可參見該書 George & Unwin 出版公司 1976 年英文原版之漢譯本。〔美〕約瑟夫·熊彼特著，吳良健譯：《資本主義、社會主義與民主》，北京：商務印書館 2000 年版，第 408 頁。

28　孟慶順：《「一國兩制」與香港回歸後的政治發展》，香港：社會科學出版社有限公司 2005 年版，第 115 頁。

29　鄭自隆：《競選文宣策略：廣告、傳播與政治行銷》，台北：遠流出版公司 1992 年版，第 14 頁。

30　李步雲主編：《憲法比較研究》，第 674 頁。

感效果：理論上文宣廣告可以讓選民對候選人產生好感，或對候選人的人格特質及形象產生認同；第三，行為效果：是指影響選民的投票決策或促進投票意願，甚至促使選民去尋求更多的相關信息，或是捐款給候選人，說服旁人也支持某候選人等。[31] 為此，政黨於競選活動期間，除了「為其所推薦之候選人印發以文字、圖畫從事競選之宣傳品及懸掛或豎立標語、看板、旗幟、布條等廣告物」[32] 之外，更重要的就是，「運用媒體將其訊息傳播給閱聽大眾，不管是政綱、政策說明、選舉訴求、或是利益團體活動、恐怖行為，只有當它們經由報導而為閱聽眾知悉時，才有政治上意義，也才能發揮傳播的效果」。[33] 在香港，目前政黨通過媒體實現其競選功能的形式，主要包括如下幾種。

首先，通過媒體進行選舉動員：動員其支持者前往票站投票。競選的目的是增加候選人的支持者，並鼓勵支持者積極主動地參與投票，如何說服和動員選民——尤其是自己的支持者——前往票站投票往往會成為贏取選舉的關鍵。因此，政黨開展競選文宣的最終目的就是要「發動投票人支持它們的候選人」。[34] 在香港，政黨為達成這一目的通常都會花費巨大的人力物力務求最大限度地動員本黨的支持者前往票站投票，支持本黨所推出的候選人。

香港既然被譽為「媒介之都」，選舉廣告便當然地成為了本地選舉實務中最重要的選舉動員形式之一。通常，為有效實現動員選民前往票站投票之目的，該類選舉廣告都會「努力塑造選民對候選人的印象，包括提供一些候選人的信息，比如，他們是誰（名字識別）、他們做過的事情（工作經歷和記錄）、他們支援什麼（議題立場），以及他們代表誰（群體關係）」；與此同時，「為了使其觀點更為可信，

31　鄭自隆：《競選文宣策略：廣告、傳播與政治行銷》，第 8 頁。

32　陳佳吉：〈黨禁開放後我國政黨選舉活動規範之研究〉，《憲政時代》1997 年第 4 期，第 83 頁。

33　彭懷恩：《政治傳播：理論與實踐》，第 19-20 頁。

34　〔美〕史蒂芬‧E‧弗蘭澤奇著，李秀梅譯：《技術年代的政黨》，第 110 頁。

政治家們通過廣告讓公眾對政策和當下狀況有一定的認識，並改變公眾對利害關係的看法，鼓勵公眾參與其中」。[35]

由於在香港現行選舉制度下，被統一劃分出來的各選區的特點都是面積不大且人口稠密，特別是在市區和各選區的公共屋苑區域更是人口高度集中，這對於政黨實現其高效率的選舉動員是十分有利的。因此，在香港過往的大小選舉中，除利用大眾媒體進行宣傳之外，通過展示牌、標語、宣傳單張等傳統媒體進行競選宣傳也是香港政黨非常重要的選舉動員途徑。甚至乎，由於法例在一定程度上的允許，通過競選宣傳車在公共屋苑附近進行沿街廣播亦是候選人常見的競選宣傳方式。而政黨通過前述的競選宣傳行為，確實取得了較好的動員效果。

其次，通過媒體對本黨候選人及其政綱進行宣傳。相關研究顯示，在現代選舉中，「候選人取向」已經成為了選民投票的重要依據，再加上大眾傳播工具的推波助瀾，候選人的「形象」就成了關鍵因素。[36] 可見，在選舉中開展政黨宣傳等競選活動並「不是可有可無的東西」，相反它們應該是政黨在選舉期間政治活動的「精義所在」。[37] 在香港立法會和區議會的選舉中，各政黨為了獲得更多選民的支持並取得選舉的勝利，一般都會不遺餘力地對本黨及本黨所推出的候選人的競選政綱進行大肆宣傳。而與此同時，香港政黨亦深諳「在議題的報導量和公眾給予議題的重要性之間存在着強烈的相關性」[38] 的定律，為此香港政黨在競選文宣中最常採取的具效率性的做

---

35 〔美〕泰德·布拉德爾著，喬木譯：《政治廣告》，北京：中國人民大學出版社 2013 年版，第23 頁。

36 通常而言，選民的投票行為常依三個取向：即所謂的政黨取向、政見取向、候選人取向。參見張寶樹：《美國政黨與選舉制度：以一九八四年美國大選為實例》，台北：台灣商務印書館 1986 年版，第 440 頁。

37 參見〔美〕約瑟夫·熊彼特著，吳良健譯：《資本主義、社會主義與民主》，北京：商務印書館 2000 年版，第 413 頁。

38 〔美〕瑪莎·L·科塔姆、貝思·迪茨－尤勒、愛琳娜·馬斯特斯等著，胡勇、陳剛譯：《政治心理學》（第二版），北京：中國人民大學出版社 2013 年版，第 217 頁。

法是,除為本黨候選人及其政綱製造正面政治新聞外,亦極為注重以選舉廣告的形式來宣傳候選人及其政綱。

不過,由於政治新聞的報導需要經過大眾傳媒的甄選而具有一定之不確定性,而且即使相關政治新聞獲得傳媒報導,政黨亦難以控制傳媒報導該政治新聞時所選擇的報導視角和立場,因此,為避免以上情形,直接推出有利於己方之正面競選廣告便成為了政黨競選宣傳的首選。[39] 在香港過往的選舉中,政黨其實也主要是通過各種選舉廣告製造和引導輿論,達至引導選民思考、影響選民投票意向之目的。

再次,通過媒體開展「競選攻擊」和「競選防禦」。據統計,在現代選舉中,約有七成的選民是依據感情而非理性去投票的。[40] 如何充分對選民展開宣傳攻勢,盡量增強選民對己方的正面情緒和對競爭對手的負面情緒,在整個選舉過程中就變得非常重要。在香港過去的選舉實務中,最為常見的做法是通過媒體開展「競選攻擊」和「競選防禦」。所謂「競選攻擊」是指政黨對競選對手以及其所提出的政綱等進行批評攻擊;而「競選防禦」則是指,當政黨遭受競選對手攻擊時,對該「攻擊」作出防禦和回應。

參照學者 B. 科恩(B. Cohen)的論說,「在很多時候,媒體在告訴人們怎麼思考方面可能是不成功的,但是在告訴它的讀者思考什麼方面卻是驚人地成功的。」[41] 由此推知,選民的注意力是可以被有效引導的。為此,香港政黨在競選過程中經常採取的做法就是,藉助媒體有目的地引起選民對特定話題的關注,進而按照其預先編排好的計

---

39 詳細論述可參見〔美〕詹寧斯・布賴恩特・蘇珊・湯普森著,陸劍南等譯:《傳媒效果概論》,北京:中國傳媒大學出版社 2006 年版,第 263 頁。

40 參見〔日〕飯島清著,張福清等譯:《日本選舉戰術與策略》,台北:中華民國日本研究學會 1985 年版,第 102 頁。

41 人們可以或願意將多少時間和關注投入政治受到媒體的限制。他們依靠媒體來告訴他們,什麼信息需要關注,它採取了什麼形式。這種情況通常被稱作議程設置(Agenda Setting)。參見 B. Cohen, *The Press and Foreign policy* (Princeton: Princeton University Press, 1963), p. 13. 轉引自〔美〕瑪莎・L・科塔姆、貝思・迪茨－尤勒、愛琳娜・馬斯特斯等著,胡勇、陳剛譯:《政治心理學》(第二版),第 217 頁。

劃展開其「競選攻擊」和「競選防禦」。例如,在香港 2011 年的區議會選舉中,由於激進泛民政黨對民主黨和民協支持政府提出的「行政長官普選方案」感到強烈不滿,因此激進泛民政黨人民力量發起了針對民主黨和民協的「狙擊」行動,並利用媒體對民主黨大肆展開競選攻擊,其所宣傳的重點是「民主黨出賣選民」,並呼籲泛民的選民在選舉投票時對民主黨和民協實行「票債票償」的懲罰。

綜上所述,政黨、媒體以及選舉三者都是香港民主政治運作不可缺少的要素。就整體結構觀察,政黨與媒體實則為政治體系內不同的結構,扮演着不同的功能,並不能彼此取代,成功的選舉策略仍是要靠政黨的組織動員,以及有效的媒介傳播,爭取更多的選民支持。[42] 然而,在此仍必須指出的是,在一個缺乏秩序和制約的社會裏,政黨通過傳播媒介的宣傳也可能會產生一些混亂,乃至破壞社會的穩定和秩序。因此,隨着政黨政治的規範化發展,如何制定法律對政黨通過媒體的競選行為進行有效規範,便成為被引申出來的香港政黨法治化的核心命題之一。

三、針對政黨通過媒體開展競選活動之立法規範對比考察

如所周知,「競選和選舉是界定一個政治體制是否民主化的核心標準,而其中參與者的活動決定性地影響了民主的程度」。[43] 當人類進入信息時代,通過媒體向大眾樹立政治形象、宣傳政治主張已經成為了政黨爭取選民支持的最主要手段後,為確保選舉的公平性,現代國家大多通過立法對政黨的政治宣傳行為作出一些規制。

西方國家在選舉制度建立之初,並沒有同時構建起一套完善的

---

42 參見彭懷恩:《政治傳播:理論與實踐》,第 164-165 頁。

43 〔美〕W·蘭斯·本奈特、羅伯特·M·恩特曼主編,董關鵬譯:《媒介化政治:政治傳播新論》,第 280 頁。

監管制度。後來隨着普選權的擴大，選舉制度亦日趨完善，「人們對選舉過程中出現的各種不正常現象越來越不滿，從而使選舉監督在 19 世紀後半期成為眾所關注的主題，並逐漸形成相應的制度」。[44] 這轉變的標誌是，越來越多的民主國家（地區）將選舉移歸公營並「當作公的制度來組織」，並且以「國法」的形式明確規定了「違法的選舉」無效，繼而對不符合公平公正原則的選舉活動加以處罰和禁止，乃成為了當然的事情。[45] 而在晚近的憲法學界，甚至有研究部門憲法的學者提出了「傳播憲法」的概念，並主張藉由憲法中與傳播部門相關之成文規範的規範拘束力所及範圍對「傳播憲法」進行了界定。[46]

因此，為有效監管選舉過程及規範競選活動，現代國家大多制定了專門立法對違法的選舉行為進行禁止和制裁。以英國為例，為禁止選舉中存在的不正當的收買和誘導行為，英國於 1854 年通過了其第一部針對不正當競選的選舉法例《不正當競爭取締法》（*Corrupt Practices Prevention Act*）；其後，又在此基礎上於 1883 年制定了更為完善的《不正選舉（舞弊及非法行為）取締法》（*Corrupt and Illegal Practices Prevention Act*）：該法在繼承 1854 年《不正當競爭取締法》制定時之基礎主旨的同時又吸收了他國同類立法之長，不僅成為了英國後世此類立法的「基本法」，而且也陸續影響如日本等一批國家的同類立法。[47] 再如，同屬於普通法系國家的美國，於 1971 年亦通過其《聯邦競選行為法》對競選予以詳細規定，監督範圍涉及競

44　胡盛儀、陳小京、田穗生：《中外選舉制度比較》，北京：商務印書館 2000 年版，第 226-227 頁。

45　參見〔日〕森口繁治著，劉光華譯，廖初民點校：《選舉制度論》，北京：中國政法大學出版社 2005 年版，第 18、301 頁。

46　根據石世豪博士的觀點，所謂「傳播憲法」，既可以是「規範傳播（相關制度或生活事實）的憲法」，也可以是「傳播（部門）的憲法（或『基本秩序』）。前者側重於成文憲法的個別規定及其解釋實務，並自其中抽繹出與傳播（相關制度或生活事實）直接或間接相關者，再使其組成釋義學上的（抽象）規範體系；後者則自傳播（部門）的「事實領域」出發，從而歸納、整理出憲法上相應的規範領域及其個別規範內涵。更詳細論述可參見石世豪：〈傳播部門之憲法初探〉，載蘇永欽主編：《部門憲法》，台北：元照出版公司 2006 年版，第 461-464 頁。

47　參見〔日〕森口繁治著，劉光華譯，廖初民點校：《選舉制度論》，第 279 頁。

選者有否向選舉人行賄或引誘選舉人的投票行為、有否以種種強力手段對選民進行威脅、有否故意妨礙投票秩序、有否偽造選票、有否印發不利於競選對手的宣傳品等。[48]

概括而言，各國（地區）之所以對政黨通過媒體開展競選文宣進行立法規制，其最終目的是要確保選舉的公平公正性，並以此促進政治參與權平等保障的實現。用日本學者松井茂記的話來說，這種通過立法的規範，是一種「確保公正選舉的限制」。[49] 由此可見，選舉的公平公正原則以及政治參與權的平等實現均是立法規制政黨使用媒體開展競選文宣所欲維護的核心法益之一。而政治參與作為社會成員參與統治者的選擇以及政策形成的自發性活動，[50] 其主要表現形態則可以歸納為選舉權、被選舉權以及政治表達自由。我們知道，政治參與權的權利特性要求任何成年公民或團體均有同等的機會去參與到公共政治的決策過程並發揮影響。為此，基本法在明文規定保障香港居民享有政治參與權的同時，又以專門條款申明作為個體的香港居民之間應平等地享有該項權利。[51] 目前，特區政府主要通過在選舉過程中貫徹「公平及平等對待」的原則來確保選舉公平進行。以立法會選舉為例，在特區政府選舉委員會歷年所制定的《立法會選舉活動指引》中，「公平及平等對待」的選舉原則均得到反覆強調。在實務層面，相關立法為確保選舉之公平公正原則的實現，有針對性地建立了不同的規範機制。

縱觀當今世界各民主國家（地區），一般均制定了針對選舉中舞弊、違反民主公平原則等行為的專門法例，對競選期間政黨通過大

48　參見胡盛儀、陳小京、田穗生：《中外選舉制度比較》，第 231 頁。

49　參見〔日〕松井茂記著，蕭淑芬譯：《媒體法》（第三版），台北：元照出版公司 2004 年版，第 80-86 頁。

50　參見〔日〕阿部照哉等編著，許志雄審訂，周宗憲譯：《憲法（下）：基本人權篇》，北京：中國政法大學出版社 2006 年版，第 339 頁。

51　香港特別行政區《基本法》第 25、26、27、39 條。

眾媒體開展競選文宣的行為實行有效規範，此類立法主要包括英國的《1990年廣播法令》(*Broadcasting Act 1990*)、新加坡的《2001年國會選舉（選舉廣告）規例》(*Parliamentary Election "Election Advertising" Regulations 2001*)、我國台灣地區的《廣播電視法》、《公職人員選舉罷免法》等。而在香港，現行選舉制度允許通過大眾媒體開展競選文宣，比如候選人及其選舉開支代理人可通過廣電傳媒、印刷報刊、互聯網等平台，為促使或阻礙特定候選人在選舉中當選而發佈選舉廣告。但是，與其他國家和地區的做法一致，在香港利用大眾媒體作政治宣傳亦同樣須受法律的規制。目前，相關的規範主要散見於一系列的選舉法例中，具體包括《選舉（舞弊及非法行為）條例》、《行政長官選舉條例》、《選舉管理委員會（選舉程序）（選舉委員會）規例》、《立法會條例》、《選舉管理委員會（選舉程序）（立法會）規例》、《選票上關於候選人的詳情（立法會及區議會）規例》、《選舉開支最高限額（立法會選舉）規例》等。此外，由特區政府選舉委員會制定的《立法會選舉活動指引》(2020年)也設置了專章對「宣傳廣告」以及「政治團體、專業團體、商會或其他組織的宣傳廣告」作出指引。下文將以香港為中心，通過對比考察和規範分析的方法，對規範政黨通過媒介開展競選活動的立法實踐進行考察。

（一）對政黨通過媒體開展競選文宣之形式限制

第一，對政黨利用廣電傳媒開展競選文宣的限制。廣播電視廣告等競選宣傳形式「雖然對選民有相當的影響力，但仍不足以決定選舉的結果」，而儘管如此，每次大選競選者還是會花費大量金錢在此類廣告上，原因在於「競選廣告雖不足以左右選舉結果，但可增進選舉人的形象，增加選民的認識和理解」，以達至提升選民支持度的效果。[52] 為此，部分國家（地區）會通過專門立法對政黨及候選人通過

52　張寶樹：《美國政黨與選舉制度：以一九八四年美國大選為實例》，第293、294頁。

大眾媒介作出的自我宣傳行為作不同程度的限制。

以我國台灣地區為例，相關法律雖然允許公共廣播電視台及非營利之廣播電台、無線電視或有線電視台以外的廣播電視事業有償提供時段，供推薦或登記候選人之政黨、候選人從事競選宣傳，或供提議人之領銜人或被罷免人從事支持或反對罷免案之宣傳，但這些宣傳行為亦須受到一定的規限。比如，根據 2020 年修正的《公職人員選舉罷免法》第 49 條的規定，公共廣播電視台及非營利之廣播電台、無線電視或有線電視台以外的廣播電視事業從事選舉或罷免相關議題之論政、新聞報導或邀請候選人、提議人之領銜人或被罷免人參加節目，應作公正、公平之處理，不得為無正當理由之差別待遇。如有違反該規定之情事者，任何人均可於相關內容播出後一個月內，檢具錄影帶、錄音帶等具體事證，向選舉委員會舉發。此外，該法第 51 條亦規定，大眾傳播媒體所刊登或播送之競選或罷免廣告，應於該廣告中載明或敘明刊登者之姓名，其為法人或團體者，並應載明或敘明法人或團體之名稱及其代表人姓名。再以英國為例，根據其現行選舉法例的規定，任何人在選舉中使用英國以外的傳播裝置影響選民都屬於違法行為。[53]

在香港，現行選舉制度設置了關於候選人利用廣電傳媒開展競選文宣的專門規範。相關法例並不完全禁止候選人利用廣電傳媒開展競選文宣，但就候選人在廣電媒體發佈選舉廣告方面作了與前述國家（地區）相類似的限制性要求。首先，根據《廣播條例》、《電訊條例》等法例的規定，基於公平及平等對待原則，本地免費電視節目服務持牌人以及獲發牌的電視廣播服務營辦機構不得將任何政治性質的廣告納入在其服務內；獲發牌的電台廣播服務營辦機構，除非得到廣管局的事先批准，否則不得播放帶政治色彩的廣告。而不必依據上述條例

---

53 英國《1983 年人民代表法》，s92。參見〔英〕A. W. 布蘭得利、K. D. 尤因著，程潔譯：《憲法與行政法》（上冊）（第 14 版），第 318 頁。

領牌的服務提供機構，則可在全港各處播放選舉廣告。

其次，針對行政長官、選舉委員會委員、立法會議員、區議會議員、鄉議局議員、鄉郊代表等不同選舉，現有立法就候選人通過廣電媒體發佈選舉廣告作了專門規範。以立法會選舉為例，根據《選舉管理委員會（選舉程序）（立法會）規例》第 105 條的規定，發佈選舉廣告的候選人必須：（1）以選管會指明的方式，在選管會指明的時間內，備妥有關廣告、資料、准許或同意書的電子文本，在總選舉事務主任或獲其授權的人所維持的公開平台（中央平台）上供查閱；（2）以選管會指明的方式，在選管會指明的時間內，備妥有關廣告、資料、准許或同意書的電子文本，在該候選人或獲其授權的人所維持的公開平台（候選人平台）上供查閱，直至選舉申報書的文本根據《選舉（舞弊及非法行為）條例》第 41 條可供查閱的期間結束為止；及以選管會指明的方式，在選管會指明的時間內，提供選管會要求的關於候選人平台的資料；（3）如選管會認為，將透過互聯網公開發佈的選舉廣告在中央平台或候選人平台上供查閱，在技術上不屬切實可行時，應以選管會指明的方式，在選管會指明的時間內，在中央平台或候選人平台上提供該公開平台的超連結。此外，候選人亦須以選管會指明的方式，在選管會指明的時間內，向選舉主任提供有關資料及有關廣告的兩份文本，以及有關准許或同意書的印本形式的文本。需注意的是，上述所指「選舉廣告」的涵括範圍為候選人在選舉期間所發佈的列明其當選立法會議員後所做工作之詳細資料的所有文件。

第二，對政黨利用印刷媒體開展競選文宣的限制。相對廣電媒體而言，法律對政黨通過印刷媒體開展競選文宣的形式規制顯得比較寬鬆。當今世界各國（地區）大多允許政黨通過印刷媒體進行競選宣傳，並在此基礎上會對其印刷的形式進行具體的要求。

以我國台灣地區為例，相關法例允許候選人和政黨通過印刷媒

體進行自我宣傳，但這些宣傳行為需要遵循必要的限制。比如，根據
2020 年修正的《公職人員選舉罷免法》第 52 條的規定，政黨及任何
人印發以文字、圖畫從事競選、罷免之宣傳品，應親自簽名；其為法
人或團體者，並應載明法人或團體之名稱及其代表人姓名。宣傳品之
張貼，以候選人競選辦事處、政黨辦公處、罷免辦事處及宣傳車輛為
限。此外，政黨及任何人不得於直轄市、縣（市）政府公告指定之地
點以外的道路、橋樑、公園、機關（構）、學校或其他公共設施及其
用地懸掛或豎立標語、看板、旗幟、布條等競選或罷免廣告物。廣告
物之懸掛或豎立，不得妨礙公共安全或交通秩序，並應於投票日後七
日內自行清除；違反者，依有關法令規定處理。

　　在香港，法律允許候選人親自或授權他人以發佈選舉廣告的形
式通過印刷傳媒開展競選文宣活動，但同時也對此類競選文宣活動作
了限制性規管。根據《選舉（舞弊及非法行為）條例》第 33、34 條
的規定，印刷選舉廣告是指印在任何物料上的選舉廣告，候選人如在
依據《本地報刊註冊條例》第 7 條註冊的本地報刊上刊登選舉廣告，
必須在發佈後的 7 天屆滿之前，向有關的選舉主任提供該廣告的文本
兩份。同時，前述選舉廣告如以新聞報導形式或任何其他未能清楚顯
示其為選舉廣告的形式發表，則必須附有「選舉廣告」或「Election
Advertisement」的字樣，以免讀者誤以為這並非選舉廣告。此外，
刊登在本港註冊報刊上的選舉廣告以外的所有選舉廣告印刷品（例如
以印刷機器、複印機或影印機製作的資料），均應以中文或英文標註
清楚印刷人的姓名或名稱及地址、印製日期和印製數量。同樣地，候
選人亦必須在選舉廣告發佈後的 7 天屆滿之前，向有關的選舉主任提
供該廣告的文本兩份。任何人如有違反即屬犯罪，一經定罪，最高刑
罰可被處罰款 20 萬港元及監禁 3 年。

（二）對政黨通過媒體開展競選文宣之內容限制

選舉是政治遊戲，因此在文宣或廣告中必然充滿了政治符號（Political Symbol），候選人以政治符號來美化包裝自己，或展示理念、簡化政治訊息，甚至以政治符號來醜化打擊對手。[54] 而且，由於負面選舉比較刺激，選民亦一般不會反對競選對手間「就事論事」的批評，人們所反對的是「人身攻擊」、「誣謗」以及「骯髒的政治」；事實上，「競選攻擊」或「競選防禦」[55] 行為要合法只須謹守兩個標準：真實性與關聯性。[56] 因此，各國一般通過立法規範政黨透過媒體的「競選攻擊」及「競選防禦」行為，禁止對競選對手進行非法的人身攻擊、誣謗及侵犯隱私等。

例如，我國台灣地區 2020 年修正的《公職人員選舉罷免法》第55 條就明確禁止候選人或為其助選之人之競選言論以及提議人之領銜人、被罷免人及為罷免案助勢之人、罷免案辦事處負責人及辦事人員之罷免言論，含有煽惑他人犯內亂罪或外患罪、煽惑他人以暴動破壞社會秩序、觸犯其他刑事法律規定之罪等情事。再如，英國法例亦規定廣播必須符合廣播方設定的各類相關義務，包括品味與莊重或損害與犯罪。[57]

在香港現行選舉制度下，有關法律亦就通過媒體而開展的競選文宣之內容作出了限制性規定。以《選舉（舞弊及非法行為）條例》為例，該法第 27、27A 條明確規定「發布選舉廣告假稱獲支持」以及「在選舉期間內藉公開活動煽惑另一人不投票或投無效票」均屬非

54　鄭自隆：《競選廣告：理論、策略、研究案例》，台北：正中書局 1995 年版，第 30 頁。

55　「競選防禦」分為四種類型：否認、解釋、道歉、反擊。其中，反擊是不理會對方指控的內容，而把矛頭直接指向這些指控的源頭。換言之，當攻擊的源頭來自敵對陣營時，就直接攻擊敵對陣營是在抹黑；當源頭來自第三者，就直接質疑第三者的可信度。參見〔美〕詹姆士‧梭柏拉、坎迪斯‧納爾遜主編，郭岱君譯：《選戰必勝方程式：美式選戰揭密》，第 142 頁。

56　參見〔美〕詹姆士‧梭柏拉、坎迪斯‧納爾遜主編，郭岱君譯：《選戰必勝方程式：美式選戰揭密》，第 138 頁。

57　參見〔英〕A‧W‧布蘭得利、K‧D‧尤因著，程潔譯：《憲法與行政法》（上冊）（第 14 版），第 318-319 頁。

法行為。其中，後者所指「公開活動」包括以下任何活動：（1）向公眾作出的任何形式的通訊，包括講話、書寫、印刷、展示通告、廣播、於屏幕放映及播放紀錄帶或其他經記錄的材料；（2）可由公眾觀察到的而不屬前段提述的通訊形式的任何行徑，包括動作、姿勢及手勢及穿戴或展示衣服、標誌、旗幟、標記及徽章；（3）向公眾分發或傳布任何材料。此外，香港《刑事條例》、《誹謗條例》有關誹謗罪的規定亦對競選文宣之內容起到一定規範作用。有學者在分析香港1993-2007 年 40 起媒體被訴誹謗案件後指出，香港誹謗法近年的發展，主要體現在對普通法抗辯原則「公正評論」和「特權」的改革上，總體趨勢是加大對言論自由的保護；但這種趨勢主要體現在對不同意見的保護以及對專業負責報導的保護，沒有事實根據的不負責任的報導是不受保護的，會受到行業的譴責以至法律的制裁。[58] 因此，在候選人通過媒體而開展的競選文宣亦不得違反上述法例有關誹謗及人身攻擊的規定。

（三）對政黨通過媒體開展競選文宣之金錢限制

由於競選經費直接影響競選言論 —— 如競選廣告等 —— 的表達，因此，「競選經費亦與憲法保障之言論自由具有相輔相成之密切關係」。[59] 參照美國學者對媒體在現代政治選舉活動中之作用的調查研究，大多數選民更多的是通過媒體來接收政治信息的；媒體無論在國家選舉還是地方選舉層面，都對選舉結果起到十分關鍵的作用。[60] 因此，政黨每逢大選都要耗費大量的資金在媒體上，以購買更多廣電媒體的播放時段以及印刷媒體的廣告版面為候選人進行競選宣

58　參見白淨：〈香港法律如何平衡名譽權與言論自由 —— 基於 40 起媒體被訴誹謗案的考察〉，《新聞記者》2012 年第 11 期，第 37、40 頁。

59　林世宗：《美國憲法言論自由之理論與闡釋》，第 259 頁。

60　參見〔美〕理查 · K · 斯克爾著，張榮建譯：《現代美國政治競選活動》，重慶：重慶出版社 2001年版，第 120 頁。

傳。可以說，競選廣告的氾濫加速了現代民主國家金錢政治的迅速發展，也使得競選開支迅速攀升。[61]

　　舉美國為例，在 1960 年的美國總統選舉中兩黨總統候選人僅在電視競選廣告上的支出金額就已經佔總統競選總經費的 48.1%，而到了 2000 年這一比例進一步增長到 53.6%。[62] 目前，研究如何改進美國選舉問題的專家學者，都同意新聞報導與選舉的關係極為密切，影響甚大，此可由每一候選人所花費之競選費用，最少有四分之一用之於購買電視、廣播的時間，及報紙刊登廣告上，可資證明。[63]

　　因此，為防止競選廣告氾濫而導致金錢政治的肆意發展，通過立法對政黨的選舉開支進行有效管控以限制政黨競選文宣的開銷就變得十分必要。當然，必須指出的是，「對政黨的選舉開支進行管控」本身並不是立法的目的，它只是法律用以達到有效防止選舉「金錢政治化」的手段。一般而言，對政黨選舉開支進行管控的較常見做法是通過立法設定政黨競選經費的開支上限。

　　在香港，對候選人使用選舉廣告的數量並無限制，但候選人選舉廣告的花費總額則必須以法律規定候選人可招致的選舉開支的最高限額為限。所謂選舉開支（Election Expenses），其法定含義是在選舉過程中由候選人或他人代候選人支付的為促使候選人當選、阻礙競爭對手當選而招致的經費開支。[64] 目前，法例已分別訂明相關選舉的選舉開支最高限額，並授權行政長官會同行政會議以規例的形式針對現行體制下不同類型的選舉訂立具體的選舉開支最高限額。[65] 根據《2016 年選舉開支最高限額（行政長官選舉）（修訂）規例》和《2020

61　See Fred Wertheimer, "TV Ad Wars: How to Cut Advertising Costs in Political Campaigns" , in Robert E. DiClerico, *Political Parties, Campaigns and Elections* (New Jersey: Prentice Hall, 2000), p. 110.

62　轉引自王晴川、陸地：《媒介法規教程》，上海：上海交通大學出版社 2013 年版，第 287 頁。

63　張寶樹：《美國政黨與選舉制度：以一九八四年美國大選為實例》，第 281-282 頁。

64　香港特別行政區《選舉（舞弊及非法行為）條例》第 2 條。

65　香港特別行政區《選舉（舞弊及非法行為）條例》第 45 條。

年選舉開支最高限額（立法會選舉）（修訂）規例》，在行政長官選舉中，候選人的選舉開支最高限額為 15,700,000 港元；而在立法會選舉中，地方選區、功能界別及區議會（第二）功能界別候選人或候選人名單的選舉開支最高限額則分別適用不同的法定標準。（詳見本書第五章）候選人如在選舉中違反上述選舉開支最高限額的規定，即屬在選舉中作出舞弊行為。此外，由特區政府選舉委員會制定的《立法會選舉活動指引》（2020 年）在第八章中專門針對「政治團體、專業團體、商會或其他組織的宣傳廣告」作了相關規定。根據該指引，包括政黨在內的任何組織在選舉期間透過發佈任何物件或物料宣傳他們組織或團體的政綱或服務，而當中提及候選人的姓名或展示候選人的照片或其他資料，有意圖促使該候選人在選舉中當選，則無論該候選人是否該組織或團體的幹事或成員，均可能會被視為候選人或代表候選人展出的選舉廣告。該廣告的費用會被視為候選人或代表候選人招致的選舉開支，候選人應對其或獲其授權的選舉開支代理人所招致的選舉開支負責，但不包括其不知悉及未得其同意的選舉開支。應該說，香港現制度下有關選舉開支限額的規定主要是針對候選人而言的，但其在實務開展中也會對政黨起到一定的間接約束作用。

（四）規制政黨通過媒體開展競選活動的配套機制

與此同時，作為規制政黨通過媒體開展競選活動的配套機制，部分國家（地區）則直接通過立法規定公共廣電服務可在選舉期間免費向政黨提供廣播時間。公共廣電服務是指一種非營利、非商業的廣電服務，以全體人民為服務對象並提供各種類型的節目。世界上大部分民主國家（地區）中，電波頻譜的重要部分都是用來運作非營利的（通常也是非商業的）廣播與電視，在英語世界最有名的例子是

BBC。[66] 而為了防止財力雄厚的政黨壟斷廣播時間，很多國家立法規定限制政黨向公共廣電機構購買用作政治宣傳的廣告時間，或規定選舉期間國有媒體免費向各政黨提供廣播時間，但廣播時間由國有媒體按照政黨的大小比例分配。以此確保廣電媒體「不會偏向特定政黨，並向公眾提供現代民主體制運作中所需的完整政治諮詢與分析」。結果即使在大部分色彩佔商業化的國家內（例如美國），廣電新聞也得以擁有中立與非黨派形象（是因為廣播電視其超然的聲譽，以及其國家擁有眾多政黨之故），這使其在公共領域中扮演着突出的角色。」[67]

以英國為例，該國《1990 年廣播法令》（Broadcasting Act 1990）就明令禁止政黨向電台和電視台購買廣播時間用於政治宣傳，僅允許某些特定的商營廣播機構（該國第 3、4 及 5 台電視牌照的持有人及國家電台牌照的持有人）可按獨立電視委員會及電台管理局訂定的規則，向政黨提供政治廣播服務。[68] 在英國 2005 年大選中，工黨與保守黨在英格蘭各自分配到 5 次廣播，而自由民主黨則為 4 次；在蘇格蘭，各政黨都分配到 4 次，包括蘇格蘭民族黨；而威爾斯則採取了四路均分的方法，其中第四黨為威爾斯花格黨（Plaid Cymru），其他小黨中 8 個在選舉中有候選人的政黨也分配到一次廣播。[69]

此外，其他不少的國家也有類似規定：在德國，根據相關法例的規定，政黨於競選期間可以免費獲得公營電台及電視台分配的廣播時間，但法例禁止政黨私自向公營廣播電台或電視台購買廣播時

---

66 〔美〕Robert W. Mcchesney 著，羅世宏等譯：《問題媒體：二十一世紀美國傳播政治》，台北：國立編譯館、巨流圖書公司 2005 年版，第 259 頁。

67 〔英〕Matthew Kieran 等著，張培倫、鄭佳瑜譯：《媒體倫理與規範》，台北：韋伯文化國際出版有限公司 2004 年版，第 73 頁。

68 *The Regulatory Framework of Political Parties in Germany, the United Kingdom, New Zealand and Singapore* (Hong Kong: Legislative Council Secretariat of Legislative council of the Hong Kong SAR, 2004), p. 23.

69 其中不包括北愛爾蘭。在北愛爾蘭，共有 6 個政黨有廣播。參見〔英〕A・W・布蘭得利、K・D・尤因著，程潔譯：《憲法與行政法》（上冊）（第 14 版），第 319 頁。

間；[70] 在紐西蘭，根據《1989 年聯邦選舉法令》（*Broadcasting Act 1989*）第 75 條第 2 款的規定，具體分配給政黨的選舉廣播時間，由選舉委員會根據各政黨在最近一次選舉中所獲選的議員數目、黨員數目以及民意調查的評級而決定。[71] 不過，值得注意的是，並非所有西方國家的法律都要求有線電視節目必須受到與廣播電視節目同樣的管制。例如，美國最高法院就在「特納廣播系統訴聯邦通信委員會」（Turner Broadcasting System v. FCC, 1997）案中裁決有線電視節目不必受到與廣播電視節目同樣的管制，原因是有線電視並沒有使用有限的電磁波頻譜。[72]

在香港，目前尚無有關公共廣播競選廣告時間公平分配的專門立法。但存在其他一些同類性質的立法。以立法會選舉為例，香港特區政府選舉委員會制定的《立法會選舉活動指引》（2020 年）要求，在競選活動中，任何人士均不可向候選人／候選人名單提供不公平的優待，而候選人也不可接受這類優待。此即所謂「公平及平等對待原則」。比如，在選舉期間（即由選舉提名期開始至選舉投票日止），傳媒在處理任何與選舉及候選人／候選人名單有關的節目及報導時，應按照公平及平等對待的原則對待各候選人／候選人名單，並確保不會優待或虧待任何候選人／候選人名單。再如，就「選舉論壇」[73] 的舉辦而言，廣播機構應按公平及平等對待的原則製作及進行整個選舉論壇，有關原則並非規定廣播機構在整個選舉論壇給予各參與的候選

70　Fritz Plasser, *Global Political Campaigning: a Worldwide Analysis of Campaign Professionals and Their Practices,* (Westport, Connecticut: Praeger, 2002), p. 223.

71　*The Regulatory Framework of Political Parties in Germany, the United Kingdom, New Zealand and Singapore,* (Hong Kong: Legislative Council Secretariat of Legislative council of the Hong Kong SAR, 2004), p. 33.

72　參見〔美〕克密特・L・霍爾主編，林曉雲等譯：《牛津美國法律百科辭典》，北京：法律出版社 2008 年版，第 446 頁。

73　香港自 1991 年立法局引入地區直選機制以來，電子傳媒已開始舉辦選舉論壇，至今已有 20 多年歷史；而不少地區組織或社區中心等，也會在立法會或區議會選舉期間邀請該區候選人出席較小規模的選舉論壇。參見香港民主動力編輯委員會編著：《選舉工程師——香港選舉九招必殺技》，第 128 頁。

人／候選人名單「同等時間」，而是要求廣播機構於陳述參選政綱的相關環節中，給予各候選人／候選人名單「相等時間」。至於陳述參選政綱以外的其他環節（例如辯論環節），各候選人／候選人名單的意見陳述可按具體議題自由發展，關鍵是節目主持人在節目中的任何時間都應盡力以公平及平等對待的原則讓各候選人／候選人名單有發言或回應的機會。至於其他組織或團體為公民教育或其他目的而舉辦選舉論壇，根據公平及平等對待候選人的原則，選管會呼籲所有這些論壇舉辦者邀請所有在同一選區／功能界別競逐的候選人／候選人名單出席這類論壇，以免使到任何候選人／候選人名單在競選方面會獲給予或得到不公平的優待。[74]

四、香港政黨競選活動立法規範的不足及其完善建議

整體而言，儘管香港目前針對政黨通過競選行為的諸多方面仍存在規範不足的問題，但已經構築起了針對選舉行為的較為完整的規範架構。而該規範架構亦在很大程度上對政黨的選舉行為起到了間接或直接的約束作用。

從前文圍繞政黨通過媒體開展競選活動對香港現行之相關法例所進行的綜合性考察可知，香港對於政黨競選行為的諸多方面仍需要在未來的政黨立法中加以完善。筆者認為，目前比較急需建立的是在選舉期間向政黨按比例分配公共廣播機構廣播時間的機制，這在一方面能夠促進選舉動員及選舉宣傳能夠更有效率地進行，幫助選民了解政黨所推出的候選人及政綱，另一方面也能提升政黨的地位。就後者而言，「現時在各級選舉中，政黨與獨立候選人身分相若，甚至在選管會的『平等時間』原則下，政黨黨魁與一個全無經驗和勝算的獨立

74　香港特別行政區政府選舉委員會：《立法會選舉活動指引》（2020 年），第十一章。

候選人，只能在電子傳媒得到相同時間作宣傳，傳媒報導受到嚴重限制，政黨因而被嚴重矮化」。[75] 若政府能夠建立機制，讓各政黨根據其於最近一次選舉中獲選議席及獲得選票的數額比例分得廣播時間，讓政黨能夠有更多的管道去推薦其候選人及闡釋其政綱，將有助於政黨地位的提升，及促進政黨政治的發展。

此外，即使現行主要針對候選人選舉行為的規管架構在一定程度上亦能對政黨起到規範的作用，但就長遠來說香港還是有必要系統訂定針對政黨通過媒體開展競選行為之專門規範的。正如鄭自隆教授曾指出的，現代選舉在很大程度上「已不是選賢與能，而是黨與黨之間，派與派之間，意識形態與意識形態之間的較勁」。[76] 可以說，政黨為有效打擊對手以贏取選舉，往往是無所不用其極的。尤其是香港這種高度媒介化的社會，「利用媒體」是達至上述目的最為快捷、有效的途徑。因此，香港未來針對政黨競選行為規制性立法的完善重點應放在立法規制政黨通過媒體開展的競選活動之上。

75　蔡子強：〈提供制度誘因發展政黨政治〉，《明報》2005 年 8 月 10 日，A29 版。

76　鄭自隆：《競選文宣策略：廣告、傳播與政治行銷》，第 2 頁。

小結

◇◇◇

　　隨着代議政制的發展，政黨政治已成為現代民主政治的核心，政黨在現代政治運作中所發揮的功能幾乎是不可或缺的。事實上，自上世紀 90 年代起，政黨的出現和政黨政治的發展已是香港社會不可逆轉的一種趨勢，而香港本地政治在近年以來亦逐漸呈現出以政黨政治為核心的氛圍。然而，由於受到「漠視政黨」之政治理念的消極影響，香港現行的制度安排在實際上並不有利於政黨政治的良性發展。就當前的情況來看，包括政黨註冊制度和選舉制度在內的制度局限已然在資源、發展規模、政治影響力等方面對香港政黨造成了較大的負面影響，若不加以改革，不僅從長遠來說無益於香港政制和社會的發展，在短期內亦會製造更多政黨與現體制間的對立和衝突。因此，香港應盡快在憲制秩序中明晰和承認政黨的地位，並通過建構包括專門註冊制度在內的相關政黨法律機制，促進政黨的良性發展。同時，在規範政黨通過大眾媒體開展競選行為等方面，現行制度仍存在諸多不足，未來香港也應在現有規範架構的基礎上，對規範政黨競選行為的相關立法進行全面完善。

第五章

比較視域中的
香港政黨內部行為
立法規範

◇◇◇

　　前文從政黨註冊及政黨競選行為兩個方面圍繞香港政黨外部行為的立法規制進行了專門論述，本章將接續上一主題，針對香港政黨內部行為的立法規制問題展開討論。所謂政黨內部行為的立法規制，主要是針對政黨的內部事務及內部組織而言的，在筆者預設的論述框架中，其最核心的內容包括了立法對政黨之內部秩序以及政黨之財務收支兩個方面所設置的制約性規範。下文，將圍繞這兩個方面的內容，就有關香港政黨內部行為的立法規制問題進行系統的對比考察和分析。

---

*　　本章部分內容曾分別以〈政治捐獻立法規範研究 —— 以香港特別行政區為討論中心〉、〈政黨內部秩序立法規範比較研究〉為題刊於《政治與法律》2014 年第 8 期及《廣東行政學院學報》2021 年第 3 期。

第一節

「寡頭鐵律」解咒：
香港政黨內部秩序的立法規範

◇◇◇

　　顧名思義，所謂政黨內部秩序是指政黨內部形成之組織化，特別是政黨機構運作上的編制也包含在內，例如黨章及黨綱之制定、政黨組織之編制、黨員權利義務之確定及候選人提名與選舉的制度等均屬之。[1] 在正式對本節主題展開討論之前，需要回答這樣一個問題：對於僅作為中央直轄下的一個特別行政區且本地區政黨政治尚處於初級發展水平的香港來說，在現階段考慮對本地政黨之內部秩序加以立法規範以使之符合「民主原則」，在法理邏輯上是否具有必要性？應該說，到目前為止，學界尚未有人正式提出過這樣的問題，並對之進行思考和回答。筆者認為，對於香港而言，通過立法對政黨的內部秩序進行有效規範是完全具有必要性的。

　　目前，鑒於政黨在現代民主社會地位的特殊性，以及政黨組織本身所天然帶有的寡頭化傾向，不少國家（地區）均針對政黨的內部秩序進行立法規範。這些針對政黨內部秩序之立法規範，主要表現為法律通過建立具體機制確保政黨之內部組織符合政黨民主原則。這也就是說，政黨既然是「以共同民主政治理念」而成立之政治團體，其內部組織以及「形成國民政治意志」的過程則當然也必須依循民主

1　參見陳耀祥：〈淺論制定政黨法的幾項問題（二）〉，《萬國法律》1994 年第 72 期，第 10 頁；陳耀祥：〈政黨法律地位之研究 —— 以德國法為中心〉，輔仁大學法學碩士論文，1991 年 6 月，第 89 頁。

原則，而民主原則對於政黨黨內秩序的要求是：黨內民主。[2] 由此可見，作為現代政黨立法理論和實踐的一種重要發展趨勢，由立憲主義所確立之民主原則演化而來的黨內民主已經成為了政黨內部秩序規範的一項總原則。因此，對於目前正處於民主政治轉型期的香港來說，針對政黨內部秩序進行立法在原則上須吸收借鑒民主政治成熟國家（地區）的先行經驗是毫無疑問的，只不過在具體規範機制的設計上，香港同時也需要在結合自身實際情況的基礎上作適當的調整。

而且，與民主政治成熟（國家）地區的政黨相比，儘管香港政黨所依存的政治環境和發展前景都因其地區性質而受到不同程度的局限，但這並不妨礙香港政黨同樣地具備了普通政黨自身所一般具有的各種特性和缺陷。其中，香港政黨亦同樣地會具有內部秩序向「寡頭化」發展的傾向，只不過由於政黨在香港政治地位的特殊性以及發展時間尚短，其「寡頭化」傾向之嚴重程度尚有待我們的進一步觀察而已。鑒於目前香港尚無任何法例專門針對政黨的內部秩序作出規範，筆者認為特區政府應通過對先行國家（地區）經驗的借鑒適時地對此進行補充性立法完善。為此，下文將對當今世界各民主政治成熟國家（地區）的已有立法進行比較性的考察，並在此基礎上針對香港情況提煉一些完善立法的建議。

一、作為政黨固有特性之內部秩序「寡頭化」傾向

政黨與民主之間實質是一種「相生相剋」的辯證關係。[3] 一方面，政黨是近代民主政治的產物，而另一方面，政黨所天然地帶有的諸多屬性又會在一定條件下對民主政治本身帶來不必要的副作用。事實上，早在 20 世紀初期，德國政治社會學者羅伯特・米歇爾斯就在

2　法治斌、董保城：《憲法新論》（二版），第 37 頁。
3　李鴻禧：《李鴻禧憲法教室》，第 190 頁。

其以德國社會民主黨為研究對象的著作《寡頭統治鐵律 ── 現代民主制度中的政黨社會學》中提出了著名的「寡頭統治鐵律」(the Iron Law of Oligarchy)。[4] 該書被後來的西方學界譽為「最重要的不朽之作」,[5] 書中所提出「寡頭統治鐵律」理論主要揭示了,在現代社會的大型組織中往往會出現權力向少數人集中的趨勢。羅伯特·米歇爾斯認為,「組織的結構在賦予自身穩定性的同時,卻使組織化的大眾發生了深刻變化,完全改變了領導者與被領導者之間的關係地位」。[6] 當政黨克服了其成立初期之組織鬆散、力量渙散等缺陷而逐步走向穩定、成熟之後,其「貴族化傾向」[7] 就會變得十分明顯,因此,「任何政黨組織都代表了一種建立在民主基礎上的寡頭化權力」。[8] 換言之,政黨組織使得政黨領袖得以佔據權力,而隨着時間的推移,當這些政黨領袖手中的權力逐漸增大到幾乎不受政黨成員或支持者所約束的時候,政黨也就實際上棄絕了民主原則,墮落為寡頭制政黨。在美國政治學者喬萬尼·薩托利看來,羅伯特·米歇爾斯的「寡頭統治鐵律」理論基本可以用一句話來概括:組織毀滅了民主,使它變成為寡頭統治。[9]

　　當然,亦正如學界所共知的,政黨政治的這種弊端早在 1901 年就曾被俄國學者莫伊謝依·雅科夫列維奇·奧斯特羅果爾斯基所指

4　有學者認為,羅伯特·米歇爾斯所提出的上述理論是對意大利政治學者 G·莫斯卡教授於 1895 年出版的意大利文著作《統治階層》一書中部分觀點的繼承和發展。G·莫斯卡認為,「有組織性的、具有一致推動力的少數人對於無組織性的多數人的統治是不可避免的」。大眾的不滿可能會導致統治階層被推翻,但不可避免的是,「在大眾中又會產生出另一些有組織性的少數,他們會承續原有統治階層的功能,除非所有的機構和社會共同體都被摧毀」。參見〔德〕齊佩利烏斯著,趙宏譯:《德國國家學》,北京:法律出版社 2011 年版,第 215 頁。

5　王長江:〈西方學者的兩種政黨觀〉,《團結》2000 年第 4 期,第 32 頁。

6　〔德〕羅伯特·米歇爾斯著,任軍鋒等譯:《寡頭統治鐵律:現代民主制度中的政黨社會學》,天津:天津人民出版社 2002 年版,第 28 頁。

7　同上,第 28 頁。

8　同上,第 351 頁。

9　〔美〕喬萬尼·薩托利著,馮克利、閻克文譯:《民主新論》,上海:上海人民出版社 2009 年版,第 166 頁。

出了。他在考察英、美兩國政黨的基礎上，於 1902 年寫出了第一部開創性的系統論述政黨民主問題的著作《民主與政黨組織》，書中以英、美兩國政黨為例，闡述了政黨組織和民主原則的關係，並明確地指出了「組織的專制」和「政黨的獨裁」是政黨政治難以避免的副作用。[10] 而羅伯特·米歇爾斯的貢獻則在於，他比莫伊謝依·雅科夫列維奇·奧斯特羅果爾斯基的研究更進了一步，最早將此種現象加以理論化的凝煉，以「寡頭統治鐵律」的形式整體化地呈現於讀者面前。而羅伯特·米歇爾斯的這一論斷提出後，在引起了學界不小轟動的同時，亦招致了很多質疑。

比如，美國學者喬萬尼·薩托利就曾經對羅伯特·米歇爾斯的判斷和預測提出批判。薩托利認為，首先米歇爾斯在論述寡頭統治和組織時從來沒有針對性地對這些概念提出明確定義，其次米歇爾斯觀察的範圍僅局限於他那個時代的德國社會民主黨，再次米歇爾斯沒有理由在論據不足的情況下直接從「政黨是不民主的」這個前提推導出「民主是不民主的」這一結論，綜上，米歇爾斯「寡頭鐵律」實際上只是一條僅能大體成立的「銅律」。[11] 學者亨利·瓦倫等在詳細考察分析挪威政黨後，發現領導者與被領導者之間的關係是雙向的，而且政黨領導人關注成員的需求，他們得出的研究結論認為：「政黨結構

10　莫伊謝依·雅科夫列維奇·奧斯特羅果爾斯基教授在書中指出，英美政黨組織存在嚴重的病態。為了實施政黨對黨員和選民的控制，黨內的精英分子總是力圖通過黨的報刊、意識形態讀物和公共集會對選民主體進行政治教育。中央委員會為了使「黨的忠誠者」匯集到自己的組織中來，實際上往往任命那些「十足的平庸者」出任議會中的職務。為了保持黨的統一，它把黨的名稱通俗化，但最終是為了在保持全黨正統、反對分裂危險的藉口下強制實行「黨的獨裁」。因此，政黨的這種組織進程和中央集權化進程可能會導致機械的委派制度而不是體現個人能力的代表制度。它實際上將損害議會制政府的作用，歪曲代表制原則，使議會和公眾輿論之間的關係陷入危機。參見王長江：〈西方學者的兩種政黨觀〉，《團結》2000 年第 4 期，第 31-32 頁；榮寶勇：〈政黨「吞噬」民主還是民主「拋棄」政黨——一項關於西方政黨與民主博弈關係的考察論綱〉，載《政黨關係與執政能力建設研討會論文集》，2006 年 12 月 1 日，第 306-307 頁；祁剛利：《政黨民主論》，北京：中央編譯出版社 2011 年版，第 39-40 頁。更詳細論述，可詳見原著英譯本：M. Ostrogorski, *Democracy and the Organization of Political Parties,* (Chicago: Quadrangle Books, 1964).

11　參見〔美〕喬萬尼·薩托利著，馮克利、閻克文譯：《民主新論》，第 167-168 頁。

中的政治過程的特徵更像橡膠而不是鋼鐵。」[12] 此外，萊斯利·里普森亦對此提出批判，他認為儘管「寡頭鐵律」的確有很大的適用性，但它不能概括所有的有關人類的組織經驗；而且，儘管權力在很多時候傾向於少數人，權威在一般情況下都由少數人掌握，但這些事實本身並不構成對民主制可能的否定。[13] 而艾倫·韋爾則從考量政黨內部組織之秩序性的視角指出，即使米歇爾斯所指出的組織會給予那些在組織中任職的人好處的觀點是對的，那些好處的給予也並不必然會損害政黨以往那種民主的政策制定體制。[14]

事實上，現代民主社會政黨政治的實踐已經表明，米氏的觀點確實過於絕對化。舉例而言，現代已降較為突出的例子是綠黨政治的興起。自上世紀 70 年代至 80 年代以來，綠黨在西方各國相繼成立。作為一種新型政黨，「綠黨信奉並力圖實踐一種不同於傳統政黨的『新政治』，這一『新政治』不僅體現在它奉行的生態主義政治觀上，而且也體現在其採納的黨內民主模式上」。[15] 申言之，綠黨組織結構的中心概念是「基層民主」（Basisdemokratie），又稱為草根民主或直接民主，它反對傳統政黨的組織結構方式，也就是反對以菁英為主導的參與方式，認為這將導致寡頭、官僚以及專業化的領導方式。[16] 德

12　Henry Valen, Daniel Katz, *Political Parties in Norway: A Community Study* (Oslo: Universitetsforlaget, 1967), p. 98. 轉引自〔美〕邁克爾·羅斯金、羅伯特·科德、詹姆斯·梅代羅斯等著，林震等譯：《政治科學》（第 6 版），北京：華夏出版社 2001 年版，第 84 頁。在此需要說明的是，著者對本書及後之更新版作了內容上的調整，如本書第 9 版及第 12 版的中文譯本（中國人民大學出版社 2009、2014 年版）均略去了本處論述。

13　萊斯利·里普森教授進一步指出，自由與獨裁、負責任的權力和不負責任的權力之間最本質的差別在於權威是通過什麼方式獲得的，在什麼情況下被使用，又是如何失去的。當權力遭遇定期選舉和媒體的批評與指控夾擊時，權力的性質會發生變化——不僅是外表會發生變化，而且是內在品格都會發生變化。而且，兩黨制或多黨制本身對所謂「寡頭統治鐵律」就有腐蝕瓦解的作用。綜上，他認為那些堅持鐵律的人忽視了相互競爭的組織之間複雜的互動關係。參見〔美〕萊斯利·里普森著，劉曉等譯：《政治學的重大問題：政治學導論》（第 10 版），北京：華夏出版社 2001 年版，第 213-214 頁。

14　〔英〕艾倫·韋爾著，謝峰譯：《政黨與政黨制度》，第 97 頁。

15　謝峰：《西方政黨黨內民主研究》，廣州：廣東人民出版社 2013 年版，第 11 頁。

16　廖揆祥：《德國綠黨的發展與演變》，台北：韋伯文化國際出版有限公司 2008 年版，第 159-160 頁。

國學者 Poguntke 曾從政治性提案（創議）的層級對德國五個政黨形式上的內部民主進行了比較，發現綠黨在形式上的政治參與確實比其他政黨更為民主，並且更重視基層，詳見下表：[17]

表 5-1：德國各政黨政治性提案（創議）的層級 —— 可參與的最低限度

行動種類		基民聯盟	基社聯盟	自民黨	社民黨	綠黨
特別黨大會的召開	層級	1/3 邦黨部	3 個區黨部	4 個邦執委會	2/5 區執委會	10% 縣黨部
	程度	2.5	2.5	2.5	2.5	5
預算決定	層級	聯邦執委會	主席團	聯邦執委會	聯邦執委會	聯邦大會
	程度	2.5	2.5	2.5	2.5	5
提案給黨大會	層級	縣執委會	縣執委會或縣黨員大會	5 個縣黨部	地方黨部	20 個黨員
	程度	2.5	2.5	1	4	5
選舉聯邦黨大會代表	層級	縣或更高單位	縣與區	邦黨大會	區或次級區	縣
	程度	4	3	1	2	5
總平均		2.9	2.6	1.8	2.8	5

注：「程度」是指各層級政治性提案的參與程度（1= 最高層級，5= 最低層級）。

綜上，筆者同意應該修正地看待羅伯特・米歇爾斯所提出的「政黨寡頭鐵律」理論。當然，我們在指出羅伯特・米歇爾斯的觀點過於絕對化的同時，也需要承認其理論所蘊含的合理性。總體來說，其理論中關於政黨的組織有可能出現寡頭化的判斷是敏銳且正確的，該觀點在很大程度上較準確地反映了現實中政黨發展的局限。

基於上述的理論前提，我們可想而知在代議政制大昌其道、政

17　廖揆祥：《德國綠黨的發展與演變》，第 160-161 頁。

黨甚至可以通過政治參與左右選舉、組織政府、影響公共決策以及操控國家公權力運作的今天，一個徹底棄絕民主而墮落為寡頭制的政黨必然會有害於國家民主政制的存續。此類政黨往往能夠以民主的形式來顛覆民主本身，使國家所確立的諸種民主機制，乃至整個憲制框架支離破碎，甚至因失效而名存實亡。正如美國學者弗蘭克・J・古德諾所指出的那樣，就算是「一個民治的、代議制的政府形式」，如果加在其上的是「一個由少數寡頭或專制黨魁控制的獨裁的政黨組織」的話，那麼造就「一個真正民治的政治體制」將只能成為一種奢談，因為這樣的一種政治體制是不可能「允許民眾或國家的意志按照其本身的意願表達的」。[18]

　　回顧歷史，德國納粹黨等極權政黨在執政期間可謂無一不是在黨內實行寡頭統治、在黨外奉行專制獨裁，所犯下的罪惡罄竹難書。以德國納粹黨為例，根據公法學者的考察整理，該黨「在 1933 年 5 月制定《財產沒收法》，將共產主義者的財產沒收，解散共產黨，國社黨（納粹）乃一黨獨大；同年 7 月制定《政黨新設禁止法》，就是開始黨禁，如此一來就變成了一黨獨裁；同年 12 月，又制定《確保黨和國家統一法》，使納粹黨成為國家唯一的政黨，這是一黨獨裁；1934 年，又制定《國家元首法》，使希特勒成為國家的元首」。[19] 最終納粹黨在德國的統治全面走向極權主義，不僅徹底摧毀了憲法所建構起來的憲政體制，更使得「人權」在德國乃至歐洲遭受了嚴重的踐踏。而極為諷刺的是，納粹等極權政黨卻又一無例外地以「民主」、「進步」作為自我標榜，殊不知所謂「民主」、「進步」的國家政制早就被它們以民主的名義從內部掏空、破壞殆盡，最後僅徒有虛名而已。

18　詳細論述參見〔美〕弗蘭克・J・古德諾著，王元譯：《政治與行政：一個對政府的研究》，上海：復旦大學出版社 2011 年版，第 16 頁。

19　可以說，這些立法成為了德國二次世界大戰的夢魘。詳見李鴻禧：《李鴻禧憲法教室》，第 193 頁。

因此，我們必須要辯證地看待政黨與民主的關係，政黨自由和政黨自律並不能直接促成政黨民主。[20] 政黨作為一種小型的共同體，其寡頭化之傾向在原則上也是不可避免的。基於這樣的前提，就有必要盡可能地將其弱化，「對其進行控制，使其行為符合共同體意志，並使精英階層的進入和內部晉升環節都保持開放」。[21] 而提倡政黨內部秩序民主化就是弱化政黨寡頭化的發展傾向，確保政黨的內部秩序在政黨民主原則底下得到合理、有效的規範。對香港來說，總結歸納出上述有關政黨「寡頭化」發展傾向之認識的意義亦在於，讓人們了解到香港政黨在政黨屬性上與西方政黨並無存在較大差異，在一定的條件下其同樣不能避免地會走向「寡頭化」。當然，亦正如前文所述，所謂「寡頭化」在極端的情況下可以是指像德國納粹黨那樣的專制極權，但更多的情形則是指向日常情況下政黨內部黨員權利保障機制及政黨民主的缺乏。

二、政黨民主：黨內秩序立法規範的核心原則

如前所論，政黨往往存在着根深蒂固的內部秩序寡頭化發展傾向。為此，通過立法對政黨的內部秩序進行規範，以確保其合乎政黨民主原則，就成為一種必要。縱觀世界各民主國家（地區），對政黨內部秩序的立法規範主要表現為強制性地要求政黨的內部秩序必須符合政黨民主原則（又可稱為黨內民主）。此處的黨內民主，主要是指政黨組織在其內部關係和體制上應貫徹民主原則。即，「將民主的理

20　所謂辯證地看待政黨與民主的關係，是指既要看到政黨對民主的正面意義，也要看到政黨對民主的負面意義。用李鴻禧教授的話來說，前者是指，政黨有助於在政治過程中凝聚民意並找到政治最大公約數；後者是指，如果政黨的功能過強，則會導致一個可怕的後果——黨意代替民意，民意被政黨從中篡奪、割斷，最終政黨成為民主政治的敵人。詳見李鴻禧：《李鴻禧憲法教室》，第 189-190 頁。

21　〔德〕齊佩利烏斯著，趙宏譯：《德國國家學》，第 217-218 頁。

念運用於政黨政治生活之中，用以描述政黨在形成、發展和發揮作用的過程中，自身所達到的民主程度和進步狀態，以及政黨創造和吸納人類政治文明成果的本領和技能」。[22]

不過，對於黨內民主與國家民主原則的關係，即政黨是否通過直接適用源於憲法的國家民主原則來實現黨內民主，則是一個存在較大爭議的問題。通常認為，「民主」的英文表述 Democracy 源於希臘語，其詞根為 demos — 人民，kratein — 治理。而所謂民主，即民治，是一種社會管理體制 —— 在這種制度下人民，亦即社會成員，可以參加決定一切有關社會的政策。[23] 在現代政黨民主理念下，對於政黨是否可以直接適用國家民主原則存在不同的見解，歸納起來主要有以下三種觀點：

第一種觀點為「直接適用說」，主要認為政黨民主與國家民主具有高度一致性，民主原則可以直接適用於政黨。持此見解的代表性學者，如德國的 J-T Blank、意大利的 G. Cassanddro 以及 V. Crisafulli，他們均認為政黨所要「遵循」的民主與國家所要遵循的民主是相同的 ——「國家所應適用之民主原則及民主模式，如肯定人民之基本權利，實行代議制度，主權在民，法治國家原則等都可以及必須在黨之制度內，付諸實現」。[24] 實務中，德國的現行政黨立法被認為可歸類為此種模式。作此判斷的最重要依據為，德國《基本法》第 21 條第 1 款明確規定，政黨的內部組織必須符合民主原則。比如，德國學者 R. Scholz 就認為，《基本法》所規定的這項原則不僅與國家的民主原則具有結構同質性（Strukturellen Homogenitaet），而且其民主程

22　林懷藝：〈政黨民主和政黨民主建設 —— 分析民主理念在政黨政治中運用的一個框架〉，載王韶興、呂連仁主編：《政黨政治研究：第四屆中國政黨論壇文集》，第 58 頁。

23　參見〔美〕卡爾·科恩著，聶崇信、朱秀賢譯：《論民主》，北京：商務印書館 1988 年版，第 6-11 頁。

24　G. Cassandro, in: Die Stellung der politischen Parteien in der Verfassung, 1969. S. 52; V. Crisafulli, in S. 67. 轉引自陳新民：〈論政黨的內部民主制度〉，載陳新民：《德國公法學基礎理論》（增訂新版，上卷），第 306 頁、第 306 頁注釋 3。

序所固有的功能（Funktionsfrage）亦應符合民主原則。[25] 此外，德國《政黨法》作為規範政黨的專門立法亦專闢第二、三部分第 6 條至第 17 條對政黨內部秩序須符合民主原則作了較為詳細的規定。

第二種觀點為「否定適用說」，主張政黨與國家是截然不同的兩種結構化共同體，二者無論在自身屬性、政治功能、組織架構等方面均存在巨大差異，因此國家民主原則不應當適用於政黨。根據許慶雄教授的總結，該種觀點認為即使政黨違反民主原則，也應由國民以民主政治方式對應，而不應以法律規制之，主要理由為：[26]

（1）立法規制政黨主張將造成對結社自由及思想、表現自由之侵害，根本危及人權保障體系。

（2）政黨是民主政治、議會政治不可或缺的媒介，以法規制政黨將阻撓、否定國民主權及參政權。國民經由政黨表現其政治主張，對政黨之處分等於是否定支持該政黨的民意及主權者之選擇。

（3）立法規制及執行過程，必然對現有政黨、執政黨有利，對新成立政黨及在野黨不利，形成政治地位不平等。

（4）規制政黨必然對國民參政自由及個人思想不受強制公開造成侵害。例如要求公開黨員資料、捐助政黨資金者名單等。

（5）規制政黨「內部秩序」，例如要求黨幹部或候選人的產生方式民主公開化，反而危及政黨的紀律與統制力，影響其內聚力及領導體系。

（6）國家權力原來應在國民主權判斷之下，由政黨掌握政權，法規制的結果反而使國家權力凌駕於政黨之上。

第三種觀點為「修正適用說」，主張民主原則應適用於政黨，但由於政黨不同於國家，民主原則在適用於政黨時須加以適當地修正。

25　R. Scholz, Krise der parteienstaatlichen Demokratie? In: Gruene und Alternative in Parlament, 1983, S. 39. 轉引自崔英楠：《德國政黨依法執政的理論與實踐》，第 143 頁。

26　許慶雄：《憲法入門》，第 514 頁。

如德國學者 K-H. Seifert 等認為，政黨無法全面複製國家的民主理論；作為國家形態的民主原則，在適用於政黨時，必須考慮到政黨的特性以及適用於政黨內部方面的功能。[27] 此外，我國內地大多數學者亦持這種觀點。如張榮臣教授認為，作為一種政治組織內部的民主，和一般民主是有區別的，黨內民主不等同於一般民主，更不能在實踐中將民主的一般原則搬到黨內來，黨內民主應該有它自己的表現形態和獨特內容。[28] 葉海波教授認為，若企圖在政黨內部塑造一個民主的秩序，行之有效的辦法就是將國家層次的民主原則修正地適用於政黨內部，方能在確保政黨功能的前提下實現政黨民主的目標。[29] 劉紅凜教授則更進一步指出，黨內民主與國家民主具有一定的差異性，這種差異不是根本原則與根本價值問題，而是在民主的表現形式與限度上有所不同，如在政黨內部，國家民主意義上的結社自由與言論自由，在政黨內就不能完全適用，必須受到一定的限制。[30]

對於上述三種學術觀點，筆者基本認同「修正適用說」。原因在於，現代政黨在民主國家當中普遍擁有雙重身份屬性，政黨所具有的公法人身份屬性決定了其必須接受政黨法制原則與規範的約束，無論是其內部秩序抑或是外部行為都必須符合國家民主的理念與原則。然而，政黨畢竟不同於國家，政黨在自身屬性、政治功能、組織架構等方面均與國家存在差異。因此，「雖然規範政黨的民主原則乃源於憲法中民主原則，但在適用時必須考慮政黨在概念和任務上的特性而加以必要的修正」。[31]

27　K-H Seifert, Der politischen Parteien, 2Aufl. 1972, S. 50；R. Wichard, Parteien in der Demokratie, eine Einfuehrung in die allgemeine Parteienlehre, 1987, S. 78. 轉引自崔英楠：《德國政黨依法執政的理論與實踐》，第 139 頁。

28　張榮臣：〈略論黨內民主〉，《中共中央黨校學報》2004 年第 1 期，第 38 頁。

29　葉海波：《政黨立憲研究》，第 155 頁。

30　劉紅凜：《政黨政治與政黨規範》，第 333 頁。

31　陳慈陽：〈論政黨在憲法位階上之意義及地位〉，載陳慈陽：《憲法規範性與憲政現實性》（二版），第 145 頁。

此外，有必要指出的是，儘管黨內民主的理論和實踐具有一定的普遍性，但由於中西方對政黨以及政黨體制的理解不同，二者之間各自形成的黨內民主理念 —— 包括黨內競爭、黨內民主目標模式以及黨內民主的限度 —— 存在很大的差異，詳見下表：[32]

表 5-2：中西黨內民主理念的比較

	西方式的黨內民主	中國式的黨內民主
政黨的定義不同	政黨建立在個人主義基礎上，由「黨派」發展而來，黨內民主表達個人的利益和意見。	黨建立在集體主義基礎上，代表整體利益，黨內民主為了更好地表達集體意志。
政黨體制不同	多黨競爭，輪流執政，黨內民主狀況不能決定國家民主狀況。	一黨執政，共產黨領導的多黨合作，執政黨的黨內民主對國家民主具有決定性影響。
黨內競爭不同	黨內存在不同派別，黨內既有個人競爭，也有不同派別的競爭。	黨內不允許存在派別，黨內競爭主要是在黨的統一領導下的個人競爭。
黨內民主的目標模式不同	通過黨內競爭形成黨內政策，不同的派別或代表不同政見的人士在黨內競爭中爭取獲勝。	黨內政策是黨內既定的集體決策，黨內競爭更多是為了選擇更能符合黨的整體利益的領導幹部，領導幹部的德才是主要競爭因素。
黨內民主的限度不同	黨內民主貫徹徹底的民主原則，黨內競爭的程度十分激烈，甚至不亞於黨際競爭。	黨內民主必須堅持民主集中制原則，保持黨的團結和統一，黨內競爭受到一定的約束。

32　王勇兵：《黨內民主的制度創新與路徑選擇》，北京：中央編譯出版社 2010 年版，第 154-155 頁。

　　總括而言，政黨民主是由近代立憲主義憲法所確立之國家民主原則的一種變形，它要求政黨的內部的組織以及政黨的活動都不得與民主原則相違背。政黨民主原則的確立是為了防止政黨內部寡頭統治的形成，保障國家所確立的民主憲政價值理念不為政黨之寡頭化傾向而造成減損。以立法的形式對政黨進行必要的規制是防止政黨的寡頭化、確保政黨民主得以落實的客觀需要。而如學界所通常認為的，政黨民主原則包括兩方面內容：首先，是政黨之目的及其外部行為必須符合憲政民主理念之要求；其次，是政黨的內部秩序必須符合憲政民主理念之要求。不過，隨着政黨違憲禁止制度的產生，關於「政黨之目的及其外部行為是否符合憲政民主理念之要求」的討論已經納入到了「政黨違憲與否」的討論範疇；而一個政黨是否為「民主政黨」，則主要通過其內部秩序是否合乎「民主」來作論斷。[33] 因此，政黨內部民主的要求，意味着政黨組織之決定與運作上，並無選擇違反民主原則之自由，也因此政黨只有在其內部組成符合民主原則的前提下，方得以享有外部自由之保障，得進一步自行決定其內部規範。[34]

三、政黨民主的制度化：政黨內部秩序的立法實踐考察

　　在現代社會，政黨作為現代民主制度的核心，作用貫穿於民主政治的整個過程，其性質和組織可謂對國家（地區）的民主政府的成功建構起着關鍵性的作用。[35] 因此，通過規範的比較和分析可以發現，目前確保政黨民主化的政黨內部秩序立法規範主要存在兩種

33　參見陳新民：〈論政黨的內部民主制度〉，載陳新民：《德國公法學基礎理論》（增訂新版‧上卷），第 299 頁。

34　蔡宗珍：〈憲法、國家與政黨 —— 從德國經驗探討政黨法制化之理論與實踐〉，載蔡宗珍：《憲法與國家（一）》，第 157 頁。

35　Robert G. Neuman, *European and Comparative Government (3rd edition)* (New York: McGraw-Hill Book Company, 1960), p. 740.

實踐路徑：

　　一種是美國模式。根據李鴻禧教授的考察分析，因為考慮到政黨可能對民主政治、議會政治以及法律秩序產生危害，美國在「一開始就通過兩種制度來對政黨加以限制和規範：一種是柔性政黨，使政黨不具有強大的力量；其次，設計初選制度，使黨中央和黨員的影響力不大，卻擴大民眾的影響。應該說，美國的這種制度設計使得政黨在實際上成為了選舉機器，平常則不具有影響力，政黨也無法呼風喚雨。」[36] 但是，由於美國的政治和社會皆極具獨特性，對於其他國家（地區）來說，前述這兩種制度的精髓是比較難以掌握的。

　　另一種是德國模式。德國《基本法》第 21 條第 1 項規定，「政黨應參與人民政見之形成。政黨得自由組成。其內部組織須符合民主原則。政黨應公開說明其經費與財產之來源與使用」。[37] 德國通過將政黨「憲法化」，使政黨成為準憲法機關的國家，進而確立起以法的形式直接規範黨內民主，容許公權力直接介入政黨內部事務，以確保政黨內部秩序民主化的規範機制。

　　採取德國模式的國家大部分都從憲法層面對政黨內部秩序加以原則性的規定，如：法國《憲法》第 4 條第 2 款規定，各黨派、團體可自由地組織和進行活動，但必須遵守國家主權原則和民主原則；希臘《憲法》第 29 條第 1 款規定，政黨之組織及行為應有助於國家民主秩序的自由展開；西班牙《憲法》第 6 條規定，政黨可在憲法和法律的範圍內自由創建並進行活動，政黨的內部結構和職能應體現民主；韓國《憲法》第 8 條第 2、4 款規定，政黨的目的、組織及活動要民主，並要具備參與到國民的政治意思形成所需組織，如政黨的目的或活動違背於民主的基本秩序時，政府可向憲法裁判所起訴申請解散；智利《憲法》第 19 條第 15 款規定，政黨、運動或其他形式的組

36　詳見李鴻禧：《李鴻禧憲法教室》，第 192 頁。

37　德國《基本法》第 21 條第 1 項。

織，其宗旨、活動和行為未尊重民主及憲政的基本原則，鼓吹建立一黨專政制度，及使用、鼓吹、煽動以暴力為政治手段者均屬違憲。[38]

　　而如所周知，在西方的傳統民主理論中，要判斷一個政治制度是否民主乃有其特定之標準的，主要包括：最高權力是否屬於人民；是否實行多黨制；是否切實保障社會成員的公民權利；政府政策是否以促進全民的社會經濟福利為宗旨；國家是否在有效的領導和負責的批評之間保持適度均衡；是否能夠通過和平的方法和程序改變政府制度的任何部分。[39] 至於要判斷一個政黨是否合乎民主原則，參照德國學者 E・福斯多夫所提出的判斷標準，主要看兩個方面：第一，政黨是否摒棄依領袖原則而組成；政黨的大權是否完全操控在政黨領袖手中。第二，政黨的意見決定是否遵循由下至上的方式；政黨是否由少數人控制，黨員是否能持續地影響黨的決策。[40] 具體來說，西方國家所建立起來的政黨民主制度通常包括如下內容：政黨內部組織及管理的民主化；制約黨內權力，切實保障黨員的權利；推舉公職候選人的民主化。

　　目前，世界各國（地區）對政黨內部秩序進行立法規範的形式存在一定多樣性，主要有法律默認型、抽象規範型、擇要規範型以及全

38　法國《憲法》第 4 條第 2 款；希臘《憲法》第 29 條第 1 款；西班牙《憲法》第 6 條；韓國《憲法》第 8 條第 2 款；智利《憲法》第 19 條第 15 款。

39　參見〔美〕賴斯黎・里普遜著，登雲譯：《民主新詮》，第 92 頁。

40　P. Haungs, Parteiendemokratie in der Bundesrepublik Deutschland, 1980, S. 17. 轉引自崔英楠：《德國政黨依法執政的理論與實踐》，第 143-144 頁。

面規範型四種模式。[41] 不過，真正在憲法規範之基礎上制定專門「政黨法」的國家並不多，尤其是在專門「政黨法」中以專門章節對政黨內部秩序須符合內部民主原則進行「全面規範」的則更為少見。考諸各國（地區）的政黨立法概況，德國應該是迄今為止為數不多的在本國制定之《政黨法》中對政黨內部民主問題作較為詳細規定的國家之一。[42] 因此，本部分之論述將主要以德國《政黨法》為討論中心，同時也會對其政黨內部秩序立法規範的實踐情況作相關考察。

在德國，《基本法》第 21 條對政黨內部秩序須符合民主原則作了原則性的規定 —— 即政黨的內部秩序必須符合民主原則。以此為規範依據，《政黨法》的第二、三部分，第 6 條至第 17 條對政黨民主原則作了具體化的規定，內容涵括了政黨意志的形成、政黨的內部組織、黨員的權利義務以及候選人的提名等諸方面。比如德國《政黨法》第 6 條第 1 款規定政黨必須要有黨綱；第 10 條規定黨員之權利；第 15 條規定黨內機關職權之行使等。而貫徹於整個規範體系當中，並使各具體條文之間得以相互串聯的，則是《基本法》所設定的政黨民主原則。

41　根據劉紅凜教授的見解，所謂「法律默認型」，即國家憲法與其他法律對政黨組織原則、活動原則、內部行為等不加干涉，黨內事務完全由政黨自主、自決，這屬於典型的政黨自治型；所謂「抽象規範型」，即國家憲法對政黨組織原則僅作原則性規定，如要求政黨民主等，但對黨內活動不作具體規定，政黨的綱領制定、機構設置、黨員資格、黨員的權利與義務、政黨提名與內部選舉、決策程序、紀律要求、黨員活動等黨內關係與黨內行為，由政黨按民主原則行事，國家法律與國家機關不加干涉；所謂「擇要規範型」，即對政黨主要行為用法律加以規範，而不及政黨其他內部關係與內部行為；所謂「全面規範型」，即國家法律不僅對政黨組織原則、內部活動原則等有原則性規定，也對政黨內部機構設置、活動程序、權利與義務關係等有明確規定，可謂國家法律全面規範或干預政黨內部事務。詳見劉紅凜：〈政黨治理規範體系縱覽〉，《人民論壇》2014 年第 464 期，第 9-10 頁。

42　陳新民教授考察認為，除德國外，其他國家所制定的專門政黨法律 —— 如奧地利於 1975 年 7 月制定的《政黨任務、財政及選舉法》、土耳其於 1965 年 7 月公佈的《政黨法》、阿根廷於 1965 年公佈的《政黨法》、葡萄牙於 1974 年公佈的《政黨法》，以及韓國於 1962 年公佈的《政黨法》 —— 均沒有就政黨內部民主問題作進一步詳盡之規定。詳見陳新民：〈論政黨的內部民主制度〉，載陳新民：《德國公法學基礎理論》（增訂新版‧上卷），第 309 頁。

（一）對政黨內部組織架構的規範

任何政黨都需要建立其自身的組織。不論政黨所擁有的具體的資源組合狀況如何 —— 例如它是否主要依靠金錢而不是積極分子 —— 政黨都需要一個組織（或多個組織）來有效運用這些資源。[43] 可以說，穩定的組織已經成為了現代政黨的基本特徵之一。而此處所指的政黨內部組織架構，是指政黨為實現自身功能而在其內部形成的基本組織架構。在政黨民主原則之下，立法應對涉及政黨內部組織架構的諸個重要方面進行規範。學界認為，組織民主涵括「涉及黨員的入黨條件、脫黨自由、及開除時的申訴、各組織（包括黨魁）的產生、和政策形成的方式」等。[44]

第一，關於政黨制定黨章和黨綱。政黨作為一種組織化的政治結社，當然應該要具有自己的黨章和黨綱。所謂黨章，即政黨的章程，是全黨的最根本的行為規範；而所謂黨綱，則是指政黨的政治綱領。政治綱領作為一個政黨的「思想靈魂」，「是政黨價值觀的集中體現，也是決定該政黨組織方式、活動方式和內部運作方式的思想理論基礎」。[45] 黨綱通常會作為一個部分，被寫於黨章之中。法律之所以對黨章和黨綱進行規範，乃是要確保政黨的目的符合政黨民主原則。

在德國，法律規定政黨必須要具備書面形式的黨章和黨綱。不僅如此，其《政黨法》第 6 條第 2 款還就黨章和黨綱所應包含的內容進行了相當清晰的說明，並分列為十二項。具體包括：第一，政黨之名稱和使用的縮寫標誌，所在地和政黨活動範圍；第二，黨員的加入和退出；第三，黨員的權利和義務；第四，針對黨員採取的紀律措施以及開除黨籍；第五，針對地區分支機構採取的紀律措施；第六，

43　〔英〕艾倫・韋爾著，謝峰譯：《政黨與政黨制度》，第 80 頁。

44　雷飛龍：《政黨與政黨制度之研究》，台北：韋伯文化國際出版有限公司 2002 年版，第 102 頁。

45　趙曉呼主編：《政黨論》，第 209 頁。

政黨的一般組織編制；第七，委員會和其他機構的構成和職權；第八，根據本法第 9 條的規定只能在黨員大會和黨員代表大會上決定的事項；第九，召開黨員和代表大會的先決條件、方式和限制，以及決議的登記；第十，在沒有相關法律規定的情況下，給予地區分支機構向議會提出選舉候選人名單的許可權；第十一，黨員大會根據本法第 9 條第 3 項通過決議解散該黨或一地區分支機構，或與另一政黨或其他政黨合併時黨員進行表決和採取的步驟；第十二，財務規定的形式和內容應符合本法第五部分做出的規定。[46] 此外，在德國對政黨的黨章進行合法性審查時，還得引用「自由民主之憲政秩序」原則。不過在本書的論述架構中，有關該項原則的討論列入第七章「政黨違憲禁止」的討論範疇，在此暫不展開論述。

第二，關於政黨的組織架構。政黨的組織架構，是指政黨內部各種機構的設置，以及該等機構之職能和權力配置。組織對於政黨來說，具有特殊重要的意義，這是因為組織結構直接決定了政黨內部的各種要素配置及其根本的運作模式，決定着政黨民主的有無及其程度。[47] 因而，對政黨組織架構的立法規範，就成為了政黨內部秩序規範的重要內容之一。

在德國，《政黨法》的第 7、8、9、11 及 12 條對政黨的組織架構作了專門規定。首先，政黨須設立地區分支機構。根據德國的政黨民主原則，地區組織應當是政黨組織的基礎。地區分支機構的主要功能是「使黨員個人可能在適當規模上參與黨的政治意願的形成」。不過，機構僅限於一州領域的政黨，則無須建立地區分支機構。其次，政黨及其地區分支機構應設立黨員大會或代表大會。黨員大會或代表大會作為地區分支機構的最高機構，至少應每兩年召開一次。其選舉地區分支機構主席、副主席和委員會委員等，有權決定其地區分支機

46　德國《政黨法》第 6 條第 2 款。

47　祁剛利：《政黨民主論》，第 168 頁。

構管轄範圍內黨的綱領、章程、捐款、仲裁程序、黨的解散及與其他政黨的合併，並至少每兩年聽取一次委員會的工作報告，並就此報告通過決議。再次，政黨及其地區分支機構須設立總委員會（或類似機構）和委員會。黨的總委員會「對黨的政治性問題和組織性問題擁有諮詢或者決定權力」，其成員應由下級地區分支機構選舉產生，任期最多為兩年。地區分支機構的委員會應由三名或以上成員組成，至少每兩年選舉一次，其根據法律和章程以及黨的最高機構的決議管理地區分支機構，開展工作。此外，上述機構的代表及委員的選舉，應以秘密投票的方式進行。

綜上，德國《政黨法》相當注重政黨內部的權力制衡和監督。通過有針對性地對政黨內部重要的權力機構進行規範，使得該等機構的設置和運作都能合乎政黨民主原則的要旨，確保了政黨內部組織架構民主化的落實。

第三，關於政黨內部意志的形成。政黨內部意志的形成，主要是指政黨決策，即政黨按其既定之章程或規則來制定政黨的方針或政策。目前，大多數民主國家的大多數政黨是按照層級制而組織起來的，會有一個全國性的領袖和全國性的組織，它高居權力頂端以監督地方和地區黨組織的活動。[48] 在這樣的一種組織架構之下，很容易會造成全國性領袖或全國性組織對政黨決策權力的壟斷。以 1993 年以前的英國工黨為例，由於該黨年會採取集體投票制且工會在年會中擁有高達三分之二的投票權，因此工黨年會就無可避免地在較長的一段時期內由工會把持，造成了權力壟斷的局面。

因此，基於政黨民主原則，「由下而上之政黨意志形成與決定以及黨員在此過程中之不得被排除是政黨內部秩序之基本要求」。[49]

48　〔美〕加布里埃爾·A·阿爾蒙德、拉塞爾·J·多爾頓、小 G·賓厄姆·鮑威爾等著，楊紅偉等譯：《當代比較政治學：世界視野》（第八版 更新版），第 858 頁。

49　陳慈陽：〈論政黨內部秩序之規範 —— 政黨國理念之具體化〉，載陳慈陽：《憲法規範性與憲政現實性》（二版），第 178 頁。

即，「政黨必須透過『由下而上』（而非「由上而下」）的方式形成其內部意志」。[50] 這正如德國學者 E·福斯多夫於 1950 年撰文探討政黨內部民主原則問題時曾指出的，須防止政黨的意見決定由少數人控制，並應保證黨員能持續地影響黨的決策。[51]

在德國，《政黨法》第 15 條針對政黨內部機構中的意志形成進行了專門的規定。首先，除依法律或章程需要提高多數票的比例外，政黨的機構應採用簡單多數的表決方式通過其決議。其次，委員會成員和參加代表大會以及上級地區分支機構代表的選舉應秘密進行，而其他選舉，除非投票人表示反對外，可以公開表決。再次，章程中指導動議呈交的條款，必須要確保申請權利和意見的民主表達得到保證，特別是使少數人的提議得到充分討論；在上級地區分支機構大會上，至少下兩級地區分支機構的代表應被賦予提交動議和提出質詢的權力，且在選舉和投票表決時不受任何其他機構決議的約束。[52]

以德國社會民主黨為例，該黨在黨內決策的方面可謂較大程度地踐行了「自下而上」的民主參與原則，通常主要依據基層黨員的投票意向對關於地方、地區及首要議題的大量動議做出決策，決策事項基本涵括了社民黨的養老政策、組織改革草案以及綱領草案（社民黨綱領、競選綱領）等諸領域。[53]

（二）對政黨之黨員管理的規範

黨員乃政黨的第一要素，是政黨的基礎。[54] 對黨員的有效管理，是政黨內部秩序的最重要組成部分之一。通常，政黨要實現有效的黨

50　法治斌、董保城：《憲法新論》（二版），第 38 頁。

51　轉引自陳新民：〈論政黨的內部民主制度〉，載陳新民：《德國公法學基礎理論》（增訂新版·上卷），第 309 頁。

52　德國《政黨法》第 15 條。

53　參見〔德〕蓋洛·諾格鮑爾：〈政黨治理經驗：以德國社會民主黨為例〉，載周敬青主編：《現代政黨治理比較研究》，北京：中國社會科學出版社 2014 年版，第 26 頁。

54　參見陳旭：《政黨論》，第 36 頁。

員管理，就必須依靠嚴密的政黨組織以及嚴明的政黨紀律。而政黨組織和政黨紀律是一體之兩面，組織用以連接黨員和政黨之間的關係，紀律則是政黨透過懲罰和獎勵的實施，約束黨員的行為規範。[55] 政黨紀律，即是此處所要關注的重點對象。[56]

一般來說，紀律是團體的準繩，所謂政黨紀律其實就是政黨為了維持自身的組織，針對黨員所制定的一整套確保黨員遵守黨章、服從黨的意志的約束和制裁機制；政黨紀律與一般團體紀律的區別，在於其相對地森嚴。[57] 環顧各國政黨的情形，其黨紀實寬鬆程度不一，大體而言，就政黨類型來說，社會主義政黨、法西斯政黨、使命型政黨、非囊括性政黨，以及群眾性政黨的黨紀較為嚴厲，而自由主義政黨、民主社會政黨、掮客型政黨、囊括性政黨，以及幹部型政黨的黨紀則較為寬鬆。[58]

然而，在政黨民主原則之下，法律都會要求政黨在對其黨員進行管理的過程中不得侵害黨員的權利。所謂黨員的權利，是指黨的章程和法規所確定的黨員在黨內事務和行動中的權力和利益。[59] 由於「黨員是組成政黨的基本要素，黨員的法律地位是否受到妥善的保障，是內部秩序民主的先決條件」。[60] 因此，德國通過《政黨法》規定了政黨的黨章必須規定的黨員的權利和義務。應該說，在政黨民主原則底

55　吳重禮：《政黨與選舉：理論與實踐》，台北：三民書局 2008 年版，第 45-46 頁。

56　當然，此處的「關注」只是本書論述內容側重點的一種反映，並不能否定「完密的政黨組織」在黨員管理中的重要性。誠如我國台灣地區法學名宿史尚寬先生所曾指出的，對於黨員的管理，嚴明黨的紀律，完密黨的組織，固為必要，然而領導有方，以身作則，實行黨的民主集權，以便黨員的意見反映成為黨的主張，並使優秀黨員均有從政及為黨服務的機會，使黨員心悅誠服尤為必要。詳見史尚寬：〈政黨政治問題〉，載史尚寬：《憲法論叢：史尚寬法學論文選集之二》，第 73 頁。

57　本處針對政黨紀律所下之定義，乃在參考民國政治學者趙普巨先生相關論述的基礎上概括而成的。詳細論述可參見趙普巨：《政治學概論》，北平：北平立達書局 1932 年版，第 208 頁。

58　吳重禮：《政黨與選舉：理論與實踐》，第 46 頁。

59　祁剛利：《政黨民主論》，第 131 頁。

60　陳耀祥：〈政黨法律地位之研究 —— 以德國法為中心〉，輔仁大學碩士學位論文，1991 年 6 月，第 105 頁。

下，「人民受憲法保障之基本權，在政黨內部亦是具有強制法拘束性的」。[61] 換言之，政黨的黨員在政黨內仍然可以享有憲法所保障的，如言論自由、結社自由等基本權利。當然，黨員在黨內行使上述權利時亦需要受到相關法規、政黨黨章以及黨員義務的規限——即基於政黨民主的核心要旨，該等權利之行使不應「與政黨制度本質抵觸」。[62]

第一，入黨和退黨的權利。在黨員的權利方面，黨員首先應該享有的就是入黨和退黨的自由。在德國，原則上任何人均享有申請加入某個政黨的自由。不過，由於「此時並不涉及政黨的內部民主結構的問題」，[63] 因此法律允許作為申請對象的政黨可以根據本黨黨章的規定自行決定是否接受該入黨申請。假如政黨認為不能接受該入黨申請，有權加以拒絕並無須說明理由。[64]

首先，關於入黨資格的限制：目前，多數國家（地區）會不同程度地對黨員的資格作身份上之限制，而該等限制主要可以細分為三種類型。第一，限制外國人成為本國政黨的黨員。比如，愛沙尼亞《憲法》第 48 條第 1 項規定，只有愛沙尼亞公民才能成為政黨的黨員；韓國《政黨法》第 18 條規定，禁止外國人成為本國政黨的黨員。[65] 第二，限制特定個人成為政黨黨員。比如，德國《政黨法》第 10 條第 1 項就明確規定，政黨不得概括性地接收黨員，被依法判決失去選舉權和被選舉權的人不可以成為政黨黨員。[66] 第三，限制國家公職人士成為政黨的黨員。比如，希臘《憲法》第 29 條第 3 款規定，絕對禁止地方法官、在軍隊和安全部隊服役人員、公務員等表現出任何性質的對一個政黨的贊同或反對；土耳其《憲法》第 68 條第 5 項規定，

61　陳慈陽：《憲法學》（第二版），台北：元照出版社 2005 年版，第 284 頁。

62　蘇永欽：〈德國政黨與法律規範〉，載蘇永欽：《合憲性控制的理論與實際》，台北：月旦出版社股份有限公司 1994 年版，第 215 頁。

63　〔德〕伯陽：《德國公法導論》，第 49 頁。

64　德國《政黨法》第 10 條第 1 款。

65　愛沙尼亞《憲法》第 48 條第 1 項；韓國《政黨法》第 18 條。

66　德國《政黨法》第 10 條第 1 項。

法官和檢察官，包括審計院在內的高級司法機關職員、公共機構和組織中的公務員和從事非工人性質工作的其他公職人員、武裝部隊成員等不得參加政黨。[67]

當然，並非所有國家（地區）都會限制國家公職人員成為政黨的黨員。例如在我國台灣地區，依據傳統見解、特別權力關係理論以及「司法院」釋字第 373 號解釋（84.02.24），公務員、軍人等擔任公職的人士除了參與與職業有關的結社 —— 如組成職業工會等 —— 會受到限制以外，參與政黨等政治性結社在內的其他結社權則和一般人民無異。[68]

有關公務人員能否組織或加入政黨的問題，在政黨政治發展滯後的香港長久以來並未受到重視，相關立法較為缺乏。在上世紀 90 年代初，香港首個政黨組織「香港民主同盟」的創會會員中就有兩名公務員（分別是公務員工會聯合會主席蕭賢芳及政府護理員協會會長何敏嘉），這在當時引起了社會的一定爭議。[69] 當年，港英政府在就事件回應媒體的查詢時表示，《銓敘條例》中的參政條文並未列明公務員不能參加何種政治組織，只是重申他們必須在參與這些團體前先考慮《銓敘條例》，並指銓敘科正草擬一套指引，明確指示公務員日後參政應遵循的細則。[70] 由此可推知，港英政府時期並無限制公務員加入政黨。在回歸後，特區政府亦未曾就此制定過專門法例。

不過，在如「法官是否可以成為政黨成員」的問題上，香港在回歸後則作出過較為明確的規定。目前，對全職法官是否可以成為政黨成員的問題，國際社會所採取的立場「傾向了維護司法獨立和公正的一方，全職法官基本上都不能成為政黨的成員，不應參與政治活動」，如英國、澳大利亞、加拿大等國家的相關立法均採行此種限

67　希臘《憲法》第 29 條第 3 款；土耳其《憲法》第 68 條第 5 項。

68　參見陳新民：《憲法學釋論》（修訂五版），台北：三民書局 2005 年版，第 302-303 頁。

69　參見：《公僕參加政黨 港府將發指引》，《東方日報》1990 年 4 月 10 日。

70　同上。

制；[71] 而對於兼職法官是否可以成為政黨成員的問題，國際上的通行做法則比較寬鬆，兼職法官通常不會受到「全職法官不能成為政黨成員」的規限。在香港，自終審法院首席法官於 2006 年 6 月 16 日發出《關於非全職法官參與政治活動的指引》之後，香港已正式成為了採行國際通行規定的地區之一。[72]

其次，關於脫黨自由的規定：與「入黨」有可能面臨被政黨拒絕不同，黨員在「脫黨」方面所享有的自由乃更為徹底。申言之，「政黨既依政見而結合，所以人們可依政見及實行政見的方法之異同，今天加入甲黨，一旦發現甲黨的政見或實現政見的方法與自己的理想不合，就可脫離甲黨，加入乙黨，或成為無黨的超然分子」。[73] 在此可以德國為例，其《政黨法》第 10 條即明確規定政黨的黨員在任何時候均可退黨。事實上，在民主發達國家，政黨的黨員「見風使舵」，隨時入黨、「脫黨」甚至加入對立黨派的情況並不鮮見。[74] 而需要指出的是，脫黨自由同時也應該包括不脫黨的自由。例如，韓國《政黨法》就規定，禁止強迫他人入黨或脫黨，違犯者可被處兩年以下徒刑或 200 萬韓元以下的罰金。[75]

再次，對黨員開除的規範：所謂黨員的開除，即政黨在特定情形下對黨員進行黨籍的開除。參照學界通說，「開除的實體構成要件

71　參見香港人權監察：《就兼職法官可否成為政黨成員的意見書》，香港特別行政區立法會 CB(2)2578/05-06(03) 號文件，2006 年 6 月 26 日，第 5 頁。

72　參見香港人權監察：《就兼職法官可否成為政黨成員的意見書》，香港特別行政區立法會 CB(2)2578/05-06(03) 號文件，2006 年 6 月 26 日，第 5 頁。同時筆者亦留意到，對《關於非全職法官參與政治活動的指引》允許非全職法官成為政黨成員的做法，實務和理論界均存在不少的批評意見。如深圳大學港澳基本法研究中心副教授張淑鈿就認為，該《指引》不僅缺乏充分法理依據，而且「在微觀方面可能影響到具體個案中的司法獨立和司法公正，若放在香港特區當前的政治生態中，允許非全職法官成為政黨成員將為政治團體或組織介入非全職法官的委任提供了路徑，可能加劇各方力量對香港司法權的爭奪」。詳見張淑鈿：〈香港終審法院《關於非全職法官參與政治活動的指引》的法理探析〉，《政治與法律》2013 年第 3 期。

73　薩孟武著，黃俊傑修訂：《中國憲法新論》（修訂二版），第 123 頁。

74　張千帆：《憲政原理》，北京：法律出版社 2011 年版，第 122 頁。

75　韓國《政黨法》第 54 條。

必須嚴格解釋並且禁止類推適用，以維護黨員的權利」。[76] 目前，德國《政黨法》針對政黨開除黨員黨籍作了較為嚴格的規定——黨員只有在蓄意違反黨的章程或紀律原則而導致黨遭受重大損失的情況下，才能被開除出黨。[77] 在非緊急或嚴重的情況下，政黨開除黨員的決定須由仲裁程序法確認的仲裁法庭做出判決並以書面寫成，同時必須保障黨員向上級法庭上訴的權利。[78] 質言之，《政黨法》之所以設置黨員開除機制並又對之進行條件限制，主要是考慮到：一方面，政黨作為憲法機構，應允許黨員在政黨內部有表達言論的自由；但另一方面，憲法亦允許政黨有建立黨內制度的自由。[79]

第二，黨員權利的保障機制：政黨內部的仲裁制度。由於在民主國家中，社會的多元化使得團體與個人間的矛盾與衝突與日俱增，因此在對政黨的規範上，除就政黨彼此之間異質性應予憲法位階規範與保障，另在政黨內部之矛盾與衝突亦須經由憲法基本原則為基準來加以解決與規範。[80] 有鑒於此，貫徹於政黨之民主原則要求政黨必須設置有效的途徑確保黨員與政黨之間的糾紛和爭議能夠得到公正的解決，以保障黨員的權利。比如在英國，政黨及其成員間的關係乃建立於合同的基礎上，權利受到不法侵害的一方可以申請法院強制履行合同，因此不時有人就黨籍開除、公職候選人遴選等問題提起相關訴訟，如 Lewis v Heffer [1978] 1 WLR 1061、Jepson v Labour Party [1996] IRLR 116、Weir v Hermon [2001] NIJB 260、Mortimer v Labour Party, The Independent, 28 Februray 2000 以及 Donaldson v

---

76　K-H Seifert a. a. O., S. 225．G. Rabus, a. a. O., S. 183. 轉引自陳耀祥：〈政黨法律地位之研究——以德國法為中心〉，輔仁大學碩士學位論文，1991 年 6 月，第 108 頁。

77　德國《政黨法》第 10 條第 4 款。

78　德國《政黨法》第 10 條第 5 款。

79　〔德〕伯陽：《德國公法導論》，第 49 頁。

80　陳慈陽：〈論政黨內部秩序之規範——政黨國理念之具體化〉，載陳慈陽：《憲法規範性與憲政現實性》（二版），第 177 頁。

Empey [2004] NIJB 1 等均是具有代表性的案例。[81]

與英國不同，針對政黨內部的爭議問題，德國開創性地設置了政黨內部的「仲裁法庭」制度。該制度主要是採取一種類似於司法仲裁的機制來解決政黨內部的爭議問題。根據德國《政黨法》第 14 條的規定，仲裁庭至少必須在黨一級和地區分支機構層面上建立，以解決或決定「黨或地區分支機構和個別黨員之間的糾紛」、「關於章程的解釋和實施的爭議」等；此外，特定情況下可為幾個地區分支機構設立聯合仲裁庭。不過，仲裁庭的職能應當受到仲裁法庭法的約束，其成員必須是「不受任何指令約束的獨立身份的人」，且任期最多為四年。以德國社民黨為例，該黨設置了專門的仲裁委員會以解決關於章程和社民黨綱領的爭議以及選舉異議問題，同時還負責關於黨員或支部的黨內訴訟程序 —— 黨內訴訟主要針對任何違反社民黨章程、核心原則或黨內秩序的黨員，認為權利受到不法侵害的黨員可提起上訴，直至聯邦仲裁委員會做出終裁。[82]

此外，需要指出的是，德國的仲裁法庭制度是一項前置性程序。因此，儘管國家的法院對黨員與政黨之間基於私法關係而發生爭議（如開除黨籍、停止黨權等處分）當然擁有管轄權，但根據所謂的「黨內仲裁程序先行論」，黨內爭議或糾紛「在提出到國家法庭前，必須先經黨內之仲裁法庭審查」，否則會遭到法院以「程序不合」為由駁回。[83] 目前，學界對德國的「仲裁法庭」制度評價頗高，如陳新民教授甚至將其譽為德國《政黨法》「對保障政黨內部民主制度最具創意及最具意義之一的規定」。[84]

81　參見〔英〕A・W・布蘭得利、K・D・尤因著，程潔譯：《憲法與行政法》（上冊）（第 14 版），第 307-308 頁。

82　參見〔德〕蓋洛・諾格鮑爾：〈政黨治理經驗：以德國社會民主黨為例〉，載周敬青主編：《現代政黨治理比較研究》，第 28 頁。

83　參見陳新民：〈政黨的內部民主制度〉，載陳新民：《憲法基本權利之基本理論》（下），台北：元照出版有限公司 2002 年版，第 247 頁。

84　陳新民：〈論政黨的內部民主制度〉，載陳新民：《德國公法學基礎理論》（增訂新版・上卷），第 321 頁。

（三）對政黨領袖及公職候選人產生的規範

政黨領袖及公職候選人的產生同樣是政黨內部秩序規範最為重要的內容之一。政黨立法對此進行規範的目的，就是要確保政黨領袖及公職候選人的產生必須要符合政黨民主原則。

首先，政黨領袖的產生。所謂的政黨領袖，主要是指那些被選舉出來擔任政黨重要職務並處於政黨組織核心領導地位的政黨成員，比如政黨的主席或黨魁等。在政黨民主原則之下，政黨的內部權力結構應當體現出「自下而上」的特徵。因此，黨內民主的其中一項重要內容就是，政黨的領袖須經由黨內選舉的形式產生。當然，不同政黨會採取不同的選舉形式，具體可以是黨員直選（直接選舉），又或者由黨員選出黨代表後，再由黨代表投票選出政黨領袖（間接選舉）；其中，最為重要的是，「政黨領袖必須有一定（而非無限）的任期，而針對政黨領袖的黨內選舉也必須定期反覆舉行」。[85]

例如，英國工黨於 1993 年再次對其領袖選舉制度進行改革，規定工會和選區黨組織在選舉領袖和議會候選人時採用一人一票制，並且規定工黨集體黨員只有在成為個人黨員之後，才可在選區組織參加投票。[86] 在德國，根據《政黨法》的規定，地區分支機構主席、副主席和委員會委員，或者其他機構的成員和參加上級地區分支機構的代表由黨員大會（全會）選舉產生；政黨的委員會應至少每兩年選舉一次；黨的總委員會和類似機構的成員，應由下級地區分支機構選舉產生，且任期最多為兩年。[87] 以德國社會民主黨為例，該黨政黨領袖的遴選是在黨代會召開期間，就社民黨內的領導職位和執行委員會通過分別投票作出決定，選舉規則可選擇名單投票制或基於簡單多數的一

85　法治斌、董保城：《憲法新論》（二版），第 38 頁。

86　王勇兵：《黨內民主的制度創新與路徑選擇》，第 209 頁。

87　德國《政黨法》第 9 條第 4 款、第 11 條第 1 款及第 12 條。

票制。[88]

其次，公職候選人的產生。多黨制下，任何特定政黨的目標都是「通過競選過程把本黨的人選輸送到政府系統中去，讓他們佔據重要領導職位並控制國家政策的制定」。[89] 因此，政黨推派的候選人，藉着選舉取得政治權力，已成為了民主社會的政治生活常態。而是否能夠提名適當的候選人參選，則往往是政黨競選致勝的關鍵。因此，候選人的選擇成為了民主選舉的最關鍵環節之一。目前，在除美國等少數國家以外的所有議會民主制國家裏，國會候選人的挑選都是由政黨領袖或少數正式的實權派人士完成的，具體的操作形式是由政黨從本黨成員中選舉產生。[90]

如前文所述，從形式上來看，美國應該是當今世界上政黨公職候選人選拔最為開放的西方國家之一 —— 政黨候選人的選拔過程開放給所有合資格的黨員參與。在美國，各州一般會通過其立法對政黨公職候選人的選拔進行管控，政黨公職候選人的選拔過程必須合乎相關法律的規定。[91] 此後，美國逐步確立了實行初選制的政黨公職候選人選拔。從 1885 年代開始，此一制度逐漸被採用於美國全國，藉以防止政黨黨魁專制與獨裁，給予黨員發言權，阻止不肖候選人之參選，抑制職業政治家的暗中活動，並減弱財團的實權。[92] 時至今日，

88　詳見〔德〕蓋洛·諾格鮑爾：〈政黨治理經驗：以德國社會民主黨為例〉，載周敬青主編：《現代政黨治理比較研究》，第 27 頁。

89　張千帆：《憲法學導論 —— 原理與運用》（第三版），北京：法律出版社 2014 年版，第 409 頁。

90　美國與大部分議會民主制國家不同，幾乎所有重大的公共職位的選舉提名都是通過直接預選（Direct Primaries）的方式產生的：候選人由投票人在政府的指導下直接選出，而不是由政黨的核心小組會議或黨大會間接選舉產生；而且，參與特定政黨預選的參選人的參選資格由公共法律決定，而不是黨的制度。此外，在比利時、芬蘭和德國等少數國家，在政黨選擇候選人的過程中，需要通過地方黨員以秘密投票的方式來完成。嚴格說來，這都不是直接預選制。參見〔美〕加布里埃爾·A·阿爾蒙德、拉塞爾·J·多爾頓、小 G·賓厄姆·鮑威爾等著，楊紅偉等譯：《當代比較政治學：世界視野》（第八版 更新版），第 848 頁。

91　Michael Gallagher, Michael Marsh (ed.), *Candidate Selection in Comparative Perspective: the Secret Garden of Politics* (London: SAGE Publications, 1988), p. 236；李鴻禧：《李鴻禧憲法教室》，第 192 頁。

92　〔日〕丸山健著，呂漢鐘譯：《政黨法論》，第 44 頁。

政黨初選已然成為了美國國家選舉的必要組成部分，而憲法亦將有關規範投票權的條款適用於政黨（the Constitutional Provisions that Affect the Right to Vote Apply to Them）。[93] 目前，美國大多數州採用「封閉式」初選，參與者被限定在已登記的政黨支持者範圍內（與黨員不完全相同）；「開放式」初選則允許所有選民參與，而不考慮其與政黨的聯繫。[94] 在美國的州，各州的法律一般會針對共和黨和民主黨（一般不包括小黨）的候選人提名 —— 主要包括除總統職位外的參眾兩院議員、州長、州其他行政職位、州議員及地方公職等候選人 —— 設置明晰的管控規範，政黨的提名活動通常會在州主辦之下以特定形式的公開選舉進行。[95] 值得注意的是，美國所實行的政黨候選人選拔直接初選制在一定程度上亦影響了如加拿大等國家。目前，加拿大有關政黨公職候選人的選拔，較為明顯地「存在着一種開放選舉過程的趨勢」。[96]

　　儘管德國沒有像美國一樣，通過詳盡的立法確保政黨公職候選人的選拔在形式上擺脫政黨組織的控制，維持最大程度的開放性。但這並不影響德國成為擁有較為民主的政黨候選人提名程序的國家之一。在現行機制下，為確保民主原則在政黨內部秩序中的貫徹，德國的法律允許國家對政黨候選人的提名活動進行適度的介入和管控。《政黨法》第 17 條是該法針對政黨提名候選人參加選舉的唯一一條規

93　這些條款可見之於美國憲法第十五修正案、第十九修正案、第二十四修正案、第二十六修正案等。See Robert J. Bresler, *Freedom of Association: Rights and Liberties under the Law* (Santa Barbara: ABC-CLIO, Inc., 2004), pp. 75-76.

94　美國初選的意義在於它給基層黨員提供了有關黨務的更多發言權，且更偏於候選人導向而非政黨導向的政治形態。初選的成功能夠使候選人掌控政黨機器，而不是將問題留給政黨本身。〔英〕安德魯‧海伍德著，張立鵬譯：《政治學》（第三版），第 171 頁。

95　通常來說，此處所謂「特定形式」總會包括某種直選形式，即選舉由州主辦，政黨支持者在選舉中通過投票選擇候選人。至於候選人怎樣才能獲得初選選票以及哪些人可被算作是政黨的「支持者」或「黨員」則由州法律明確規定之。不過，由於美國政黨沒有正式的黨員資格界定，因此參與初選投票的人群範圍實際上會很廣泛。參見〔英〕艾倫‧韋爾著，謝峰譯：《政黨與政黨制度》，第 245-246 頁。

96　詳見〔美〕利昂‧D‧愛潑斯坦著，何文輝譯：《西方民主國家的政黨》，第 291-292 頁。

定，它規定議會選舉之候選人必須以秘密投票的方式產生，提名應當依據選舉法和黨章規定的程序。也就是說，在德國，政黨無論在選區層面還是地區一級層面的公職候選人選拔，都必須採取不記名的投票方式進行。[97] 在德國現行法律所設置的政黨公職候選人選拔機制下，政黨的眾議院議席候選人應通過如下三種方式選拔：第一，由選舉選區候選人的全體成員大會（政黨的所有有選舉權的黨員在各選區競選聯邦議院議員時舉行的集會）選出；第二，由特別代表大會（前述全體成員大會選出的代表舉行的集會）選出；第三，由普通代表大會（從前述全體成員大會中選出的代表依據政黨的章程為即將到來的選舉而舉行的普通集會）選出。[98] 選舉法允許政黨在三者中選擇其中一種開展選舉。以德國社會民主黨為例，該黨在黨內公職候選人選拔方面較好地落實了政黨民主原則，主要體現為：地方全體黨員有權遴選人選參加選舉或競選聯邦州組織中的職位；各選區的執行委員會、黨員會議以及黨代會有權至少提名一人進入黨內預選名單；等等。[99]

當然，亦正如英國學者艾倫・韋爾所曾指出的，德國目前所實行這套政黨提名程序亦存在一定的局限性。整體而言，其「民主的有限性」主要表現在兩個方面：首先，如同其他大多數國家一樣，在德國，現任者在爭取重新提名時，手中握有大量可供運用的資源；其次，德國政黨與大的利益集團之間的非正式聯繫，意味着在編制政黨名單時，每個政黨都會試圖選擇這些利益集團成員作為候選人。[100]

至於在其他的國家，政黨民主原則亦體現在相關的政黨公職候選人提名規範中。例如法國，法律明確規定了男女均應獲得同等參政機會，選舉中的候選人名單男女的比例應該各佔一半。在使用兩輪多

97　德國《聯邦選舉法》第 21 條第 3 款也有關於政黨候選人選舉秘密投票的規定。

98　德國《聯邦選舉法》第 21 條第 1 款。

99　參見〔德〕蓋洛・諾格鮑爾：〈政黨治理經驗：以德國社會民主黨為例〉，載周敬青主編：《現代政黨治理比較研究》，第 26 頁。

100　參見〔英〕艾倫・韋爾著，謝峰譯：《政黨與政黨制度》，第 266 頁。

數選舉制的國民議會選舉、省議會選舉中，各政黨在各個選區提出的候選人總數裏必須男女各佔一半，否則政黨將會受到經濟制裁。[101]再如挪威，挪威於 1920 年出台了提名法案，規定如果選區的政黨議員候選人名單由每個選區的政黨代表大會決定，則召開大會花費的費用應由國家進行補貼，藉此推動政黨以民主方式產生本黨公職候選人。[102] 此外，也有部分國家的政黨是處於「回應性」較弱的政治光譜一端的，如日本。直至目前，該國政黨的提名並不受公法控制，政黨內各派系之間的討價還價通常比政黨規章更加重要；與其他很多國家相比，日本政黨的中央組織在提名中發揮相當大的作用；選拔程序並不很民主；平衡候選人名單的主要目的是使黨內派系滿意；現任者因個人有能力動員選民而享有相當大的優勢。[103]

四、域外經驗對香港的啟示

綜上可知，針對政黨內部秩序進行立法規範的核心目的在於通過建立起完善的規範體系使政黨及其活動規範化、制度化，以確保政黨民主原則的貫徹，防止政黨內部組織出現寡頭化傾向的發展。以德國為代表的西方民主國家實際上早已通過相應制度的構建將之付諸實踐，並取得了不少成效。例如，不少國家和地區為防止民主政制反受政黨之害，都在政黨立法的基礎上先後建立起針對反體制政黨的憲制性制約機制——政黨違憲禁止制度。另一方面，政黨內部民主化的有效實現，還需要以政黨民主原則為指導積極促使政黨內部結構轉化及新型政黨理念的建構。只有將外部制度規範與內部組織和理念轉化加以有機結合，才能有效地促進政黨民主的貫徹落實。

---

101 吳國慶：《法國政黨和政黨制度》，北京：社會科學文獻出版社 2008 年版，第 358 頁。

102 謝峰：《西方政黨黨內民主研究》，第 5 頁。

103 〔英〕艾倫·韋爾著，謝峰譯：《政黨與政黨制度》，第 264 頁。

美國政治學者萊斯利‧里普森曾言，「獨裁不是在程度上而是在類型上區別於民主」，「當一個政黨合法地存在並擁有壟斷權的時候，這個政黨的精神和地位就完全變了」。[104] 正因為如此，針對政黨之內部秩序進行立法規範，其核心目的就是要確保政黨民主原則的貫徹，防止政黨寡頭化的發展傾向。實際上，如前文所述，以德國為代表的西方民主國家早已將之付諸實踐，並取得了不少成效。而遺憾的是，香港現行法例中尚未有針對政黨內部秩序及政黨民主原則作專項規定，該領域之立法基本處於空白狀態。目前，香港處於民主政治發展的轉型期，香港政黨亦正處在向上的發展階段，若特區政府能夠通過立法適當地對政黨內部秩序進行規範，不僅能夠引導政黨走向良性發展，同時也可以促進特區民主政治的穩步轉型。因此，筆者建議香港未來需要盡快因應本地政黨政治的發展對相關立法進行有序的完善。

　　當然，儘管立法是目前可以採取的約束政黨的最有效手段，但在此仍必須指出的是，僅憑規範所建構起來的法律制度尚不足以保障黨內民主的有效實現。原因在於，就民主本身能夠取得何種程度的成功，最終決定於實行民主必須具備的條件，而這些條件又是多樣的，法制條件僅是其中的一種。[105] 要想真正地解決各種類型政黨內部的民主問題，除了要建立完善的民主保障制度外，還應該從三個方面入手：第一，是政黨組織結構和權力結構要從傳統的金字塔型逐步向扁平化的網路型結構轉化；第二，是要培養以高度民主精神和民主意識為核心的新型政黨文化；第三，是要實現政黨運作的程序民主。[106] 只有把上述三者加以有機結合，才能有效地促進政黨民主貫徹落實 —— 尤其是對於像香港這樣的政黨政治及政黨立法起步較晚的地區來說，就更值得注意。

104　〔美〕萊斯利‧里普森著，劉曉等譯：《政治學的重大問題：政治學導論》（第 10 版），第 237 頁。

105　有關民主實現條件的經典論述，可參見〔美〕卡爾‧科恩著，聶崇信、朱秀賢譯：《論民主》，第 102-202 頁。

106　祁剛利：《政黨民主論》，第 164 頁。

第二節

「金錢政治」的限制：
香港政黨財務規範問題分析

◇◇◇

　　公開透明、接受公眾的監督和專門機構的審計，是現代民主國家對政黨財務的一項基本要求，為此對政黨實行財務管控已然成為了各民主國家（地區）的通行做法。比如說，德國《基本法》第 21 條、希臘《憲法》第 29 條、巴西《憲法》第 17 條、智利《憲法》第 19 條第 15 款、利比里亞《憲法》第 82 條、尼日利亞《憲法》第 225、226 條等均專門規定了國家對政黨財務的管控原則。

　　所謂政黨財務管控，主要是指國家通過監控政黨財政收支、要求政黨作強制性的財務報告等形式對政黨財務進行有效管控，以使政黨財務符合相關法律的要求。當今世界各國（地區）一般通過政黨法和選舉立法來管控政黨財務，當然也有部分國家（地區）對此頒佈了專項立法，如日本的《政治資金規正法》（*Political Funds Control Law*）。[1] 這些國家（地區）之所以要對政黨財務採取專門規範，其目的不僅在於確保政黨的財務經濟狀況得到有效的監督，而且還要「使選民得以對政治意志建構過程一覽無遺並且揭露，哪些族群、團體或私人基於其利益而欲藉由挹注金錢的方式嘗試影響政黨」。[2]

1　日本《政治資金規正法》之制定目的主要是為了確保政治資金取得的透明化，因此依照該法的規定，日本各政黨有義務將其全年的財務收入和支出向總務省進行賬目申報。參見〔日〕古賀純一郎著，高泉益譯：《政治獻金》，台北：台灣商務印書館股份有限公司 2005 年版，第 2 頁。

2　BVerfGE20.56(106), 85, 264 (315). 轉引自蔡宗珍：〈憲法、國家與政黨——從德國經驗探討政黨法制化之理論與實踐〉，蔡宗珍：《憲法與國家（一）》，第 162 頁。

在香港，目前已初步建立起了針對候選人競選開支的監管制度，然而針對政黨財務的監管立法則較為欠缺，在多數情況下政黨財務收支仍處於不受規範的放任狀態。因此，政黨財務規範的完善亦是香港政黨立法的一項重要課題。在筆者看來，對香港政黨進行財務管控，至少可以獲得兩個積極效果。首先，防止政黨為金權所操控，避免財閥政治致使的政治腐化；其次，確保政黨正當使用它的經費（尤其是在選舉期間），保證政治活動的公平及公正性。通常而言，相關立法主要可以圍繞政黨財務收入和政黨財務支出兩個方面展開。

一、政黨的財務收入

由於現代民主國家的選舉及政治活動經費日益龐大，政黨的組織及活動必然仰賴於充足的金錢援助，因此政黨與金主之間往往形成一種特殊關係。在此種關係下，當某些金主通過利益輸送控制政黨，高度介入和影響政治運作，進而達致支配公共權力的效果，黑金政治就會形成。而由一個被金主徹底操縱的政黨所組織起來的政府，「其決策往往是取決於利益集團、大資本家和官僚集團的特殊利益，而忽視社會的整體利益」。[3] 為了防止類似弊病的發生，各國都相當注重對政黨經費來源的管控。政黨的經費來源大致包括黨費、經營性收入、政治捐獻以及公共財政的資助四項。不過，黨費及政黨經營性收入一般不作為立法對政黨財務的重點管控對象，各國法律的主要管控對象是後二者——公民、法人和利益團體對政黨的捐獻以及公共財政的資助。其中，由於公共財政的資助同時也是政黨財務管控的一項重要配套機制，故下文會專闢「政黨財務規範的配套機制：針對政黨的公共財政資助」一節對其作專門討論，在此僅討論政黨立法針對政治捐

3　F. Lehner and K. Schubert, "Party Government and the Political Control of Public Policy" , *European Journal of Political Research*, Vol. 12 (July 1984), p. 134.

獻的立法規管問題。

關於政治捐獻的醜聞，如美國、英國、法國、德國、日本等幾乎所有民主國家都曾出現過，[4] 而且「至今並沒有終止的跡象」，[5] 香港作為民主政治的後發展地區當然也不能例外。[6] 政治捐獻作為民主政體下一種普遍存在的政治現象，主要表現為公民或由公民組織的各類團體以捐獻的形式對公職候選人或政黨等從事政治活動者提供金錢、物品、服務等支援，是捐獻者實現其政治表達自由、對公共政治發揮影響的重要途徑之一。自近代憲政理論確認「公民對公共權力的參與乃民主政治的合法性基礎」[7] 以來，西方民主國家的憲法和法律就一直將政治捐獻視為公民政治權利的重要表現形式而加以承認和保障。然而，隨着憲政理論和實踐的發展，尤其是「防禦性民主」[8] 理念興起之後，現代國家為了維護自身的國家安全和公共利益、避免選舉政治過多地受到金權干擾，都不得不採取立法措施對政治捐獻進行合理的規範限制。通常而言，規範政治捐獻的相關立法一般均要求政治捐獻必須公開透明、接受監督以及由專門審計機構進行審計，如英國《2000 年政黨、選舉及全民投票法令》、新加坡《政治捐獻法令》（*Political Donations Act*）、德國《政黨法》等法令均就本國的政治捐獻事宜作了專門規定。概括而言，現代民主國家通過立法對政治捐獻進行合理規範主要體現了以下憲政意涵：

首先，確保政治參與權能得到平等的保障。「國民依主動的身

4　參見〔美〕邁克爾‧G‧羅斯金等著，林震等譯：《政治科學》（第十二版），第 200 頁。

5　〔日〕古賀純一郎著，高泉益譯：《政治獻金》，「前言」。

6　鑒於香港社會存在較為較為複雜的國際關係，香港政黨接受外國組織或政府的資助已是公開的秘密。參見鄒平學等：《香港基本法實踐問題研究》，北京：社會科學文獻出版社 2014 年版，第 516-517 頁。

7　Howard Davis, *Human Rights and Civil Liberties* (Devon, UK: Willan Publishing, 2003), p. 235.

8　防禦性民主是二戰後德國學者反思納粹黨利用當時德國的議會民主體制奪取政權的經驗教訓而提出的新型民主理念，主張尊重人性尊嚴及人的基本價值，強調自由不應賦予自由的敵人，在各國的實踐會有所不同，詳見：Markus Thiel, *the "Militant Democracy" Principle in Modern Democracies,* (Surrey, UK: Ashgate Publishing, 2009), pp. 15-357。

份，得參加國家統治權的行使」，[9] 此即所謂參政權。政治捐獻是代議民主制下公民實現言論自由和政治參與權的重要形式，立法規範政治捐獻的首要價值乃體現為保障公民能夠平等地享有參與及影響公共政治的權利，不會因其提供資金捐獻之多寡而有所差別。[10] 政治參與作為社會成員參與統治者的選擇以及政策形成的自發性活動，[11] 其主要表現形態可歸納為選舉權、被選舉權以及政治表達自由。政治參與權的權利特性要求任何一位成年公民均有同等機會去參與和影響政治決策過程，以香港為例，《基本法》保障香港居民享有政治參與權的同時明確規定了作為個體的香港居民之間應平等地享有該項權利。[12] 此外，立法規範政治捐獻在保障政治參與平等之層面上還體現為「促進機會平等，使候選人或政黨能夠在相對公平的選舉條件下進行競爭」。[13] 在實踐中，歐美大多數國家的立法中均存在「政治捐獻上限」條款，其最主要目的就是盡量降低金權在現實政治中的影響，使各候選人或政黨在選舉中的實力大致相當，防止出現資金雄厚的候選人或政黨「通過購買的方式來獲取政治權力」。[14]

其次，遏制金權政治發展，防止政治腐化。政治捐獻除了是公民及各類政治團體實現其言論自由並對政治權力發揮影響的重要途徑外，同時也是財力豐厚的金主操控選舉和干預政治的主要手段，法律如果不對政治捐獻本身設定必要限制，將會極大地便利黑金政治的形成。有學者曾經指出，除非滿足了金主可認同的、重大的需求，否則政黨就沒有存在的價值。[15] 也就是說，政黨必須遵循金主的意志而

9　薩孟武著，黃俊傑修訂：《中國憲法新論》（修訂二版），第 141 頁。

10　K. D. Ewing, *Money, Politics, and Law: a Study of Electoral Campaign Finance Reform in Canada* (Oxford, England: Clarendon Press; New York: Oxford University Press, 1992), p. 126.

11　參見〔日〕阿部照哉等編著，許志雄審訂，周宗憲譯：《憲法（下）：基本人權篇》，第 339 頁。

12　香港特別行政區《基本法》第 25、26、27、39 條。

13　K. D. Ewing, *Money, Politics, and Law: a Study of Electoral Campaign Finance Reform in Canada* (Oxford, England: Clarendon Press; New York: Oxford University Press, 1992), p. 126.

14　Bob Watt, *UK Election Law: a Critical Examination* (London: Glass House Press, 2006), p. 127.

15　參見〔美〕史蒂芬‧E‧弗蘭澤奇著，李秀梅譯：《技術年代的政黨》，第 13 頁。

行，才能得到金主的認可並繼續獲取來自對方的金錢資助。因此，政治捐獻往往會使候選人及政黨與金主之間形成「特殊關係」並導致「黑金政治」的形成，進而引發種種政治腐敗。尤其是民主國家進入「政黨被納入憲法時期」後，政黨政治成為民主政治的常態且政黨的政治地位開始在憲法上獲得確認，私人資金的過度介入極有可能使某個政黨淪為私人或某一特定集團的附庸，進而影響憲法所賦予政黨的任務。為此，通過專門立法規範政黨收受政治捐獻，以遏制金權政治發展、防止政治腐化就成一種必要。

由此可見，通過專門立法對政治捐獻進行合理規範，對於維護良好的憲制秩序具有重要的積極意義。以政黨立法的先驅德國為例，其制憲者正是由於抱持着這樣一種信念，才會主張對政治捐獻應有所規範，《基本法》的政黨條款（第 21 條）、《政黨法》及其他相關立法正是這種信念的產物。通常而言，政黨立法會設置一定的原則以規範政黨收受政治捐獻。

第一，政治捐獻的捐獻者資格：部分限制原則。關於政治捐獻者資格的立法實踐一般會採取部分限制的原則，這種限制可以分為兩種類型。

類型一表現為，為防止外國勢力通過政黨干預本國政治而部分或全面禁止外國人、外國組織或匿名者對本國候選人或政黨進行政治捐獻。例如，新加坡《政治捐獻法令》在其第一部分就明確禁止外國人或外國組織向本國政黨進行資金捐獻；[16] 英國《2000 年政黨、選舉及全民投票法令》規定只有該法令規定的「許可捐獻者」才可以向政黨作出 200 英鎊以上的捐獻；[17] 德國《政黨法》確認政黨有權接受捐獻，但禁止政黨接受外國人、匿名者及顯然代表協力廠商提供的捐

16　*Political Donations Act*, Section 2.

17　*Political Parties, Elections and Referendums Act 2000*, section 54.

獻。[18] 此外，我國台灣地區 2018 年修正的《政治獻金法》第 7 條亦明確規定，政黨及候選人不得接受外國人民、法人、團體或其他機構，或主要成員為外國人民、法人、團體或其他機構之法人、團體或其他機構提供的政治捐獻。（來自內地人民、法人、團體或其他機構，或主要成員為內地人民、法人、團體或其他機構之法人、團體或其他機構，以及香港、澳門居民、法人、團體或其他機構，或主要成員為香港、澳門居民、法人、團體或其他機構之法人、團體或其他機構的政治捐獻，亦在限制之列。）

另一類則表現為，為確保特定群體的中立性而限制從事特定職業的人士參與政治捐獻活動，比如美國於 1939 年實施的《哈奇法》（Hatch Act）就明確禁止公共機關、公務員等對政黨進行政治捐獻。[19] 再如，我國台灣地區 2018 年修正的《政治獻金法》第 7 條亦規定，公營事業或政府持有資本達 20% 之民營企業、與政府機關（構）有巨額採購或重大公共建設投資契約且在履約期間之廠商、有累積虧損尚未依規定彌補之營利事業、宗教團體、政黨經營或投資之事業、與政黨經營或投資之事業有巨額採購契約且在履約期間之廠商，以及未具有選舉權之人均不得從事政治捐獻活動。

在香港，法律允許政治捐獻行為的存在。比如，《選舉（舞弊及非法行為）條例》就對候選人接受選舉捐贈作出了明確的規範。根據該法第 2 條的釋義，選舉捐贈就某次選舉的一名或多於一名候選人而言，指以下任何捐贈：（1）為償付或分擔償付該候選人或該等候選人的選舉開支，而給予該候選人或該等候選人或就該候選人或該等候選人而給予的任何金錢；（2）為促使該候選人或該等候選人當選或阻礙另一名候選人或另一些候選人當選，而給予該候選人或該等候選人或

18　德國《政黨法》第 25 條。

19　*Hatch Act and Political Activities*, available at http://www.archives.gov/legal/ethics/hatch-act.html (last visited 19-11-2019).

就該候選人或該等候選人而給予的任何貨品，包括由於提供義務服務而附帶給予的貨品；（3）為促使該候選人或該等候選人當選或阻礙另一名候選人或另一些候選人當選，而向該候選人或該等候選人提供或就該候選人或該等候選人而提供的任何服務，但不包括義務服務。但是，相關法律目前並未對政治捐獻人的身份作詳細的限制性要求，尤其是針對海外捐獻者對本地區政黨或候選人（本書中的「候選人」包括了「候選人組合」）[20] 的政治捐獻行為，除基本法第 23 條和《中華人民共和國香港特別行政區維護國家安全法》（以下簡稱《香港國安法》）第 29 條作了原則性的限制規定外，基本仍處於放任狀態。現行法律只對候選人接受匿名捐獻作了明令禁止，根據《選舉（舞弊及非法行為）條例》的規定，1,000 港元以上（或價值 1,000 港元以上的貨品）且捐獻者姓名或名稱及地址不詳的匿名政治捐獻不得用作選舉經費，候選人必須將其轉贈予公共慈善機構或慈善信託。[21]

　　第二，政治捐獻的數額：上限限定原則。限制捐獻數額的最高上限亦係政治捐獻立法規範的核心內容之一，通常分為單筆捐獻數額上限和年度捐獻總額上限。究其立法目的，一是防止財力宏大的金主藉其財力通過政治捐獻的方式控制候選人或政黨並進而操縱本國（地區）政治的發展，二是確保候選人或政黨之間不會因財力的差距而形成實際上的競爭不公平。以日本為例，日本於昭和二十三年（1948年）制頒《政治資金規正法》，對於政黨的經費予以詳細的規定。[22]

20　根據香港特區現行法例的規定，候選人（candidates）是指：一，在某項選舉中接受提名為候選人的人；二，在某項選舉的提名期結束前的任何時間曾公開宣佈有意在該項選舉中參選的人，而就為選出立法會地方選區或區議會（第二）功能界別議員而舉行的選舉而言，亦包括候選人組合中的候選人。候選人組合（group of candidates）是指：一，就為選出立法會地方選區或區議會（第二）功能界別議員而舉行的選舉而言，名列獲提名參選的候選人名單上的人，但不包括姓名按照《立法會條例》第 38 條自該名單上除去或剔除的人；二，在該項選舉的提名期結束前的任何時間曾公開宣佈有意以名列該名單的候選人的身分參選的人，但不包括已公開撤銷該項宣佈的人。參見香港特別行政區《選舉（舞弊及非法行為）條例》第 2 條第 1 款。

21　香港特別行政區《選舉（舞弊及非法行為）條例》第 19 條第 2 款。

22　參見馬起華：《政治學原理》（下冊），第 1156 頁。

該法就個人、公司、工會等對有關政治活動所作之捐獻的全年額度作了明確規定：就個人而言，每年的政治捐獻不得超過 2,000 萬日圓；就公司而言，資本額在 50 億日圓以上者每年捐獻不得超過 3,000 萬日圓，資金在 10 億日圓以上而未達 50 億日圓者每年捐獻不得超過 1,500 萬日圓，資本額未滿 10 億日圓者每年捐款不得超過 75 萬日圓；就工會而言，未達 5 萬人者每年捐獻不得超過 750 萬日元，5 萬人以上未達 10 萬人者每年捐獻不得超過 1,500 萬日元，10 萬人以上者每年不得超過 3,000 萬日元。

再以我國台灣地區為例，2018 年修正的《政治獻金法》第 17 及 18 條亦針對不同類型的政治捐獻設置了上限額度。具體內容如下：（1）個人、營利事業及人民團體對同一政黨、政治團體每年捐贈總額的上限分別為新台幣 30 萬元、新台幣 300 萬元及新台幣 200 萬元。（2）個人、營利事業及人民團體對不同政黨、政治團體每年捐贈總額的上限分別為新台幣 60 萬元、、新台幣 600 萬元及新台幣 400 萬元。（3）個人、營利事業及人民團體對同一（組）擬參選人每年捐贈總額的上限分別為新台幣 10 萬元、新台幣 100 萬元及新台幣 50 萬元。（4）政黨對其所推薦同一（組）擬參選人之金錢捐贈，不得超過下列金額：一、總統、副總統：新台幣 2,500 萬元；二、立法委員：新台幣 200 萬元；三、直轄市長、縣（市）長：新台幣 300 萬元；四、直轄市議員、縣（市）議員：新台幣 50 萬元；五、鄉（鎮、市）長、直轄市山地原住民區長：新台幣 30 萬元；六、鄉（鎮、市）民代表、直轄市山地原住民區民代表、村（里）長：新台幣 10 萬元。（5）對不同擬參選人每年捐贈總額，合計不得超過下列金額：一、個人：新台幣 30 萬元；二、營利事業：新台幣 200 萬元；三、人民團體：新台幣 100 萬元。

在香港，現行法例並未設定政治捐獻的數額上限，但就候選人如何處理超過 1,000 港元或超過選舉開支總額上限的政治捐獻作了專

門規定：首先，候選人收受 1,000 港元以上（或內價值 1,000 港元以上的貨品或服務）的政治捐獻時，必須向捐獻者發出載明捐獻者姓名或名稱及地址的收據，且該收據的詳情須於選舉結束後提交的選舉申報書中載明；其次，如收受的所有選舉捐獻之總額超過《選舉（舞弊及非法行為）條例》第 45 條所規定的最高限額，則候選人必須確保將超額部分（不包括屬服務性質的選舉捐獻）轉贈屬公共性質的慈善機構或慈善信託。此外，需要注意的是，香港目前亦尚未就針對政黨收受政治捐獻數額的上限進行專門立法規範。

第三，政治捐獻的使用：公開申報原則。候選人或政黨遵照法律規定向政府部門報告某一期間內（尤其是選舉期間）收受及使用政治捐獻的情況，是國家規範和掌握候選人及政黨財源、監管候選人及政黨收受政治捐獻的重要手段。

例如，新加坡《政治捐獻法令》明確規定政黨必須在每個財政年度完結後的 31 天內向政府的政治捐獻登記處提交周年捐獻報告；[23] 而德國《政黨法》除規定政黨需要每年向聯邦議院提交賬目表外，更詳細說明所有 20,000 馬克或以上的政治捐獻均須申報，而且政黨須在申報時列明捐獻者的姓名及地址。[24]

在香港，儘管專門針對政黨的政治捐獻使用監管制度尚未建立，但現有法例已就候選人的政治捐獻使用建立了初步的監管制度。首先，《選舉（舞弊及非法行為）條例》第 18 條明確禁止候選人或其他人將選舉捐贈用於償付或分擔償付該候選人的選舉開支以外的用途，以及將該項捐贈用於促使該候選人當選或阻礙另一名候選人或另一些候選人當選以外的用途。如存在以上不當運用選舉捐贈的行為，即屬在選舉中作出舞弊。其次，《選舉（舞弊及非法行為）條例》第 37、38 條規定，所有候選人均須於選舉結束後向有關主管當局提交

23　*Political Donations Act,* Section 18 and 19.

24　德國《政黨法》第 25 條。

選舉申報書，以申明其在選舉中的選舉開支以及曾收受選舉捐獻的有關情況。並且，候選人所提交的選舉申報書，必須附有載明其在該次選舉中各項支出詳情的發票、收據等資料，以及有關主管當局提供或指明的表格或格式所作的聲明書。如候選人未能在法定期限內提交選舉申報書即屬犯罪，最高刑罰可處罰款 20 萬港元及監禁 3 年。

此外，香港現時不少政黨都是以公司的名義依據《公司條例》註冊成立的。這些政黨必須遵守《公司條例》所規定的適用於本地註冊公司的規則，具體包括年度申報、核數和關於舉行會議及廣泛性公開籌款活動等規定；而且，政黨一旦註冊成為公司，其籌募經費的活動亦須遵守《稅務條例》關於利得稅的有關規定。

二、政黨的財務支出

政黨金錢的耗費包括了一般的財務開支及競選經費，[25] 而政黨的最大筆、最重要的財務開支是競選經費的開支，其數額不僅驚人而且呈逐年增加的趨勢。為此，有學者甚至直接指出，在西方資本主義憲政體制下的國家選舉實際上是一種具有狹隘性和虛假性的「金錢選舉」，候選人如沒有巨額政治資金作為競選經費根本就不可能從這種選舉制度中脫穎而出，所謂的競選其實質就是「競錢」而已。[26] 以美國為例，參議院歷次選舉中候選人的平均選舉開支從 1974 年的 53,000 美元猛增至 1990 年的 325,000 美元，在 2000 年更達到了595,000 美元；眾議院的情況也大致相當，1794 年參議院議席候選人的平均選舉開支為 437,000 美元，1990 年增至 260 萬美元，2000

---

25 有學者認為，就稱謂而言，競選經費應區別於選舉經費。原因在於，選舉經費是各級政府為了組織選舉撥出的一筆專門資金。而競選經費則是競選者個人或支持他的政黨為競選籌措的資金。參見胡盛儀、陳小京、田穗生：《中外選舉制度比較》，第 256 頁。

26 參見張慶福主編：《憲法學基本理論》（上），北京：社會科學文獻出版社 1999 年版，第 60 頁。

年大約達到了 530 萬美元。[27] 而總統競選的選舉開支則更為昂巨，1960-1972 年，美國兩黨總統候選人在正式選舉中的選舉開支（包括候選人的競選委員會和兩黨全國委員會的開支）從 1,990 萬美元增加到 9,140 萬美元，[28] 此後均維持着驚人的開支總數。以最近三屆的總統選舉為例，2008 年兩黨參選人的選舉開支總數為 1,812,238,215 美元，2016 年兩黨參選人的選舉開支總數為 1,513,331,256 美元，而到了 2020 年兩黨參選人的選舉開支總數更創下 3,988,472,174 美元的歷史新高。[29]

　　由日益龐大的選舉經費所帶來的資金籌措壓力，迫使候選人和政黨不得不選擇依附於財力宏大的金主並受其操控，進而導致了財閥政治的迅速形成。而如所周知，公開、平等的選舉乃代議制民主的基石，[30] 為防止出現財閥政治下金主對國家選舉進行肆意的干預，防止選舉開支無限增長、保證選舉公平，通過立法對候選人及政黨的選舉開支進行有效管控就成為了政治捐獻立法規範得以貫徹執行的重要配套機制。一般而言，對選舉開支進行限制的常見做法是通過立法設定政黨競選經費的開支上限，並輔之以確保該等立法能得到貫徹執行的強制性的政黨競選經費申報機制。

　　舉我國台灣地區為例，其相關法例對本地區的競選經費最高限額作了較為明確的規範。根據 2020 年修正的《總統副總統選舉罷免法》第 38 條的規定，同一組候選人的競選經費最高金額，由中央選舉委員會訂定，並於發佈選舉公告之日同時公告之。競選經費最高金額之計算方式，應以中華民國自由地區人口總數 70%，乘以基本金額

27　See L. Sandy Maisel and Kara Z. Buckley, *Parties and Elections in America: the Electoral Process (4th edition)* (Lanham, USA: Rowman& Littlefield Publishers, 2005), p. 171.

28　范振汝：《香港特別行政區的選舉制度》，香港：三聯書店（香港）有限公司 2006 年版，第 138 頁。

29　數據統計自 Federal Election Commission，https://www.fec.gov/（最後訪問時間：2021 年 2 月 17 日）。

30　See Victoria A. Farrar-Myers, "Campaign Finance: Reform, Representation, and the First Amendment", in Matthew J. Streb (ed.), *Law and Election Politics: the Rules of the Game* (London: Lynne Rienner Publishers, 2005), p. 43.

新台幣 20 元所得數額，加上新台幣一億元之和。競選經費最高金額計算有未滿新台幣 1,000 元之尾數時，其尾數以新台幣 1,000 元計算之。（第二項所稱中華民國自由地區人口總數，係指投票之月前第六個月月底戶籍統計之人口總數。）另，根據同年修正的《公職人員選舉罷免法》第 41 條的規定，各種公職人員競選經費最高金額，除「全國」不分區及僑居國外國民立法委員選舉外，應由選舉委員會於發佈選舉公告之日同時公告。競選經費最高金額之計算方式為：（1）立法委員、直轄市議員、縣（市）議員、鄉（鎮、市）民代表、原住民區民代表選舉為以各該選舉區之應選名額除選舉區人口總數 70%，乘以基本金額新台幣 30 元所得數額，加上一固定金額之和；（2）直轄市長、縣（市）長、鄉（鎮、市）長、原住民區長、村（里）長選舉為以各該選舉區人口總數 70%，乘以基本金額新台幣 20 元所得數額，加上一固定金額之和。前項所定固定金額，分別定為立法委員、直轄市議員新台幣 1,000 萬元、縣（市）議員新台幣 600 萬元、鄉（鎮、市）民代表、原住民區民代表新台幣 200 萬元、直轄市長新台幣 5,000 萬元、縣（市）長新台幣 3,000 萬元、鄉（鎮、市）長、原住民區長新台幣 600 萬元、村（里）長新台幣 20 萬元。競選經費最高金額計算有未滿新台幣 1,000 元之尾數時，其尾數以新台幣 1,000 元計算之。第二項所稱選舉區人口總數，係指投票之月前第六個月之末日該選舉區戶籍統計之人口總數。除此以外，我國台灣地區目前亦建立了針對競選經費的查核制度。根據《總統副總統選舉罷免法》、《公職人員選舉罷免法》、《中央選舉委員會處務規程》、《直轄市縣市選舉委員會辦事細則》等法律的規定，中央及地方各級選舉委員會有權對參選人的競選經費相關業務進行查核和處理。

在香港，選舉開支的法定含義為，在選舉過程中由候選人或他人代候選人支付的為促使候選人當選、阻礙競爭對手當選而招致的經

費開支。[31] 目前，政黨選舉經費的籌措和支出尚未受到法律的專門規管，但有關法例已針對候選人的選舉開支監管作了專門規定，並授權行政長官會同行政會議以規例的形式針對現行體制下不同類型的選舉訂立具體的選舉開支最高限額。[32]

首先，為確保候選人可以在合理規範的開支水平內公平競爭，法例為選舉開支設定了最高限額。根據《2016 年選舉開支最高限額（行政長官選舉）（修訂）規例》和《2020 年選舉開支最高限額（立法會選舉）（修訂）規例》，在行政長官選舉中，候選人的選舉開支最高限額為 15,700,000 港元；在立法會的地方選區選舉中，九龍西地方選區、九龍東地方選區、香港島地方選區、新界西地方選區及新界西地方選區參選的每個候選人及候選人名單選舉開支最高限額分別為 1,996,000 港元、1,996,000 港元、2,661,000 港元、3,326,000 港元及 3,326,000 港元；在立法會的功能界別選舉中，鄉議局、漁農界、保險界及航運交通界功能界別每個候選人及候選人名單選舉開支最高限額均為 133,000 港元；其他功能界別，登記選民不超過 5,000 人的每個候選人及候選人名單選舉開支最高限額為 213,000 港元，登記選民超過 5,000 人但不超過 1 萬人的每個候選人及候選人名單選舉開支最高限額為 425,000 港元，登記選民超過 1 萬人的每個候選人及候選人名單選舉開支最高限額為 639,000 港元；在立法會區議會（第二）功能界別選舉中，每個候選人及候選人名單選舉開支最高限額為 7,602,000 港元。候選人如在選舉中違反上述選舉開支最高限額的規定，即屬在選舉中作出舞弊行為。

其次，為有效監管選過程中候選人的選舉開支情況，現有法例確立了候選人申報選舉開支制度。根據《選舉（舞弊及非法行為）條例》第 23、37 條的規定，所有候選人均須於選舉結束後的法定期限

---

31 香港特別行政區《選舉（舞弊及非法行為）條例》第 2 條。

32 香港特別行政區《選舉（舞弊及非法行為）條例》第 45 條。

內向有關主管當局提交選舉申報書,列出候選人在該次選舉中的選舉開支,以及曾由候選人或由他人代候選人在與該次選舉有關連的情況下收取的所有選舉捐贈。如任何候選人或其選舉開支代理人所招致的選舉開支沒有載入該候選人的選舉申報書中,則該候選人即屬在選舉中作出非法行為。同時,候選人必須確保申報書附有如下資料:(1)就每項 500 港元或以上的選舉開支而言,提供載有該項支出的詳情的發票及收據;(2)就每項 1,000 港元以上或每項包含貨品或服務而價值 1,000 港元以上的選舉捐贈而言,提供發給捐贈者的載有關於該捐贈者及該項捐贈的詳情的收據的副本;(3)如由候選人或由他人代候選人在與選舉有關連的情況下收取的某項選舉捐贈或某項選舉捐贈的一部分沒有用於該用途而已按照《選舉(舞弊及非法行為)條例》第 19 條進行處置的,提供收取該等如此處置的捐贈或部分捐贈的人所發出的收據的副本;(4)如由候選人或由他人代候選人在與選舉有關連的情況下收取的某項選舉捐贈或某項選舉捐贈的一部分沒有用於該用途,亦沒有按照《選舉(舞弊及非法行為)條例》第 19(3)條進行處置的,須提供書面解釋,列出沒有按照該條處置該項捐贈或該部分捐贈的理由;等等。除此以外,候選人如需要申領特區政府的選舉資助,亦需要做專門的選舉開支申報。如《選舉管理委員會(立法會選舉及區議會選舉資助)(申請及支付程序)規例》第 2 條及《選舉(舞弊及非法行為)條例》第 23(3)條就明確規定,申領立法會選舉或區議會選舉資助的候選人必須在其申索書中列出選舉開支的款額明細。

▌三、政黨財務規範的配套機制:針對政黨的公共財政資助

在西方民主中,作為寡頭政治的作用要素 —— 儘管不是在嚴格的國家機構意義上,而是在政治力量的角逐中 —— 大工業與資金團

體，通過其在國民經濟中的關鍵地位，既在廣泛的範圍內對國家的借貸和工作規則施與影響，亦通過各種影響措施對國家機關及其內部機構與人員進行滲透。[33] 同樣，大工業與資金團體也會通過其雄厚的經濟實力對政黨施與影響，甚至直接操控。因此，「為了保障政黨之間的有效競爭，並避免使它們過分依賴利益集團，國家可以為政黨提供資助」。[34]

通常，針對政黨之公共財政資助較常見於德國、西班牙、意大利、瑞典、日本等發達國家，一般可以分為直接資助和間接資助，前者是指政府直接以資金的形式對政黨進行資助，後者則是指政府為政黨免費或以優惠提供官營媒體的廣告時段、公共設施、郵遞服務等。以日本為例，該國於 1994 年作為政治改革立法，同選舉制度改革（確立眾議院議員選舉中小選舉區比例代表並立制）及政治資金規制強化（政治團體、公職候補者必須提出政治資金收支報告書，公開其要點，禁止向候選者個人匯款，限制企業獻金，強化責罰等）並行確立了《政黨援助法》，試圖通過以政黨給付金對政黨提供幫助的形式切斷流向政黨的不明資金，謀求民主政治的健全發展。[35]

如所周知，政黨的資金來源主要分為黨費、經營性收入、政治捐獻以及國家的公共財政資助四大方面，應該說，公共財政資助機制的建立確實是有效地緩解了政黨對政治捐獻的依賴。以意大利針對政黨之公共資助機制建立後的 1983 年大選為例，政府支出的政黨競選補助總額為 900 億里拉，其中近四分之三為三個最大黨所得；其中，意大利共產黨得到的政府補助佔該黨總收入的 26.2%；天主教民主黨佔 33.7%；社會黨佔 10.4%。[36] 再以德國為例，自國家設立針對政黨的公共資助機制以來，國家的財政支持已經成為政黨至為重要的收入

33　〔德〕齊佩利烏斯著，趙宏譯：《德國國家學》，第 216 頁。

34　張千帆：《憲法學導論：原理與應用》（第三版），第 426 頁。

35　參見〔日〕蘆部信喜著，〔日〕高橋和之增訂，林來梵等譯：《憲法》（第三版），第 254 頁。

36　李步雲主編：《憲法比較研究》，第 1027-1028 頁。

來源之一，詳見下表：[37]

表 5-5：德國主要政黨 2002、2003 年總收入及各項收入百分比表

總收入（百萬歐元）			各項子收入（百分比）						
政黨	年份	總收入	黨費	黨產	活動	自然人捐款	法人捐款	國家資助	其他
社民黨	2002	158.8	49.3	6.6	1.3	8.8	2.2	30.8	1.1
	2003	179.8	30.0	8.5	7.8	4.9	0.9	33.0	2.5
基民盟	2002	141.6	40.9	2.5	1.9	14.7	6.8	30.8	2.4
	2003	139.7	30.6	3.7	7.9	9.2	3.3	31.4	1.1
基社盟	2002	46.1	29.0	1.0	2.8	25.2	15.8	25.9	0.4
	2003	47.4	21.6	1.8	16.9	13.2	7.3	32.2	0.2
自民黨	2002	31.5	19.9	3.5	1.2	33.6	10.0	26.3	5.6
	2003	27.8	22.0	4.6	2.5	22.3	4.2	36.9	3.0
聯盟 90/綠黨	2002	26.3	35.4	1.2	7.5	16.1	4.0	33.1	2.9
	2003	26.2	20.4	1.0	3.9	12.1	1.1	41.1	3.3
民社黨	2002	21.9	47.5	1.0	0.5	16.9	0.2	32.7	1.1
	2003	22.2	44.6	1.2	0.9	7.8	0.1	39.4	0.9

　　由於國家每年提供的公共資助總額有限，而奉行政黨多元主義的現代國家又政黨眾多，向所有政黨均等分配公共資助的做法顯然不太現實。因此，各國法律一般會對政黨申領國家財政補助作一定限制，較常見的做法是國家以法律形式設定公共資助數額的相對上限和絕對上限以及對申領者作資格要求。在德國，現行《政黨法》規定了所有政黨獲得的資助數額總和不能超過國家每年向全國合資格政黨提供的公共資助的資金總額 —— 1.33 億歐元（絕對上限），如所有政

37　參見〔德〕沃爾夫岡·魯茨歐著，熊煒等譯：《德國政府與政治》（第 7 版），第 84-86 頁。

黨提出的資助申請總額超出絕對上限，則只能在絕對上限的範圍內按照各黨的得票比例進行資助數額分配；而相對上限方面，則設定為單個政黨從國家公共資助處獲得的全部資助數額不得超過該政黨自身收入的總額。[38] 此外，《政黨法》對政黨申請公共資助的資格亦作了規定，即政黨必須在聯邦議院或歐洲議會的最近一次選舉中贏得至少0.5% 的政黨選票，或者在州選舉中贏得至少 1% 的選票，又或者在選區的最終選舉中贏得至少 10% 的選票，才可申請國家公共資助。[39] 換言之，不能滿足以上條件的政黨將被排除於公共資助的申領範圍之外。

在香港，政府目前尚未建立起專門針對政黨的公共財政資助機制，但自 2004 年開始推行資助參加立法會選舉的候選人和候選人名單支付選舉開支的資助計劃。[40] 在 2004 年的立法會選舉，特區政府設立了針對候選人的「十元一票」財政資助計劃，當選或者取得 5% 或以上有效選票的候選人均有資格獲得由公帑支付的資助。其後，特區政府又通過《選舉管理委員會（立法會選舉及區議會選舉資助）（申請及支付程序）規例》建立了立法會和區議會選舉資助制度，合資格的候選人均可按照該規例的有關規定申請選舉資助金。[41] 而到了 2012 年的立法會選舉，上述資助額已被提高至每票 12 元或選舉開支最高限額的 50%（以金額較低者為準），但每位候選人可獲得的資助總額不得超過其申報的選舉開支總額。根據最新修訂的資助參加立法會

38　德國《政黨法》第 18 第 1、2、3 及 5 款。

39　德國《政黨法》第 18 第 4 款。

40　事實上，早在 1997 年 8 月初時任民建聯主席曾鈺成就曾建議，在九八年的立法會選舉，港府應動用公帑以現金形式資助候選人參選。他預計隨着選區的擴張，競選開支便會如火箭般飆升，對於很多候選人特別是基層人士來說，這將是一個十分沉重的財政負擔。因此，他建議每當候選人在選舉中得到一票，便可從政府得回 10 元的現金資助，以幫補他的競選開支，相對政府數以億計的選舉行政支出，這個建議只會耗費政府約 1,000 萬的額外支出，相對合情合理。此外，他亦建議只有得票超過 5,000 的候選人才可有資格獲得這項津貼。詳見蔡子強：《香港選舉制度透視》，附錄四，第 178 頁。

41　香港特別行政區《選舉管理委員會（立法會選舉及區議會選舉資助）（申請及支付程序）規例》第 3 條第 6 款。

選舉的候選人和候選人名單支付選舉開支的資助計劃，當選或取得 5% 或以上有效選票而沒有喪失資格的候選人／候選人名單將繼續獲得資助，自第七屆立法會換屆選舉起（特區政府於 2020 年 7 月 31 日宣佈，因應 2019 冠狀病毒病疫情嚴峻，行政長官會同行政會議決定將原定於 2020 年 9 月 6 日舉行的第七屆立法會換屆選舉推遲一年至 2021 年 9 月 5 日舉行），在有競逐的地方選區或功能界別，候選人／候選人名單所能獲得的資助調整為每票 15 元或選舉開支最高限額的 50%（以金額較低者為準），但每位候選人所能獲得的資助總額不得超過其申報的選舉開支總額；在無競逐的地方選區或功能界別，候選人／候選人名單所能獲得資助的計算方式為，按地方選區／功能界別登記選民數目的 50% 乘以指明的資助額（每名登記選民 15 元）所得款額或據《選舉開支最高限額（立法會選舉）規例》規定的可招致或代為招致選舉開支的最高限額的 50%（以金額較低者為準）。

在《立法會條例》所確立的針對立法會選舉的政府財政資助機制下，除法例另有規定之情形外，合資格候選人不論其是否代表政黨或不屬任何政黨組織、是否屬獨立候選人名單或獨立候選人，均有權依法就其所申報之選舉開支獲得金錢資助。[42] 以特區政府開始設立針對候選人及候選人名單「十元一票」財政資助計劃的 2004 年立法會選舉為例，選舉事務處在該次選舉中共接獲 46 宗有關 2004 年立法會選舉候選人的資助申請，申領的金額合共超過 1,380 萬元，在以單個候選名單的名義提出的申請中，最高申領額約為 96 萬元，而最低則約為 4,000 元。[43]

不過，遺憾的是，現行的選舉開支資助計劃並未覆蓋到參選政黨。而且，在關於構建專門針對政黨的公共財政資助機制的問題上，

42　香港特別行政區《立法會條例》第 60B、60C 條。

43　香港特別行政區政制事務局：《政府當局就「政黨法」提供的文件》，立法會 CB(2)607/04-05(03) 號文件，2004 年 12 月，第 2 頁。

特區政府目前是持否定態度的。早在立法會 2009 年 1 月 14 日的會議中，時任立法會議員劉慧卿曾向政府提出關於「是否考慮對本地政黨提供公共資助」的問題，當時的政制及內地事務局局長林瑞麟代表政府所作出的答覆是：[44]

政府在現階段不適宜利用公帑增加對政黨的資助。所考慮的因素如下：第一，不少參與立法會及區議會選舉的候選人都不屬於任何政黨的獨立人士。若我們單增加對政黨的資助，可能會對獨立人士不公平，亦有可能因而收窄了他們的參政空間；第二，根據外國的經驗，政府向政黨提供資助的同時亦會對政黨運作加以規管，例如要求政黨交代他們的財政來源，這可能會窒礙而非促進政黨發展；第三，鑒於現時香港政黨仍在發展階段，市民未必會認同政府利用公帑去資助政黨的運作。

四、香港政黨財務規範的缺陷及其完善

前文通過香港與域外對比觀察的方法，較為全面地考察了香港針對政黨財務之規範性立法的核心內容及其配套機制，現行立法的主要特點可以概括為以下三點：首先，立法的規範對象偏重於候選人而忽視政黨；其次，立法的規範內容主要集中於選舉財務的開支方面，而忽視了對選舉財務的收入，尤其是收受政治捐獻行為本身的規範；再次，立法初步建立起了針對候選人的公共資助機制，但該機制本身尚存在較大缺陷。

隨着香港代議政制的發展，由上述缺陷所導致的消極影響有日

44　詳見〈立法會一題：推動香港政黨發展的措施〉，http://www.info.gov.hk/gia/general/200901/14/P200901140123.htm（最後訪問時間：2015 年 1 月 6 日）。

漸明顯的趨勢，最為明顯的例子是在現行制度下特區政府無法對政治捐獻進行有效的監管。香港過去頻發的政治獻金事件——如「黎智英政治捐獻事件」、「民主黨派收受外國組織政治資助事件」[45]——都充分說明了政府監管在該領域的缺位。以前者為例，2011 年 10 月一份記載着香港壹傳媒有限公司董事會主席黎智英私人捐款賬目的 Foxy 文件被曝光，該文件記錄了黎智英自 2005-2011 年向多個屬於「泛民主派」陣營的政黨及人士進行政治獻金的具體情況。從披露的資料來看，政治獻金的總額達到了數千萬港元，具體的資金流向可詳見於下表：[46]

表 5-6：2005-2011 年黎智英對「泛民」政治捐獻一覽（單位：萬港元）

受助人／團體	2005	2006	2007	2008	2009	2010	2011	總額
公民黨	/	200	55	201.65	200	400	400	1,456.65
民主黨	/	300	150	315	300	302	2	1369
社民聯	/	/	/	/	/	100	/	100
前線	/	/	20	20	/	/	/	40
陳方安生	/	/	20	100	10	/	/	130
陳日君	300	500	300	300	300	300	/	2,000

其後，「黎智英政治獻金事件」在媒體的紛紛追蹤報導之下鬧得滿城風雨，甚至有評論員撰文質疑政治捐獻另有幕後金主且極有可能

45　根據媒體的報導，實際上香港多個政黨都曾接受以美國國家民主基金會（National Endowment For Democracy）為首的外國組織的資助。參見沈本秋：〈試釋 2007 年以來美國對香港事務的介入〉，《國際問題研究》2012 年第 1 期，第 76-77 頁；春秋：〈美中央情報局資助香港民主派的動向〉，http://www.globalview.cn/ReadNews.asp?NewsID=1951（最後訪問時間：2017 年 8 月 21 日）。

46　參見〈泛民幕後金主——年捐半億賬目曝光〉，《東週刊》，2011 年第 425 期，第 26 頁。更詳細的資料披露可參見鄭義民編著：《泛民收錢實錄》，香港：創潤佳有限公司 2014 年版，第 11-138 頁。

與外國勢力有關，並建議政府立法規範政黨收受政治捐獻。[47] 然而，特區政府對此次獻金事件的處理卻甚為低調，對事件所表現出的態度更是模棱兩可。時任香港政制及內地事務局局長譚志源在回應事件時只是簡單表示，「政府現時對這件事沒有既定政策，是持開放態度的；希望多聽社會上就是否在此階段，研究需否訂立政黨法一事的意見，然後再作考慮」。[48] 很顯然，特區政府在此次事件的應對上可謂是毫無着力之處的。究其原因，最主要的是目前香港針對政治捐獻的立法十分有限，政治捐獻在絕大多數的情況下仍處於不受法律規範的灰色地帶，政府根本無法對本地的政治捐獻活動進行有效監管。這種監管失衡的現狀為金權操控政黨並干預選舉留下了很大空間，不得不說是香港政治穩定的一大隱患。

我們知道，現代民主政治的發展已經使得逐步健全規範政黨財務之相關立法成為了現代民主國家（地區）法制發展的重要趨勢。如歐洲安全與合作組織（Organization for Security and Co-operation in Europe）為敦促其參與國完善本國政黨財務立法體系而專門訂定了一份具有指導性質的立法建議，其中尤為重點地指出了針對政黨收受政治捐獻的相關立法應包括設置針對私人捐款的限制條件和數額上限、平衡私人捐款和公共資助、國家資助的使用限制、公平地設置公共財政資助的分配標準、設置競選開支上限、要求增加政黨資助的透明度和財務報表的可信度以及設置獨立監管機制和適當的違法制裁機制等內容。[49]

而事實上，早在香港回歸之前，就曾有學者專門撰文指出過香

47　參見美恩：〈黎智英捐獻目的是亂港〉，《文匯報》2011 年 10 月 21 日，A18 版；柳頤衡：〈黎智英何以對其政治獻金諱莫如深？〉，《文匯報》2011 年 10 月 28 日，A15 版。

48　參見〈香港官員：政治捐獻或惹疑慮〉，http://www.hkcna.hk/content/2011/1019/117271.shtml（最後訪問時間：2017 年 8 月 21 日。）

49　*Guidelines on Political Party Regulation* (Warsaw, Poland: the Organization for Security and Co-operation in Europe Office for Democratic Institutions and Human Rights, 2011), p. 67.

港在政黨財務立法方面存在的問題。其中，有研究在比較香港、英國、澳洲、加拿大和美國的選舉法例後認為，香港的選舉法例在這方面仍有很多不足之處，並建議香港參考其他國家在民主選舉中的經驗，採取嚴謹的措施以避免出現賄選或選舉人受到捐款者支配的情況。[50] 還有研究認為，香港應有法例容許政黨和參政者籌募活動經費，除管制募捐方法、款項用途外，還應有公開賬目的規定，迫使政黨公開其財政來源。[51] 筆者認為，從長遠的目標來說，香港未來應通過有效的立法完善，使自身規範政黨財務的相關法例能夠逐步地涵括上述內容。而就當前而言，香港最為迫切的任務是有針對性地完善三個方面的立法，下文將詳細分述之。

第一，嚴格限制來源於外國或者境外的政治捐獻。所謂來源於外國或者境外的政治捐獻，主要是指外國或者境外的公民、法人、團體及其他機構，或主要成員為外國或者境外公民、法人、團體或其他機構的法人對香港的候選人或政黨所作之政治捐獻。對於此類政治捐獻，國際社會的通行做法是採取部分限制或全面禁止的立法措施，歐洲委員會部長理事會（Council of Europe Committee of Ministers）於2003 年在其公佈的有關防止政黨及選舉政治捐獻中的腐敗行為的立法建議中就明確指出「應明確限制、禁止或通過相關手段管控來自外國的政治捐獻」。之所以採取這種立法限制措施，其主要目的是防止外國或者境外勢力通過捐贈、獻金等形式來達到操控候選人或政黨的目的，並進而干預本國（地區）的政治、危害本國（地區）的國家（地區）安全。

如前文所述，從劃分國家結構形式的主要標準來看，「一國兩制」下我國的國家結構仍屬於單一制國家結構，香港只是一個享有高度自治權而直轄於中央人民政府之下的地方行政區域，其理所當然地

50　〈美國專家建議港府立法 政治捐獻必須公佈 最高限額亦要限定〉，《明報》1990 年 9 月 24 日。

51　〈政黨籌募經費應有法律規制〉，《信報》1989 年 3 月 9 日，第 19 版。

負有保障「國家安全」的憲政責任。根據基本法第 23 條的規定，香港應自行立法「禁止香港的政治性組織或團體與外國的政治性組織或團體建立聯繫」。該條文作為基本法為捍衛「國家安全」而設定的防禦性條款，既是對香港自行立法維護「國家安全」的一項授權，也是附加給香港的一項憲政責任。從法理上解釋，此處之所謂「聯繫」理應包括香港的政治性組織或團體與外國的政治性組織或團體在財務上之瓜葛。這種解釋的規範依據可以從現行的《社團條例》中找到：條例在界定「聯繫」(connection) 這一概念時，明確地指出其包括了屬政治性團體的社團或分支機構直接或間接尋求或接受外國政治性組織或台灣政治性組織的資助、任何形式的財政上的贊助或支持或貸款。此外，《香港國安法》明確禁止勾結外國或者境外勢力危害國家安全的行為，該法第 29 條規定直接或者間接接受外國或者境外機構、組織、人員的指使、控制、資助或者其他形式的支援實施危害國家和特區安全行為的均屬犯罪。[52] 換言之，根據基本法、《社團條例》、《香港國安法》的相關規定，可以得出香港政黨接受外國或者境外政治性組織或團體政治捐獻的行為是被禁止的。

誠如不少學者所曾指出的，在香港「國際勢力扶植、資助香港政黨干涉香港事務已成事實，香港必須建立政黨財務公開制度，管控政黨財政，切斷國際勢力對香港政黨的血液輸送」。[53] 而考慮到外國或

52　《香港特別行政區國家安全法》第 29 條：為外國或者境外機構、組織、人員竊取、刺探、收買、非法提供涉及國家安全的國家秘密或者情報的；請求外國或者境外機構、組織、人員實施，與外國或者境外機構、組織、人員串謀實施，或者直接或間接接受外國或者境外機構、組織、人員的指使、控制、資助或者其他形式的支援實施以下行為之一的，均屬犯罪：（一）對中華人民共和國發動戰爭，或者以武力或者武力相威脅，對中華人民共和國主權、統一和領土完整造成嚴重危害；（二）對香港特別行政區政府或者中央人民政府制定和執行法律、政策進行嚴重阻撓並可能造成嚴重後果；（三）對香港特別行政區選舉進行操控、破壞並可能造成嚴重後果；（四）對香港特別行政區或者中華人民共和國進行制裁、封鎖或者採取其他敵對行動；（五）通過各種非法方式引發香港特別行政區居民對中央人民政府或者香港特別行政區政府的憎恨並可能造成嚴重後果。犯前款罪，處三年以上十年以下有期徒刑；罪行重大的，處無期徒刑或者十年以上有期徒刑。本條第一款規定涉及的境外機構、組織、人員，按此同犯罪定罪處刑。

53　鄒平學等：《香港基本法實踐問題研究》，第 649 頁。

者境外政治捐獻背景的複雜性以及立法在技術和執行層面存在的局限性，筆者建議香港未來的立法應全面禁止本地候選人及政黨收受來源於外國或者境外的政治捐獻，以杜絕外國及境外勢力通過政治捐獻的方式對香港的選舉與政治進行干預的可能。

第二，加強對政黨財務的監管。現代民主政治的一個重要特徵是政黨政治的充分發展，政黨在國家政治生活中的地位突出，甚至成為了現代政治形成的前置性條件。因此，政黨的合理有效規範就成為了法治國（社會）建構的重要組成內容。以德國為例，基本法第21條與《政黨法》第23條均賦予政黨公開其財務收支並向政府部門提交財務報告的義務。具體到香港，建立針對政黨財務的規範體系作為法治政府對本地區民主政治發展的一種立法回應，既是本地民主政治邁向規範化發展的現實需要，也是完善本地區自身法律體系的規範需要。

未來，香港應盡快制定和完善針對政黨的財務監管立法，建立起政黨財務的申報制度，使政黨財務運作透明化，接受政府及大眾監督，以有效地抑制黑金政治及貪污舞弊的發生。一般而言，政黨財務的監管主要從政黨財務收入和政黨財務開支兩方面開展。對前者的監管，關鍵在於有效管控政黨收受政治捐獻的行為；而對後者的監管，其側重點則在於全面規範政黨的選舉經費開支。首先，就政黨財務收入而言，未來應通過立法的細化建立起透明化、公開化的政治捐獻規範原則，使候選人及政黨的財務收入來源盡量多元化。

其具體措施包括，一方面，應通過立法限定公民、法人或其他組織每筆及全年捐獻的最高數額上限，防止由於大額捐獻而引發的金權政治；另一方面，應通過具體的立法措施鼓勵公民個人的小額捐獻，以此加大候選人及政黨爭取選民支持的動力，強化公民對民主政治的認同。其次，就政黨的財務支出而言，基於維護選舉公平、防止財閥政治等理由，未來立法應設置針對政黨的選舉開支的最高限額和

選舉財務申報制度。

第三，完善現行選舉公共資助機制。選舉公共資助是指由政府給予候選人或政黨的選舉活動以資金或服務等形式的資助。就國家撥款而言，由政府向政黨提供資金或經費補助，是西方國家較為通行的辦法之一。而資助機制的建立，能夠有效地使候選人和政黨免於因選舉經費匱乏而向金主乞援，並促進候選人之間、政黨之間的機會平等，確保公民之間能夠平等地影響和參與政治權力的運作。正是基於以上原因，美國自上世紀 70 年代的選舉財政改革開始就在國內逐步建立起了針對選舉經費的公共資助機制，從 1976 年開始公共資助便成為了美國總統選舉候選人選舉經費的主要組成部分。[54]

考慮到香港目前已經初步建立了對候選人的選舉開支公共資助機制，未來的立法完善的重點應該放在政黨選舉資助機制的建立上。根據學者的考察，當今世界各國政府對政黨的公共資助方式主要存在四種類型，包括以黨員人數為基準，對各政黨提供資助；以選舉的票數為基準，對各政黨提供資助；給予各黨相同的基礎資助金，再依得票之高低做增減；不論政黨大小，得票高低均給予相同金額的資助。[55] 事實上，不論哪種分配方式均有其優缺點，具體的選擇要視乎本國（地區）的自身情況而決定。鑒於香港政黨目前的規模普遍較小且本地政黨政治尚處於發展階段，筆者建議香港未來的立法可以取行第三種方式，即「給予各黨相同的基礎資助金，再依得票之高低做增減」。這種公共資助方式的採行既能夠滿足政黨發展的基本資金需求，又可以鼓勵政黨積極拓展其選民基礎，較有利於保證各政黨之間的利益均衡、促進香港特區區內政黨政治的良性發展。

最後，值得注意的是，針對政黨財務收支進行規範性立法的原

54　See L. Sandy Maisel and Kara Z. Buckley, *Parties and Elections in America: the Electoral Process (4th edition)* (Lanham, USA: Rowman& Littlefield Publishers, 2005), p. 191.

55　參見沈玄池：〈德國政黨經費來源之研究〉，《歐美研究》1994 年第 1 期，第 82 頁。

意是在充分尊重及保障公民政治表達自由的前提下，通過對政黨財務收支進行規範而達至遏制金權政治發展、保障國家（地區）選舉政治良性運作的目的。但就本質而言，此類立法所體現的是公權力通過直接介入的方式而對公民政治表達自由權實施的一種限制。因此，針對政黨財務收支進行規範性立法時應當遵循「權利限制的限制原則」，且須在保障政治表達自由與遏制金權政治之間保持價值取向的中立平衡。特區政府未來在制定並落實具體的立法完善方案時，理應兼顧好二者之間的價值平衡。

小結

　　上文以比較研究為視角，從政黨內部秩序和政黨財務收支兩大方面就政黨立法對政黨內部行為的規制作了較為詳細的考察。不難發現，香港目前針對政黨的內部行為的規制性立法與針對政黨外部行為的規制性立法一樣，仍處於相對欠缺的狀態，而且現有的立法架構在整體上亦顯得過於簡陋。應該說，政黨立法的欠缺，不僅與域外民主國家（地區）形成了鮮明反差，而且造成了香港政黨內部行為的規管失衡。為此，在本章的論述過程中亦分別就上述存在可改進空間的規制內容有針對性地分別提出了立法完善的建議。未來，相關的立法完善工作仍有待於特區政府通過制定具體的方案來逐步完成。

第六章

「防衛型民主」理念下
香港反憲制政黨的禁止

◇◇◇

　　結社自由作為近代立憲主義所確立的憲法基本權利，一方面要求法律應對政黨權利實行有效保障，另一方面亦基於憲法權利自身的界限而容許法律對政黨行為設置明確的權利邊界。在香港，由於現行政黨立法體系並未完備，導致當今香港對政黨政治的規範性約束一直落後於本地區政黨政治的發展狀況；而規範層面的缺失，又在很大程度上造成了特區政府在政黨規管方面的功能障礙。時至今日，隨着特區政制的進一步發展，如何完善立法並有效地規制政黨行為，已經成為香港所必須面對的迫切性難題之一。

　　筆者認為，在這個課題之中，反憲制政黨之規制乃至禁止的問題尤為重要，但恰恰被人們所忽略。其實，如下文所論，鑒於反憲制政黨的活動極易對憲政秩序造成衝擊和破壞，以德國為代表的許多國家均通過專門立法建立起了針對反憲制政黨的禁止機制。反觀香港，在反憲制政黨規制乃至禁止的問題上，目前卻仍處於一種困厄境況。首先，雖然已存在一定層面上的「社團禁止機制」，但由於其專屬性和實效性均存在較大局限，導致針對反憲制政黨的禁止難以通過現有制度得到有效實現；而且，由於 2003 年「國家安全條例」立法計劃流產之後，國安立法的相關議程至今仍處於擱置狀態，因而短期內專門性的政黨禁止機制又不太可能通過基本法第 23 條立法這一途徑得

----

* 　本章的主體內容曾以〈防衛型民主理念下香港政黨行為的規範〉為題發表於《法學》2015 年第 4 期，作者為清華大學法學院林來梵教授、清華大學法學院博士生黎沛文，該文由林來梵確定選題及寫作思路，黎沛文擬定框架及完成初稿寫作，林來梵修訂定稿。此外，本章第一節的部分內容曾以〈論香港本土主義的流變及其公法應對〉為題發表於 *ANALYSES & ALTERNATIVES* 2019 年第 1 期，作者為深圳大學港澳基本法研究中心黎沛文研究員、譚尹豪研究助理，該文由黎沛文確定選題以及寫作思路，譚尹豪擬定框架及完成初稿寫作，黎沛文修訂定稿。

以建立。其次，儘管中央已於 2020 年通過了《全國人民代表大會關於建立健全香港特別行政區維護國家安全的法律制度和執行機制的決定》，並制定實施《香港國安法》，依法防範、制止和懲治包括由政黨組織所實施的危害國家安全的行為和活動，但由於《香港國安法》是用於規制危害國家安全行為和活動的立法，並非專門針對政黨組織的法律規範，同時其不少條文較具原則性，在目前尚未建立起相關細化規定和執行機制與之配套的情況下，《香港國安法》在短期內仍難起到全面有效規範和禁止反憲制政黨的作用。

有鑒於此，我們認為有必要通過借鑒德國等國家「防禦型民主」制的發展經驗，以此指導基本法、《香港國安法》等法律的有關條文的解釋與應用，在香港建構起一套以「防衛型民主」為基礎的政黨法律規制機制，尤其是藉此建立起專門的反憲制政黨禁止機制；即使未來基本法第 23 條立法得以實現，亦可將此機制納入其中。應該說，發展「防衛型民主」的目的在於保障憲法所確立的核心價值不受侵害。而反憲制政黨禁止機制則是「防衛型民主」實現其自我防衛的最重要手段。儘管政黨禁止機制在國家政治實務中更多的時候都是備而不用的，但就其對政黨違憲所具備的預防性效果而言則是至關重要的。香港作為民主政治後發展地區且正處於民主轉型期，應該積極借鑒民主先行國家的民主發展經驗，建立起本地區的「防衛型民主」制度，並在此基礎上構建起針對反憲制政黨的禁止機制，以鞏固自身民主發展的成果，維護基本法所確立的重要核心價值。

香港本土激進分離政黨組織的
行動範式及其影響

◇◇◇

近年來，隨着本土運動的全面擴大和異化，持激進本土主義政治主張的個人和組織逐漸聚集在一起，香港社會相繼出現了不同的本土激進分離組織。而香港激進本土主義的話語擴張與其本土主義論述的「去鄉土化」，亦使得反憲政體制為要旨的本土激進分離組織開始抬頭，並逐漸呈現出星火燎原的危險態勢。激進本土主義的話語構建、行動策略亦藉由載體漸趨「組織化」、「範式化」。此類反體制社團往往以一種激進的姿態挑釁香港「建制派—泛民派」的傳統二元政治光譜，也正是這種與傳統政治勢力有所迥異的激進姿態，回應了某些港人在「加害者（中央）—受害人（香港）」的虛構框架內對內地（中央）這個「權力『他者』」進行「反寫」的慾求。正是如此，此類本土激進分離組織才得以突破香港傳統的二元政治光譜，逐漸發展為挑戰「一國兩制」憲政秩序的危險力量。自 2011 年「熱血公民」創建以來，「勇武前線」、「本土民主前線」、「全國獨立黨」、「香港民族黨」等本土激進分離組織接連成立，其話語建構、行動策略 —— 旨在解構本土主義中的「鄉土情結」，並有意擴大、異化「一國兩制」中「兩制」的原生張力 —— 都在和傳統政治勢力的博弈與激進本土主義內部的互相攻訐中互相複製，由此這些反體制社團的論述與行動亦發展出一套類型化的範式。這種「範式化」的分離主義路徑又可進一步從兩個面向詳述之。

一、本土激進分離組織的言論負載與傳播

從言論層面來看，本土激進分離組織的興起無疑為激進本土主義的話語論述提供了一個有力載體，相較於以前的非組織化的話語論述與傳播，本土激進分離組織顯然將原有的「港獨」言論的生產及其傳播加以規模化、常態化。

這一方面體現於此類反體制社團的專有媒體平台。在互聯網通訊平台上，例如有於 2012 年 7 月成立的「我哋係香港人，唔係中國人」（意思是「我們是香港人，不是中國人」）的 Facebook 群組，其宣揚「We Are Hongkongian, Not Chinese. 熱愛香港！香港人香港事！香港人有能力自立，要真正的自決！」再如於次年成立的「香港人優先」、「港人自決、藍色起義」等 Facebook 群組，宣揚「香港一切應以香港人為優先，香港人應自己決定未來」;[1] 而有些激進勢力社團則利用博客等媒介進行「港獨」言論的生產與傳播，如「輔仁媒體」、「本土新聞」等，這些平台多與「港獨」社團有着密切聯繫，甚至類似於「香港自治運動」的網路群組，其分離主義論述的產出受到本土激進分離組織的積極推動且組織內部亦有「專職」的激進本土主義作家;[2] 除卻新興媒體外，本土激進分離組織的言論能力亦擴展至傳統媒體，如 2010 年成立的 MyRadio、2012 年的「熱血公報」等。總言之，本土激進分離組織利用自己的媒體平台產出、傳播「本土自決」的異化論述，較之以前非固定、非組織的傳播方式，這種常態化、固定化的「港獨」言論負載與傳播機制對憲政秩序危害更大。

另一方面，本土激進分離組織的言論負載與傳播還體現於「行動的言說」中。這種「行動的言說」一方面表現為「港獨」社團以積極的姿態行動、移駐到公共場域並在公共場域有意圖、有組織的宣揚分

1　劉嘉祺：〈試析香港的激進本土主義〉，《國際政治研究》2016 年第 6 期。

2　同上。

離主義的政治立場，這種「行動的言說」實際上即是「行動到公共場域而後言說」，「香港民族黨」多次公開宣揚「香港獨立」、「民族自決」即是典例。「香港民族黨」先是於 2016 年 5 月 22 日在旺角西洋菜南街舉行宣傳活動，在活動中該社團發言人周浩輝聲稱「香港的未來應該由香港人去決定，民族黨只是香港民族的其中一份子，『香港民族黨』希望可以和香港人並肩作戰直到香港獨立」、「香港獨立是香港人和香港的唯一出路，民族黨會身體力行，推動香港獨立，『香港民族黨』再一次呼籲全香港所有人一同推動香港獨立」。事後，該社團召集人陳浩天當天接受香港傳媒社會紀錄頻道採訪時聲稱，舉行此次宣傳活動的目的非常簡單，即是宣傳「香港民族黨」和香港獨立的主張，並表示「香港民族黨」不會畏懼，而是會「捍衛他們的生存空間」，反抗中央對生存空間的「收窄」。同年 9 月，「香港民族黨」又進駐多間香港的大學，其中包括香港大學、香港中文大學等，與學生會合謀宣傳「港獨」思潮，同時還公然售賣「港獨」產品；[3] 另一方面，「行動的言說」即意指表達性行為的言論傳播，此種表達性行為雖以行動的外觀表現出來，卻承載着言論的表達意涵，是故，此類「行動的言說」亦可稱為「以行動的方式來言說」。這類通過表達性行為來宣揚分離主義立場的「行動的言說」以「香港民族黨」與「香港眾志」為典例。2016 年 8 月 5 日「香港民族黨」在金鐘添馬公園舉辦「史上首個港獨組織集會」，社團召集人陳浩天直言「革命終會來到，革命一定不會失敗」，其又稱民族黨成立當天已被中共、港府口誅筆伐，如因「港獨」而被拘捕檢控，他會「奉陪到底」；[4] 而相較於前述「港獨」集會，在表達性行為的外延上與此種「行動的言說」更為恰適的是「香港眾志」侮辱國歌法的行為。以黃之鋒為代表

3　參見〈校園非法外之地，須依法懲處校園「播獨」行為〉，《文匯報》，2018 年 10 月 6 日。

4　〈兩千餘人港獨集會 民族黨稱史上首次〉，http://news.dwnews.com/hongkong/news/2016-08-06/59759074.htm（最後訪問時間：2019 年 4 月 22 日）。

的「香港眾志」於 2019 年 1 月 23 日衝上特區政府總部東翼前地的花槽，在花槽中做出某些肢體行為並高舉侮辱國旗法的橫幅，所幸黃之鋒等人的行為很快就被制止，此次「行動的言說」亦被演繹為一場鬧劇。

概言之，此種「行動的言說」—— 公開宣傳與表達性行為 —— 將本土激進分離組織的言論負載與傳播的能動性意涵顯著彰明，也正是因為這種話語的能動性，本就浸淫於反憲政體制、反國家存續統一性的分離主義話語的「一國兩制」無疑將面臨更大的挑戰。

再一方面，激進本土主義的話語論述不僅在香港的本土空間中得以大行其道，在本土激進分離組織的「積極作為」下，分離主義的話語構建亦得以逾越界限，從而帶有與「台獨」、外國獨立勢力共謀合流的危險傾向。在這個方面最為「不遺餘力」的莫過於「香港民族黨」。該組織於 2016 年 11 月 10 日赴日本出席日本國會議事堂參議員會館舉辦的「南蒙古大呼拉爾台成立大會」，並參加「東亞民主化暨南蒙古問題研討會」，與支持香港獨立和民主運動的留日港人會面，並呼籲所有在外港僑及留學生「踴躍支持並參與香港獨立的進程」，同時表達「香港民族黨」獨立建國的訴求。同年 12 月，該組織成員前往台灣出席由台灣人權文化協會及台灣關懷中國人權協會主辦的「亞洲人權迫害與自決」國際記者會，「香港民族黨」再次在會上表達「追求獨立建國的強烈意願」。2018 年 7 月 1 日至 3 日，該黨召集人陳浩天再次應「台獨」邀請，到台北出席「香港公民與政治權利國際監察聯席會議（台灣）」記者會，及後與「台獨」組織「台灣教授協會」密會「獨立」事宜。更有甚者，該黨在黨禁申訴期仍致信美國總統特朗普，要求撤銷內地及香港的世貿組織成員身份，以及重

新審視「美國—香港政策法」。[5] 總言之，本土激進分離組織的此類言論產出與傳播，旨在以「跨地域」的論述策略對「一國兩制」的憲政秩序形成「多方聯動、互成犄角」的攻擊威勢。

綜觀而言，本土激進分離組織在言論層面為「港獨」的話語論述提供了有力載體，此類反體制的言論載體具有組織化、常態化、能動性的話語論述範式。較之於先前的激進本土主義話語構建，這種附隨於「港獨」社團的話語論述範式極大改變了「港獨」的言論媒介（言論媒介通過附屬於社團得以固定化、常態化）、言論方式（言論方式通過社團「行動的言說」而具有能動性）與言論場域（言論場域超越其本土範圍）。

二、本土激進分離組織的行動範式

從行動的層面而言，本土激進分離組織的興起亦為反憲政體制的集體行動提供了有力支持。此類反體制社團的行動往往以民粹主義為其內在邏輯，並以反對「一國兩制」的「一國」統一存續為行動綱要。相較於以前非組織化的行動展開，由反體制社團承載的行動外觀更為縝密，其內蘊的行動邏輯亦更為危險。而這種行動邏輯的範式化及其行動範式的轉向、分化又可從三個層面詳述之。

在前期，本土激進分離組織的行動承載主要以挑釁「一國兩制」

5　以上資料參見自〈陳浩天赴日晤蒙獨分子〉，https://orientaldaily.on.cc/cnt/news/20161112/mobile/odn-20161112-1112_00176_027.html（最後訪問時間：2020 年 1 月 10 日）；〈「香港民族黨」陳浩天公然勾結「蒙獨」〉，http://news.takungpao.com/hkol/topnews/2016-11/3390941.html（最後訪問時間：2020 年 1 月 10 日）；〈「港獨」「蒙獨」勾連 戴耀廷推波助瀾〉，http://news.takungpao.com/paper/q/2018/0414/3560638.html（最後訪問時間：2020 年 1 月 10 日）；〈「香港民族黨」禍港之路〉，http://www.takungpao.com/news/232109/2018/0718/189715.html（最後訪問時間：2020 年 1 月 10 日）；〈政府擬禁民族黨　陳浩天透露警方提證據包括赴台活動〉，https://hk.on.cc/hk/bkn/cnt/news/20180718/mobile/bkn-20180718085336012-0718_00822_001.html（最後訪問時間：2020 年 1 月 10 日）；〈【禁香港民族黨】促美國撤港世貿成員身份　商經局譴責：損港利益〉，https://www.hk01.com/ 政情 /224595/ 禁香港民族黨 - 促美國撤港世貿成員身份 - 商經局譴責 - 損港利益（最後訪問時間：2020 年 1 月 10 日）。

的同質性要素為要旨，即以街頭運動的方式破壞港人的國家認同，並蓄意擴大香港與內地之間的身份認同差異，此類由「港獨」社團煽動的街頭運動可以以由「熱血公民」、「本土民主前線」等反體制社團所發起的「光復屯門」、「光復元朗」運動與由「本土力量」所組織的「旺角驅逐大媽」運動為典例。2015 年 2 月，為抗議香港境內水貨客問題及爭取取消港澳個人遊一簽多行，「熱血公民」、「本土民主前線」、「學生前線」及「屯門人屯門事」等激進民主派及本土派政治組織發起「光復屯門」運動。約 400 名網民響應社交網路號召，集中到屯門水貨客的集散範圍示威。示威者擠進屯門某購物廣場，隨後在一個滿是內地購物者的雜貨店前集合羞辱內地遊客，指責來自中國內地的水貨客嚴重影響居民生活，由此引發了香港抗議者和內地購物者的衝突；同年 3 月，本土派激進政治組織再次發起「光復元朗」運動，約 400 名示威者到元朗與大批本地鄉民及「藍絲」爆發衝突，約 600 人多次在街頭混戰，示威者兩度衝出元朗大馬路令交通癱瘓，數十商舖要落閘防衛，事件導致多人流血受傷；同年 6 月，「本土力量」成員因不滿一些內地大媽在街頭唱普通話歌曲，認為內地大媽的舉動「霸佔街道、散佈噪音、破壞本地街頭藝術」，由此發起多場驅逐內地大媽的行動。[6] 質言之，此類街頭運動的行動範式多以拒斥香港與內地融合為要旨，試圖將香港與內地之間的文化摩擦異化為文化衝突，以港人身份認同與內地相迥異的構建策略來解構「一國」的同質性面向。

6　以上資料參見自〈屯門反水客示威衝擊商場　警拘 13 人〉，http://www.hkcd.com/content/2015-02/09/content_908890.html（最後訪問時間：2020 年 1 月 10 日）；〈「反水客」成不了香港的逐客令〉，https://opinion.huanqiu.com/article/9CaKrnJHI07（最後訪問時間：2020 年 1 月 10 日）；〈七百警力佈防　元朗誓滅本土蝗禍〉，http://news.takungpao.com/hkol/politics/2015-03/2930433.html（最後訪問時間：2020 年 1 月 10 日）；〈香港激進組織元朗滋事　33 人被捕〉，http://news.wenweipo.com/2015/03/02/IN1503020001.htm（最後訪問時間：2020 年 1 月 10 日）；〈港本土派驅趕「廣場舞大媽」　發生毆打五人被捕〉，https://www.bbc.com/zhongwen/simp/china/2015/06/150629_hongkong_localist_protest（最後訪問時間：2020 年 1 月 10 日）。

而在 2014 年之後，隨着激進本土派「佔中」運動的鎩羽而歸，以「街頭運動—中央讓步」來紓解民粹主義政治表達的「壓力政治」模式亦隨之破產，本土激進分離組織的行動範式由此轉向。轉向後的行動範式無疑是以一種更為激進的姿態試圖顛覆現有的憲政秩序。其中一種行動策略即以暴力性、甚至是恐怖主義式的激進社運擾亂現有秩序的有效運行，此種行動策略的展開以「全國獨立黨」策劃的「製造炸彈案件」與「本土民主前線」發起的「旺角暴亂」為典例。2015年 6 月，「全國獨立黨」意圖對港府總部及立法會發動恐怖主義式的爆炸襲擊，所幸被警察及時查獲；2016 年元月，「本土民主前線」有意利用並擴大食物環境衛生署與流動小販的執法衝突，並號召示威者與警方發生衝突，隨後一群蒙面男子開始在街頭放火，向警方投擲磚頭。警方隨即動用警棍驅散人群，兩度向天鳴槍示警並舉槍指向示威者，由此激發示威者更大規模的對抗，最高峰時多達逾 700 名示威者結集。[7] 一言以蔽之，此類由本土激進分離組織承載的街頭運動因其能動性與暴力性之強，往往直接挑戰憲政秩序的「底線」。

　　而行動範式轉向的另一策略即是進駐政治權力的場域，利用民主的話語摧毀「一國兩制」內蘊的「價值典範」，從而妄圖導演「憲政秩序自殺」的戲碼。這一策略的具體化展開即是反體制社團進駐立法會。曾有不少「港獨」社團的召集人都高調宣稱參選立法會的政治計劃，如「熱血公民」的鄭松泰、「香港眾志」的羅冠聰等，其中「香港民族黨」的召集人陳浩天更是舉行新聞發佈會高調宣佈將參選立法會。而若將視域轉向「港獨」社團進駐立法會所造成的實然後果上，其對香港的憲政秩序及其現存的政治光譜的影響亦不容小覷。在 2016 年的立法會選戰中，激進主義者的當選使整個反對派勢力在

7　參見〈警破獲炸彈工廠　疑犯為全國獨立黨謀襲立會〉，https://bit.ly/3y1i0y7（最後訪問時間：2020 年 1 月 10 日）；〈3「港獨」犯爆炸物罪獲刑 2 年以上　曾以立法會為目標〉，http://m.haiwainet.cn/middle/3541093/2017/1215/content_31208582_1.html（最後訪問時間：2020 年 1 月 10 日）；〈旺暴五犯　暴動罪表證成立〉，《文匯報》2017 年 5 月 27 日。

立法會內佔據的議席數量繼續不低於總數的三分之一，這使得反對派具有否決政府所提交任何議案的能力。此外，激進勢力還公然破壞立法會議員宣誓儀式。要言之，「進駐立法會」這一行動策略的轉向實際是利用基本法在普通法語境下自我防衛立場的失語，試圖重演「魏瑪憲法的悲劇」。因此，這一由本土激進分離組織承載的行動策略與以往都有所不同的是，其採取的是使現存憲政秩序自我內部崩解的邏輯，以期達致「釜底抽薪」的異化目的。

綜觀而言，本土激進分離組織在行動層面上亦為「港獨」行動的展開及其組織化、範式化提供了有力載體。隨着「港獨」社團分離主義政治實踐的展開，其行動亦在政治譜系的各部博弈中得以範式化，其行動範式亦有逐漸轉向、分化之跡象。前期主要仍以拒斥香港與內地融合及解構港人對國家認同為要旨的街頭運動為主，亦即將前分離組織時期的「壓力政治」的抗爭手段加以組織化。而自「6.18 投票」標誌着原有管道的破產之後，由反體制社團承載的集體行動逐漸出現範式轉向，新的行動範式意圖將香港與中央間的原生張力置於近乎毀滅現有體制的異化語境之下，通過暴力社運與進駐立法會這兩種策略構建，以期實現對「一國兩制」的顛覆。須注意的是，這種所謂的「範式轉向」並不意味着原有範式的絕然消失逐漸式微，這只是一種弱意義上的轉向，亦即一種「行動重心、傾向的移轉」。換言之，這兩種行動範式至今仍然共存，只是如今或往後的反體制社團將更偏重後者。

綜上所述，本土激進分離組織在與「建制派—泛民派」及其激進本土主義內部的相互博弈中，已經發展出一套頗為成熟的活動範式。在言論負載的層面，本土激進分離組織的「港獨」言論的產出與傳播呈現媒介固定化、常態化，傳播方式組織化、能動化，傳播場域廣泛化的範式特點；而在行動承載的層面，本土激進分離組織的行動則體現出激進化的範式轉向與分化。此外，較之前分離組織時期的話

語論述與行動展開，此種活動範式還具備自足性的特點，其自足性表現於：其一，這套活動模式不僅具有一個更為緻密的組織範式，且這套組織範式亦有從自發到自覺的轉向；其二，這套活動範式還可自我複製、自我調整。無疑，本土激進分離組織所帶來的話語論述與行動展開的範式化及其活動範式的自足性將對「一國兩制」的憲政秩序提出更為嚴峻的挑戰。

三、本土激進分離組織造成的消極影響

如前所述，本土激進分離組織負載着「港獨」的話語與行動，意圖人為的拒斥「一國兩制」中「一國」的同質性面向，將憲政秩序中的原生張力異化為「香港與內地間一道不可逾越的鴻溝」，從而使濫觴於「鄉土情結」的香港本土主義滑向反憲政體制、反國家存續統一性的分離主義。因此，從公法規範領域視之，香港本土激進分離組織的存續與發展自是對「一國兩制」憲政秩序提出了嚴峻的挑戰，而此種「憲政危險」又從如下兩個面向展開。

（一）解構香港人的國家認同

本土激進分離組織的話語論述與行動展開旨在利用「一國兩制」中「一國」（強調國家的統一性存續）與「兩制」（強調特區的制度自足自治）的原生張力，侵蝕「一國」中的同質性面向，擴大「兩制」的異質性因素，最終妄圖達致「兩國」的異化結果，因此其分離主義策略首當其衝所攻擊的是港人的國家認同。國家認同作為激發共同體成員類屬意識及其政治忠誠的自我歸屬模型，無疑是「一國兩制」憲政秩序良好存續的非制度性基礎。參照德國學者哈貝馬斯的觀點，民族國家的建構過程使得一國領土範圍內的居民有了一種通過政治和法律而表現出來的新型歸屬感，這種屬於「同一」民族的意識把臣民變

成了同一共同體中的公民 —— 彼此作為共同體的一員，相互負責。而這一過程，也導致公民資格具有雙重特徵，一種是由公民權利確立的身份，另一種是文化民族的歸屬感。此二者所分別對應的是民族國家中「民族」的兩種存在狀態：公民靠自身力量建立自由而平等的政治共同體（基於平等主義的法律共同體），以及由天生同源同宗的人們置身於共同語言和歷史而模鑄的共同體（基於特殊主義的歷史命運共同體）。[8]

在政治法律國家認同的層面上，本土激進分離組織的所作所為無疑是在為原本就不甚樂觀的認同狀況「雪上加霜」。在回歸以前，港人在殖民者英國的映照下，就慣於以「加害者（中央）—受害人（香港）」的虛構語境將內地（中央）塑造為「權力『他者』」，從而對「威權主義」的政治中國採取一種身份認同上的疏離態度，而回歸後本土激進分離組織的活動範式則不僅延續了這一態度，且對這種態度的表達更有一種歇斯底里的傾向。如「香港民族黨」曾在「亞洲人權迫害與自決」國際記者會上聲稱「香港人被殖民逼迫」；再如「勇武前線」在「光復元朗」運動中亦曾宣稱「擊破泛民中共謬論，以血汗還擊殖民政權」，其皆旨在解構港人在政治法律上的國家認同。

而在歷史文化國家認同層面上，本土激進分離組織較之於香港傳統政治譜系的「建制派—泛民派」而言，其對於文化中國亦持拒斥立場。因此其活動範式亦意在消解歷史文化面向的國家認同。最為典型的即是承載「香港民族論」的反體制社團「香港復興會」，其宣揚「大陸禮教淪喪，中華文化不在中國而在香港，中共無心改善也無力自我完善、大陸同胞已經被中共荼毒而香港人不能與之共處一國」。[9] 不難看出，「香港復興會」的言論負載是以一種「自絕於

8　〔德〕尤爾根・哈貝馬斯著，曹衛東譯：《包容他者》，上海：上海人民出版社 2018 年版，第 163-165 頁。相關論述亦可參見黎沛文、莊鴻山：〈港澳大灣區建設背景下香港青年的公民身份建構與國家認同問題研究〉，《青年發展論壇》2019 年第 1 期。

9　陳雲：《香港城邦論》（第六版），香港：天窗出版社有限公司 2016 年版，第 175、218 頁。

文化中國」的態度來拒斥港人在歷史文化層面上的國家認同的。而在「港獨」社團的行動承載方面，亦有如「本土力量」所組織的「旺角驅逐大媽」與「熱血公民」發起的「光復行動」等，其目的不外乎拒斥香港與內地融合，從而疏離、分裂港人在歷史文化層面上的國家認同。

概言之，香港本土激進分離組織的話語論述及其行動展開之要旨首在解構港人的國家認同——不論是政治法律面向，抑或歷史文化面向——從而對「一國兩制」的非制度基礎造成極大損害。

（二）抽離憲制秩序的「價值典範」

若從規範的價值論視域對憲制秩序加以審視，我們不難發現：憲制秩序內蘊一套「價值典範」，其呈現為弗倫克爾意義上的「不允許爭辯」的價值階序。[10] 其中，「一國兩制」最為重要的兩種優位價值即：共和國的統一存續以及香港社會的繁榮穩定。以本土激進分離組織為例，其話語論述及其行動展開無疑是試圖在現今的憲制秩序中抽離此種「價值典範」，從而實現大致摧毀「一國兩制」憲制秩序的政治妄想。

其一，本土激進分離組織的活動範式意圖破壞共和國的統一存續的憲制價值目標。如前所述，此類「港獨」社團總是強調香港特區憲制秩序的自足自治，從而妄圖將「兩制」異化為「兩國」，而此種態度之下的論述、行動策略又可概分為二：其一，認可基本法的規範可欲性，卻拒斥「憲法與基本法共同構成香港特區的憲制基礎」，亦即試圖從特區的規範要素中剝離、否認中國憲法的存在。此類論述以「熱血公民」與「香港復興會」為典例：二者雖宣揚不同的「港獨」

10　弗倫克爾認為政治共同體（國家）不僅是價值中立的法律共同體，國家亦有其價值基礎，並試圖將政治共同體的價值要素分為「允許爭辯」與「不允許爭辯」兩部分，而「不允許爭辯」部分則是國家維持其存續所需的最低價值基礎，被稱為「價值典範」。有關「價值典範」的論述，請參見葉海波：《政黨立憲研究》，第52-54頁。

口號，借用不同的政治共同體模型予以「證立」「港獨」的激進立場，如前者宣稱「五區公投，全民制憲，文化建國」，後者卻宣揚「香港城邦自治」，但二者都似乎將基本法奉為圭臬，聲稱「永續基本法」。因此，兩者其實都是通過強調、曲解基本法的自足性，試圖將憲法的效力源泉從基本法秩序中剝離，從而意圖破壞共和國統一存續的憲制價值。這種論述實是忽視了基本法乃是單一制下憲法授權的規範產物，因之，基本法並非完全「自足」，而只具有「類—自足性」，這種「類—自足性」亦是憲法高度授權的結果；另外一種策略則較之前者更為激進：此類反體制社團意圖摧毀、顛覆包含基本法在內的現存規範秩序，其以「香港民族黨」與「勇武前線」的活動為典例。前者宣揚「香港的人權狀況每況愈下，絕非如前宗主國英國所言『一國兩制運作良好』，因此須追求香港獨立，最終目標為建立一個獨立國家」，而後者則宣稱「香港日漸墮落，百年基業毀於一旦，決不能坐以待斃，必須勇武起義，放棄幻想，奮力背水一戰」。不難看出，以前述兩者為例的此種「港獨」論述對涵括基本法在內的「一國兩制」憲制規範採取敵視、挑釁的策略，試圖破壞共和國統一存續的憲制價值。

其二，本土激進分離組織的活動範式意圖侵蝕香港社會良好存續、繁榮穩定的憲制價值目標。雖然此類反體制社團大多號稱「為了香港」，如「香港民族黨」就在立法會選戰中宣稱「為了香港人的福祉和下一代的幸福，勇敢踏前一步，支持『香港民族黨』、支持陳浩天，支持香港獨立」，再如「勇武前線」則聲稱「以血汗改寫香港歷史，以血汗奮力獨立」。但其活動範式往往以香港本質主義與民粹主義為其驅動邏輯，從而墮入在經驗層面上的「自否性」（self-refuting）陷阱。申言之，香港就其本土稟賦即發展策略而言，決不能將其自身置於傾向將本土空間視作封閉、自足場域的本質主義之上，香港社會的長治久安和繁榮穩定都要在香港與內地的良性互動中加以實現。因

此，香港本土激進分離組織的自決活動是一種打着「一切為了香港」的民粹主義幌子的一廂情願，實質上是一種陷香港社會之存續發展於不顧的烏托邦式幻想。

質言之，香港本土激進分離組織的話語論述及其行動展開意圖抽離憲制秩序的「價值典範」，具體表現為危及上述兩種優位的憲制價值目標——共和國的統一存續以及香港社會的繁榮穩定，從而對「一國兩制」帶來巨大挑戰。

綜上所述，本土激進分離勢力的活動範式將極大的威脅、挑戰「一國兩制」憲制秩序的良好存續，這具體表現於兩個面向：其一，本土激進分離勢力旨在解構港人的國家認同，損及使香港與內地交融得以可能的身份認同的同質性，從而破壞憲制秩序的非制度性基礎；其二，本土激進分離勢力還意在抽離香港特區憲制規範的「價值典範」，從而意圖顛覆現有體制。因此，公法必須回應香港本土激進分離勢力所帶來的憲制挑戰，亦須在有效規制本土激進分離勢力的自我防衛語境中顯現其自身。然而，真正的問題亦接踵而至：本土激進分離勢力的困局何在？只有對此問題有所明見，方能對這一公法問題做出有效回應。

德國「防禦型民主」及其政黨違憲禁止制度對香港的借鑒意義

◇◇◇

一、德國「防禦型民主」的緣起

如所周知，現代西方的憲制實踐和理論的發展使得立憲政治發生了重大的推移和變遷，其共同的趨向，主要是由「自由主義之代議制度」逐漸演變成為「政黨國家之民主主義」。[1] 追究此種轉變背後的原因，會發現此乃「自由主義代議制度」迫於政黨政治的現實影響力之發展壯大而不得不然的一種選擇。尤其在二戰後的德國，由納粹政黨上台執政而導致憲法所保障的基本人權被嚴重踐踏的慘痛教訓直接催生了一種被學者稱為「防禦型民主」的新型民主理念。「防禦型民主」的興起，使得原先政黨國家堅守價值中立的傳統民主主義得到了徹底修正，憲法在原先保障政黨憲法地位、政黨自由的基礎上破天荒地引入了一種針對有害於保障現行憲制秩序之政黨的專門禁止機制。這種針對反憲制政黨的違憲禁止機制在二戰後的西德《基本法》中首次被正式確立，並逐漸為現代立憲政治的主流價值所認可，亦影響了後來很多國家的憲法。

事實上，「防禦型民主」理念的緣起，可以追溯到在現代法政

---

1 參見李鴻禧：〈憲法與政黨關係之法理學底詮釋 —— 其形成與發展〉，載李鴻禧：《憲法與人權》，台北：元照出版有限公司 1999 年版，第 129 頁。

領域聲名顯赫的德裔美籍學者卡爾‧羅文斯坦（Karl Loewenstein）於上世紀 30 年代在其所發表的論文 "Militant Democracy and Fundamental Rights, I" 中所提出之反納粹的「戰鬥民主制理論」——鑒於納粹主義在多國的迅速蔓延，卡爾‧羅文斯坦認為「戰鬥型民主」（Militant Democracy）能夠抑制反議會及反民主勢力的發展。[2] 此後，流亡英國的德裔學者卡爾‧曼海姆（Karl Mannheim）於 1941 年在牛津大學以《替我們的時代把脈》為題發表演說時正式提出了防禦型民主的觀念，其理論並對戰後德國憲政法制的重建影響甚大；奧地利裔英籍哲學家 K. R. Popper 於 1944 年在其名著《開放社會及其敵人》中援引柏拉圖的觀點，提出「自由的詭論」理論，認為自由本身即具有其矛盾性，若過度強調絕對自由，將授予自由的敵人有摧毀自由的自由，結果自由反而不自由。[3]

在戰後德國，「防禦型民主」被界定為「德國《基本法》不再對於民主原則採取價值中立的判斷，而認為其內容在憲法、自由與人性尊嚴等價值塑造下，存在一種價值與界限」，[4] 國家在推行民主政

2　See Karl Loewenstein, "Militant Democracy and Fundamental Rights, I", *The American Political Science Review*, Vol. 31, No. 3 (Jun., 1937), pp. 417-432; Markus Thiel, *The "Militant Democracy" Principle in Modern Democracies* (Surrey, UK: Ashgate Publishing, 2009), pp. 109-110; Alexander S. Kirshner, *A Theory of Militant Democracy*, A Dissertation Presented to the Faculty of the Graduate School of Yale University in Candidacy for the Degree of Doctor of Philosophy, May, 2011, pp. 2-3. 羅文斯坦認為，極權主義運動通常都運用了尋求終極權力的技術。如果通過暴力來攻擊立憲民主秩序不可能立即實現，那麼它們就會滲透到國家機器和社會組織內部去準備法律奪權，直到對象被充分破壞和推翻。為了創造最終攻擊的群眾基礎，立憲民主的正當技術——宣傳、政黨組織、選舉——都被利用起來。極權主義成功的秘訣就是它試圖在民主的遊戲規則中打敗民主。……在試圖面對極權主義給它的價值和存在基礎帶來的挑戰的時候，立憲民主國家發現它自己正處於自成立以來最大的困境之中。如果通過以暴力對暴力來解決，否定侵犯民主自由的極權主義，那麼最終會導致所有自由的破壞。它將站到它自己站在的自由與平等信條的對立面。如果它維護民主的基本信條以利於帶着武器的敵人，它自己將面臨崩潰。隨着意大利和魏瑪德國向極權主義溫順地投降，民主為了自衛選擇了戰爭。自 20 世紀 30 年代起，許多民主國家在法律中加入了很多防衛性條款，以對抗那些宣傳和實踐極權主義意識形態的個人和組織。摘自〔美〕卡爾‧羅文斯坦著，王鍇、姚鳳梅譯：《現代憲法論》，北京：清華大學出版社 2017 年版，第 235 頁。

3　參見李建良：〈民主政治的建構基礎及其難題——以「多元主義」理論為主軸〉，載李建良：《憲法理論與實踐（一）》（二版），第 31-33 頁。

4　法治斌、董保城：《憲法新論》（二版），第 17 頁。

治的同時亦應建立起控制民主的相應機制以保護好其他必要的憲法核心價值，不允許「民主的敵人嘗試以民主的手段顛覆民主制度本身」。[5] 在這樣的一種民主制度中，由德國《基本法》所建立的整個憲法秩序受到了特別保護，國家針對有可能對這一制度持敵對立場之個別個人或組織不是採取中立的態度，而是採取積極捍衛的措施。作為德國憲法的「基本構成元素」，[6]「防禦型民主」較為廣泛地體現於德國《基本法》的多個條文之中，歸類如下：（1）作為德國《基本法》根本規範的人的尊嚴。根據德國《基本法》第 1 條的規定，人的尊嚴不受侵犯，基本權利是直接有效地約束立法、行政和司法的法則。因此，本條文作為德國《基本法》所確立的體現基本人權保障之核心價值的根本規範，任何公私主體均不得違背。（2）結社自由的限制。德國《基本法》第 9 條第 2 款：「社團的宗旨和活動違反刑法、憲法秩序或違反民族諒解原則的，予以禁止」。根據條文規定，反對憲法的結社活動應被禁止。德國《基本法》公佈施行後，德國聯邦或各邦之內政部長曾多次援引此項規定，禁止團體之設立。[7] 在此，所謂「憲法秩序」與德國《基本法》第 18、21 條所規定的「自由民主之基本秩序」概念並無根本的區別。[8]（3）基本權利的喪失。德國《基本法》第 18 條：「凡濫用自由發表意見權，特別是新聞出版自由權、教學自由權、集會自由權、結社自由權、通信、郵政和電訊秘密權、財產權和避難權，以攻擊自由民主的基本秩序為目的的，喪失相應的基本權利。基本權利的喪失和喪失範圍由聯邦憲法法院宣佈。」依據該

5　〔德〕康拉德・黑塞著，李輝譯：《聯邦德國憲法綱要》，第 540 頁。

6　Markus Thiel, *the "Militant Democracy" Principle in Modern Democracies* (Surrey, UK: Ashgate Publishing, 2009), p. 109.

7　期間，德國更於 1964 年頒佈《社團管理法》（Vereinsgesetz），於第二章明定社團禁止之要件及程序，以資規範。詳見李建良：〈民主政治的建構基礎及其難題 —— 以「多元主義」理論為主軸〉，載李建良：《憲法理論與實踐（一）》（二版），第 42 頁。

8　參見〔德〕Philip Kunig 著：〈法治國〉，載〔德〕Peter Badura, Horst Dreier 編，蘇永欽等譯注：《德國聯邦憲法法院五十周年紀念論文集》（下冊），台北：聯經出版事業股份有限公司 2010 年版，第 462-463 頁。

條文的規定可知，自由民主的基本制度是自由施展人格的界限（第 2 條），若某些基本權利（特別是出版自由、集會自由、教學自由、結社自由、通訊自由、私有財產權和難民權）被濫用於對抗自由民主的基本制度，聯邦憲法法院可聲明特定基本權利失效。（4）對立法行為的制約。根據德國《基本法》第 20 條第 3、4 款的規定，立法應遵循憲法秩序，行政和司法應遵守正式法律和其他法律規範；對於企圖廢除自由民主基本制度的任何人，如沒有其他對抗措施時，所有德國人均有抵抗權。（5）政黨違憲禁止。德國《基本法》第 21 條第 2 款：「政黨宗旨或黨員行為有意破壞或推翻自由和民主的基本秩序，或有意危害德意志聯邦共和國的生存的，該政黨屬違反憲法。政黨違憲由聯邦憲法法院予以裁判」。根據該項規定，德國聯邦憲法法院曾先後於 1952 和 1956 年禁止過「德國社會主義帝國黨」和「德國共產黨」。（6）對公職人員忠誠義務的要求。第 5 條第 3 款：「藝術、科學、研究和教學自由進行。教學自由不得違反憲法」。根據該項規定，在學術性的特殊領域所享有的自由和權利是受保障的，但教學和科研自由均不得脫離「憲法忠誠」的約束。第 33 條第 4 款：「行使國家主權事務通常應作為常設任務交予有公法服務和效忠關係的公共服務人員完成」。該項規定要求公職人員必須處於公法的「勤務與忠誠關係」中，不忠誠於國家的人員不得被錄用為公職人員。（7）對修憲採取自我防衛。德國《基本法》第 79 條第 3 款：「對本《基本法》的修改不得影響聯邦由各州組成的事實，不得影響各州參與立法及第 1 條和第 20 條所規定的原則」。該項規定對德國《基本法》的修改進行了嚴格限制，這種限制「不只是存在於形式之上 —— 如同每個現代憲法 —— 而已，而且是在實質上，亦即在修憲內容上有所限制」，[9] 包括人的尊嚴、民主原則、法治國家原則、社會國家原則、聯邦制原則和共和國

9　參見〔德〕Philip Kunig 著：〈法治國〉，載〔德〕Peter Badura, Horst Dreier 編，蘇永欽等譯注：《德國聯邦憲法法院五十周年紀念論文集》（下冊），第 459 頁。

家原則均不得被修改。（8）緊迫危險情況下特殊手段運用的允許。依據德國《基本法》第 87a 條第 4 款的規定，為了保衛自由民主的基本制度，聯邦國防軍可以介入並對警察提供支援；另外，德國《基本法》第 91 條允許某一聯邦州為保護自由民主的基本制度而調動其他聯邦州的警力。

概括而言，德國式「防禦型民主」制度的核心價值是主張尊重人性尊嚴及人的基本價值，強調自由不應賦予自由的敵人，保障由憲法所確立的「自由民主之基本秩序」以及「德意志聯邦共和國的存在」不受危害。[10] 因此，若特定政黨之目的或行為在於妨害或排除「自由民主之基本秩序」，或危害「德意志聯邦共和國的存在」時，即會招致悖離自由民主憲政秩序的否定評價，將不被允許在憲法之下繼續存在。[11]

至於「自由民主之基本秩序」，德國學界一般認為它屬於德國憲法基本原則中的「不可改變的原則」，[12] 主要由兩大要素構成：其一，國家秩序以人為根本的人本價值觀；人民的基本權利拘束國家立法、行政及司法權；其二，聯邦共和國為民主、社會的聯邦國，具體實踐分權與制衡原則。[13] 而根據德國聯邦憲法法院於 1952 年禁止德國社會主義帝國黨案的判決，所謂的「自由民主之基本秩序」，其基

---

10 德國《基本法》的立法資料顯示，關於違憲政黨制裁所保護的原只有「自由民主之基本秩序」一個法益，社會民主黨（SPD）的代表 Eberhard 博士在審查會中特別提議加入「或危害共和國之存在」，使雖未危害自由民主之基本秩序，但根本動搖德意志聯邦共和國存立的政黨也受到禁止，Eberhard 博士特別以標籤分離主義的政黨為例來說明，卒獲制憲大會（Parlamentarischer Rat）接受。詳見蘇俊雄：《政黨規範體制的研究》，台北：「行政院」政黨審議委員會委託研究，1992 年 4 月，第 51 頁。

11 參見蔡宗珍：〈憲法、國家與政黨——從德國經驗探討政黨法制化之理論與實踐〉，載蔡宗珍：《憲法與國家（一）》，第 161 頁。

12 即多數人表決也無法改變的原則，詳見〔德〕沃爾夫岡・魯茨歐著，熊煒、王健譯：《德國政府與政治》（第 7 版），第 23 頁；Paul Franz, "Unconstitutional and Outlawed Political Parties: A German-American Comparison", *Boston College International and Comparative Law Review*, Vol. 5, Issue 1, (1982), p. 57。

13 葉陽明：《德國政治新論》，台北：五南圖書出版股份有限公司 2011 年版，第 205 頁。

本內涵包括了尊重德國《基本法》所具體載明的人的權利、特別是尊重個體生命和人格自由發展的權利、人民主權等多項要素。[14] 而「德意志聯邦共和國的存在」則是指，德意志聯邦共和國的持續存在，包括政治上的獨立自主、領土的完整、國家安全不受威脅等。任何政黨如被判定存在危害「德意志聯邦共和國的存在」之實質性目的或行為，即屬違憲。[15]

總言之，德國的這種「防禦型民主」是在特殊的歷史背景下誕生的。它既是在汲取了魏瑪憲法時期德國民主政治之經驗教訓的基礎上形成的，當然也是基於戰後東西德之間的政治對立而產生的一種制度。這種制度具有其自身的特殊性，在西方自由民主國家中也曾經受到一些批評，而且在長期的實踐中，也貫徹得越來越審慎。[16] 但是，對於後起的民主國家或民主社會的民主發展，仍具有很重要的借鏡意義。而事實上，德國式「防禦型民主」在後來也為世界上很多國家的憲法所吸收和發展；儘管這些國家所建立的「防禦型民主」制度均不盡相同，[17] 但基本都包含了針對違憲政黨的黨禁制度——反憲制政黨禁止機制。

14　具體而言，包括了尊重基本法所具體載明的人的權利，特別是尊重個體生命和人格自由發展的權利、人民主權、權力分立、責任政府、依法行政、司法獨立、多黨制原則、所有政黨機會平等並且可以依據憲法組織和行使反對黨的權利。See Decision of 23 October, 1952, 2 BVerfG at 13, quoted in Paul Franz, "Unconstitutional and Outlawed Political Parties: A German-American Comparison", *Boston College International and Comparative Law Review*, Vol. 5, Issue 1, (1982), p. 57.

15　德國聯邦憲法法院在其判決中將「危害德意志聯邦共和國的存在」解釋為以一種主動、攻擊性及侵犯性的態度對抗國家之存在。（BVerfGE 2, 12 f.; 5, 85.）而且其行為及目的，必須是有步驟地計劃和進步。因此，如僅是對國家之存在以一種消極拒絕或拒不承認的態度，或者僅是黨員個人出軌之言行，均不能判定為政黨違憲的實質要件。（BVerfGE 5, 85/141 FF.）參見陳慈陽：《憲法》（第二版），台北：元照出版有限公司 2005 年版，第 276 頁。

16　我國內地和台灣地區就有學者對德國式的「防禦型民主」制持保留態度，詳見李林、崔英楠：〈德國聯邦憲法法院與德國政黨〉，《中國社會科學院研究生院學報》2005 年第 2 期；程邁：〈民主的邊界——德國《基本法》政黨取締條款研究〉，《德國研究》2013 年第 4 期；張嘉尹：〈防禦型民主的幽靈——檢討大法官釋字等 644 號解釋〉，《法令月刊》2009 年第 8 期。

17　See Markus Thiel, *the "Militant Democracy" Principle in Modern Democracies* (Surrey, UK: Ashgate Publishing, 2009), pp. 15-357.

二、反憲制政黨禁止機制的建立

可以說，政黨在當今已經成為了民主國家職能機構不可或缺的一部分。為此，通過專門立法對政黨採取限制或禁止措施，不僅有侵害結社自由之嫌，而且對於人民政治參與權以及以政黨政治為基礎的議會制更極具危險性，本來是「不能輕予同意之事」。[18] 然而，當年德國納粹政黨上台執政的慘痛教訓卻時刻提醒人們，極端主義政黨的存在，始終都是使民主政體自內部崩壞的最大隱患。[19] 政黨作為民主政治成熟發展的必要條件，[20] 其之所以能成為違憲主體，主要是基於其自身所具有的兩大特性：

第一，政黨之法律地位具有特殊性。政黨作為政治結社的一種類型，其法律地位又不同於一般的政治結社。在德國學者所描述的政黨國家中，政黨具有雙重地位且「至今仍一直擺蕩於兩者之間，一方面是根植於社會領域之結社，另一方面是扮演着與最高憲法機關相同視野，而參與國家政治決策過程之角色」。[21]

第二，政黨天然地帶有威脅民主憲政秩序良好存續的屬性。首先，政黨自身性質決定了政黨具有較難避免的政治寡頭化傾向；[22]其次，特定政黨所信奉的意識形態 —— 如極權主義、納粹主義、極端的宗教或種族主義等 —— 可能會與國家法律所維護之基本價值相衝突；再次，政黨在某些方面的行為亦可能存在侵犯公民權利或危害

18　〔日〕丸山健著，呂漢鐘譯：《政黨法論》，第 142 頁。

19　事實上，自上世紀 80 年代已降，極端主義政黨在西方各國得到了迅速的發展，目前在法國、意大利等民主國家就存有不少的極端右翼政黨。西方有學者將這種現象稱之為「民粹主義的幽靈在全世界遊蕩」，參見：Ghita Ionescu and Ernesto Gellner (eds.), *Populism: Its Meanings and National Characteristic* (London: Weidenfeld & Nicolson, 1969), p. 1.

20　See Elmer Eric Schattschneider, *Party Government*, p. 1.

21　〔德〕Peter M. Huber：《民主政治中之政黨》，載〔德〕Peter Badura, Horst Dreier 編，蘇永欽等譯注：《德國聯邦憲法法院五十周年紀念論文集》（下冊），第 647 頁。

22　德國學者羅伯特·米歇爾斯教授曾從社會學的角度對政黨的本質作了深刻的剖析，並明確指出，任何政黨組織在實質上都代表了一種建立在民主基礎上的寡頭化權力。參見〔德〕羅伯特·米歇爾斯著，任軍鋒等譯：《寡頭統治鐵律：現代民主制度中的政黨社會學》，第 351 頁。

公共福祉的可能。

因此，不少國家為防止民主政制反受政黨之害，都在發展「防禦型民主」的基礎上建立起針對反體制政黨的憲制性制約機制，即反體制政黨違憲禁止機制。一般來說，反體制政黨違憲禁止機制的基本立場認為：「任何違反自由民主基本秩序者均應視為憲法的『敵人』」；[23] 因而，違反憲法所規定之基本原則的政黨也會被評價為敵視憲法的政黨，必須通過政黨違憲審查機制予以禁止並取締。德國作為經驗過議會政黨制崩壞悲劇的國家，其現行憲法深刻地反映了這種新型民主針對反體制政黨的自我防衛理念；其藉此而首創的政黨違憲禁止機制，通常又被憲法學者稱之為「政黨禁止制度」。[24]

值得注意的是，現代國家基於「防禦型民主」主義所建立的針對反憲制政黨的違憲禁止機制是完全不同於「法律敵視政黨時期」的政黨禁止機制的。所謂「法律敵視政黨時期」是法政學者在分析政黨法律地位嬗變過程後所提出的概念，指的是在政黨法律地位變遷過程中，任何政黨均處於被公權力敵視和壓制，作為一種為法律所否定的政治現象而存在的那個階段。如前文所述，這種經典劃分理論的提出者是德國學者杜禮培，他認為政黨法律地位作為政黨在國法秩序中的表現形態主要經歷了「敵視」、「漠視」、「承認及法制化」以及「納入憲法」四階段的變遷。而本處所討論的「防衛型民主」理念下的反憲制政黨禁止，正是現代國家進入「政黨被納入憲法」時期後，為防止政黨侵害憲法所確立的「自由民主之基本秩序」而建立起來的針對違憲政黨進行禁止、制裁的一整套機制。儘管同樣都是公權力通過專門的法律措施對政黨進行禁止，但二者之間卻存在着根本性的區別。申言之，這種根本性區別主要表現為，「法律敵視政黨」與「政黨被納

<hr>

23　法治斌、董保城：《憲法新論》（二版），第45頁。
24　參見李建良：〈民主政治的建構基礎及其難題──以「多元主義」理論為主軸〉，載李建良：《憲法理論與實踐（一）》（二版），第41頁。

入憲法」二階段的「政黨禁止」所分別對應的政黨規制理念是極不相同的：前者對政黨制本身採取一種消極主義，基本立場為否定政黨；而後者則對政黨制本身採取一種積極主義，所反映的是公權力承認政黨的立場，反憲制政黨的規制及禁止只是法律機制上的一種例外。[25]

德國式的反憲制政黨違憲禁止機制主要表現為，國家通過專門立法對政黨的目的及行為施加必要的規制，以防止由憲法所確立的自由民主憲政秩序以及國家安全受到政黨的危害，確保國家能夠在必要時採取法定措施判決禁止違憲政黨的存在。根據德國《基本法》第21條第2款的規定，企圖損害或廢除自由民主之基本秩序或企圖危及德意志聯邦共和國的存在的政黨均屬違憲，不受德國法律的保護，國家可以在特定情況下宣佈政黨違憲並取締之。通過比較分析可知，德國關於政黨違憲的認定與意大利、法國、瑞士等許多國家存在明顯的不同 —— 違憲認定「不需要扣牢於具體違法事實，而以『趨向』為足」。[26] 換言之，基於政黨違憲後果的嚴重性以及政黨違憲制止的時效性，德國式反憲制政黨禁止機制對政黨違憲所採取的是一種預防主義的態度。因此，只要政黨的目的或其行為有損害或廢除自由、民主之基本秩序或意圖危害德意志聯邦共和國之存在的意圖，即屬違憲。至於裁決政黨是否真實地「構成違憲」的權力，德國《基本法》則將其交由聯邦憲法法院行使，而具體的審理程序，在德國《基本法》、政黨法以及聯邦憲法法院法等一系列體系化的法規範中得到了較為詳細的規定。

隨着現代政黨國家民主主義的發展及民主法治的要求，德國所建立的政黨違憲禁止機制為越來越多的國家和地區的憲法所效仿，如土耳其、韓國、俄羅斯以及我國台灣地區等三十多個國家和地區均引

25　參見〔日〕丸山健著，呂漢鐘譯：《政黨法論》，第141頁。

26　蘇永欽：〈德國政黨與法律規範〉，載蘇永欽：《合憲性控制的理論與實際》，台北：月旦出版社股份有限公司1994年版，第240頁。

進該項制度。[27] 在此，我們可略舉韓國、俄羅斯以及丹麥為例，韓國憲法第 8 條第 4 款規定，如政黨的目的或活動違背民主的基本秩序，政府可向憲法裁判所提起解散申請，政黨根據憲法裁判所的判決被解散；俄羅斯憲法第 13 條第 5 款規定，禁止成立其目的或行為旨在用暴力手段改變憲政制度的原則，破壞俄羅斯聯邦的領土完整，危害國家安全，建立武裝集團，挑起社會仇視、種族仇視、民族仇視和宗教仇視的社會聯合組織，並禁止其活動；丹麥憲法第 78 條第 3 項規定，任何社團，採取暴力，或旨在以暴力實現其目的，煽動暴力，或對待其他意見的人施以類似處罰的，應被法院判決解散。

三、實踐維度中的反憲制政黨禁止：制度分析及實務考察

作為現代立憲政治的一種新型制度，反憲制政黨禁止機制的實踐所欲維護的價值要素，主要包含了憲法所保障的「基本人權」、「民主自由基本秩序」、「國家安全」、「民主原則」，等等。其適用前提，可以被概括為，「政黨因追求違憲之目的而存在予以解散之可能性」。[28] 下文將主要以德國為例，從「制度」和「實務」兩個方面，對實踐維度中的反憲制政黨禁止展開分析和考察。

（一）反憲制政黨禁止的制度分析：認定要件、「政黨特權」及法律效果

在德國現行機制下，最終被統一宣告為違憲的直接對象，並不是某個政黨的某次活動或該黨的某個黨員的某個具體行為，而是政黨

27　參見葉海波：《政黨立憲研究》，第 170 頁。

28　〔德〕Christian Tomuschat：〈作為其他國家憲法法院比較對象的聯邦憲法法院〉，載〔德〕Peter Badura, Horst Dreier 編，蘇永欽等譯注：《德國聯邦憲法法院五十周年紀念論文集》（上冊），台北：聯經出版事業股份有限公司 2010 年版，第 281 頁。

本身。[29] 通常而言，政黨違憲的認定，必須同時具備實質和形式兩個方面的要件：

第一，政黨違憲認定的實質要件。所謂政黨違憲認定的實質要件，主要可以分為「目的違憲」和「行為違憲」兩大方面。政黨無論在哪一方面存在違憲，均可招致對其整體性的否定評價。

首先，政黨的目的違憲。政黨的目的違憲是指政黨的綱領、政治主張、政黨目標等與民主憲政體制不符。由於政黨在現代國家所建立的民主政制中佔據重要地位，違反憲法的政黨目的一旦得到實施的話，就極有可能會直接導致民主政制本身的徹底崩壞。因此，政黨之目的是否符合憲法，便當然地成為了政黨違憲認定的主要審查內容。需要指出的是，政黨之目的須是當前已經存在的。至於如何對特定政黨的政黨目的之具體內容進行判斷，可以引用德國聯邦憲法法院的一段關於說明何謂政黨目的的判決（BVerfGE5, 85/144）作為判斷依據 —— 政黨之目的一般可以從政黨的黨綱、聲明、宣傳材料或政黨領導幹部出版物當中得知；當然，也可以從政黨已達成的秘密目的，以及政黨所作出的在事實上使原本在書面意義上的政黨目的發生變更並在法之意義上具有重要性的觀點中推斷出來。[30]

其次，政黨的行為違憲。在很大程度上，政黨行為是政黨目的的具體化。政黨的行為違憲，是指政黨的行為侵害到「自由民主之憲政秩序」或者危及「國家的存在」，其既包括政黨本身的行為違憲，也包括政黨黨員的行為違憲。其中，「政黨本身的行為」是指，政黨基於其自身的意思表示，而將此一意思表達於外部的行為；而「黨員的行為」則是指，由該黨黨員作出的在「客觀上敵對憲法之行為」，至於是否僅出於「黨員主觀上之意志則不論，只要該行為必可歸諸於

29　參見林來梵：《從憲法規範到規範憲法：規範憲法學的一種前言》，第 330 頁。

30　參見陳慈陽：〈論政黨在憲法位階上之意義及地位〉，載陳慈陽：《憲法規範性與憲政現實性》（二版），第 154-155 頁。

其所屬政黨所為之意思表示即可」。[31] 一般來說，針對政黨行為的違憲審查主要可以分為兩大部分內容，分別是針對政黨內部行為的審查和針對政黨外部活動的審查。前者以私法自治與國家民主理念為原則對政黨內部行為進行司法上的考量；後者則以自由民主國家的憲政秩序為標準對政黨外部活動進行司法審查，看其活動是否構成違憲，及是否取締這一組織。[32]

第二，政黨違憲認定的形式要件。現代民主國家，為防止政府濫用公權力任意禁止政黨、侵害公民結社自由，一般均會嚴格規定，政黨之禁止必須以政黨違憲為前提；至於政黨是否構成違憲，則由獨立的憲法法院依據法律所規定的違憲審查程序作出公正裁決。政黨違憲的認定，必須要符合上述形式要件才能成立。在德國，《聯邦憲法法院法》第 42 至 47 條就明文規定了對政黨進行違憲審查及禁止的法定程序。而涉及政黨禁止法定程序問題的論述，則要引申出政黨禁止機制制度分析的另一個重要的命題——現代國家政黨禁止機制為政黨保留的一項特殊權利：政黨特權。

相較於一般社團的禁止由行政機關作出決定即可，現代民主國家的憲法普遍性地為政黨保留了一種「特殊權利」：對政黨違憲禁止須適用更為嚴格的法律程序——政黨是否因違憲而受禁止之決定權為聯邦憲法法院所獨立擁有。[33] 換言之，憲法法院對判定政黨適憲性的權力具有獨佔性，針對政黨所實施的違憲禁止命令必須由憲法法院裁決作出，否則無效。[34]「政黨特權」作為專項原則被確立後，一國憲法當中反映這項原則的具體條文稱為政黨的「特權條款」。參照德

---

31 參見陳慈陽：《憲法》（第二版），台北：元照出版有限公司 2005 年版，第 275 頁。

32 鄭賢君：〈論西方國家政黨法制〉，《團結》2004 年第 4 期，第 42 頁。

33 Paul Franz, "Unconstitutional and Outlawed Political Parties: A German-American Comparison", *Boston College International and Comparative Law Review*, Vol. 5, Issue 1, (1982), p. 63.

34 See The Venice Commission, *Prohibition of Political Parties and Analogous Measures*, CDL-INF(98)14, 29. 6. 1998.

國《基本法》第 21 條第 2 款的規定，政黨禁止之前提要件就要比第 9 條第 2 款中所規定的對「違反刑法、憲法秩序或違反民族諒解原則」的一般社團的禁止嚴格得多，而且宣佈政黨違憲的權力亦被排他性地授予了聯邦憲法法院。因此，在憲法法院依照法定程序裁定政黨違憲之前，任何公私主體不得以違憲作為理由，干預政黨的正常存續。[35]

通常而言，如憲法法院接納政府、議會等有權機關所提出的黨禁聲請，在援引相關規定對政黨違憲案件進行審理後，裁定被申請之政黨構成違憲，一般會導致一系列法律效果的產生。下面以德國為例簡要分述之：首先，對被宣佈為違憲的政黨進行取締。遭起訴的政黨如被聯邦憲法法院裁定為違憲，即產生解散該政黨及其獨立部門的效力，並由政府所指定的官署在法律範圍內採取一切必要措施執行判決。[36] 具體政黨解散執行程序可見之於德國政黨法的第 7 章。其次，被取締的政黨不得繼續運作且不得以其他形式存續。違憲政黨被取締之後，不得繼續從事其違憲活動且不得以其他變相組織繼續運作。[37] 如果變相組織是在違憲政黨被禁止之前就已經存在的，則交由聯邦憲法法院進行具體裁定。[38] 再次，政黨被宣佈為違憲會導致該黨籍的聯邦議會議員自動喪失其席位。此項規定為聯邦憲法法院在國家社會黨違憲審查案判決中首次確立，但因其在當時缺乏足夠的法律依據，曾引起許多憲法學者的反對。[39] 其後，德國聯邦選舉法（第 46 條第 1 款）與大多數州的選舉法都通過修法承認了這個判決。又次，如政黨被宣佈為違憲，聯邦憲法法院可基於聯邦或邦之利益宣告一併沒

35　實務中較典型例子是德國聯邦憲法法院於 2003 年作出裁決的德國國家民主黨（NPD）違憲審查案，詳見〔德〕伯陽：《德國公法導論》，第 50 頁。

36　德國《政黨法》第 32 條；《聯邦憲法法院法》第 46 條第 3 款。

37　德國《政黨法》第 33 條第 1 款；《聯邦憲法法院法》第 46 條第 3 款。

38　德國《政黨法》第 33 條第 2 款。

39　在聯邦憲法法院於國家社會黨違憲審查判決中確立「聯邦議會議員在其所屬政黨被宣佈為違憲後即自動喪失其議席」的處分之前，德國聯邦議會並未對此作出任何立法授權；也就是說，聯邦憲法法院的該項判決缺乏必要的法律依據。參見雷飛龍：《政黨與政黨制度之研究》，台北：韋伯文化國際出版有限公司 2002 年版，第 206 頁。

收該政黨的財產，以作為公益之用。[40]

此外，如政黨被宣佈為違憲，亦有可能會導致特定刑事法律效果的產生。依據德國刑法典的分則第一章第三節「危害民主法治國家」的有關規定，在如下兩種情形中特定主體可被判刑：第一，以黨魁或幕後籌劃者的身份維護被聯邦憲法法院宣佈為違憲的政黨或該政黨之替代組織的，或者以成員身份參與或支持該違憲政黨或其後續組織的；又或者，違背聯邦憲法法院依照德國《基本法》第 21 條第 2 款或德國政黨法第 33 條第 2 款規定的程序所作之判決，或違背在依此程序而為的判決的執行中所作的可能執行之措施的，均屬於犯罪，如罪名成立可被處 5 年以下自由刑或罰金刑。[41]第二，在國內散發或為了散發而在國內或國外製造、儲存、輸入或輸出被聯邦憲法法院宣佈為違憲政黨或被無可辯駁地確認為這一政黨的替代組織的政黨或社團的宣傳品，又或者，在國內公開地使用違憲政黨的標誌（如旗幟、徽章、制服、口號及敬禮方式等），均屬於犯罪，一經定罪可被判處 3 年以下自由刑或罰金刑。[42]

（二）反憲制政黨禁止的實務考察

政黨違憲禁止機制的合法性是建基於由防禦型民主主義所構築起來的一項基本原則：以破壞憲法秩序之基礎為目的的結社不屬於憲法所保障的對象。[43]易言之，任何違反「自由民主基本秩序」的政黨均屬憲法的「敵人」，其權利及自由不應受到憲法的保障。通過考察歐洲人權法庭和作為歐洲理事會成員的各國國內法院關於政黨禁止的過往裁決可以發現，有三類政黨面臨被解散的可能性最大，分別是：

40　德國《聯邦憲法法院法》第 46 條第 3 款。

41　德國《刑法典》第 84 條。德國刑法有關規定之中文翻譯主要參考徐久生、莊敬華譯：《德國刑法典》（2002 年修訂），北京：中國方正出版社 2004 年版。

42　德國《刑法典》第 86、86a 條。

43　參見〔日〕蘆部信喜著，〔日〕高橋和之增訂，林來梵等譯：《憲法》（第三版），第 191 頁。

第一類，在某些敏感的國內問題上批評國家政策的政黨，如在少數族裔問題上的「親少數民族政黨」；第二類，所謂的反世俗的政黨；第三類，已被證明與恐怖組織有聯繫的政黨。[44]

歷史上，德國曾有過兩次重要的政黨違憲禁止案例，分別是1952年宣佈極右的德國社會主義帝國黨違憲（BVerfGE 2, 1.）和1956年宣佈極左的德國共產黨違憲（BVerfGE 5, 85.）。[45]有論者評價，這兩次判決把德國《基本法》第21條所規定之極抽象的違憲構成要件——「侵害自由民主之基本秩序」與「危害國家之存立」，作了相當程度的具體化，藉此也使得「防範未然」的特別黨禁得到社會的認同，此後政黨政治亦日趨穩健溫和，可謂是厥功甚偉。[46]

在德國共產黨違憲禁止案之後，德國較近期的政黨違憲案件中有兩起都是針對在德國具有極右翼政黨色彩的國家民主黨。較早的一次發生在2001年初，當時德國政府、聯邦議院及聯邦參議院入稟聯邦憲法法院，申請對NPD進行違憲取締，但該申請最終因程序失當等問題而被拒。[47]而較近的一次發生在2012年末，德國16個州的州長聯名入稟聯邦憲法法院提出針對NPD的違憲禁止申請。

而在其他的大多數國家，除土耳其和馬其頓等少數極端例子以

44　See Olgun Akbulut, "Criteria Developed by the European Court of Human Rights on the Dissolution of Political Parties", *Fordham International Law Journal*, Vol. 34, Issue 1, 2010, pp. 46-70.

45　See Gregory H. Fox and Georg Nolte, "Intolerant democracies", in Gregory H. Fox and Brad R. Roth, *Democratic Governance and International Law* (Cambridge: Cambridge University Press, 2000), p. 416.

46　參見蘇永欽：〈德國政黨與法律規範〉，載蘇永欽：《合憲性控制的理論與實際》，台北：月旦出版社股份有限公司1994年版，第247頁。

47　有關該案的更詳細介紹可參閱〔德〕奧利弗．萊姆克著，朱宇方、王繼平譯：〈有關禁止德國民族黨的討論的背景〉，《德國研究》2001年第1期。

外，自建立政黨禁止機制以來就極少有真正禁止過政黨。[48] 舉韓國為例，根據學者的統計，韓國憲法法院自成立之後的二十年來已裁決憲法訴願案達 15,580 件，其中 6,646 件被預審庭駁回，6,944 件被大合議庭決定駁回或不予受理，其餘 1,990 件均有具體的決定結果，獲得具體結果的案件比例超過 13%。[49] 但是，該憲法法院至今還未曾審理過一起政黨違憲案件。

應該說，隨着民主政治的發展以及世界範圍內人權運動的高漲，現代民主國家的法律，尤其是在法律實務當中，對結社自由所呈現出的全方位保障趨勢已越來越明顯。[50] 而且，在實踐防禦民主理念的政黨禁止機制自建立而歷經數十年之後的今天，反體制政黨禁止機制所要防衛、對抗的力量已經與其建立早期存在顯著之區別：這些力量已經不再是涉及到「一個新興的法治國對抗一個來自於過去的歷史的幽靈」（德國社會主義帝國黨）或是以追求使法治國覆滅為目的之意識形態的組織（德國共產黨），而是僅「危害到社會的領域」，「在社會內挑起對少數族群而非對國家的暴力犯罪」的政黨組織。[51] 因此，基於上述的政治現實，由德國所確立的防禦型民主也經歷了從不寬容激進政治勢力到與之共存的轉變。而這種轉變，在 1956 年德國聯邦憲法法院關於德國共產黨違憲審查案的違憲判決書中得到明白的指出：自由民主國家不應為對抗敵憲政黨而先發制人採取行動，它寧可採取

48 以土耳其為例，該國憲法法院曾於 1968-2009 年間先後將其國內 25 個政黨宣佈為違憲，並加以禁止和取締。對此，歐洲人權法院分別於 1998 年 1 月 30 日、1998 年 5 月 25 日以及 1999 年 12 月 8 日依據《歐洲人權公約》作成裁判，將土耳其憲法法院部分政黨違憲裁判確認為違法。詳見〔德〕Christian Tomuschat：〈作為其他國家憲法法院比較對象的聯邦憲法法院〉，載〔德〕Peter Badura, Horst Dreier 編，蘇永欽等譯注：《德國聯邦憲法法院五十周年紀念論文集》（上冊），第 281 頁；Olgun Akbulut, "Criteria Developed by the European Court of Human Rights on the Dissolution of Political Parties", *Fordham International Law Journal*, Vol. 34, Issue 1, 2010, p. 71。

49 宋永華：《韓國憲法法院制度研究》，上海：上海三聯書店 2012 年版，第 142 頁。

50 See Robert J. Bresler, *Freedom of Association: Right and Liberties Under the Law* (Santa Barbara: ABC-CLIO, 2004), pp. 81-82.

51 詳見〔德〕Philip Kunig：〈法治國〉，載〔德〕Peter Badura, Horst Dreier 編，蘇永欽等譯注：《德國聯邦憲法法院五十周年紀念論文集》（下冊），第 462-463 頁。

守勢，僅就對基本秩序的攻擊作防衛。[52] 着眼未來，國家在政黨違憲禁止實務環節應繼續堅守被動的防衛立場，而「在作違憲政黨解散之判決時，所為的不應僅是政治性之考量，更重要的且具有決定性的則應是價值性之考量，即以人為中心之一國基本價值秩序的考量」。[53]

四、對香港的借鑒意義及其可行性

當前，德國「防禦型民主」的實踐經驗對香港有積極的借鑒意義。首先需要指出的是，所謂在香港建立「防衛型民主」，並非德國式「防禦型民主」的直接翻版，而是立足於基本法的主體性立場，並從香港的具體情況出發，借鑒德國式「防禦型民主」的精髓，而形成的一種構想。相較德國式「防禦型民主」模式而言，它具有防衛意識、防衛能力，但又是相對溫和、相對包容的。其最主要目的是，在民主政治中，保護由基本法所確立的憲制秩序，以及基本法中所蘊含的幾種極為重要的核心價值，其中包括法治、香港居民的基本權利、香港社會的繁榮穩定、香港資本主義制度的長期不可變更性、維護中國主體政治制度以及國家利益等，當然也包括要保護民主本身。

在此需要說明，此處之所以主要以德國作為考察對象，並不僅是因為德國和香港恰好都各自擁有一部被稱之為「基本法」且在本國／地區內具有最高效力的法，而且主要考慮到兩部「基本法」所處客觀環境的相似性。首先，二者都產生於特殊的歷史背景下。在它們被制定之前，德國的「魏瑪時期」和中國的「文革期間」都經歷過「憲法」被人為地通過「憲法」自身所確立的民主機制架空和踐踏的窘況；在它們被制定時，兩國都正好處於急需解決內部統一問題的歷史狀態，因而它們都被不同程度地賦予了完成國家統一的使命。其

52　參見蕭國忠：〈防禦性民主與德國民主的正常化：從不寬容激進勢力到與之共存〉，《科學社會論叢》2010 年第 2 期。

53　陳慈陽：《憲法學》（第二版），第 287 頁。

次，二者所適用的客觀環境均存在着複雜的政治現實。無論統一後的德國，抑或回歸後的我國香港，都是意識形態尖銳對立的前沿陣地；尤其是香港，到目前為止仍是複雜政治勢力的集中交匯處。因此，德國《基本法》和香港《基本法》都天然地帶有對民主採取自我防衛的價值立場。所不同的是，在該問題上，前者表現得更為激烈、強硬，而後者則採取相對溫和、包容的立場。

應該說，香港因應自身情況適時地發展「防衛型民主」，不僅是本地區民主政治合理發展的實際需要，而且也合乎基本法自身的規範要求。

（一）香港發展「防衛型民主」的積極意義

如所周知，在「一個成熟的現代社會，除了民主，還存在其他同樣重要的核心價值，而香港作為一個多元複雜社會，更是如此，因而『一國兩制』本身便內在地要求『防衛型民主』」。[54] 首先，「兩制」在「一國」之內的並存構造，是一種特殊的政治形態，難免具有內在的緊張關係，客觀上要求彼此尊重，彼此保護好自己；加之，香港是一個曾蒙受百多年外國殖民統治的社會，由於種種原因，香港社會在精神上的去殖民化以及文化身份的重建並未徹底完成，後殖民主義意識的覺醒程度相對較低。[55] 因此，對香港來說，通過構建本地區的「防衛型民主」制度來達致形成一個「一國兩制」下香港特區憲政秩序的自我防衛機制，以保障基本法所蘊含的核心價值，就顯得十分必要。

此外，從歷史的角度考察，香港自開埠至今從來都是中西方各種力量雜處交鋒的地方，這些不同的力量在中國近代以降的歷次重大變革當中都扮演了重要角色。早在 1842 年，《中國之友》主編叔

---

54 〈林來梵：港需發展「防衛型民主」〉，《大公報》，2014 年 6 月 26 日。
55 同上。

未士（John Lewis Shuck）就曾於該報撰文指出，香港在各方勢力的影響下遲早會「徹底改變或顛覆中國的現狀」；而在經歷一個多世紀後，香港依然是有可能構成「徹底改變或顛覆中國的現狀」的一個重要因素。[56] 自香港進入回歸的歷史進程，為免香港在回歸後成為外部勢力顛覆國家政權的「橋頭堡」，基本法起草委員會在起草基本法時就已經在相關條文中融入了保障「國家安全」的規範性元素。其中，考慮到政黨在民主政治中的特殊地位，以及香港針對政黨的規制性立法一直處於整體性的相對滯後的實際情況，草委會更是在基本法中專門設置了針對包括政黨在內的「政治性組織及團體」的國安條款（第 23 條），使基本法對本地區政黨的行為展現出積極干預的態度立場。[57]

可以說，第 23 條作為基本法所確立的「國家安全條款」，[58] 直接體現了基本法內部所蘊含的民主防衛性。而其所謂的「應自行立法」，除了是對香港的一項立法授權之外，更是基本法附加給香港的一項維護「國家安全」的「憲政責任」。[59] 不過，由於該條文「本身還不是可由政府或法院直接執行的、設定具體刑事罪的條文，它只是對特區作出明示，要求它制定具體的法規」，[60] 因此特區政府有責任依據該條規定制定保障國家安全的具體法例。而事實上，特區政府曾於 2002 年一度試圖履行這一憲政責任，擬定出了《國家安全（立法條文）條例草案》，並準備交付立法會進行表決。然而，在社會各

56　《中國之友》創辦於 1842 年 3 月 24 日，是香港最早期的本地報紙之一，主要熱衷於談論香港的前途問題。叔未士（John Lewis Shuck, 1812-1863）是美國浸信會首位來華宣教士，先後在澳門、香港、廣州等地宣教 16 年之久，時任《中國之友》主編。詳見〔英〕弗蘭克·韋爾什著，王皖強、黃亞紅譯：《香港史》，第 167 頁。

57　關於香港特別行政區基本法第 23 條的詳細起草過程，可參見李浩然主編：《香港基本法起草過程概覽》（上冊），第 192-197 頁。

58　范忠信：《一國兩法與跨世紀的中國》，香港：文教出版企業有限公司 1998 年版，第 190 頁。

59　See Priscilla Leung Mei-fun, *The Hong Kong Basic Law: Hybrid of Common Law and Chinese Law* (Hong Kong: LexisNexis, 2007), p. 218.

60　王家英、孫同文編：《香港回歸與港台關係》，香港：香港中文大學香港亞太研究所 1997 年版，第 61-62 頁。

界的反對聲中該次立法活動最終於 2003 年 7 月宣告流產，並被無限期擱置，成為了「香港立法史上的最大敗筆」。[61] 此後，「23 條立法」成為一個異常敏感的議題，很少在香港被人提及，相信特區政府在短期內重提立法的可能性亦非常之小。

「23 條立法」的尚付闕如，不得不說是香港政黨規管制度的一大缺口。由於國安立法的缺位，外國政治勢力可以輕易地通過香港的政黨對特區進行政治滲透，以致國家安全和特區政治穩定都存在較大的隱患，基本法中諸種核心價值亦難以得到有效保障。比如，以香港的本土運動近年實質走向一種發展異化為例。以「香港民族黨」等為代表的激進本土派通過「港獨」話語與行動拒斥「一國兩制」中「一國」的同質性面向，過度誇大了「兩制」的異質性因素，從而使根植於「鄉土情結」的香港本土主義滑向反國家、反憲制的分離主義，造成了香港社會的不斷動盪和族群間的撕裂，對「一國兩制」憲制秩序的運作和發展造成了巨大衝擊。[62] 尤其是在 2019 年的「修例風波」中，香港社會出現了包括各種分裂國家的主張、意圖顛覆中央政府的言行、外國政治性組織積極介入香港事務、香港的政治性組織明目張膽尋求外國政府和外國的政治性組織的支援、香港的政治性組織和政客要求外國制裁中國和香港、內外勢力不斷煽動和組織叛亂等大量暴力行為和現象，都明顯違反了基本法第 23 條，嚴重損害了國家的主權和利益。[63] 這可以說就是「23 條立法」缺位所導致的一系列消極影響的最好說明。

因此，為堵塞香港國家安全風險漏洞，2020 年 5 月 28 日第十三屆全國人民代表大會第三次會議通過《關於建立健全香港特別行政區

61　王友金：〈23 條立法的反思〉，載王友金：《23 條立法論叢》，香港：明報出版社有限公司 2004 年版，第 1 頁。

62　參見黎沛文、譚尹豪：〈香港本土主義的流變及其公法應對〉，《分析與爭鳴》（韓國）2019 年第 1 期，第 119-122 頁。

63　參見劉兆佳：〈香港修例風波背後的深層次問題〉，《港澳研究》2020 年第 1 期，第 4 頁。

維護國家安全的法律制度和執行機制的決定》，授權全國人民代表大會常務委員會就建立健全香港維護國家安全的法律制度和執行機制制定相關法律，切實防範、制止和懲治發生在香港區內的任何分裂國家、顛覆國家政權、組織實施恐怖活動等嚴重危害國家安全的行為以及外國和境外勢力干預香港特別行政區事務的活動。2020 年 6 月 30 日，十三屆全國人大常委會依據全國人大《關於建立健全香港特區維護國家安全的法律制度和執行機制的決定》以及相關的法律表決通過了《中華人民共和國香港特別行政區維護國家安全法》，並於同年 7 月 1 日施行。隨着法案在香港刊憲實施，香港被納入至國家整體的國家安全體系當中，香港自身與國家主體間之國家安全法治保障體系的聯動關係得到加強，「一國兩制」的實踐亦進入更能兼顧好「一國」原則與「兩制」差異關係的發展階段。

但由於《香港國安法》是用於規制危害國家安全行為和活動的立法，並非專門針對政黨組織的法律規範，同時其不少條文較具原則性，在目前尚未建立起相關細化規定和執行機制與之配套的情況下，《香港國安法》在短期內仍難起到全面有效規範反憲制政黨的作用。加之，基本法第 23 條立法又尚未完成，下一步需要思考的問題是可以通過什麼樣的途徑，在現有制度上確立起反憲制政黨禁止機制，以達致有效緩解香港政黨規管的制度供給缺失問題。而如前所述，以德國為代表的反憲制政黨禁止機制是以現行政制中所確立的「防禦型民主」為基礎的，因此，為提供建構反憲制政黨禁止機制的制度基礎，香港需要盡快發展出適合於自身的「防衛型民主」。應該說，香港在未來民主政制的發展過程中，完全有必要通過借鑒德國式的「防禦型民主」模式，發展出一種適合於自身的「防衛型民主」制度，並在此基礎上構建起專門的反憲制政黨禁止機制，以保護由基本法所確立的憲制秩序以及基本法上所蘊含的重要的核心價值。

（二）香港發展「防衛型民主」的基本法規範依據

基本法作為香港特區內部效力僅次於憲法的最高憲制性法律文件，是香港發展「防衛型民主」的最重要規範依據。與德國《基本法》不同，基本法雖然並未將「防衛型民主」加以明確規定，但它的一些條款則直接或間接地體現了「防衛型民主」的理念。可以說，基本法的這些規定，在某種程度上與德國《基本法》「透過不同的路徑來達到自我維持的目的」，[64] 具有法規範意義上的一致性。下面，將對基本法中體現自我防衛理念的相關條款進行列舉分析：

1. 對「國家安全」的維護，以及對特定政治性組織或團體的禁止。第 23 條是基本法基於「國家安全」及香港地區政治穩定的需要而設立的防衛性條款，主要可以從兩個方面對其進行理解：首先，其所捍衛的是由基本法第 1 條所確立的香港對於國家的不可分離原則，任何意圖分裂香港、危害「中華人民共和國之存在」的活動，均屬於被禁止的範疇；其次，為維護「國家安全」和「一國兩制」下香港的政治穩定，該條文亦力圖禁止外國的政治性組織或團體在香港進行政治活動以及香港的政治性組織或團體與外國的政治性組織或團體建立聯繫。後者與《社團條例》有關「禁止違法社團」的規定一起構築起了香港特定政黨禁止機制的初步框架。

2. 對香港特區主要公職人員任職的身份要求。根據第 44、61、71、90、101 條的規定，香港特區主要公職人員，只能由「在外國無居留權的香港特別行政區永久性居民中的中國公民擔任」；此外，特區政府聘請之外籍人士只能以個人身份受聘，且須對香港特別行政區政府負責。應該說，基本法上述規定所體現的是主權國家對其政府主要公職人員任職之身份要求的一般原則，其目的在於維護國家主權及保障「港人治港」基本方針的落實。

64　〔德〕Philip Kunig：〈法治國〉，載〔德〕Peter Badura, Horst Dreier 編，蘇永欽等譯注：《德國聯邦憲法法院五十周年紀念論文集》（下冊），第 459 頁。

3. 關於行政長官的產生程序的專門規定。根據第 45 條的規定，基本法在確保行政長官的產生符合民主原則（最終由「普選產生」）的同時，亦為行政長官的產生程序設置了「由一個有廣泛代表性的提名委員會按民主程序提名」的提名機制。該機制的設置意義在於，兼顧選舉程序符合民主原則的同時，也確保了普選後的行政長官能由「愛港愛國」人士出任，是基本法為香港民主政治裝置的「安全閥」。[65]

4. 對公職人員忠誠義務的要求。根據第 47 條、第 99 條第 2 項、第 104 條的規定，包括行政長官、主要官員、行政會議成員、立法會議員、各級法院法官和其他司法人員、一般公務員等全體公職人員都必須「盡忠職守」，竭盡其忠誠義務服務香港特區。所謂「盡忠職守」，根據第 104 條關於主要公職人員就職宣誓的規定可知，指的是擁護基本法和效忠於香港特區。作為基本法對公職人員忠誠義務的基本要求，上述規定不僅具有形式效力，也應具有實質效力。

5. 對基本法的修改所採取的自我防衛立場。根據基本法第 159 條第 4 項的規定，基本法的任何修改，均不得同中華人民共和國對香港既定的基本方針政策相抵觸。從規範法學的立場分析，第 159 條的這項內容，可理解為基本法的一種「根本規範」，[66] 它確立了一種可以保障其自身具有更優規範效力的自我防衛機制。另一方面，又可以將該條文稱為基本法中的「不可變更條款」。根據該項規定，「中華人民共和國對香港既定的基本方針政策」，構成了基本法修改的明

---

65 香港經過百餘年殖民統治，國家認同比較脆弱，加上「基本法 23 條立法」未完成，容易被外國政治思想及勢力滲透，因此有需要由提委會控制風險。詳見〈林來梵：提委會是「安全閥」可防止外國勢力滲透〉，《大公報》，2014 年 4 月 27 日。

66 此處所謂的「根本規範」乃對應於德國基本法第 79 條第 3 項所確立之「國家根本規範」（Staats fundamental normen）的觀念。就規範效力而言，「國家根本規範」的觀念宣示了特定憲法特定條款的不容侵犯性——即使是具有民意基礎的立法者，亦不得經由修憲程序對該條款加以修改，甚或刪除。參見李建良：〈民主政治的建構基礎及其難題——以「多元主義」理論為主軸〉，載李建良：《憲法理論與實踐（一）》（二版），第 37 頁。

示性界限。而這裏所謂的「中華人民共和國對香港既定的基本方針政策」，依據基本法「序言」及中英聯合聲明的相關內容，應該是指「一個國家，兩種制度」、「港人治港」、「高度自治」的基本方針政策。[67] 對基本法的任何修改，如與上述基本方針政策相抵觸的，當屬無效。

　　綜上所述，所謂在香港構建「防衛型民主」制度，是指立足於基本法的主體性立場，從香港民主政治的具體情況出發，借鑒德國等民主國家的「防禦型民主」的精髓而形成的一種制度建設構想。在該制度下，基本法不再對民主原則採取價值中立的判斷，而認為其內容在憲法、自由與人性尊嚴等價值塑造下，存在一種價值與界限，香港在推行民主政治的同時亦應建立起控制民主風險的相應機制以保護好基本法中所蘊涵的極為重要的核心價值，包括法治、香港居民的基本權利、香港社會的繁榮穩定、香港資本主義制度的長期不可變更性、對中國主體政治制度以及國家利益和國家安全的必要尊重等，當然也包括要保護民主本身。在這樣的一種民主制度中，由憲法和基本法所建立的整個憲制秩序受到了特別保護，公權機關針對有可能對這一制度持敵對立場之個別個人或組織不是採取中立的態度，而是採取積極防衛的措施。近年來，伴隨着民主化進程的發展與挫折，香港本地出現了包括本土分離主義抬頭、「港獨」勢力猖獗等新問題，這些問題都直接衝擊着香港現行的法治體系和政制秩序，同時也為中央與特別行政區關係的穩定帶來新的挑戰。法治傳統是香港社會的核心價值，也是中央政府依照基本法對香港進行管治時堅持的重要原則，未來借鑒德國等國家「防禦型民主」的發展經驗，以此指導基本法、《香港國安法》、《社團條例》、《公安條例》等相關法例的解釋與適用，從而在香港建構起一套適合於自身的「防衛型民主」制度，以達致形成一

67　參見香港特別行政區基本法「序言」部分、中英聯合聲明第3條。

個「一國兩制」下香港憲制秩序的自我防衛機制，以保障基本法所蘊含的核心價值並有效遏制香港本土分離主義勢力的發展，不僅十分必要，而且具有充分的規範依據。

「防衛型民主」理念下
香港反憲制政黨禁止機制的建構

◇◇◇

　　如前文已提及，近年來「一國兩制」在香港的實踐遭遇到一系列新挑戰。尤其是在「違法佔中」至「修例風波」期間，激進本土運動進入了一個小高潮。香港本地出現了包括本土分離主義抬頭、「港獨」政黨組織猖獗、極端政治表達加劇等新的政治法律問題，這些問題都直接衝擊着香港特別行政區現行法治體系和政制架構，同時也為中央與特別行政區關係的穩定帶來新的挑戰。據《明報》、《大公報》等媒體的報導，香港首個以「香港獨立」為綱領的政治組織「香港民族黨」於 2016 年 3 月 27 日正式宣佈建黨，並提出明確的政黨目標和六大建黨綱領。該黨發起人陳浩天聲稱，「香港民族黨」的建黨目標為「民族自強，香港獨立」，六大綱領分別為：第一，建立獨立和自由的「香港共和國」；第二，捍衛港人利益，以香港人利益為本位；第三，鞏固香港民族意識，確立香港公民的定義；第四，支持並參與一切有效抗爭；第五，廢除未經港人授權的基本法，香港憲法必須由港人制訂；第六，建立支持「香港獨立」的勢力，在經濟、文化、教育各方面成立以香港為本位的組織和政治壓力團體，奠定自主的勢力基礎。[1] 此外，由香港「學聯」和「學民思潮」前成員羅冠聰、黃之鋒等牽頭組建的本土分離組織「香港眾志」亦於 2016 年 4 月 10 日宣佈

1　參見〈「港獨」組織自行宣佈成立「香港民族黨」專家呼籲嚴打〉，https://www.guancha.cn/local/2016_03_29_355365.shtml（最後訪問時間：2019 年 4 月 3 日）。

成立。該組織自稱是把「民主自決」列為最高綱領的運動型政黨，宣稱將會派人參選第六屆立法會選舉，初步計劃在港島及九龍東出選。據「香港眾志」成立當日，其成員在會場派發的宣傳冊顯示，據「香港眾志」由前學聯秘書長羅冠聰出任主席，前「學民思潮」發言人黎汶洛任副主席，前「學民思潮」召集人黃之鋒任秘書長，前「學民思潮」發言人周庭任副秘書長，常委由香港導演、影評人葉健行（舒琪）出任。「香港眾志」以「民主自決」為最高綱領，以直接行動策動公投和非暴力抗爭，推動香港的政經自主。「香港眾志」為自己提出的未來發展四大目標是「自立、自發、自主和自決」。[2] 應該說，「香港民族黨」、「香港眾志」等本土激進分離組織的出現，是近年來香港政黨政治進一步走向畸形發展的最新動向，其總體表現為香港政黨政治從原本的良性有序發展轉向一種異化和失序。

儘管在《香港國安法》頒佈實施後，反中亂港分子紛紛逃離香港，「港獨」組織陸續解散，本土分離主義和反憲制政黨組織的發展勢頭受到了一定的遏制。但由於現行政黨立法體系尚不完備，香港對政黨政治的規範性約束仍較大地落後於本地政黨政治的實際發展，這種規範層面的缺失，又在很大程度上會導致特區政府在政黨規管方面無可避免地陷入功能障礙之中。未來，通過完善相關立法以有效地規制和懲治反憲制政黨組織，是香港必須完成的課題。

如前文所論，構建起相對完善的反憲制政黨禁止機制，是「防衛型民主」的題中應有之義，也是其最為重要的自我實現手段。可以說，「防衛型民主」是反憲制政黨禁止的制度基礎，而反憲制政黨禁止則是「防衛型民主」的一種實踐機制，二者互為依存。鑒於反憲制政黨的活動極易對憲政秩序造成衝擊和破壞，以德國為代表的許多國家均通過專門立法建立起針對反憲制政黨的禁止機制。反觀香港，

2　參見〈「港獨」新政黨「香港眾志」宣佈成立　揚言角逐立法會〉，https://www.guancha.cn/local/2016_04_11_356614.shtml（最後訪問時間：2019 年 4 月 2 日）。

在反憲制政黨規制乃至禁止的問題上，目前卻仍處於一種困厄境況：一方面，由於 2003 年「國家安全條例」立法計劃流產之後，國安立法的相關議程至今仍處於擱置狀態，而目前通過《社團條例》等法規已建立起來的「社團禁止機制」，由於其專屬性和實效性均存在較大局限，導致針對反憲制政黨的禁止難以通過現有制度得到有效實現；另一方面，由於《香港國安法》並非專門針對政黨組織的法律規範，因此亦未建立起具體的反憲制政黨禁止機制。有鑒於此，我們認為有必要另外開闢第三條途徑，即通過借鑒德國等國家「防禦型民主」制的發展經驗，以此指導基本法、《香港國安法》有關條文的解釋與應用，在香港建構起一套以「防衛型民主」為基礎的反憲制政黨禁止制度，以遏制本土分離主義勢力的發展。

通過全面考察香港現行法例可以發現，香港已初步建立了一個針對特定社團的禁止機制，其基本架構主要由基本法、《香港國安法》、《社團條例》、《公安條例》等法例的部分條文加以規定。而依據《社團條例》的解釋，「社團」應當涵括「政治性團體」在內，所謂「政治性團體」（Political Body）又是指政黨或宣稱是政黨的組織（同時亦涵括主要功能或宗旨是為參加選舉的候選人宣傳或作準備的組織）。[3] 也就是說，目前在法律層面，香港的所有政黨（除依《公司條例》註冊成立的以外）都屬於政治性團體的範疇；《社團條例》所確立的特定社團禁止機制在一定程度上已經包括了「對特定政黨的禁止」在內。因此，就討論「政黨規制」的層面而論，我們姑且可以將現行之特定社團禁止機制看作是一種「不典型的政黨禁止機制」來加以考察和分析。下文將以制度分析為視角，對該項禁止機制作概要性的梳理和論述：

1. 現行特定社團禁止機制所維護的核心價值。香港現行特定社

---

3 《社團條例》第 2(1) 條。

團禁止機制的架構主要是由《社團條例》等法例的相關條文構築起來的。通過規範分析可知,該機制所欲維護的核心價值包括:「國家安全」、「公共安全」以及「他人的權利和自由」等。[4] 換言之,任何社團的存在或運行如侵害到上述核心價值即屬違法,將面臨被依法禁止。根據《社團條例》的規定,現行機制對「公共安全」及「他人的權利和自由」所採用的釋義與《公民權利和政治權利國際公約》適用於香港的有關規定所作的釋義相同;而所謂「國家安全」,依據法定解釋,是指保衛中華人民共和國的領土完整及獨立自主。[5]

2. 特定社團禁止的實質要件。在現行機制下,社團禁止的前提是,社團的存續、組織、行為違反了法律的有關規定。首先,社團(包括社團的分支機構,下文同)的運作或繼續運作侵害了「國家安全」、「公共安全」或「他人的權利和自由」等核心價值;其次,社團與外國政治性組織或台灣政治性組織之間存在「聯繫」;[6] 再次,社團的內部組織軍事化,或成立任何半軍事組織;[7] 又次,社團在實際上已經「停止存在」。[8]

3. 特定社團禁止的程序要件。現行機制將社團禁止的決定權賦予了行政機關;並且,社團禁止的命令一經在憲報刊登,即行生效(如該項命令有指明的生效日期,則在該指明日期生效)。社團事務主任對社團禁止具有提請建議的權力,如其合理地相信某個社團存在法定的禁止事由,可建議保安局局長作出命令,禁止該社團運作或繼續運作;保安局局長在接獲社團事務主任的建議後,可依法定程序酌情處理。[9]

---

4 《社團條例》第 8(1) 條。

5 《社團條例》第 2(4) 條。

6 所謂「聯繫」,主要包括了四種情形。詳見香港特別行政區《社團條例》第 2(1) 條。

7 香港特別行政區《公安條例》第 5(1)(a)、(b) 條。

8 所謂「停止存在」,是指社團雖然名義上仍存在於「根據《社團條例》第 11 條備存的名單」上,但實際上已經停止運作,名存實亡。香港特別行政區《社團條例》第 13(1)、(2) 條。

9 《社團條例》第 8(1)、(2)、(3)、(4)、(5)、(6) 條。

4. 特定社團被禁止所產生的法律效果。按照現行法例的規定，社團禁止命令一經生效，即會導致一系列法律效果的產生：首先，被禁止的社團必須停止運作並解散；其次，特定情形下，社團幹事在社團被禁止之後的 5 年內不得成為其他社團的幹事；再次，現行機制將被禁止的社團定義為「非法社團」，並就此規定了相應罰則，因此在特定情形下社團禁止會引起相應的刑事法律效果。[10]

5. 相關的救濟機制。目前，針對社團禁止的救濟機制採取行政覆議的救濟模式。被禁止的社團如認為受屈，其幹事或成員可在該命令生效後 30 天內，就該命令的作出向行政長官會同行政會議上訴，而行政長官會同行政會議可確認、更改或撤銷該項命令。[11]

通過前文所展開的較為全面的制度性梳理和分析，香港現行之特定社團禁止機制的基本輪廓已經得到了比較清晰的呈現。應該說，儘管現行機制尚不完善，但已是初具規模；而且，從其運行狀況來看，在某程度上也是與特區政制相適應的。然而，不得不承認的是，就政黨禁止的層面而論，該機制當前仍然存在諸多的缺失。未來，香港在構建本地區針對特定政黨之憲制性規範機制時，除了應積極繼承現行機制的合理做法之外，還必須要積極借鑒德國所確立的建基於「防禦型民主」理念上的反憲制政黨禁止機制，通過有針對性的立法對現行機制存在的缺失加以完善和克服。其中，需要重點注意的有以下四項內容：

第一，現行機制的適用效力不具有普遍性，未來的反憲制政黨禁止機制應對此加以糾正。從實務的層面觀察，香港現行政黨登記制度存在一定程度的隨意性：政黨可以自行選擇依據《社團條例》或《公司條例》註冊成立為社團或公司。而不少政黨為了「規避」《社

10　《社團條例》第 5F(1) 條，第 14A(3) 條，第 25(1)、(2) 條。

11　《社團條例》第 8(7) 條。

團條例》規管，更願意選擇註冊成為公司。[12] 這導致了一個嚴重的後果，就是政府無法依據《社團條例》對所有政黨進行統一有效的管理。事實上，由於作為私法人的公司與政黨實際上存在重大差別，《公司條例》不大可能有效地全面規範這些「公司」，因而，這些政治性公司的很多實質性「政黨行為」都得不到應有規制。現行社團禁止機制的適用效力，亦受到了相當程度的削弱。有鑒於此，香港在下一步構建反憲制政黨禁止機制時，應考慮通過強制性立法，將包括上述政治性公司在內所有本地政黨統一納入到《社團條例》的規管範圍內，以便使新的專門政黨禁止機制能夠比現行機制具有更為普遍的適用效力。

第二，如前文所述，基於政黨違憲後果的嚴重性以及政黨違憲制止的時效性，體現「防禦型民主」理念的德國式政黨禁止機制對政黨違憲所採取的是一種預防主義的態度。而香港現行之針對特定社團的禁止機制所採取的則只是一種追懲主義立場，即只有確認特定社團存在法定禁止事由後，社團事務主任方可啟動社團禁止機制追究該社團的違法責任。然而，我們知道，現代民主社會對政黨與一般社團的功能定位差別甚大，政黨在某些情況下甚至起到「憲法機關」的作用，[13] 對政府公權力具備不容小覷的影響力。因此，政黨禁止與社團禁止不同，需要採取的應該是一種預防主義的立場。申言之，在預防主義的立場底下，只要政黨的目的及行為表現出反憲制的意圖，政黨禁止機制即可被啟動，對其進行禁止。這所反映的，也就是前文所論述的現代民主制度針對反憲制政黨所展現的自我防衛姿態。為此，香

---

12 如上文所曾指出的，這種現象早在回歸前已普遍存在。究其原因，一是政黨不希望依據《社團條例》註冊成為社團後，受社團註冊官的約束；二是政黨註冊成為公司的話，能使組織以法人身份運作，在管理、運作和法律責任方面均具有一定優點。參見劉進圖：〈香港的「政黨有限公司」問題〉，《信報》，1990 年 4 月 7 日。

13 參見〔德〕康拉德．黑塞著，李輝譯：《聯邦德國憲法綱要》，第 138-139 頁；〔德〕Peter M. Huber：〈民主政治中之政黨〉，載〔德〕Peter Badura, Horst Dreier 編，蘇永欽等譯注：《德國聯邦憲法法院五十周年紀念論文集》（下冊），第 647-648 頁。

港未來的專門政黨禁止機制應當對反憲制政黨採取預防主義的立場，力圖使反憲制政黨在萌芽階段便得到有效的制裁。

第三，在前文有關德國式「防禦型民主」的論述中已指出，針對特定政黨之憲制性規範機制的實踐所欲維護的價值要素，主要包含了憲法所保障的各項基本原則和核心價值，其中「國家安全」即是最為重要的核心價值之一。在香港，基本法第 23 條被稱為「國家安全條款」，其圍繞「國家安全」這一核心價值，就如何有效規管香港本地區包括政黨在內的政治性組織或團體，作了專門的禁止性規定，包括：禁止外國的政治性組織或團體在香港進行政治活動；禁止香港的政治性組織或團體與外國的政治性組織或團體建立聯繫。此外，中央於 2020 年採取「決定＋立法」的形式制定並在香港實施的《香港國安法》作為維護國家安全的專門性立法，亦就防範、制止和懲治與香港有關的分裂國家、顛覆國家政權、組織實施恐怖活動和勾結外國或者境外勢力危害國家安全等犯罪作了詳細的規範。而反觀香港《社團條例》所建立的機制，目前仍未充分地結合前述規定，將包括叛國、分裂國家、煽動叛亂、顛覆國家及竊取國家機密等行為通過清晰的界定明確納入到社團禁止的範圍，針對「危害國家安全的組織」的專門禁止機制也未完全建立。不得不說，這是現行機制的一大缺失。此外，關於如何有效禁止外國的政治組織或團體在香港進行政治活動，現行機制亦未加以具體規定。因此，未來反憲制政黨禁止機制的構建，可以結合基本法和《香港國安法》的有關規定並吸收特區政府當年為落實基本法第 23 條立法所制定的《國家安全條例（草案）》中有關「取締危害國家安全性群組織」之條款的內容，對「危害國家安全的組織」作出有力規制。

第四，正如以上所反覆強調的，通過建立專門機制對政黨的行為進行有效規範並不是為了限制公民結社自由權的行使，其最終目的乃在於以政黨政治規範化的形式來促進政黨的良好發展，確保香港政

黨組織政治自由的有效實現。因此，在本章所提出的有關「防衛型民主」的設想中，相關機制對政黨權利的保障程度應比德國所確立的「防禦型民主」制度更高。然而，現行機制在保障政黨的合法權利及獲得權利救濟方面所採取的積極措施仍遠遠不足，未來香港在構建針對特定政黨之違憲禁止機制的過程中須對此加以完善。首先，現行機制並未為政黨保留「政黨特權」。德國等民主國家和地區因為對政黨在現代社會所具有之特殊地位的考慮，一般都為其保障「政黨特殊權利」，即對政黨的禁止決定必須由地位超然的最高級別司法機關作出。然而，香港現行機制卻將作出政黨禁止命令的權力授予了行政機關，不得不說是十分不利於政黨權利之保障的。其次，現行機制下政黨權利救濟的保障機制並不完善。如所周知，社團禁止機制原則上是對結社自由的一種限制，以規制權利為目的的立法必須確保權利主體有足夠的權利救濟途徑。因此，香港現行之特定社團禁止機制僅為社團保留行政救濟途徑的安排，並不符合通行原則。比較合理的做法是，當政黨遭遇不恰當之權利限制或取締時，除保障其可以依循行政救濟途徑得到權利救濟外，亦應確保司法救濟途徑的暢通。綜上，香港在未來構建反憲制政黨禁止機制時應通過確認特區法院擁有審判政黨禁止案件的權力，建立起本地區的「政黨特權」制度；另外，未來的反憲制政黨禁止機制應該在保留行政救濟途徑的前提下，建立起司法救濟途徑，同時也應為政黨保留進行合法私力救濟的權利，包括通過媒體或以遊行、集會等形式進行澄清、辯護及表達訴求等。

小結

◇◇◇

總而言之，現代社會中的政黨與一般社團組織相比，無論在自身性質、內部結構、功能定位以及法律地位等方面都存在較大不同，因而與其相對應的禁止機制亦應有所區別。以德國為代表，由憲法自身所確立的「防禦型民主」制度來保障以憲法規範為基礎的「民主憲政秩序」，即是「以規範化為取向」之現代民主政治的典型例證。其中，反憲制政黨禁止機制作為「防禦型民主」的最重要自我實現手段，其在防範反憲制政黨從民主制度內部顛覆民主制本身等方面，更是取得了令人矚目的成效。

基本法作為香港特區效力僅次於憲法的最高憲制性法律文件，雖然未有就「防衛型民主」作明文規定，但它的一些條款已直接或間接地體現了「防衛型民主」的理念。可以說，基本法的這些規定，在某種程度上與德國《基本法》「透過不同的路徑來達到自我維持的目的」，具有法規範意義上的高度一致性。隨着民主政制的進一步發展，目前正處於民主轉型期的香港完全有必要借鑒德國式「防禦型民主」，發展出一種具有防衛意識、防衛能力，但又是相對溫和、相對包容的「防衛型民主」制度，並在此基礎上構建起適合於本地區的反憲制政黨禁止機制，以鞏固自身民主發展的成果，保護基本法中所蘊含的核心價值。[1] 在未來的反憲制政黨禁止機制構建過程中，特區政府除應保留現行特定社團禁止機制的部分合理做法外，也須要通過

1　〈林來梵：港需發展「防衛型民主」〉，《大公報》，2014 年 6 月 26 日。

有針對性的立法，對現行機制之有關內容所存在的不足加以完善和克服。

筆者建議，香港未來反憲制政黨禁止機制的建立，可以主要通過完善現有立法的構建方式來完成。也就是說，現行的特定社團禁止機制實際上已經是一種「不典型的政黨禁止機制」，香港未來主要可以在吸收現行特定社團禁止機制部分合理做法的基礎上，參照德國等國家的先行經驗，因應現行機制存在的缺失有針對性地對其進行立法完善，並最終建立起一套合乎本地區實際情況的反憲制政黨禁止機制。當然，同時需要指出的是，儘管現實政治中的反憲制政黨禁止機制在多數情況下都是備而不用的，但其一旦運用即有可能對政黨自由造成巨大的損害。因此，香港未來在構建其反憲制政黨禁止機制時必須對「政黨禁止權」的運用進行嚴格規限，包括明確許可權和程序法則、確立「政黨特權」、設置充分的權利救濟保障機制等，務須防止反憲制政黨禁止機制淪為限制本地區政黨發展的枷鎖。

第七章

香港政黨立法的展望：塑造完善的規範體系

◇◇◇

　　近代以來，立憲主義精神的發展使得法治原則在世界各國逐漸成為最重要的憲法原則之一。[1] 在法治原則的影響下，現代民主政治出現了兩個顯著的特點：第一，政黨政治的充分發展，政黨活動和政黨制度在國家政治生活中的地位越來越突出；第二，政治活動和政治制度逐漸法律化和規範化。[2] 就針對政黨規範化之層面而論，法治原則要求憲法和法律須賦予政黨以法律上明確的地位，並將政黨納入到法律的規範範圍。前者所指向的主要是針對政黨的權利保障性立法，而後者所指向的就是針對政黨的行為規制性立法。由此可見，政黨立法規範實際是與法治原則所彰顯的精神相契合的。在本質上，這種法治精神是用體現制度理性的法律規則來規範人類社會生活，那麼政黨的法治化也就意味着政黨在法治社會中的合法地位和參與競爭、執政等一系列活動的制度化。[3]

　　那些已經率先發展政黨立法的國家（地區）的經驗表明，政黨立法的完善以及體系化能夠有效地促進本國（地區）的政黨制度的成熟和定型。比如，二戰後德國國內政黨制度之所以得以迅速地重新發展並成熟定型，與該國《基本法》、《政黨法》等法例所確立的政黨法律制度密切相關。首先，戰後初期基本法的頒佈實施使得作為國家的「政黨憲法條款」的第 21 條被正式確立，在此基礎上德國政黨開

*　本章部分內容曾以〈香港特區政黨立法之缺陷及其完善〉、〈論香港政黨法治化需處理好的兩對關係〉為題分別發表於《司法改革論評》2014 年第 2 輯以及《「一國兩制」研究》2018 年第 3 期。

1　參見〔日〕渡邊洋三著，魏曉陽譯：《日本國憲法的精神》，北京：譯林出版社 2009 年版，第 25 頁。

2　參見許萬全：〈政黨立法與政黨制度評述〉，《社會主義研究》1991 年第 3 期，第 39 頁。

3　房震：〈西方政黨法治化研究〉，吉林大學博士學位論文，2003 年 11 月，第 11 頁。

始「朝著法制化、規範化方向發展」；其次，《政黨法》更是被普遍地認為是「德國穩定多黨制的重要因素」，原因在於它不僅為「德國形成穩定的政黨制度產生了基礎性的作用」，而且又為德國「保持這種政黨制度穩定發展」提供了充足的法律保障。[4] 此外，德國《政黨法》的出台不僅完善了本國的政黨法律體系，同時也逐漸削弱了其國內左派的政治實力 —— 使得德國社民黨的執政基礎在一定程度上得到了擴大，並對以後相繼加入聯邦議院的綠黨和民社黨形成約束，促使其改變原本的政策開始「中轉」—— 為德國「準兩黨制」的形成和穩定發展奠定了堅實基礎。[5]

由此可見，政黨立法的完善確實有助於民主國家（地區）政黨體系發展的成熟化。筆者認同，越是在那些政黨政治未走上軌道且不像歐美各民主國家已累積良好基礎的國家或地區，就越是「需要更明確、更完整的規律規範，對政黨的內部秩序、黨內民主的要求、政黨財務的公開、經費補助等，作一完善而周延的規訂」。[6] 因此，對於香港這樣的一個民主政治的後發展地區，政黨規範的整體完善以及政黨立法的體系化尤其具有重要意義。

4　參見李步雲主編：《憲法比較研究》，第 974-976 頁。

5　參見張劍：〈從《政黨法》視角來看俄羅斯和德國政黨制度〉，山西大學碩士學位論文，2006 年 6 月，第 32 頁。

6　蘇俊雄：《政黨規範體制的研究》，台北：「行政院」政黨審議委員會委託研究，1992 年 4 月，第 142 頁。

完善香港政黨立法的必要性及可行性

◇◇◇

現代社會的民主政治通常都表現為一種以規範化為取向的政治，法治是其最重要特徵之一。而法治原則的貫徹，最基本的標誌就在於一切機關、組織和個人都必須以憲法和法律為最根本的行為準則。因此，從應然的角度來看，作為民主政治後發展地區的香港應該順應立憲政治發展的潮流，通過制定較為完善的立法，對本地區的政黨進行有效的規範和管理。

一、完善香港政黨立法的現實需要

目前，香港政黨立法的現實狀況是，現有的政黨立法無論是立法體系抑或是立法內容均存在較大的缺陷。首先，現有立法的立法形式過於鬆散，不成體系。香港現有的政黨規範的基本架構是由基本法、《香港國安法》、《社團條例》、《公司條例》、《選舉（舞弊及非法）條例》、《行政長官選舉條例》、《公安條例》等法例的部分條款構築起來的。這些條款之間並沒有形成邏輯自洽的體系結構，而是鬆散地分佈於十餘部法律之中，這些法條包括：基本法第 23 條、《香港國安法》第 6、31 及 37 條、《行政長官條例》第 31 條、《社團條例》第 2、5 及 8 條、《公司條例》第 360 條、《公安條例》第 5 條、《選舉管理委員會（立法會選舉資助）（申請及支付程序）規例》第 2 條、《選票上關於候選人的詳情（立法會及區議會）規例》第 8 及 12 條、

《選舉委員會條例》第 2 條、《選舉管理委員會（選舉程序）（選舉委員會）規例》第 1 及 40 條、《區議會條例》第 60 條、《立法會條例》第 49 及 60 條。

此外，現有立法的內容較為粗疏，且不完整。目前，現有立法主要集中在政黨的定義、政黨的註冊登記、政黨的禁止、政黨選舉行為的限制等方面，而政黨立法中極為重要的政黨民主保障、政黨財務監管等均沒有較為明確的規範。總之，由於現有立法的架構鬆散、條文粗疏，導致了香港政黨立法的整體性不完善。政黨立法的不完備在香港的政治現實中造成了不容忽視的消極影響，其導致的直接後果是，政黨在權利保障及行為規範兩個面向中均處於規範失衡的狀態；其間接後果，則加劇了香港政治的混亂。

（一）香港政黨立法的不完備所導致的直接後果：在針對政黨之權利保障及行為規制兩個面向均處於規範失衡的狀態

由於政黨立法的有欠完備，香港目前不論在政黨權利保障抑或政黨行為規制方面均存在一定程度之規範失衡狀態。首先，如前文所指出的，政黨在現行憲制秩序中的定位並不明確。對於此處所言之「定位」，可以比照「政黨憲法地位」的概念來理解，即政黨在國家憲法秩序中的表現形態，主要反映在政黨與憲法的關係上。我們知道，當民主社會進入「政黨被納入憲法時期」後，隨着政黨政治成為民主政治的常態，政黨的政治地位開始在憲法上獲得確認。這時期，憲法與政黨間的關係從比較憲法的角度來看，大致存在四種情形：第一種是於憲法中明文肯認政黨機制並保障其相當於憲法機關的地位；第二種是憲法中雖未明文肯認政黨機制及其功能，但可從普遍性憲法原則 —— 主要是民主原則 —— 的內涵匯出；第三種情形是透過一般性的法律規定肯認政黨的地位；第四種是經由選舉法及國會法等間接

肯認政黨的地位。[1]

在香港，政黨目前為一般法律所承認並加以規範：首部對政黨進行明確規定的法律是作為香港社團註冊及社團管理規範依據的《社團條例》（1949年）；[2]回歸後，《行政長官選舉條例》（2001年）第31條第2款作為該條文第1款所作的禁止性規定的補充規定，對「政黨」的概念作了清晰的界定。[3]然而，令人遺憾的是香港目前並未在「憲制（基本法）層面」上賦予政黨與其政治地位相稱的憲法地位。本地區的政黨機制以及政黨的任務和目的只能從基本法第27條所規定的「居民結社自由權」中以間接的方式推導出來。換言之，政黨在香港現行憲制秩序下只是作為一般性政治社團而存在，不具有特殊的憲制地位。此外，亦如前文所指出的，香港現行的憲制安排還對政黨表現出一種否定性的評價傾向。比較明顯的例子是《行政長官選舉條例》第31條第1款罕見地規定了在行政長官選舉中「勝出的候選人須聲明他不是政黨的成員」。[4]這樣的規定，在實際上排除了政黨奪得最高執政權的可能性，是對政黨權利的一種嚴重限縮。因此，政黨在香港現行憲制框架下的憲法地位並未得到清晰的界定。

其次，由於政黨立法的不完備，又導致了政黨的行為長期處於一種規管不足的狀態。二戰之後政黨政治迅速發展，現代政黨國家得以最終形成，鑒於政黨在公共政治生活中的特殊地位，而且考慮到此前曾出現過的政黨對憲制秩序大加破壞的先例，現代「政黨國家民主主義」要求立法對政黨行為（尤其是違法行為）採取積極干預的態

---

1   D.Th. Tsatsos/D. Schefold/H.-P. Schneider(Hrsg.), Parteienrecht im europäischen Vergleich, S. 774ff. 轉引
     自蔡宗珍：〈憲法、國家與政黨 ── 從德國經驗探討政黨法制化之理論與實踐〉，載蔡宗珍：《憲
     法與國家（一）》，第147-148頁。
2   香港特區《社團條例》第2條將「政治性團體」解釋為「政黨或宣稱是政黨的組織」。
3   根據該條規定，政黨是指：一，宣稱是政黨的政治性團體或組織（不論是在香港或其他地方運作
     者）；二，其主要功能或宗旨是為參加選舉的候選人宣傳或作準備的團體或組織，而候選人所參
     加的選舉須是選出立法會的議員或任何區議會的議員的選舉。
4   香港特區《行政長官選舉條例》第31(1)條。

度。為此，針對政黨的規制性立法迅速發展，並逐漸體系化，德國《政黨法》的產生即是一個具有標誌性意義的例子。而反觀香港，由於政黨立法出現整體性滯後，特區政府長期以來一直難以對本地政黨及其行為進行有效的規管，許多本來應受規制的事項均處於規範缺失的狀態。下面，將略舉前文章節所論述的兩個比較明顯的方面為例。

第一，立法的不完善造成了政黨註冊登記的隨意性，並進而導致政黨身份的異化。根據現行法例的規定，香港政黨可以自行選擇依據《社團條例》或《公司條例》註冊為社團或公司。而許多的政黨會更願意選擇依據《公司條例》註冊成為公司，原因是這樣做能夠有效地規避《社團條例》的規管。事實上，這導致了一個嚴重的後果：政府無法依據《社團條例》對所有政黨進行統一管理。由於作為私法人的公司與政黨存在重大差別，《公司條例》根本無法有效地全面規範這些「公司」，因此，這些「公司」的許多「實質性政黨行為」都得不到應有的規制。

第二，立法的不完善使政府無法對政黨財務進行有效的監管。目前，香港並沒有建立起一套行之有效的政黨財務監管制度，政黨的財務收支不但無需完全公開，[5] 而且政黨甚至可以不受限制地收受任何政治捐贈。香港回歸後頻生的政治獻金醜聞 —— 如「黎智英政治獻金事件」、「民主黨派收受外國組織政治資助事件」—— 都充分說明了政府監管在該領域的缺位。本來，政黨財務監管的原意是防止政黨被財力雄厚之金主所操控，淪為私人謀取政治利益的工具。但當前相應監管機制的缺失，卻使得前述目的在較大程度上還難以實現，香港的政治穩定及「國家安全」保障亦遭受威脅。

5　依據香港特區《公司條例》註冊成立的政黨須遵守《公司條例》適用於註冊公司的規則，包括年度申報、核數和關於舉行會議及廣泛性公開籌款活動的管制規例等；此外，註冊為公司的政黨在籌募經費時須遵從《稅務條例》關於利得稅的規定繳稅。

（二）香港政黨立法不完備所導致的間接後果：進一步加劇了特區政治的混亂程度

自九七回歸以來，香港曾經在以政黨組織為主導的「反對基本法第 23 條立法」、「反對國民教育」、「違法佔中」、「修例風波」等多起影響較大的政治事件中頻頻陷入憲制危機。在筆者看來，導致這些政治混亂的最主要原因在於：非經普選產生的行政長官由於民意基礎過於薄弱，在認受性 [6] 方面存在較大不足，無法具備「憲制以外的政治權力和威望」；[7] 而前述原因，又使得行政長官難以在相對具備較強民意代表性（有半數議席由地區直選產生）的立法會中獲得有力的支持，進而導致二者之間大小衝突不斷。除此之外，由於現行《行政長官選舉條例》通過強制性地禁止行政長官擁有政黨背景而排除了香港出現「執政黨」的可能，使得政府在推行政策的過程中得不到來自「執政集團」或所謂「執政聯盟」的「可靠與穩定的支持」。[8] 而政黨立法的不完備，儘管並不是造成香港自回歸以來出現諸多政治混亂的根源性因由，但可以肯定的是，政黨規範的缺失必定是進一步加劇香港回歸以來政治混亂程度的最重要次級原因之一。

首先，如前文所指出的，自香港引入代議政制以來，政黨活躍於香港政壇並積極參與和影響政治權力的運行，在實際上已經取得了兼具一定公共職能之重要政治地位。然而，由於香港自身「政黨排斥主義」傳統的作用，由基本法所確立的憲制秩序對政黨採取了刻意回避的態度，規範定位的不明確使得政黨的實際政治地位並沒有獲得法律的承認 —— 即被賦予特殊憲法地位。此種「不明確」所展現的，是現行法例對政黨政治地位採取一種不予承認的態度，政黨在規範層

6　認受性（Political Legitimacy）這個概念來自西方，在西方政治學界尤多被採用，唯在香港則多在政界、知識界和媒體流通，主要是指政權擁有獲得認可的執政資格，特別是它的管治權得到被管治者的接受。參見劉兆佳：《回歸後的香港政治》，第 124 頁。

7　劉兆佳主編：《香港 21 世紀藍圖》，第 13 頁。

8　同上。

面被「矮化」為一般的政治團體。而且，現行法例在目前選舉制度的設計上亦附加給政黨不少的限制，例如通過限制行政長官的政黨背景來排除執政黨的出現。這導致的最直接後果是，香港所有政黨均只能以「在野黨」的身份參與公共政治，並且都對特區政府表現出不同程度的不合作立場傾向。

另一方面，由於政黨在香港現實政治中往往具有不小的影響力，它們普遍不甘於接受現體制對它們施加的局限，因此常常試圖通過製造與特區政府之間的衝突來打破這種政治局限。這極大地加劇了回歸以來香港社會內部的矛盾和撕裂。此外，由於香港目前針對政黨行為的規制性立法多處於「規範缺失」的狀態，特區政府難以依法對政黨的行為實施有效規管，亦導致了政黨很多激進行為不受制約，繼而又進一步加劇了政治秩序混亂的程度。

綜上所述，香港政黨立法的整體水平與本地政黨政治的發展現狀可謂極不相稱，前者早已不能滿足後者的規範需求，而且也在事實上為香港社會的政治生活帶來了負面影響。可以預見，隨着民主政治的擴大，這種「規範缺失」在未來將會越發明顯。特區政府完全有必要根據實際情況，適時地對本地區的政黨立法進行有效完善。

二、完善香港政黨立法的法理基礎

（一）政黨立法的完善合乎「政黨國家民主主義」的發展潮流

如所周知，當政黨還不被法律所承認，僅作為一種憲法之外的政治現象而存在的時候，政黨政治的實際興起已經使得現代立憲政治發生推移和變遷，特別是在一些以議會作為國家意志形成之中心的國家，政黨成為了國家意志形成的重要因素之一。這種立憲政治的推移變遷，各國每每因政治、傳統或社會結構之不同，而呈現不同樣態；不過，概括而言，其共同的趨向可說是由自由主義之代議制度，漸漸

變成為「政黨國家之民主主義」。[9] 這種轉變是「自由主義代議制度」迫於政黨政治的現實影響力而不得不作出的。

這種非自願的轉變直接導致現代政黨國家的憲法天然地帶有「政黨主義」與「政黨排斥主義」兩種互為矛盾的價值傾向。起初的「政黨國家之民主主義」堅守傳統的民主主義立場的，主張價值中立的「多元主義」（Puralism）。[10] 價值中立的民主主義，不相信意識形態和價值間的可比較性，更否認人類社會存在一終極的價值目標可作為衡量價值良莠的尺度，其實質是將人類的核心價值從法律和政治領域放逐出去。[11] 這種主張價值中立的多元民主的「政黨國家民主主義」在德國納粹黨上台後受到了重大的挫折。二戰後，人們在反思納粹政權的慘痛教訓的基礎上提出了「防禦型民主」的價值理念，並為現代憲法所確立。「防禦型民主」理念是針對反民主政黨而提出的，強調人性尊嚴與人的基本價值。憲法不應保障不認同憲法所植基之自由民主秩序者或甚至欲摧毀自由民主秩序者之自由 ——「自由不應賦予自由的敵人！」若非如此，則憲法欲保障自由不受危害，卻同時也保障了危害自由的「自由」時，將使得憲法價值本身陷於自我矛盾當中。[12] 這種「防衛性民主」理念使原先「政黨國家之民主主義」所堅守之價值中立的「多元主義」被修正為「新多元主義」。

「新多元主義」作為一項改良的民主理論，主要理論貢獻在於其所提出的「辯證命題」，即「一方面指出在多元社會中難免會有意見

9　李鴻禧：〈憲法與政黨關係之法理學底詮釋 —— 其形成與發展〉，載李鴻禧：《憲法與人權》，第129頁。

10　根據李建良教授的研究，所謂多元主義，又稱多元論，「強調社會中各不同的政治、社會及宗教等團體，應相容並存，共同享有參與政治活動的權利，並且受到憲法的保障」；並主張「在多元的社會中，並無放諸四海皆準的真理，公共意見的形成，恒需經由社會各種團體的共同參與，透過討論、辯難、折衝及相互妥協，方能達成」。詳見李建良：〈民主政治的建構基礎及其難題 —— 以「多元主義」理論為主軸〉，載李建良：《憲法理論與實踐（一）》（二版），第4-5頁。

11　葉海波：《政黨立憲主義研究》，廈門：廈門大學出版社2009年版，第51頁。

12　蔡宗珍：〈憲法、國家與政黨 —— 從德國經驗探討政黨法制之理論與實踐〉，載蔡宗珍：《憲法與國家（一）》，第133-176頁。

或利益衝突的現象，故利益的抗爭與協調在民主政治中本具有其正當性，應予肯定；而另方面則又強調必須建立『基本共識』，以強化民主制度的防衛能力，對抗來自左右兩派極端分子的威脅」。[13] 最終，這種「新多元主義」在二戰後的西德《基本法》中首次被確立，並逐漸為各國憲法所接受。修正後的「政黨國家民主主義」，一方面確認政黨之憲法地位、保障政黨自由，另一方面則否定有害於憲法基本價值之保障的政黨及其行為，並逐漸發展成為一整套政黨法律規範。而完善香港的政黨立法，正是順應了「政黨國家民主主義」的發展潮流，合乎現代政黨政治對規範政黨的發展要求。

（二）政黨立法的完善是憲法權利明確其自身界限之規範需要

政黨作為現代民主國家最重要的政治團體，其合法性建基於為憲法所確認的公民結社自由之上。所謂結社，指的是一定數量的人，與集會相同，抱有政治、經濟、宗教、藝術、學術或社交等各種目的，持續性地結合起來的行為。[14] 結社自由作為憲法所規定的一項具有防禦性、消極性的基本權利，它要求結社權的行使享有免於受國家干預的自主空間。結社自由主要包括兩個方面內容：第一，個人是否結成社團、是否加入社團以及是否退出社團，完全出於其個人的意願，國家或公權力不加以不當的干涉；第二，對於團體通過內部的意見交流形成團體的共同意志，並為實現其意志而公諸該社團外部的活動，國家或公權力也不加以不當的干涉。[15] 最早在憲法中涉及公民結社權規定的是 1919 年的德國《魏瑪憲法》。[16] 二戰後，結社自由權作

13　這種「辯證法則」為憲法提供了學理上的全新思考方向，特別是對德國《基本法》的制定和解釋影響產生了不小的影響。詳見李建良：〈民主政治的建構基礎及其難題——以「多元主義」理論為主軸〉，載李建良：《憲法理論與實踐（一）》（二版），第 45 頁。

14　〔日〕蘆部信喜著，〔日〕高橋和之增訂，林來梵等譯：《憲法》（第三版），第 190 頁。

15　韓大元、林來梵、鄭賢君：《憲法學專題研究》（第二版），第 381 頁。

16　德國《魏瑪憲法》第 124 條第 1 款：「德國人民，其目的若不違背刑法，有組織社團及法團之權利。此項權利不得以預防方法限制之」。

為公民的一項基本權利被許多國家在其憲法中加以明確規定。基本法作為香港特區最重要的憲制性法律，亦規定了香港居民享有結社自由。[17] 當結社自由這樣的公民基本權利在一個社會中得以真正確立之後，必然引發對基本權利之界限的討論，因為基本權利的界限問題是與基本權利的保障相鄰接的一個問題 —— 結社自由作為一項基本權利所必然要面對的是行使界限的問題。

首先，結社自由的行使不得侵害他人權利和自由。基本權利的行使不得侵害他人權利和自由，即所謂基本權利行使的界限原理。作為基本權利之一的結社自由在特定的時空底下，無可避免地會與基本權利內部的其他權利產生衝突，並且受到來自這些基本權利的制約。公民在行使其結社自由權的時候，不能對他人人身自由或言論自由等基本權利造成侵害。權利限制的直接動因就是要解決現實權利的衝突問題，其根本目的在於權利保障。權利衝突的解決要求明確包括結社自由在內的基本權利之間的界限，通過立法對公民行使該基本權利作出適當的限制。另外，對於行使基本權利的個體而言，不得以犧牲他人的權利和自由為其行使其基本權利的代價。當個體在行使某項憲法權利的過程中是可以不受任何約束的話，結果有可能會導致權利濫用。具體到結社自由而言，當現實當中結社自由的行使是不受約束的，社會一部分人可以濫用其結社自由權的時候，就意味着有其他人無法平等地行使其結社自由權。這些無法平等行使結社自由權的公民之基本權利就受到了侵害。限制結社自由的目的正是為了保障每一權利個體都能夠平等地享有結社自由且不侵害到他人的其他權利和自由。

其次，結社自由的行使不得損害公共利益。結社自由難免會與來自憲法權利以外的價值目標產生衝突，作為公民個體之權利的結社

17　香港特別行政區《基本法》第 27 條。

自由必須讓步於代表社會整體利益的憲政秩序及公共安全等更高的價值目標。一般認為，公共福祉是基本人權的一般制約原理。所謂公共福祉，即公共利益或公共福利（public welfare），「通常表示為社會全體利益、幸福和福利」，自 18 世紀以後逐漸被規定為憲法內容。[18] 應該說，國家不可能會容許一個以「反社會」、「破壞良好憲政秩序」為目的的組織存在，當有人試圖利用結社自由以達致擾亂自由民主之基本秩序，危及公共福祉的時候，個人的結社自由就會受到限制或禁止。

如上所述，結社自由因為憲法權利的內部和外部的制約是不可能絕無限制的，政黨作為建基於結社自由之上的公法社團，當然也存在自身的權利界限，受到其權利邊界的約束。在香港，特區居民享有結社自由的同時，亦享有言論自由、人格尊嚴等基本人權。基本權利的保障是與基本權利的界限相伴隨的，當政黨自由得到實現以後，通過立法對政黨進行合理的規範是必要的。

（三）政黨立法的完善能夠促進「執政黨 — 反對黨」權力制衡機制的實現

法國近代啟蒙思想家孟德斯鳩曾指出，「一切有權力的人都容易濫用權力」、「有權力的人們使用權力一直到遇有界限的地方才休止」基本上是「萬古不易」的經驗，「要防止濫用權力，就必須以權力約束權力」。[19] 基於這樣的認識，近代立憲主義通過憲法的形式確立起了以保障人權為目的的權力制衡機制。

但是，隨着政黨政治的興起，特別是現代政黨國家建立後，政黨已經逐漸成為國家政治生活的主導者，並使得傳統的權力制衡機制

18　例如：1776 年維吉尼亞《權利宣言》第 3 條中使用了「共同利益」一詞；美國憲法序言使用了「一般福利」一詞；1789 年法國《人權宣言》中則以「全體幸福」一詞來表述公共利益。參見韓大元：〈保障和限制人權的合理界限〉，載許崇德主編：《憲法與民主政治》，第 242 頁。

19　〔法〕孟德斯鳩著，張雁深譯：《論法的精神》（上冊），北京：商務印書館 1961 年版，第 154 頁。

發生了實質變化。此種轉變主要表現為，通過選舉而上台執政的政黨很可能會同時成為立法權、行政權的實際操控者。尤其是在議會內閣制國家，「常規上政府和議會多數從屬於同一個政黨或是政黨派系所主導的權力實體，機構化的權力制衡也因此難以發揮作用」。[20] 在此情況下，「傳統的議會與政府之間的關係，也在功能上轉變為政府、執政黨與在野黨之間的對抗關係」。[21] 原先建立在立憲主義理念下的立法權與行政權分立而相互制衡的機制已被突破，逐漸轉化為新的權力制衡機制，即「執政黨—反對黨」之間在爭奪執政權過程中相互制衡的機制。

執政黨與反對黨之間的這種關係的獨特性在於，「執政黨並不想取消反對黨，反對黨也遵循當時社會上大多數人的意願，雙方都認識到從長遠來看需要有對手存在」，「由此保證大家輪流公平地分享政治權力，無論誰執政，在一定時候都必須把權力移交給自己的政治對手」。[22] 而且，根據德國學者的分析，在這個制衡機制中執政黨和反對黨之間發揮着互補的作用：執政黨在其執政過程中，最重要的一項職能就是「作為民主化鏈條之中聯結國民與政治領導二者之間的紐帶」；而反對黨，除了作為在野政黨之外 ——「同時也是潛在的未來多數政黨，他們能夠批評、監督與審查執政集團的權力，並且可以將備選方案發展成為目前佔統治地位的政治總方針。如果沒有反對黨的存在，那麼無論統治者還是任何政治總方針的轉換變化就都是不可能的」。[23]

應該說，這種新的制衡機制是基於國民主權原則而建立的。在國民主權原則底下，「國民的意思乃是立憲主義國家體制以及在此

20　〔德〕齊佩利烏斯著，趙宏譯：《德國國家學》，第 514 頁。

21　〔日〕蘆部信喜著，〔日〕高橋和之增訂，林來梵等譯：《憲法》（第三版），第 253 頁。

22　〔美〕萊斯利·里普森著，劉曉等譯：《政治學的重大問題：政治學導論》（第 10 版），第 210 頁。

23　參見〔德〕康拉德·黑塞著，李輝譯：《聯邦德國憲法綱要》，第 133-134 頁。

體制中被組織的諸權力之正當性基礎」。[24] 任何具有民意基礎的政黨都有執掌政權的正當性。那麼，如何評判哪個政黨更具有「正當性」呢？現代民主採取了較為簡便的解決方法，就是取用「多數主義」——讓獲得更多選民支持的政黨執掌國家政權。眾所周知，「執政黨往往是最大的少數派的代表」，[25] 它手中的執政權只是選民暫時授予的。而在下一屆的選舉中，「反對黨是執政黨的平等競爭對手，執政黨必須在下屆選舉中為其以往的政策買單」。[26] 當選民對現屆政府的執政黨不滿時，在下一屆選舉中便會將選票投向他們更為屬意的其他政黨。當一個民意支持度更高——獲得更多選票——的在野政黨出現時，現屆政府執政黨就會因為失去繼續執政的正當性而不得不交出執政權。這種執政黨與在野黨之間的制衡機制，以政黨多元及人民享有有效的選舉權為必要條件。而反對黨的存在，則是這種政黨輪替制度運行的前提。[27]

總括而言，在現代民主政制下一個政黨可以通過選舉獲取極大的政治權力，而制約這個政治權力極大的政黨又必須依靠另外一個政黨。國民主權必須依靠新的權力制衡機制，即「執政黨—在野黨」制衡機制方可實現。因此，為了確保這種制衡機制的有效實現及防止其在運行過程中遭到破壞，現代政黨國家多以明確的政黨立法對政黨的地位、作用、權利和活動等加以規範。而且，這些政黨立法不僅對通常意義上的政黨憲制地位和政黨權利加以保障，同時也對政黨作為在野黨時擔當反對黨角色的地位和權利作出保障——因為，上述之「執政黨—反對黨」權力制衡機制的維持，須是以反對黨的存在為前

24　〔日〕阿部照哉等編著，許志雄審訂，周宗憲譯：《憲法（上）：總論篇、統治機構篇》，第 58 頁。

25　張志堯：《西方國家政黨政治與政制發展》，北京：中國社會科學出版社 2010 年版，第 18 頁。

26　〔德〕齊佩利烏斯著，趙宏譯：《德國國家學》，第 501 頁。

27　憲法學上一般認為，政黨輪替是民主政治的重要條件，一個國家若不存在政黨輪替的可能性，或者長期未出現政黨輪替，則可以認為，該國民主政治尚未進入軌道。詳見許志雄〈政黨輪替在我國憲政發展上的意義——從統治機構論的角度分析〉，載陳隆志主編：《新世紀新憲政：憲政研討會論文集》，台北：台灣新世紀文教基金會 2002 年版，第 163 頁。

提。當然，亦需指出的是，「在野黨必須『務實』，方能實現政黨輪替」。[28] 因此，此處所謂的反對黨，必然是指向認同現體制的「忠誠的反對黨」，[29] 或是在一定程度上可被歸屬為「建設型政黨」[30] 的反對黨。回到香港，儘管「一國兩制」下香港特別行政區的政治體制與英國等國家存在根本的不同，但這種「執政黨—反對黨」權力制衡機制的實踐經驗對於香港良好政治秩序的建立仍有着積極的啟示意義。

（四）政黨立法的完善貫徹有助於健全香港的法制體系

首先，從國家結構的形式來看，我國屬於單一制國家，「一國兩制」下的香港是我國直轄於中央人民政府並享有高度自治權的一個地方行政區域。因此，香港在維護「國家安全」的問題上負有不可推卸的憲政責任。[31] 根據基本法第 23 條的規定，香港應自行立法禁止任何叛國、分裂國家、煽動叛亂、顛覆中央人民政府及竊取國家機密的

---

28 這項原則為戰後西歐各國所普遍承認。例如：1959 年西德社會民主黨公佈「Bad Godesberg 綱領」、1972 年法國左派的社會黨與共產黨發表「共同政府綱領」，其重點在於承認既有的憲政體制，亦即接受西方民主主義的基本架構與價值、肯定複數政黨體制及政治自由，並明確保證政黨再輪替的可能性，據以消除社會主義政黨的「革命政黨」色彩，化解民主對社會主義政黨的不信任感及疑慮。這種「務實」的態度在實際上促成了政黨輪替的實現。詳見許志雄：〈政黨輪替在「我國」憲政發展上的意義──從統治機構論的角度分析〉，載陳隆志主編：《新世紀新憲政：憲政研討會論文集》，第 163-164 頁。

29 關於何謂「忠誠的反對黨」，學者雷震早在 1958 年就曾於《自由中國》雜誌發表過經典論述。他認為，「忠誠的反對黨」主要是指一個忠誠於國家，忠誠於憲法的政治團體，也就是一般先進民主國家所謂「忠誠的反對」（Loyal Opposition）。為此，它絕不是一個革命政黨，並且反對任何其他政治團體使用非法方式來奪取政權。詳見雷震：〈「今日的問題」之十五：反對黨問題〉，載張忠棟等主編：《現代中國自由主義資料選編 7：紀念「五四」八十周年：民主・憲政・法治》（下冊），台北：唐山出版社 2001 年版，第 1107 頁。

30 筆者認同，香港所期待的建設型政黨應具備兩重特質：第一，要對香港經濟與社會的發展有創見性思路，對於香港的經濟轉型與發展策略有具體的規劃和方向，對香港的經濟成長與建設要有實質性的貢獻；第二，必須是香港政治體制改革和發展的積極參與者、擁護者，是對香港市民、香港社會和香港發展前景負責任、有承擔的政黨，要通過推動政治體制的改革、改良和完善，使香港的民主變革得以在正常軌道上健康發展。詳見張宏任：《香港發展前景與政爭困境》，第 232 頁。

31 葉海波教授甚至認為「保障國家安全」不僅是基本法第 23 條為香港特區所確立的「特殊憲政責任」，也應該是香港特區政黨法制的核心價值理念。參見葉海波：〈香港特區政黨的法律規範〉，《法學評論》2011 年第 6 期，第 153-154 頁。

行為，禁止外國的政治性組織或團體在香港進行政治活動，禁止香港的政治性組織或團體與外國的政治性組織或團體建立聯繫。這是基本法為捍衛「國家安全」而設定的防衛條款——既是對香港自行立法維護「國家安全」的一項整體性授權，也是附加給香港的一項憲政責任。同時，《香港國安法》第 6 條和第 31 條也規定，維護國家主權、統一和領土完整是包括香港同胞在內的全中國人民的共同義務。在香港特別行政區的任何機構、組織和個人都應當遵守《香港國安法》和香港特別行政區有關維護國家安全的其他法律，不得從事危害國家安全的行為和活動。對於公司、團體等法人或者非法人組織實施危害國家安全犯罪的，應處罰金、責令其暫停運作或者吊銷其執照或者營業許可證等處罰。未來，在現行制度的基礎上完善相關政黨立法，進一步堵塞法律漏洞，防止政黨作出危害國家安全的行為，不僅能夠有效地緩解因基本法第 23 條立法的缺位而對香港維護「國家安全」造成的壓力，同時也可以將《香港國安法》的規定進一步細化，確保《香港國安法》以及有關維護國家安全的法律得到有效執行，落到實處。

此外，政黨立法的完善對於進一步促進香港本地法例的體系化具有不可忽視的積極意義。政黨政治是現代民主政治的常態，而現代民主政治作為一種以規範化為取向的政治，它必然地要求在法律層面對政黨實行規範化的管理。通過立法來規範政黨是現代民主國家的通行做法，並為國際社會所認可。[32] 事實上，政黨立法目前已經成為了世界各國（地區）法律體系的重要組成部分，[33] 其完備程度直接影響着本國（地區）法律體系的完整性。然而，香港現有法律當中涉及到

---

32 根據《歐洲人權公約》第 11 條第 2 款的規定，允許為了國家安全或者公共安全的利益、防止混亂或者犯罪以及保護健康或者道德或者保護他人的權利與自由而對公民結社自由權施加必需的限制。

33 以德國、英國、紐西蘭、新加坡為例，雖然四國的政黨立法模式各有不同，但政黨立法都是本國法律體系的重要組成部分。See *The Regulatory Framework of Political Parties in Germany, the United Kingdom, New Zealand and Singapore* (Hong Kong: Legislative Council Secretariat of Legislative council of the Hong Kong SAR, 2004).

政黨規制的立法非常有限，正好與香港政黨蓬勃發展、政治影響力不斷增強的現況形成強烈反差。政黨立法的缺陷，不僅已阻礙了本地區成熟政黨政治的形成，同時也破壞了香港法制體系的完整性。

綜上所述，政黨立法的完善既是香港進入民主發展新階段的現實需要，也是香港構建本地區健全法制體系的規範需求。其不僅能夠填補香港在政黨規範領域的立法空白，而且也能夠進一步強化香港法制體系的完整性。

香港政黨立法的模式選擇

◇◇◇

　　政黨不同於一般的社團或公司，它在不少的國家已經被承認為兼具公法性質的政治結社，因此針對政黨的立法亦會區別於一般的社團法或公司法，具有其自身特殊性。在一些政黨政治發展較為成熟的國家（地區）均通過憲法條款、普通法例等針對政黨作專門規範；而在如德國、韓國、俄羅斯等國家更是透過訂立專門「政黨法」來實現對政黨的有效規範。由此可見，在當代世界的政治實踐中，以憲法等相關法例對政黨進行有效規範，「強化對政黨活動的控制是保障立憲主義實現的中心環節之一」。[1] 正如前文所述，政黨立法在各國（地區）並無固定模式，目前主要存在「以憲法及憲法性法律文件規範政黨」、「制定專門政黨法規範政黨」以及「通過其他法例規範政黨」三大類型。

　　具體到香港，儘管政黨目前尚處於相對初級的發展階段，但政黨對香港的政治生活卻已然產生了不容忽視的影響。尤其在香港回歸後的 20 多年中，政黨在促進民主政治發展的同時也為社會帶來了不少問題，完善政黨規制立法已經成為社會的共識。應該說，香港作為一個崇尚法治且一向以守法護法為榮的社會，對於通過立法來對本地政黨進行有效規範應該是屬於社會當前的主流共識。關於此種基本共識，蔡子強博士曾作過較具代表性的論述。他認為，從「有權利必有

1　韓大元：《亞洲立憲主義研究》（第二版），第 348 頁。

義務」這角度出發，香港可考慮引入德國式的專門「政黨法」，又或採取英國、紐西蘭等國的分散立法的形式對政黨作綜合規範管理；而上述的規管框架，「可對政黨在憲制地位、任務及責任（例如支持祖國統一、擁護《基本法》、限制與外國政治勢力聯繫、限制接受捐贈等）作出規範，亦可要求政黨在財務及組織等運作上定期申報，加強透明度」。[2] 不過，就目前的實際情況而言，對於是否制定專門「政黨法」，香港社會存在一定的爭議。

一、官方對於香港是否要制定專門的「政黨法」以規範政黨的問題，態度基本是否定的，但其中亦出現過反覆

首先，立法會方面。立法會政制事務委員會曾於 2005 年 2 月就是否制定「政黨法」的問題進行過專門辯論，而結果是多數議員都認為，現階段如制定「政黨法」可能會窒礙政黨的發展。例如，當時張文光議員表示，「在現行政治體制下引入政黨法，只會架設障礙、限制政黨的運作」，相較而言，「政府正式確認政黨，比給政黨提供任何資助更為重要」；楊孝華議員認為，「在現階段引入政黨法，會限制而不會鼓勵政黨的發展」；湯家驊議員亦認為，「根據《普通法》，凡法律沒有禁止的，即屬容許，香港的政黨仍處於發展的階段，施加法定的管制是不會有助於政黨的發展」。[3]

其次，在政府方面。在 2001 年 10 月 30 日，時任政制事務局局長孫明揚於立法會政制事務委員會會議上表示，為加強政黨的透明度和促進政黨的健康發展，我們正研究引入政黨法。[4] 不過，特區政府

2　蔡子強：〈提供制度誘因發展政黨政治〉，《明報》2005 年 8 月 10 日，A29 版。

3　詳見〈政制事務局長就「促進政黨政治發展」議案的致辭全文〉，http://www.info.gov.hk/gia/general/200612/06/P200612060306.htm（最後訪問時間：2019 年 12 月 16 日）。

4　〈政制事務局二〇〇一年施政方針〉，http://www.info.gov.hk/gia/general/200110/30/1030165.htm（最後訪問時間：2019 年 12 月 16 日）。

很快就否定了這個設想，作為孫明揚的繼任者林瑞麟於 2002 年 12 月 10 日表示「現階段不適宜訂立政黨法」。[5] 對於政府為何不贊同制定專門「政黨法」，林瑞麟在 2006 年 12 月 6 日立法會的會議上就「促進政黨政治發展」議案的發言全文中作了說明。該次發言的相關陳述如下：

在現階段我們不會立政黨法。這個立場其實是為政黨著想，因為我們希望政黨、政團在這階段有最大的自由度去發展。香港的政黨仍然在發展當中，如果在現階段我們對政黨的發展附加一些法定的管制，只會收窄、窒礙了他們的發展空間。在外國所立的政黨法，往往是就政黨的運作、組成、財政和參政有新一套的規定，並非那麼簡單。所以我們說，在現階段我們並不準備訂定政黨法。……所以，其實總括來說我們在現階段是用《基本法》和現有法律的框架，希望政黨和政團有最大的發展空間。如果我們提新的法例，公眾自然會有期望，要增加政黨的透明度、要附加一些需要申報的條款、政黨的財政安排更加要申報和透明。如此種種，在現階段我們不推出，是對大局比較有效和有利。[6]

再後來，林瑞麟於 2011 年 3 月 3 日在立法會會議全體委員會審議階段就《2010 年行政長官選舉（修訂）條例草案》第 3D 條（行政長官不是政黨成員）進行發言時，再一次重申了特區政府近期將不會制定政黨法的基本立場：

5　〈林瑞麟建議資助候選人推動政黨發展〉，http://www.info.gov.hk/gia/general/200212/10/1210166.htm（最後訪問時間：2019 年 12 月 16 日）。

6　在是次致辭中，林瑞麟局長代表特區政府針對政黨發展問題提出了「三做三不做」的施政原則。其中，特區政府在短期內不會考慮制定「政黨法」即是「三不做」中的其中一個不做。詳見〈政制事務局長就「促進政黨政治發展」議案的致辭全文〉，http://www.info.gov.hk/gia/general/200612/06/P200612060306.htm，最後訪問日期 2019 年 12 月 16 日。

在香港政黨現時的發展層次和階段，沒有政黨法比有政黨法好。政黨法是為了什麼而訂立？如果我們提出來，市民就希望這法例可以規制作為政黨的團體參選、參政，代表市民。現在香港的政黨的發展都仍是在比較初期的階段，是方興未艾，所需要的是更多的發展空間，而不是更多法律的規制。如果這條政黨法有很多規制，那就要明確了。例如，不同黨派的資金和捐獻的來源，是本地也好，外地也好。這些在現階段，我相信不同政黨都不一定會支持的。[7]

不過近年以來，由於香港政治形勢的轉變，特區政府對於專門「政黨法」的制定在立場上似乎又發生了一些轉變。如，政制及內地事務局局長譚志源於 2014 年 10 月 15 日在立法會會議上就鍾樹根議員所提出之關於「現時有否法例禁止任何外國政府或政治性組織，透過本地企業或人士等仲介人，向本港政治組織或政界人士提供金錢利益、非金錢利益或延後利益，以圖干預香港的內部事務；若否，政府有否計劃立法規管；若有計劃，時間表為何」的問題進行回應時指出：

香港現時沒有專門的法例規管政黨運作或要求政黨註冊。在考慮是否訂立政黨法規管政黨的運作，包括政黨的財政來源及政黨對捐款的管理等，我們認為各方需要詳細研究法例對政黨發展的正面和負面影響。儘管如此，特區政府對長遠訂立政黨法這議題持開放態度，並樂意聽取立法會及社會各界就此提出的意見。[8]

7　詳見〈2011 年 3 月 3 日在立法會全體委員會審議階段動議修正《2010 年行政長官選舉（修訂）條例草案》發言全文〉（八），http://www.info.gov.hk/gia/general/201103/03/P201103030222.htm（最後訪問時間：2019 年 12 月 16 日）。

8　詳見〈立法會四題：就接受政治性捐款的規管〉，http://www.info.gov.hk/gia/general/201410/15/P201410150448.htm（最後訪問時間：2019 年 12 月 16 日）；〈政治捐獻或惹公眾疑慮〉，http://archive.news.gov.hk/tc/categories/admin/html/2011/10/20111019_172611.lin.shtml（最後訪問時間：2019 年 12 月 16 日）。

二、在學界，對於香港是否要制定專門「政黨法」亦存在一定的爭議

目前，關於香港政黨立法的立法模式問題，學界主要存在主張制定專門「政黨法」和主張不制定專門「政黨法」兩種觀點。（1）主張制定專門「政黨法」。葉健民、朱世海、葉海波、鍾士元等人均持此種觀點。如葉健民教授認為，香港目前由於政黨法的真空帶來了許多「不必要的混淆」，不僅助長公眾的誤解，也可能導致行政濫權；而制定政黨法則可以提高司法的透明度，也為政黨提供更大的法律保障，大大促進政黨的穩步成長。[9] 再如朱世海副教授認為，加強香港政黨法制建設是當務之急，無論是從促進香港政黨政治的良性發展的角度，還是從維護香港繁榮穩定的角度，目前都需要制定一部「政黨法」。[10] 又如葉海波教授認為，基於香港自身的特殊情況，不適宜採納普通法系國家的經驗規範政黨，而應在雙普選進行之前，制定政黨法，維護基本法確立的價值秩序，保障並規制政黨。[11] 而鍾士元先生亦認為，「環顧世界各民主國家和地區，都普遍採用政黨政治作為管治工具，香港特別行政區又何必要自行實驗另外一套未經考研的管治體制？目前最迫切的是成立《政黨法》，令特區政黨政治能夠公平、公正和順利發展」。[12]（2）主張不制定專門「政黨法」，而通過分別立法或以完善現有立法的形式來達到規範政黨的目的。蔡子強、理查·卡倫等學者均持這種觀點。例如蔡子強博士就認為，世界各國（地區）有政黨的是多數，但有專門「政黨法」的只是少數，因為「政

9　參見葉健民：〈政黨與政制改革〉，載陸恭惠、香港思匯政策研究所編著：《創建民主：締造一個優良的香港特區政府》，第 51 頁。

10　朱世海：〈論香港政黨法制的必要性、原則和內容〉，《港澳研究》（國務院發展研究中心港澳研究所主辦）2010 年夏季號（總第 18 期），第 69 頁。

11　參見葉海波：〈香港特區政黨的法律規範〉，《法學評論》2011 年第 6 期，第 156-157 頁。

12　儘管鍾士元先生並非專門從事理論研究的學者，但其觀點具有一定的學理價值，在此一併梳理引用。參見鍾士元：《香港回歸歷程：鍾士元回憶錄》，第 226 頁。

黨法」的作用主要是用以規制政黨行為，而香港政黨之所以一般反對政黨立法正是基於這個原因。[13] 再如香港大學理查・卡倫教授也認為，香港目前已經建立的基本政黨規管架構儘管比較粗疏，但其基本結構則是適合香港的，而且現架構實際上亦切實地發揮了一些作用，因此未來的政黨立法可以在此基礎上進行完善。[14]

在筆者看來，香港應採行何種立法模式，需要以積極借鑒他國（地區）經驗並充分考慮本地區政制的特殊性為前提。就現階段而言，香港還暫不宜制定專門的「政黨法」。此種判斷主要是基於以下兩方面的考慮而作出的。

第一，參照其他國家和地區的實踐經驗，可以推斷香港尚未達至必須制定專門「政黨法」的階段。[15]

首先，是德國的經驗。德國於 1949 年在《基本法》第 21 條中明確規定了政府應制定聯邦法律來落實該條文所要求的對政黨的立法規範，但是德國一直到 1967 年，亦即 18 年之後才通過制定並頒佈《政黨法》正式履行了這一任務。究其原因，德國之所以耗時長達 18 年之久才完成《基本法》第 21 條所設置的關於制定頒佈用以規範本國政黨之專門「政黨法」的「憲法任務」，一方面確實是由於這期間相應的立法條件尚不具備，而另一方面的重要原因卻也是因為控制着議會的政黨並不希望制定一部主要作用在於約束自己的法律。

其次，是我國台灣地區的經驗。參照我國台灣地區憲法學者蘇

13　該內容為澳門科技大學朱世海副教授於 2009 年拜訪香港學者蔡子強博士時的座談紀錄。參見朱世海：〈論香港政黨法制的必要性、原則和內容〉，《港澳研究》（國務院發展研究中心港澳研究所主辦）2010 年夏季號（總第 18 期），第 50 頁。

14　See Richard Cullen, *Regulating Political Parties in Hong Kong*, Paper Prepared for Civic Exchange, February 2005.

15　此處主要選擇德國和我國台灣地區的實踐經驗作為參照，原因是德國《政黨法》是當今各國政黨法中最為精良者，而台灣在文化背景、政治生態方面與香港特區最為接近。

永欽對德國政黨發展歷程的劃分，[16] 我們可以推斷解除戒嚴後的台灣
大致處於德國政黨發展歷程的第四階段之初期。當時，台灣社會亦曾
就是否制定專門「政黨法」進行過廣泛的討論。這次討論得到了學界
和政界人士的廣泛參與，而且討論得相當深入，但最終未能達成一致
共識。[17] 反對制定專門「政黨法」的理由大致上是：政黨法未必足以
達成規範政黨的目的；台灣地區可能沒有能力制定一部好的政黨法；
台灣地區政黨政治尚在起步階段，不宜作過多規範；因為當時執政之
國民黨在「國會」仍處於絕對之優勢，如制定政黨法將會對在野黨多
所限制，可能會扼殺政黨發展及生存之空間等。[18] 在我國台灣學界，
如李鴻禧教授就持不同意貿然制定「政黨法」的觀點，他認為，「現
在許多民進黨和無黨派人士很急於制定一部政黨法⋯⋯我對於這種
感情可以理解，但對於制定政黨法，採比較保留的態度，無法贊成。
在這裏，各位應先了解，戰後有政黨法的國家只有三、五個，包括
德國、韓國、智利，但實施的結果都失敗；德國是不是很好，我都
懷疑」。[19] 而事實上，時至今日我國台灣地區仍沒有制定專門的「政
黨法」。

　　兩地的經驗均表明，在一個民主國家或地區要制定一部政黨法

16　德國政黨發展經歷了四個階段：一，威權國家時代（一次世界大戰前），政黨被國家體制排斥、壓抑，影響力有限；二，魏瑪共和國（納粹奪權以前），政黨的組織及活動非常放任，缺乏基本共識，反體制政黨迫使政黨認同體制的政黨勉強聯合，不斷重組；三，納粹執政時代（1933-1945），一黨專政，無任何反對黨存在；四，西德（1945年以後），基本上透過嚴格管制，使反對黨無法立足於政治舞台，且透過選舉法上百分之五條款的限制，使國會政黨總數始終維持在4-5個。參見蘇永欽：〈德國政黨與法律規範〉，載蘇永欽：《合憲性控制的理論與實踐》，第199-248頁。

17　我國台灣地區解除戒嚴後，學界即有學者提議制定政黨法。在第二、三屆「立法院」，「立法委員」陳水扁及張俊宏亦提出過相關法案。

18　參見陳淑芳：〈國會改革及政黨陽光法案立法——談國會席次、選舉制度、政黨法、政治獻金法〉，載陳淑芳：《民主與法治》，第180-203頁。此外，亦可參見周志宏：〈憲法與政黨關係的重新定位——未來政黨法制之展望〉，《月旦法學雜誌》1995年第12期，第22-26頁；邱垂泰、梁世武：〈人民團體法之政黨規範——析論我國有無制定政黨法制必要〉，《立法院聞》1997年第1期，第96-101頁。

19　李鴻禧：《李鴻禧憲法教室》，第188-189頁。

不是一件簡單的事情，必須待到政黨政治成熟後才能進行。目前，香港政黨政治的成熟程度遠不如當年之德國和今日的我國台灣地區，現在考慮制定專門「政黨法」的話稍嫌過早。

第二，香港自身尚未具備制定專門「政黨法」的條件。首先，香港現階段對於制定專門「政黨法」不具有迫切性。自上世紀 80 年代初港英政府在香港引進民主政治到香港成立而踐行民主代議制至今，香港政黨的出現和發展只是經歷了很短的時間，尚處於發展階段。可以說，香港目前還沒有發展出成熟的政黨政治。而政黨法是針對政黨的設立、運作、財務、競選活動等一整套的規範，其在原則上是屬於對政黨自由加以限制的法律；假如特區政府在現階段就制定專門「政黨法」從而對政黨的發展附加過多法定規制的話，恐怕只會收窄和窒礙了本地政黨的發展空間。

此外，像專門「政黨法」這種主要以規制政黨行為為目的之法律，其制定應該是以社會現實發展到了非制定不可的程度為前提。而政黨在香港現行憲政體制下只能非常有限度地參與政府行政權的運作，其活動範圍很大程度上僅局限於立法機關，且只能通過行使立法權來影響行政機關公共權力的運作。應該說，香港在現階段的政制底下，不大可能會產生一個政治權力大到不受約束的政黨。而且，正如日本學者丸山健所指出的，如制定專門的「政黨法」，會對政黨政治「產生極深刻的問題」。原因在於，與「為遂行其他的目的而以政黨作為立法對象」的「各別性立法措施」相比，「政黨法的單一立法」是將政黨「從正面做為限制的對象」，為此，「在所謂政黨法的單一立法的情形下，標榜保障或積極承認政黨制的同時，相反地大致上也容易含有限制及取締、彈壓的問題」。[20] 綜上，筆者認為制定專門「政黨法」是一個需要結合本國或本地區實際情況而詳加考量的立

---

20 〔日〕丸山健著，呂漢鐘譯：《政黨法論》，第 139-140 頁。

法事項，貿然地制定恐怕並不有利於類似香港這樣民主政制根基尚淺的地區的政黨發展。

其次，香港在短期內恐怕未必有能力制定一部好的「政黨法」。專門的「政黨法」除了要針對政黨的設立、運作、財務、競選活動等各方面作一整套的規定外，更重要的是要對政黨的定義、政黨在憲法秩序中的位階、政黨的任務等作出較為明確的規定。而目前，由於現行的憲制安排的不完備以及政黨政治的不成熟，導致政黨在香港現行憲政秩序下的地位仍比較模糊，在未來可以預見的短時期內，恐怕亦不太可能通過政黨立法在規範層面對其作出清晰的界定。

加之，要制定一部相對精良的專門「政黨法」是要耗費巨大人力物力的。以德國為例，當年德國為了制定現行《政黨法》，曾專門籌組了一個「政黨法調查研究委員會」。這個委員會動員了德國 125 位頂尖的憲法和行政法專家，這還不夠，他們還向日本、英國、法國、意大利乃至於關係不友善的蘇聯等國的憲法和行政法專家請教，如是花了 8 年才草擬出草案；送到國會審查又花了 9 年，連同送審的程序，德國這部「政黨法」一共花了前後 18 年的時間才制定出來。[21] 然而，最終的事實證明，即便是這樣一部耗費了長時間、大氣力制定出來的「政黨法」，仍被認為是有所不足的。[22] 因此，香港是否有能力制定出一部符合其自身實際情況的專門「政黨法」目前仍是存在疑問的。

再次，對於香港來說，制定專門「政黨法」並不是達至有效規範政黨之目標的必然選擇。僅從邏輯推論就可知道，沒有專門「政黨法」並不等同於沒有政黨法制。政黨法制所涵括的範圍要遠比「政黨法」寬泛，例如政黨法制不僅包括如《選舉法》等與政黨規範相關的

21　李鴻禧：《李鴻禧憲法教室》，第 195 頁。

22　李鴻禧教授認為，德國《政黨法》實施之後仍有很多破綻，尤其是用憲法及政黨法將共產黨宣告違憲、解散的做法，在德國憲政史上仍然留下一個污點，也是一個痛點。參見李鴻禧：《李鴻禧憲法教室》，第 195 頁。

法例的相關內容，而且亦包括了法院針對政黨所作出的相關判例。事實上，香港目前雖然尚未有制定專門的「政黨法」，但卻是實實在在地存在一定程度之政黨法制的。儘管香港現行之政黨規範架構尚稍嫌粗糙，但是它的基本結構和做法是合理的，也是適合現今的特區政治體制的。正如香港大學理查‧卡倫教授所指出的，香港目前已經初步建立了一個不算完備、但基本健全的選舉規範架構，從而使政黨的運作亦間接地受到規制，未來香港應以此為基礎進一步完善相關立法。[23]

總括而言，目前香港有一個由基本法、《社團條例》、《立法會選舉條例》等法例構築起來的大的選舉及政黨規範架構。儘管這個規範架構尚稍嫌粗糙，但是它的基本結構和做法是合理的，也是適合現今的特區政制的。而且，重新制訂專門的「政黨法」是有成本及風險的。筆者認為，基於德國與香港之間政治環境及歷史背景的相似性，以及考慮到德國《政黨法》可算是當世專門「政黨法」中最為精良者，香港未來政黨立法的具體完善應考慮仿效德國《政黨法》的相關立法內容，在不制定專門「政黨法」的情況下，以現有的立法為基礎對整個政黨法律架構進行填補式的立法完善。就此而論，這種填補式的立法完善工作可以分為以下兩步進行。

第一，從長遠來說，香港需要對本地政黨立法作全面的完善，使之發展成為一個相對完備的規範體系。參照德國於 1967 年通過並曾於 1994 年修訂之現行《政黨法》，可以將政黨立法的內容大致分為六大部分，即政黨的憲法地位及職能、政黨的註冊、政黨的內部組織和內部秩序、政黨競選行為、政黨財務以及政黨違憲禁止。筆者認為，香港可以因應自身的實際情況從這六大方面着手，對本地政黨立法進行全面的完善：首先，通過對基本法的解釋或修訂，明確政黨

23　See Richard Cullen, *Political Party Development in Hong Kong: Improving the Regulatory Infrastructure,* Paper Prepared for Civic Exchange, August 2004.

的憲制地位 —— 具體包括明確政黨在特區公共政治中的任務和功能等；其次，以現有法律架構為基礎建立起本地區的政黨註冊制度、政黨財務監管制度、針對政黨的公共財政資助制度，並設立專門的委員會監管政黨內部組織及競選行為，建立政黨違憲禁止機制。

第二，就當前而言，完善香港政黨立法最為迫切的兩項工作分別是對與政黨註冊和政黨財務監管相關的規範進行完善。首先，完善與政黨註冊相關的立法。政黨作為「憲法政治的重要擔當者，可說是有公的一面」，[24] 其參與並影響香港的立法和政府決策，對本地區的政治有很大的影響力。現行的註冊制度既不利於政府對政黨的統一管理，而且有有違政黨平等原則之嫌疑。未來，特區政府可以考慮在《選舉管理委員會條例》中就統一的政黨註冊制度作出規定，並由選舉管理委員會管理該制度。[25] 在建立起統一的政黨註冊制度之前，權宜的辦法是通過修改立法，要求本地所有非按照《社團條例》而註冊成立的政黨均須接受《社團條例》的統一規管，而且應禁止政黨以公司的形式運作。其次，完善與政黨財務監管相關的立法。公開透明、接受公眾的監督和專門機構的審計，是現代民主國家對政黨財務的一項基本要求。香港在下一步應該有針對性地制定與政黨財務監管相關的法例，建立起政治捐獻及選舉經費申報制度，使政黨財務運作透明化，接受政府及大眾監督，有效地抑制黑金政治及貪污舞弊的產生。政黨財務監管立法應該涵括以下基本內容：財務公開、政治獻金申報以及選舉開支限制。

24　〔日〕丸山健著，呂漢鐘譯：《政黨法論》，第 138 頁。

25　See Richard Cullen, *Political Party Development in Hong Kong: Improving the Regulatory Infrastructure*, Paper Prepared for Civic Exchange, August 2004.

餘下的思考：
香港政黨立法不可回避的問題

◇◇◇

　　如所周知，儘管西方絕大多數國家（地區）在歷史上所踐行之民主政治的類型都是政黨政治，但就其形態而言卻有多元競爭的民主型政黨政治、一黨獨大或黨國不分的集權型政黨政治等區別，而以政黨之名所進行的政治活動之表現樣態及其所對應的政治體制則更可謂是各不相同。[1] 因此，在完善政黨立法的問題上，香港可以積極借鑒西方民主國家（地區）政黨立法中的某些先行經驗，但不能簡單地模仿或完全照搬。香港特區作為建基於「一國兩制」基本政策方針之上，直轄於中央人民政府之下的特殊行政單元，其政黨立法的完善應結合本地區的實際情況並遵循基本法所構建的憲制安排而開展，對於一些關鍵性的問題 —— 如下文將要論述之政黨與國家的關係、政黨與香港特區的關係等 —— 必須置於「一國兩制」的大原則下進行考量。

一、香港政黨與國家的關係

　　在現代民主社會，政黨與國家的關係通常被認為是政黨立法所規範的核心關係之一。香港在此方面的情況較為複雜，目前在香港不僅有全國性政黨也有區域性政黨，而且這些本地區域性政黨同時亦會

1　參見蔡宗珍：〈憲法、國家與政黨 —— 從德國經驗探討政黨法制化之理論與實踐〉，載蔡宗珍：《憲法與國家（一）》，第 131-176 頁。

產生與域外政治組織相聯繫的問題，這些聯繫不僅會對香港特區自治範圍內的事務產生影響，同時也會對國家事務以及中央與特區間的關係產生影響。因此，在有關香港政黨政治立法規範的問題上，政黨與國家的關係是一個不可回避的問題，其中如何在政黨權利保障與國家安全保障之間取得適當的平衡則尤為重要。對此，有學者甚至提出「國家安全」應成為香港政黨立法的核心價值。[2] 在筆者看來，要準確把握香港政黨與國家之間的關係，並對政黨與國家的關係作出恰當之界定，前提是必須將其放到「一國兩制」下香港與中央關係的大背景中加以考量和分析，下面主要從三個層面對之展開論述。

（一）在理清特區與國家關係的基礎上，將香港政黨置於整個國家體制中加以定位

我們知道，從劃分國家結構形式的主要標準來看，我國屬於單一制國家，「一國兩制」下的香港是我國一個享有高度自治權而直轄於中央人民政府的地方行政區域。在現行制度下，香港並不具備獨立自主的外交權及軍事權等權力，其在實質上僅屬於行政單元（Administrative Entity）而非政治單元（Political Entity），[3] 法律地位完全不同於聯邦制下的成員邦。申言之，「一國兩制」下香港特別行政區與我國中央政府的公法關係和聯邦國家的成員邦與聯邦政府之間的公法關係存在着根本區別，前者是基於行政分治而存在，而後者則是基於政治分治而存在。根據樓邦彥先生的觀點，所謂政治分治實際上是聯邦國家所獨有的，其主要是指各邦基於政治上的原因，要求聯合而不希望一致，乃相約以共同制定憲法法典來規定聯邦與各邦的許可權，而聯邦政府與各邦政府，依據憲法法典各享有權力，互不侵涉；所謂行政分治則是任何一個國家為便利公務執行的一個必要的行

2　參見葉海波：〈香港特區政黨的法律規範〉，《法學評論》2011 年第 6 期，第 153-154 頁。

3　參見梁厚甫：〈香港是「政治單元」還是「行政單元」？〉，《明報》1986 年 12 月 4 日。

政技術，與單一制國家相比，聯邦國家的不同之處在於其以各邦來建立各自的行政分治制度。[4] 由此可知，「一國兩制」是作為單一制國家的中華人民共和國為解決歷史遺留問題、實現國家統一而採行的一種特殊的行政分治模式；而實行高度自治的香港特區，則屬於中央政府直轄之下的一種特殊的行政單元。事實上，基本法對此亦作了明確規定，其第 12 條將香港特區的憲制地位界定為「中華人民共和國的一個享有高度自治權的地方行政區域，直轄於中央人民政府」。因此，我們可以基於這一層面的分析得出結論：香港的政黨僅屬於地區性政黨，它所參與的主要是作為國家特殊行政單元的香港特區的政治事務，它的活動區域僅限於香港特區。

進一步而論，由於在「一國兩制」這種極為特殊的行政分治制度框架下，香港政黨所依存的僅是一個作為行政單元而非具有獨立主權的政治實體，為此很多通常意義上的政黨理論是不宜直接套用於香港政黨身上的，否則就極容易造成政黨與現體制之間的矛盾和衝突問題的產生。事實上，香港自 1997 年回歸至今所出現的種種政治紛擾正是由於前述政治理論的錯誤適用或曰對政治理念的誤解而造成的。換言之，對於香港階段地位認知的不同，會產生不同的管制與期待心理，因而也就會產生矛盾與衝突。[5] 借用強世功教授的論述，這種矛盾和衝突是香港政黨所抱持的普世性政黨理念與香港特區政治體制所具有「一國兩制」框架下之非獨立國家之地區行政單位屬性之間存在的落差和抵觸而造成的。[6] 如果我們將前述「落差和抵觸」放到更大的層面去理解，它實際上也反映了香港政黨所宗尚的資本主義民主政

4　參見樓邦彥：〈政治分治與行政分治〉，載張忠棟等主編：《現代中國自由主義資料選編 7：紀念「五四」八十周年：民主‧憲政‧法治（下冊）》，第 1173-1174 頁。

5　歐陽新宜：〈香港政治發展的迷思：民主集中制與「一國兩制」〉，載吳國光編：《九七效應：香港、中國與太平洋》，香港：太平洋世紀研究所 1997 年版，第 69 頁。

6　強世功：《中國香港：政治與文化的視野》，北京：生活‧讀書‧新知三聯書店 2010 年版，第 353 頁。

治倫理價值與「一國兩制」下特區政治體制所蘊含的社會主義意識形態之間不可調和的矛盾衝突。[7] 在筆者看來，我們只需沿着上述思路去分析，目今存在的許多所謂央港矛盾都能在較深層次得到理解。

（二）明確香港政黨與國家執政黨間的關係，理清香港政黨與執政黨間的衝突點

在中國現行的政治體制下，要清晰把握香港政黨與國家的關係，除應具體關注「香港政黨與國家權力機關的關係」、「香港政黨與國家行政機關的關係」以及「香港政黨與國家司法機關的關係」之外，也必須不能忽視「香港政黨與國家執政黨的關係」。甚至可以這樣說，在這個問題上後者比前者具有更重要的意義。原因在於，香港政黨與國家執政黨之間的交集處往往也就是中央和香港之間矛盾的根源以及衝突的集中爆發點。而這裏面所涉及的問題主要有兩個，一是香港政黨與國家執政黨之間的關係問題，二是香港未來可能出現的特區執政黨與國家執政黨之間的關係問題。由於後者與「行政長官的政黨背景問題」之間存在較為密切的關係，因此我們將其放到下一部分去討論，在此僅就「香港政黨與國家執政黨之間的關係問題」展開論述。亦需要說明的是，此處所說的「香港政黨與國家執政黨之間的關係問題」，在某程度上主要是指向香港的泛民主黨派與中國共產黨二者而言的，因為目前絕大多數的矛盾和衝突都主要集中於二者之間。當然，正如我們已經指出的，下文在考察「香港政黨與國家執政黨之間的關係問題」時，同樣要將其放到「央港關係」的大背景中進行討論。

首先，需要明確香港政黨與國家執政黨之間的關係。現階段，國家主體所實行的是一套有中國特色的社會主義政黨制度，即中國共

7　強世功：《中國香港：政治與文化的視野》，北京：生活・讀書・新知三聯書店 2010 年版，第 353 頁。

產黨領導下的多黨合作制。這套政黨制度完全不同於西方國家的兩黨制、多黨制等政黨體制，它的運作原理並非採行政黨輪替的機制，而是將中國共產黨置於國家政權中的核心領導地位，作為長期的執政黨；而作為其餘被固定下來的八個民主黨派（中國國民黨革命委員會、中國民主同盟、中國致公黨、中國民主建國會、中國民主促進會、中國農工民主黨、九三學社以及台灣民主自治同盟）則承認中國共產黨的長期執政地位，自願地作為參政黨協助執政黨執政。在官方所建構的意識形態及政治倫理話語體系中，這種以堅持中國共產黨的領導為基本原則的執政聯盟，產生於我國具體歷史條件之下，被認為是適合於我國基本國情的。[8]

由此可知，香港政黨其實是存在於國家主體政黨制度之外的，並未被納入到現行國家主體所實行的由中國共產黨所領導的執政聯盟體系中，甚至連對國家事務的基本參政權都不能享有。實際上，在目前這種國家制度結構之下，香港政黨的活動範圍已經被「一國兩制」原則牢牢地劃定於香港特區的區域範圍之內，並不得有所逾越。而且，這種界限本身的不可逾越性，我們也可以從國家領導人多次形象地以「井水不犯河水」來比喻中央與特區的關係這個事實中得到了解。[9] 由此可推知，「一國兩制」、「高度自治」僅是中央基於市場經濟體制而在行政分治層面所作出的讓步，而絕對不是對於社會主義政治體制的緊縮。對於這一點我們需要有充分的了解，假如香港政黨忽略了階級不平等以及戰略聯合的觀念，要求執政黨主動賦予香港本地政黨如西方平等參政觀念下所產生的多黨政治發展與多元化民主權

8　相關論述可詳見林建華等：《現代中國黨派關係史》，北京：人民出版社 2011 年版，第 220-229 頁；遊洛屏：《中國特色政黨制度》，北京：中共中央黨校出版社 2011 年版，第 235-254 頁。

9　詳見鄧小平：《鄧小平文選》（第三卷），北京：人民出版社 1993 年版，第 219 頁；江澤民：《江澤民文選》（第一卷），北京：人民出版社 2006 年版，第 81 頁。

力，那就是屬於對國家政治的一種不合理的期待。[10] 不過，從另一個角度而言，縱使政治原則上的讓步是不可能的，但中央政府為了有效實現國家統合的目標，在促進兩地制度融合的層面作出非關原則性問題的靈活安排則未必是不可能的。筆者認為，通過體制改革來增強國家政黨制度的吸納能力和政治包容性，從而把香港（亦包括澳門特區，甚至我國台灣地區）的政黨吸納到國家的政黨制度架構內，亦未嘗不是一種中央未來可予考慮的可取的辦法。[11]

其次，需要理清香港政黨與國家執政黨間的主要矛盾點在哪裏。歷史地看，「央港關係」出現在香港社會政治議題是上世紀 80 年代的事；在此之前，香港除傳統親中組織外，政府或民間團體與中國共產黨的接觸少之又少，直至 1984 年中英聯合聲明正式簽署，香港前途確定後，央港關係的發展才成為香港社會的重要政治議題。[12] 在這樣的社會背景下，除傳統親中社團之外的其他社團，在與中國共產黨保持着若即若離的關係的同時，亦不得不慎重考慮其自身與國家執政黨的未來關係走向問題。

香港政黨與中國共產黨之間關係的轉捩點出現在 1989 年。在此之後，香港本地各政治陣營圍繞如何對待中國共產黨這個座標生成了親建制派和泛民主派兩大政治陣營。而在香港這樣一個特殊的移民社會裏，中國共產黨在由泛民黨派以及泛民人士所主導的政治話語體系中亦被全面妖魔化。加之在九七回歸後，特區選舉制度對香港政黨設置的種種限制更是進一步深化了泛民黨派對中國共產黨的既有偏見，泛民黨派為此也更加不遺餘力地將被它們附加在中國共產黨身上的負

10　參見歐陽新宜：〈香港政治發展的迷思：民主集中制與「一國兩制」〉，載吳國光編：《九七效應：香港、中國與太平洋》，第 69、73 頁。

11　目前，國內已有學者就港台政黨與國家主體所實行之政黨制度的融合問題展開過相關討論。詳見劉紅凜：《政黨關係和諧與政黨制度建設》，第 20 頁。

12　參見「行政院」大陸委員會：《香港政黨比較研究》，台北：「行政院」大陸政策委員會 1995 年版，第 137 頁。

面標籤加以固化，並試圖以之撼動中國共產黨的執政權威。可以說，到了現階段，泛民政黨與中國共產黨間的這種矛盾仍然是明顯存在的，其集中體現於雙方對香港民主化問題的分歧。尤其是圍繞香港的政改問題爭議，這種分歧一次次集中性地凸顯，到「違法佔中」和「修例風波」爆發期間可以說是達到了又一個歷史的高峰點。

當然也需說明的是，上述成見主要都是針對國家執政黨而言的，目前除極少數激進勢力外，多數泛民政黨對由中國共產黨所組織的中央政府作為中國唯一合法政權的代表都是持積極承認態度的。以泛民主派陣營的代表性政黨民主黨為例，在其公開發佈之《政策總綱》中就以專項規定載明：香港是中國不可分割的一部分，我們支持香港回歸中國。[13] 民主黨《政策總綱》的第一章「中國與香港關係」第 1 條列明，該黨堅決支持香港回歸中國，承認香港是中國的一部分；民主黨支持 1997 年中國收回香港主權及支持貫徹中英聯合聲明和「一國兩制」的基本政策，支持在 1997 年香港回歸中國主權後，建立特別行政區政府，實行高度自治，落實港人民主治港。由此可見，即使是一向被標榜為香港反對派代表性政黨的民主黨，在對待中國政府的問題上，也是持肯定態度的。

（三）應正確理解「一國兩制」核心內涵，並將對「國家安全」之維護確立為香港政黨與國家間關係的核心原則

通過對「一國兩制」的內涵進行解讀可知，「一國兩制」所蘊含的核心邏輯是：「兩制」是原則，「一國」是「兩制」的前提和基礎。這也就是說，中央在授予香港高度自治權的同時，亦要求香港不得損害國家的主權和主體政治制度，並採取積極措施維護好「一國」原

13　該黨自創黨之初即明確表示其對以中共為代表的中國政府的認同態度。該黨創黨主席李柱銘在上世紀 90 年代初「香港民主同盟」創黨初期回應時任香港新華社社長周南所提出的「愛國港人治港原則」時表示，「香港民主同盟中央委員都符合周南社長所說的治港港人要愛國的原則」。詳見〈略論香港民主同盟〉，《星島日報》1990 年 4 月 10 日。

則。為此，基本法有針對性地設置了第 23 條，作為保障上述「『一國』前提」── 即國家安全 ── 之專門條款。根據基本法第 23 條的規定，香港應自行立法禁止任何叛國、分裂國家、煽動叛亂、顛覆中央人民政府及竊取國家機密的行為，禁止外國的政治性組織或團體在香港進行政治活動，禁止香港的政治性組織或團體與外國的政治性組織或團體建立聯繫。同時，參照《社團條例》第 2 條有關「政治性團體應包括政黨在內」的條文解釋可知，基本法第 23 條實際上可以被認為是基本法為捍衛國家主權而針對政黨設置的防衛條款。由此可知，香港有責任依據該條規定制定保障國家安全的具體法例。就這一層面而論，在基本法所設置的這種防衛機制下，政黨權利的行使必須以尊重「國家安全」為前提，而「國家安全」的維護也成為了立法規制政黨行為的最重要正當性來源之一。

概而言之，基本法第 23 條立法對於政黨政治的有效規範是有必要的。首先，國家安全是指國家政權、主權、統一和領土完整、人民福祉、經濟社會可持續發展和國家其他重大利益相對處於沒有危險和不受內外威脅的狀態，以及有保障持續安全狀態的能力。維護國家安全，是國家生存發展的基本前提，是人民的根本利益所在。政黨自由必須讓步於這項公共福祉，這是現代憲法所確立的「防衛民主主義」的基本價值理念。鑒於政黨的特殊地位，就「國家安全」問題對政黨的某些行為進行立法規制，是現代國家的通行做法。事實上，九七回歸前港英政府亦曾於《刑事罪行條例》中立法規定禁止危害英國王室和背叛英國等類行為。[14] 此外，港英政府所頒行的法律亦禁止外國政黨在香港境內活動或與香港本地社團建立聯繫 ── 如回歸前的《社

14　例如，根據該條例的規定，凡犯有下列事項之一者即構成叛逆罪，須判處死刑：一，殺害、傷害或囚禁英皇；二，意圖殺害、傷害或囚禁英皇並以某些公開行為顯示該項意圖；三，向英皇發動戰爭，包括意圖罷黜英皇，或強迫英皇改變其政府方針，或恫嚇國會或其他同類立法機構；四，鼓動外地人士入侵英國領土；五，協助與英皇作戰之敵人；六，串謀犯上述第一或第三項之罪行。對上述叛逆重罪，其他人知情不舉，亦屬違法。

團條例》第 6 條即禁止香港本地會社與外國政黨掛鉤。此外，近年來激進本土勢力從「街頭運動」到「進駐立法會」的轉向，已將分離主義延伸至香港憲制秩序的核心領域，從而對香港社會秩序和繁榮穩定造成了極大威脅，並直接衝擊了「一國兩制」下香港維護國家安全的原則和底線。為堵塞香港國家安全風險漏洞，中央已於 2020 年先後通過《全國人民代表大會關於建立健全香港特別行政區維護國家安全的法律制度和執行機制的決定》和《香港國安法》。隨着法案在香港刊憲生效，香港維護國家安全的憲制責任被進一步凸顯和明確，「一國兩制」在未來的實踐中亦將進入更能兼顧好一國原則與兩制差異之關係平衡的「2.0」階段。此次《香港國安法》的頒佈實施，可以說是督促和指導香港盡快落實基本法第 23 條立法的重要契機。未來，基本法第 23 條立法一旦完成，香港與國家主體之間將能以《香港國安法》為連接點形成一套聯動關係較強的維護國家安全法治保障體系，在國家安全領域有效規範香港政黨的行為。

綜上所述，「一國兩制」下的香港與內地，無論政治制度還是價值理念均存在較大差異，政黨與國家的衝突可謂難以避免。香港在未來完善政黨立法的過程中必須在國家主權及「國家安全」等問題上就政黨與國家的關係作出明確的立法界定。在基本法第 23 條所確立的原則底下，全面禁止香港政黨從事危害國家安全的各類行為，即叛國、分裂國家、煽動叛亂、顛覆中央人民政府、竊取國家機密和「聯繫」行為，而非僅限於該條特別強調的「聯繫」行為。[15] 當然，正如現代憲政原理所反覆強調的，特區政府在履行這一職責時，須確保對政黨權利的限制不會超出目的實現之合理及必要的限度。

15　葉海波：〈香港特區政黨的法律規範〉，《法學評論》2011 年第 6 期，第 153-154 頁。

二、行政長官是否可以有政黨背景？

通常而言，在現代民主社會「要使政府協調地運轉，就必須找到某種使國家意志的表達和執行協調一致的辦法」。[16] 為此，作為前述有效協調機制的政黨就「不僅擔負起了挑選在政府體制理論中是表達國家意志的機關的成員，即立法機關的成員的責任，而且擔負起了挑選執行這種意志的人員，即執行官員的責任」。[17] 然而，香港現行《行政長官選舉條例》第 31(1) 條有關「當選為行政長官的候選人必須無政黨背景」的規定，則在實際上極大地限制了香港政黨挑選本地區最高執行官員的權利。

目前，《行政長官選舉條例》允許有政黨背景的人士競逐行政長官，但該等人士必須在獲得提名時聲明他們是以個人身份參選；而且，該等人士如作為候選人在行政長官選舉中勝出的話，則必須在當選後的七個工作日內公開作出聲明，表明其不是任何政黨的黨員，以及承諾其如獲任命為行政長官，不會成為任何政黨的黨員，或不會作出具有使其受到任何政黨的黨紀約束的效果的任何作為。事實上，此項規定是對政黨極為嚴格的限制，其實質上否定了香港「執政黨」產生的可能性。現制度下，香港政黨可以通過選舉進入立法會，但不能執掌特區的最高行政權，甚至很難參與到行政權力的運行機制當中。

關於《行政長官選舉條例》第 31 條的規定是否妥當一直存在爭論。有學者甚至認為，之所以有這樣的政制安排主要是因為中英「兩國主權機關都不希望香港出現一個非常受民意支持的本地政黨，可以在立法機關獲得很多議席，以威脅他們主導香港事務的能力，故此兩個主權國家都傾向操縱選舉制度，以減低民意中主導的政黨的影響

---

16 〔美〕弗蘭克‧J‧古德諾著，王元譯：《政治與行政：一個對政府的研究》，第 60 頁。
17 同上。

力」。[18] 目前，對於行政長官不能有政黨背景的規定，實務界和理論界主要存在贊同和反對兩種意見。

首先，贊同意見認為：香港社會階層分化明顯，階層矛盾嚴重；在這樣的社會狀況下，行政長官不具有政黨背景，可以最大限度地減少港人認為行政長官是香港某個階層、界別利益代表的嫌疑，使更多港人認識到行政長官施政是以整個香港各方面利益為依歸，並且能夠有效提高行政長官施政的認受性，有利於行政長官依法施政。[19]

其次，反對意見則認為：《行政長官選舉條例》關於當選行政長官的候選人不能有政黨背景的規定極有可能導致基本法「設計出來的模式徒有制度架構」[20] 而不能有效運行，而且「在未來普選的情況下特首參選人若不具有政黨背景恐怕難有作為」；[21] 要行政主導成為事實，行政長官必須「得到一個強而有力的管治者同盟的可靠與穩定的支持」，[22] 而有政黨背景的行政長官在立法會有所屬政黨的支持，也更容易建立起一個強而有力的管治者同盟。

事實上，香港政府亦承認了上述分歧的存在。特區政府在 2015 年 1 月發佈的行政長官普選選舉辦法諮詢文件《2017 機不可失》中指出，由於香港現時未有政黨法，社會各界對此議題亦未有明顯共識，政府建議就 2017 年行政長官的選舉，維持現時《行政長官選舉條例》就行政長官的政黨背景的相關規定。諮詢文件並沒有進一步說明特區政府基於怎樣的理由作此判斷，但我們可結合此前政府曾公開發佈的其他相關文件對之進行解讀。

特區政府較近一次針對行政長官政黨背景問題作系統論述，出

18　馬嶽、蔡子強：《選舉制度的政治效果：港式比例代表制的經驗》，第 3 頁。
19　參見朱世海：〈香港政黨與香港特別行政區政府的關係取向〉，《嶺南學刊》2010 年第 3 期，第 14 頁。
20　雷競璇：《香港政治與政制初探》，香港：商務印書館（香港）有限公司 1987 年版，第 14 頁。
21　鄒平學等：《香港基本法實踐問題研究》，第 516 頁。
22　劉兆佳主編：《香港 21 世紀藍圖》，第 13 頁。

現在原政制及內地事務局局長林瑞麟於 2011 年 3 月 3 日在立法會全體委員會審議階段動議修正《2010 年行政長官選舉（修訂）條例草案》的發言全文中，相關內容如下：

> 我們曾進行民意調查，有逾半市民不希望香港的行政長官屬於某個政黨。為什麼？因為香港現在的局面是政黨林立，選舉制度亦是用「比例代表制」。在議會內，大小黨派都有份參與，但沒有一個或兩個黨派可以作為立法會的最大黨派。香港黨派的人數在幾百人的是有，達一千人的已少，逾一萬人——現在接近二萬的，則只有一個黨派。在這情況下，大家是可以掌握民情，但任何黨派都不能代表絕大部分市民的利益。所以，話說回來，市民是接受亦希望在現時發展的階梯和程度，香港的行政長官沒有黨派比有黨派背景好。大家試想，如由某黨派的黨魁或其頭號人物作行政長官，其他黨派在議會內外到底會支持還是不支持？我們現在的行政長官是沒有政黨背景的，在爭取大家的支持時已是這樣困難，如果是由屬於某黨派的人士出任行政長官那就更加困難。[23]

應該說，從上述發言內容可以看出，政府的觀點是值得商榷的。原因在於，《行政長官選舉條例》第 31(1) 條作為香港過渡時期的過渡條款，在香港已經成功走出了過渡期、本地民主政治亦漸趨成熟的今天，已經顯得不甚合理。

首先，出任行政長官者擁有政黨背景並不必然代表其就會出現政治立場不中立。民主國家（地區）的發展經驗表明，現代民主政治的核心就是政黨政治，僅就形式上限制行政長官的政黨背景既不必

---

23 〈2011 年 3 月 3 日在立法會在全體委員會審議階段動議修正《2010 年行政長官選舉（修訂）條例草案》發言全文（八）〉，http://www.cmab.gov.hk/tc/speech/speech_2656.htm（最後訪問時間：2019 年 12 月 16 日）。

要，亦無實際意義。僅憑邏輯推理即可知道，在當下政黨參與香港社會政治生活並發揮重要影響已是不爭的客觀事實，《行政長官選舉條例》第 31(1) 條的所設定的此種形式限制在實際上並不能夠有效防止出任行政長官者在日後施政過程中持傾向於某個政黨的特定意識形態或政治立場。而且，香港自回歸以來其實也不乏高級政務官在履職期間保留政黨身份的，但並未造成該等官員在履職過程中失去了中立性。其中，比較為人熟知的是唐英年在 2002 年擔任工商科技局局長期間就保留了自由黨的黨籍。

第二，香港完全可以發展出具規模的大型政黨。目前，香港之所以沒有出現「一個或兩個黨派可以作為立法會的最大黨派」的根本原因在於現行體制限制了政黨的發展。立法會功能組別議席的設置、行政長官由選舉委員會間接選舉產生且必須無政黨背景的立法規定，實際上是對政黨功能的一種「雙重規限」。在這種帶有「功能規限」性質的制度底下，利益集團可以通過政黨以外的其他管道對香港政治有效地施加影響，政黨的重要性大為降低。這正如美國學者亨廷頓曾指出的，「低水平的參與也會削弱政黨在與其他政治機構和社會勢力對比中的地位」。[24] 可是，當基本法所規定的「雙普選」——立法會全部議席及行政長官由普選產生 —— 落實之後，各個利益集團將不得不尋找合適的政黨代表他們的利益並向政黨提供大量的資助，市民亦會更為重視自己的選舉權，這將大大促進香港政黨政治的發展。屆時本地政黨規模必然會迅速壯大，香港的政黨政治亦將會更為成熟。

第三，現時行政長官之所以處境艱難，主要原因是民意基礎過於薄弱的行政長官正當性不足，無法具備「憲制以外的政治權力和威望」。[25] 要「行政主導」成為事實，行政長官必須要有一個強大的管

24　〔美〕塞繆爾・亨廷頓著，王冠華等譯：《變革社會中的政治秩序》，上海：上海世紀出版社 2008 年版，第 336 頁。

25　劉兆佳主編：《香港 21 世紀藍圖》，第 13 頁。

治聯盟對其有效管治提供可靠和穩定的支援。這個管治聯盟應該在立法會內佔有相當比例的議席——最為理想的是佔有三分之二的議席，同時也須擁有較強的群眾動員能力，否則所謂基於「行政主導」的有效管治只能是空中樓閣而已。[26] 而擁有政黨背景的行政長官在立法會有所屬政黨的支持，則會更加容易建立起一個強而有力的管治聯盟。有鑒於此，要解決行政長官「孤家寡人」[27] 的現狀，就必須要破除行政長官不可有政黨背景的迷思。

對於上述的執政困境，香港學者王家英在分析「香港政治生態的變化及發展趨勢」時，曾經以「四弱而四輸」來加以形容。他認為，香港目前的這種特殊的政治安排導致了一種「四弱」而「四輸」的局面於特區政府、政黨、社會人以及社會團體四個「行動者」之間得以形成：首先，在現行政制安排下，政黨與政府沒有辦法聯手起來，行政長官得不到政黨的強大支持，因此政府是弱的；另一方面，由於政黨無法取得政府的權力，同時也就處在一種弱的狀態；而在社會人和社會團體方面，他們一般是以投票、授權的方式，經由政黨實現自己影響決策的權力，但由於目前本港政黨無法直接影響到政府，進而使得在政黨沒有權力的同時，人與社會團體也失去了原有權力。[28]

此外，允許行政長官有政黨背景亦有較強的民意支持。根據香港中文大學香港亞太研究所於 2013 年 7 月就香港市民對本港政黨的印象和評價所進行的民意調查，有六成的受訪市民同意，政府若無政黨支持，不少政策都難以順利推行，不同意的只有 15.4%，詳見下表：[29]

26　參見劉兆佳：《回歸十五年以來香港特區管治及新政權建設》，第 175 頁。

27　對此，又有學者將之描述概括為「寡人特首」。參見劉紹麟：《香港的殖民地幽靈：從殖民地經驗看今天的香港處境》，香港：守沖社 2005 年版，第 167-169 頁。

28　參見郭偉峰主編：《香港前途的冷靜思考》，第 7-8 頁。

29　〈香港亞太研究所民調：市民對政黨評價仍然欠佳〉，香港中文大學香港亞太研究所，http://www.cuhk.edu.hk/hkiaps/tellab/pdf/telepress/13/Press_Release_20130731.pdf（最後訪問時間：2019 年 10 月 29 日）。

表 7-1：香港政府若果沒有政黨支持，很多政策都無可能順利推行

選項	2013 年 7 月	2012 年 11 月
不同意	15.4%	19.9%
一半半	21.2%	19.2%
同意	60.0%	57.2%
不知道／很難說	3.5%	3.7%
樣本數	840	838

* 題目：有意見認為，「香港政府若果無政黨的支持，很多政策都無可能順利推行」。你同不同意這個講法呢？是不同意、同意，還是一半半呢？）

與此同時，48.3% 受訪市民同意，由於未實行特首和立法會雙普選，故政黨難有大作為，不同意這個說法的則有 22.4%，詳見下表：[30]

表 7-2：由於未實行特首和立法會雙普選，故香港政黨很難有大作為

選項	2013 年 7 月	2012 年 11 月
不同意	22.4%	22.5%
一半半	24.4%	25.6%
同意	48.3%	47.0%
不知道／很難說	4.9%	5.0%
樣本數	840	837

* 題目：有意見認為，「由於未實行特首同立法會的雙普選，所以香港的政黨很難有大的作為」。你同不同意這個講法呢？是不同意、同意，還是一半半呢？

綜上，《行政長官選舉條例》第 31(1) 條在實質上作為香港政黨規制法律架構中最為嚴苛的限制性條款，是不利於香港政黨的發展及

---

30 〈香港亞太研究所民調：市民對政黨評價仍然欠佳〉，香港中文大學香港亞太研究所，http://www.cuhk.edu.hk/hkiaps/tellab/pdf/telepress/13/Press_Release_20130731.pdf（最後訪問時間：2019 年 10 月 29 日）。

政黨政治的成熟的，將來不宜繼續保留。未來，香港應通過對相關立法進行修改，允許政黨成員參與行政長官的角逐。

三、政黨可以在普選後的行政長官選舉中擔當什麼樣的角色？

「最終達至普選」產生行政長官和全體立法會議員，是基本法為香港所訂定的民主政制發展目標。根據《全國人民代表大會常務委員會關於香港特別行政區 2012 年行政長官和立法會產生辦法及有關普選問題的決定》的規定，2017 年香港特別行政區第五任行政長官的選舉可以實行由普選產生的辦法；在行政長官由普選產生以後，香港立法會的選舉中全部議員也將由普選的辦法產生。特區政府於 2015 年啟動了有關行政長官普選的政改程序，但令人遺憾的是，該次政改以挫折告終。回顧 2015 年政改諮詢的全過程，行政長官候選人的提名程序成為了最大的爭議焦點，社會各界針對行政長官提名制度設計，包括對提委會預提名階段和提名階段的各項細則問題，始終存在着較大分歧。

我們知道，在香港，行政長官普選候選人的提名機制與西方民主國家較常採用的「政黨提名」或「個人提名」有所不同，前者採用的是一種較為獨特的、以專門的法定機構行使提名權的候選人提名形式。

首先，行政長官普選候選人的提名權被排他性地授予了提名委員會。根據基本法第 45 條規定，香港特別行政區行政長官在當地通過選舉或協商產生，由中央人民政府任命。行政長官的產生辦法根據香港特別行政區的實際情況和循序漸進的原則而規定，最終達至由一個有廣泛代表性的提名委員會按民主程序提名後普選產生的目標。行政長官產生的具體辦法由附件一《香港特別行政區行政長官的產生辦

法》規定。由此可知，行政長官經循序漸進原則實現「普選」後，在提名權歸屬的問題上，基本法第 45 條清晰明瞭地列明了提名委員會為行使候選人提名權的唯一合法主體。而且，正如原律政司司長袁國強於 2014 年撰文指出的，依據普通法「明示其一即排除其他」的法解釋原則，基本法授予提名委員會的這項提名權是一項具有專屬性的權力，其他任何個人或團體均不得染指此項權力。[31] 任何提委會提名以外的候選人提名形式，包括「政黨提名」、「公民提名」在內的其他候選人提名形式均屬違反基本法第 45 條之規定。進一步而言，任何有關在提委會提名之外設立其他提名形式之主張，均缺乏合理的規範依據。

其次，全國人大常委會於 2014 年 8 月 31 日通過的《關於香港特別行政區行政長官普選問題和 2016 年立法會產生辦法的決定》亦重申了以提委會作為行政長官候選人唯一提名主體的提名原則，且在此基礎上進一步擬定了關於組織提名委員會的「三不准」原則。所謂的「三不准」原則，是指提名委員會應按照第四任行政長官選舉委員會的產生辦法設立，其中，提委會的人數、構成和委員產生辦法均不准變更。上述「三不准」原則，在特區政府 2015 年初所發佈的行政長官普選辦法諮詢檔《2017 機不可失》中亦被重點地強調。參照全國人大常委會「8.31 決定」，香港特區行政長官選舉實行由普選產生的辦法時：第一，須組成一個有廣泛代表性的提名委員會。提名委員會的人數、構成和委員產生辦法按照第四任行政長官選舉委員會的人數、構成和委員產生辦法而規定。第二，提名委員會按民主程序提名產生 2-3 名行政長官候選人。每名候選人均須獲得提名委員會全體委員半數以上的支持。

綜上，在現行政制架構下，行政長官普選的候選人提名權被排

31　全文刊於 2014 年 1 月 29 日香港各大報章。

他性地授予了提名委員會。這也就是說，行政長官候選人只能由提名委員會按民主程序提名產生，其他包括政黨在內的任何主體，均不得參與候選人提名權的行使。那麼，在基本法所明定的選舉框架下，政黨在普選後行政長官候選人提名中究竟可能扮演怎樣的角色呢？筆者認為，政黨主要可以通過「政黨推薦」的形式推薦參選人。從現行選舉委員會的運行機制推斷，未來提名委員會提名行政長官候選人的具體程序應該分為「預提名程序」和「提名程序」。所謂提名程序，是提委會通過法定程序從合資格的行政長官參選人中提名產生正式候選人，即一般所講的「出閘」。而預提名程序則是指，獲得一定數量提名委員會委員的具名推薦成為行政長官參選人，即一般所講的「入閘」。這也就是說，現階段香港政黨在行政長官候選人提名過程中唯一可以參與的可能是行政長官參選人的推薦。政黨預提名階段通過一定的途徑向提名委員會推薦參選人「入閘」，扮演向提名委員會推薦行政長官參選人的角色。

而所謂的「政黨推薦」，即在普選後候選人的預提名程序中，在「委員推薦」之外並列增加「政黨推薦」作為行政長官參選人的一種推薦方式。「政黨推薦」建議方案如下：[32]（1）推薦形式：政黨推薦＋提委會委員聯名推薦；（2）方案內容：在去屆立法會選舉分區直選中得票率達 20% 的政黨，可單獨或聯合推薦一名行政長官參選人；該被推薦之行政長官參選人在同時獲得提名委員會一定數額（較「委員推薦」之入閘門檻低）的委員聯名推薦後，即可入閘成為行政長官參選人。（3）方案之利弊分析：

利：第一，方案並不違反人大常委會「8.31 決定」；第二，增加了推薦方式，讓香港政黨有參與機會，立法會通過方案的概率提高；

---

32 本建議案之具體設計參考了北京港澳學人研究中心所推出之普選行政長官改革方案 ——「港澳學人方案」。「港澳學人方案」由北京港澳學人研究中心林朝暉理事研究員草擬完成，筆者曾參與該方案的後期修訂討論。

第三，有利於大型政黨，促進政黨整合，排除激進政治力量；第四，增加了行政長官候選人的民意基礎。

弊：第一，此方案中央可能不太願意接受；第二，仍然無法從根本上解決泛民參選人只能扮演「陪跑」角色的困境，且增加了參選人推薦成本；第三，可能導致政黨、民意裏挾提委會，實質上弱化提委會的提名權。

總括而言，儘管在香港現行憲制框架下，政黨在基本法所規定的提名機制下只能扮演低度參與者角色——通過間接的方式來影響候選人的競逐，但如果政改能夠順利通過並實現行政長官普選的話，政黨下一步將毫無疑問會肩負起更重大的政治功能。眾所周知，如果沒有政黨的參與，現代民主選舉是很難順利運作和完成的。然而，政黨由於其自身所固有的缺陷也會為民主選舉帶來一定的風險，因此在有效發揮政黨在民主政治中之功能的同時，也不能忽略的是必須做好一些配套性的制度安排，具體包括通過立法對政黨的選舉行為作專門規範。目前，包括《行政長官選舉條例》、《選舉開支最高限額（行政長官選舉）規例》、《選舉程序（行政長官選舉）規例》、《選舉開支最高限額（立法會選舉）規例》、《選舉管理委員會（選民登記）（立法會地方選區）（區議會選區）規例》等香港本地選舉法例在內，用於規範競選行為的條文規範大多是針對候選人而設，而甚少涉及對政黨競選行為的規制。因此，香港政黨的選舉行為、選舉財政在很多時候都處於不受監管的狀態。未來，香港仍有必要加強規範政黨選舉行為的立法，尤其是為政黨參與「普選」訂定一套可行的「遊戲規則」。

小結

　　德國學者卡爾·施米特曾指出，法律是確定地形成的政治，而政治則是正在形成的法律。[1]世界各民主國家（地區）的民主化經驗都已表明，政黨政治的發展趨勢最終都必然地走向「規範化」。而香港作為民主政治的後發展地區且正處於民主發展的轉型期，當然也必須加大對本地區政黨立法的關注力度，盡早制定並落實政黨法治化的方案。對此，特區政府也曾明確指出，要實行政黨政治需要很多配套設施，其中的一項就是健全的政黨法。[2]應該說，構建起一套完善的政黨規範體系，對於香港政黨政治未來的健康發展具有十分重大之積極意義；同時這也是香港在面臨本地區政治生態迅速轉變的現階段需要迫切完成的法治課題。香港作為我國的一個特殊行政單元，其政黨立法的完善除應積極借鑒民主國家（地區）政黨立法的先行經驗外，也必須結合本地區的實際情況並遵循基本法所構建的憲制安排而具體開展。

1　〔德〕卡爾·施米特著，劉宗坤等譯：《政治的概念》，上海：上海人民出版社 2003 年版，第 136 頁。

2　詳見〈政制及內地事務局局長會見傳媒談話全文（二）〉，http://www.info.gov.hk/gia/general/201403/13/P201403130768.htm（最後訪問時間：2019 年 12 月 16 日）。

結　語

　　本書主要圍繞政黨權利保障和政黨行為規範兩條基本論述線索，從香港政黨的發展歷程與發展現狀之特點、香港政黨在現行憲制秩序中之規範定位的缺陷及其成因、政黨發展的規範供給及香港政黨立法中之政黨權利保障問題、香港政黨外部行為的立法規制、香港政黨內部行為的立法規制、「防衛型民主」理念下香港反憲制政黨的禁止、香港政黨立法前瞻等方面，對香港的政黨立法規範問題進行了綜合考察和分析，最終得出相關結論如下：

　　第一，以香港民主同盟為代表的香港本地政黨正式產生於上世紀 90 年代初，相對較短的發展歷史使得香港政黨政治目前尚處於較為初級的發展水平。按照一般的政黨分類標準，香港的政黨應屬於地區政黨的一種類型，而由於香港政黨發展歷史較短且普遍尚不成熟，對其應採取一種「適度的定義」，以此使得現存的那些自詡為政黨的政治團體能夠被算作為政黨。回顧香港政黨的整個發展歷程，主要歷經了前政黨年代（1843-1979）、政黨產生的醞釀階段（1979-1989），以及政黨的產生和穩步發展階段（上世紀 90 年代初至今）三個大的階段。目前，香港的政黨政治尚未成熟定型，並形成一種頗具特色的港式「半政黨政治」發展形態。

　　第二，香港的政黨機制以及政黨之任務和目的目前均未在基本法中得到具體規定，而通常為現代民主社會所普遍承認的「政黨自由」當前亦僅能從基本法第 27 條所規定的「居民結社自由權」中被間接地推導出來。從政黨的法律地位以及政黨憲法性格兩個面向對政

黨在現行憲制秩序中的定位進行考察可以發現，政黨在香港現行憲制秩序中的定位是「不明確」的。而此種不明確的憲制定位並非指向實然層面──現行立法體例未有對政黨的法律地位作清晰的界定；相反，乃是指向應然層面，屬於一種具有應然指向性的不明確。即，香港在規範層面對政黨憲制地位所作出的界定，不僅與民主社會之通常發展潮流不甚相符，而且更是與香港政黨現時的政治地位嚴重脫節，存在對香港政黨地位進行「矮化」的嫌疑。造成香港目前存在的這種政黨定位缺陷的核心因由，可歸結於香港政治體制及香港社會所潛藏的「政黨排斥主義」傳統。

第三，香港現有的政黨規範架構主要由基本法、《香港國安法》、《社團條例》、《公司條例》、《公安條例》等法例的部分條款所構築而成。分別從政黨權利保障及政黨行為規制（具體包括：政黨註冊、政黨內部秩序、政黨財務、政黨選舉行為和政黨違憲禁止）兩個面向對香港該規範架構進行綜合性的對比考察可以發現，香港現行的政黨規範架構是不完備的，主要表現為：立法形式過於鬆散，不成體系；立法的內容較粗疏，且不完整。政黨法制的缺陷，為香港帶來了政制秩序混亂、政黨規管失衡等消極影響。在一方面，導致針對政黨的保障性規範遠遠不足，政黨在憲制秩序中的定位仍處於「不明確」的狀態；在另一方面，又導致針對政黨行為的管制性規範一直落後於本地區政黨政治發展的狀態，進而又在很大程度上造成了特區政府在政黨規管方面出現功能障礙。隨着特區政制的進一步發展，完善政黨立法並實現政黨的有效規範，已經成為香港所必須面對的迫切性難題。

第四，香港在未來應該通過具針對性的立法完善，建構起一個既可以充分保障政黨權利，又能夠有效規制政黨行為的政黨規範體系。具體而言，該規範體系，一方面應明確政黨的憲制地位，切實保障政黨權利；另一方面，又要建立起針對政黨違法行為的追懲機制，

以達至有效地防範、制止政黨違法行為的發生。此外，作為民主政治後發展地區且自身正處於民主發展轉型期的香港，也應該積極借鑒民主先行國家的民主發展經驗，建立起本地區的「防衛型民主」制度，並在此基礎上構建起針對反憲制政黨的禁止機制，以鞏固自身民主發展的成果，維護基本法所確立的重要核心價值。而仍需要強調的是，上述針對政黨的立法規制必須要保持在必要且合理的範圍內。因此，香港政黨法制化必須遵循必要的立法原則，具體包括：政黨自由原則；政黨平等原則；權利限制的限制原則；權利救濟的保障原則。

第五，隨着特區政制的進一步發展，完善政黨規範體系並實現對政黨的有效規範，已經成為香港所必須面對的發展課題。而該規範體系的完善，在事實上又具有充分之可行性。未來，具體做法應該是，保留現有的政黨法制框架，對現有法制框架進行填補式的立法完善。首先，從長遠的角度來說，香港可以考慮在現有架構的基礎上從以下幾個方面來對其進行完善，具體包括：明確政黨的憲制地位、建立政黨註冊制度、立法保障黨員權利、加強政黨財務監管、改善政黨公共資助制度、設立專門的委員會監管政黨競選行為、建立政黨違憲禁止機制等。其次，就當下而言，完善香港政黨立法最為迫切的兩項工作是：完善政黨註冊制度；建立政黨財務監管制度。

第六，香港政黨立法要進一步完善必須恰當地處理好兩大關係。第一，政黨與國家的關係。香港政黨與國家關係的問題焦點在於如何協調好國家安全與基本權利二者的關係，而要對政黨與國家的關係作出恰當的界定，就必須將其置於「一國兩制」下香港特區與中央關係的大背景中加以考量：首先，要準確把握香港政黨與國家之間的關係，前提就是要理清特區與國家之間的關係，繼而對香港政黨在整個國家體制層面進行清晰的定位；其次，要準確把握香港政黨與國家之間的關係，同樣需要明確的是香港政黨與國家執政黨之間的關係，理清香港政黨與國家執政黨之間的矛盾所在；再次，要準確把握香港

政黨與國家的關係，其要點在於正確理解「一國兩制」的核心內涵，將對「國家安全」之維護確認為香港政黨與國家關係的核心原則。第二，政黨與香港特區的關係。政黨與特區關係主要涉及兩個核心問題，一個是行政長官出任者是否可以有政黨背景的問題，另一個則是政黨與行政長官普選的關係。本書的分析結論認為：未來對行政長官出任者的政黨背景不應再作限制；在相關法例的有效規範下，應進一步擴大政黨於行政長官普選中的可參與範圍。

總言之，在現代民主社會，成熟政黨政治的重要特徵就是存在一個與之相適應的政黨規範體系，而政黨立法的持續完善則是政黨政治良好發展的前提。當下，「完善政黨立法」作為一種訴求被提出，一方面反映了香港政黨政治正逐步走向成熟，另一方面也反映了香港目前整體法律環境並沒有很好地回應本地政黨健康發展的規範需求。未來，隨着代議政制的發展，選舉政治的擴大將為香港政黨提供更廣闊的政治活動空間，政黨也將會在香港本地區的政治生活中扮演更為重要的角色。特區政府必須加大對本地政黨立法的關注力度，盡早制定並落實政黨法制的完善方案，為香港民主化的進一步發展做好準備。

參考文獻

一、中文文獻

1.1.1 著作類・內地

[1] 王世傑、錢端升：《比較憲法》，北京：商務印書館 2010 年版。

[2] 王叔文主編：《香港特別行政區基本法導論》（第二版 修訂本），北京：中共中央黨校出版社 1997 年版。

[3] 王長江：《政黨論》，北京：人民出版社 2009 年版。

[4] 王勇兵：《黨內民主的制度創新與路徑選擇》，北京：中央編譯出版社 2010 年版。

[5] 王振民：《中央與特別行政區關係：一種法治結構的解釋》，北京：清華大學出版社 2002 年版。

[6] 王晴川、陸地：《媒介法規教程》，上海：上海交通大學出版社 2013 年版。

[7] 王韶興主編：《政黨政治論》，濟南：山東人民出版社 2011 年版。

[8] 王韶興、呂連仁主編：《政黨政治研究：第四屆中國政黨論壇文集》，濟南：山東大學出版社 2012 年版。

[9] 牛旭光：《政黨政治與民主問題研究》，北京：中國人民大學出版社 2014 年版。

[10] 朱世海：《香港政黨研究》，北京：時事出版社 2011 年版。

[11] 江澤民：《江澤民文選》（第一卷），北京：人民出版社 2006 年版。

[12] 何力平：《政黨法律制度研究》，哈爾濱：黑龍江人民出版社 2003 年版。

[13] 宋永華：《韓國憲法法院制度研究》，上海：上海三聯書店 2012 年版。

[14] 李金河主編：《當代世界政黨制度》，北京：中國編譯出版社 2011 年版。

[15] 李昌道：《香港政治體制研究》，上海：上海人民出版社 1999 年版。

[16] 沈宗靈：《比較憲法：對八國憲法的比較研究》，北京：北京大學出版社 2006 年版。

[17] 祁剛利：《政黨民主論》，北京：中央編譯出版社 2011 年版。

[18] 吳國慶：《法國政黨和政黨制度》，北京：社會科學文獻出版社 2008 年版。

[19] 周平：《香港政治發展（1980-2004）》，北京：中國社會科學出版社 2006 年版。

[20] 周建華：《香港政黨與選舉政治（1997-2008）》，廣州：中山大學出版社 2009 年版。

[21] 周敬青主編：《現代政黨治理比較研究》，北京：中國社會科學出版社 2014 年版。

[22] 林宇宏：《白宮的誘惑：美國總統選舉政治研究（1952-2004）》，天津：天津人民出版社 2006 年版。

[23] 林來梵：《從憲法規範到規範憲法：規範憲法學的一種前言》，北京：法律出版社 2001 年版。

[24] 林來梵：《憲法學講義》，北京：法律出版社 2011 年版。

[25] 施雪華主編：《政治科學原理》，廣州：中山大學出版社 2001 年版。

[26] 胡盛儀、陳小京、田穗生：《中外選舉制度比較》，北京：商務印書館 2000 年版。

[27] 陳旭：《政黨論》，上海：上海華通書局 1930 年版（清華大學圖書館影印本）。

[28] 陳新民：《德國公法學基礎理論》（增訂新版‧上卷），北京：法律出版社 2010 年版。

[29] 陳瑞蓮、汪永成：《香港特區公共管理模式研究》，北京：中國社會科學出版社 2009 年版。

[30] 陳麗君：《香港政黨政治與選舉制度研究》，北京：中國社會科學出版社 2013 年版。

[31] 徐克恩：《香港：獨特的政制架構》，北京：中國人民大學出版社 1994 年版。

[32] 馬東亮：《國家財政補助政黨比較研究》，北京：中央民族大學出版社 2013 年版。

[33] 高秉雄、蘇祖勤：《中外代議制度比較》（第 2 版），北京：商務印書館 2014 年版。

[34] 孫謙、韓大元主編，《世界各國憲法》編輯委員會編譯：《世界各國憲法》（亞洲卷 / 歐洲卷 / 非洲卷 / 美洲大洋洲卷），北京：中國檢察出版社 2012 年版。

[35] 張千帆：《憲政原理》，北京：法律出版社 2011 年版。

[36] 張千帆：《法國與德國憲政》，北京：法律出版社 2011 年版。

[37] 張千帆：《憲法學導論：原理與應用》（第三版），北京：法律出版社 2014 年版。

[38] 張翔主編：《德國憲法案例選釋（第 1 輯）：基本權利總論》，北京：法律出版社 2012 年版。

[39] 張慶福：《憲法學基本原理》（上），北京：社會科學文獻出版社 1999 年版。

[40] 強世功：《中國香港：政治與文化的視野》，北京：生活‧讀書‧新知三聯書店 2010 年版。

[41] 崔英楠：《德國政黨依法執政的理論與實踐》，北京：中國社會科學出版社 2009 年版。

[42] 許崇德主編：《港澳基本法教程》，北京：中國人民大學出版社 1994 年版。

[43] 許崇德主編：《憲法與民主政治》，北京：中國檢察出版社 1994 年版。

[44] 梁琴、鍾德濤：《中外政黨制度比較》（第 2 版），北京：商務印書館 2013 年版。

[45] 鄒平學等：《香港基本法實踐問題研究》，北京：社會科學文獻出版社 2014 年版。

[46] 曾志剛等：《黨員主體地位和民主權利保障問題研究》，北京：人民出版社 2014 年版。

[47] 焦洪昌、姚國建主編：《港澳基本法概論》，北京：中國政法大學 2009 年版。

[48] 董立坤：《中央管治權與香港特區高度自治權的關係》，北京：法律出版社 2014 年版。

[49] 楊允中、黃來紀、李志強主編：《特別行政區制度與我國基本政治制度研究》，北京：中國民主法制出版社 2012 年版。

[50] 楊玉清：《現代政治概論》，上海：商務印書館 1934 年版（清華大學圖書館影印本）。

[51] 葉海波：《政黨立憲研究》，廈門：廈門大學出版社 2009 年版。

[52] 鄧小平：《鄧小平文選》（第三卷），北京：人民出版社 1993 年版。

[53] 趙普巨：《政治學概論》，北平：北平立達書局 1932 年版（清華大學圖書館影印本）。

[54] 趙曉呼主編：《政黨論》，天津：天津人民出版社 2002 年版。

[55] 劉紅凜：《政黨政治與政黨規範》，上海：上海人民出版社 2010 年版。

[56] 劉紅凜：《政黨關係和諧與政黨制度建設》，北京：人民出版社 2013 年版。

[57] 劉曼容：《港英政府政治制度論》，北京：社會科學文獻出版社 2001 年版。

[58] 劉曼容：《港英政治制度與香港社會變遷》，廣州：廣東人民出版社 2009 年版

[59] 蕭蔚雲：《論香港基本法》，北京：北京大學出版社 2003 年版。

[60] 韓大元、胡錦光：《當代人權保障制度》，北京：中國政法大學出版社 1993 年版。

[61] 韓大元、林來梵、鄭賢君：《憲法學專題研究》（第二版），北京：中國人民大學出版社 2008 年版。

[62] 韓大元：《亞洲立憲主義研究》（第二版），北京：中國人民公安大學出版社 2008 年版。

[63] 謝峰：《西方政黨黨內民主研究》，廣州：廣東人民出版社 2013 年版。

[64] 薩孟武：《政治學新論》，上海：大東書局 1948 年版（清華大學圖書館影印本）。

[65] 龔祥瑞：《比較憲法與行政法》（第 3 版），北京：法律出版社 2012 年版。

1.1.2　著作類·香港

[1] 王友金：《23 條立法論叢》，香港：明報出版社有限公司 2004 年版。

[2] 王巧瓏主編：《香港特別行政區基本法辭典》，香港：新香港年鑒有限公司 2001 年版。

[3] 王於漸：《香港深層次矛盾》，香港：中華書局（香港）有限公司 2012 年版。

[4] 王家英、孫同文編：《香港回歸與港台關係》，香港：香港中文大學香港亞太研究所 1997 年版。

[5]　王家英、尹寶珊：《香港 2007 年區議會選舉投票行為》，香港：香港中文大學香港亞太研究所 2009 年版。

[6]　史深良：《香港政制縱橫談》，香港：三聯書店（香港）有限公司 1988 年版。

[7]　李少南編：《香港傳媒新世紀》，香港：中文大學出版社 2003 年版。

[8]　李浩然主編：《香港基本法起草過程概覽》（上 / 中 / 下冊），香港：三聯書店（香港）有限公司 2012 年版。

[9]　李浩然、尹國華編著：《香港基本法案例彙編：1997-2010（第一條至第四十二條）》，香港：三聯書店（香港）有限公司 2012 年版。

[10]　李曉惠：《邁向普選之路：香港政制發展進程與普選模式研究》，香港：新民主出版社有限公司 2013 年版。

[11]　吳國光編：《九七效應：香港、中國與太平洋》，香港：太平洋世紀研究所 1997 年版。

[12]　余繩武、劉蜀永主編：《20 世紀的香港》，香港：麒麟書業有限公司 1995 年版。

[13]　杜耀明、聶依文編：《傳媒、策略與選舉：立法局直接選舉的政治傳播》，香港：香港人文科學出版社 1995 年版。

[14]　林尚立：《選舉政治》，香港：三聯書店（香港）有限公司 1993 年版。

[15]　孟慶順：《「一國兩制」與香港回歸後的政治發展》，香港：社會科學出版社有限公司 2005 年版。

[16]　金耀基：《中國政治與文化》（增訂版），香港：牛津大學出版社 2013 年版。

[17]　范忠信：《一國兩法與跨世紀的中國》，香港：香港文教出版企業有限公司 1998 年版。

[18]　范振汝：《香港特別行政區的選舉制度》，香港：三聯書店（香港）有限公司 2006 年版。

[19]　洪清田主編：《人文香港：香港發展經驗的全新總結》，香港：中華書局（香港）有限公司 2012 年版。

[20]　香港太平山學會編：《過渡時期的香港政制與法制》，香港：《百姓》半月刊出版 1985 年版。

[21]　香港民主動力編輯委員會編著：《選舉工程師：香港選舉九招必殺技》，香港：非傳媒有限公司 2011 年版。

[22]　郝鐵川：《香港基本法爭議問題述評》，香港：中華書局（香港）有限公司 2013 年版。

[23]　陳弘毅：《香港法制與基本法》，香港：廣角鏡出版社有限公司 1986 年版。

[24]　陳弘毅：《一國兩制下香港的法治探索》，香港：中華書局（香港）有限公司 2010 年版。

[25]　陳敦德：《香港問題談判始末》，香港：中華書局（香港）有限公司 2009 年版。

[26]　袁求實編著：《香港回歸大事記》，香港：三聯書店（香港）有限公司 1997 年版。

[27]　高馬可，林立偉譯：《香港簡史：從殖民地至特別行政區》，香港：中華書局（香港）有限公司 2013 年版。

[28]　陸恭惠、思匯政策研究所：《創建民主：締造一個優良的香港特區政府》，香港：香港大學出版社 2003 年版。

[29]　郭偉峰主編：《香港前途的冷靜思考》，香港：中國評論文化有限公司 2003 年版。

[30]　馬嶽、蔡子強：《選舉制度的政治效果：港式比例代表制的經驗》，香港：香港城市大學出版社 2003 年版。

[31]　馬嶽：《港式法團主義功能界別 25 年》，香港：香港城市大學出版社 2013 年版。

[32]　馬嶽：《香港政治：發展歷程與核心課題》，香港：香港中文大學香港亞太研究所 2010 年版。

[33]　基本法諮詢委員會秘書處編：《政制面面觀》，香港：基本法諮詢委員會 1988 年版。

[34]　張宏任：《香港發展前景與政爭困境》，香港：和平圖書有限公司 2011 年版。

[35]　張定淮：《面向二零零七年的香港政黨政治發展》，香港：大公報出版有限公司 2007 年版。

[36]　梁麗娟：《媒介之都：縱論大眾傳播與社會》，香港：教育圖書公司 2010 年版。

[37]　楊艾文、高禮文：《選舉香港特區行政長官》，香港：香港大學出版社 2011 年版。

[38]　葉勇勝：《香港三合會：來歷、堂口與掌故》，香港：藝苑出版社 2011 年版。

[39]　雷競璇：《香港政治與政制初探》，香港：商務印書館 1987 年版。

[40]　雷競璇、沈國祥編：《香港選舉資料彙編（1982 年 -1994 年）》，香港：香港中文大學香港亞太研究所 1995 年版。

[41]　鄭宇碩、雷競璇：《香港政治與選舉》，香港：牛津大學出版社 1995 年版。

[42]　鄭宇碩、盧兆興編：《九七過渡：香港的挑戰》，香港：中文大學出版社 1997 年版。

[43]　鄭宇碩、羅金義編：《政治學新論：西方學理與中華經驗》，香港：中文大學出版社 1997 年版。

[44]　鄭義民編著：《泛民收錢實錄》，香港：創潤佳有限公司 2014 年版。

[45]　蔡子強：《香港選舉制度透視》，香港：明報出版社 1998 年版。

[46]　蔡子強、蔡耀昌編著：《香港立法局重要投票紀錄彙編（1995-1997）》，香港：香港人文科學出版社 1998 年版。

[47]　劉兆佳：《過渡期香港政治》，香港：廣角鏡出版社有限公司 1996 年版。

[48]　劉兆佳主編：《香港 21 世紀藍圖》，香港：中文大學出版社 2000 年版。

[49]　劉兆佳：《回歸十五年以來香港特區管治及新政權建設》，香港：商務印書館（香港）有限公司 2013 年版。

[50]　劉兆佳：《回歸後的香港政治》，香港：商務印書館（香港）有限公司 2013 年版。

[51]　劉兆佳：《香港的獨特民主路》，香港：商務印書館（香港）有限公司 2014 年版。

[52] 劉青峰、關小春編：《轉化中的香港：身份與秩序的再尋求》，香港：中文大學出版社 1998 年版。

[53] 劉紹麟：《香港的殖民地幽靈：從殖民地經驗看今天的香港處境》，香港：守沖社 2005 年版。

[54] 劉蜀永主編：《簡明香港史》(新版)，香港：三聯書店 (香港) 有限公司 2009 年版。

[55] 錢永祥編：《香港：解殖與回歸》，香港：聯經出版公司 2011 年版。

[56] 鍾士元：《香港回歸歷程：鍾士元回憶錄》，香港：中文大學出版社 2001 年版。

[57] 謝緯武主編：《安得猛士守四方：香港特別行政區基本法第二十三條立法面面觀》，香港：香港文學報社出版公司 2003 年版。

[58] 羅敏威：《香港人權法新論》，香港：香港城市大學出版社 2009 年版。

1.1.3 著作類 · 台灣

[1] 天下雜誌編輯：《轉捩點上的香港：天下編輯集體越洋採訪專集 (三)》，台北：經濟與生活出版公司 1988 年版。

[2] 尤英夫：《大眾傳播法》，台北：新學林出版股份有限公司 2005 年版。

[3] 王業立：《比較選舉制度》(四版)，台北：五南圖書出版有限公司 2006 年版。

[4] 史尚寬：《憲法論叢：史尚寬法學論文選集之二》，台北：自版 1973 年版。

[5] 左潞生編著：《比較憲法》，台北：國立編譯館出版，正中書局印行 1964 年版。

[6] 「行政院」大陸委員會：《香港政黨比較研究》，台北：「行政院」大陸政策委員會 1995 年版。

[7] 李步雲主編：《憲法比較研究》，台北：韋伯文化國際出版有限公司 2004 年版。

[8] 李念祖編著：《案例憲法 (一)：憲法原理與基本人權概論》，台北：三民書局 2002 年版。

[9] 李建良：《憲法理論與實踐 (一)》(二版)，台北：學林文化事業有限公司 2003 年版。

[10] 李鴻禧：《憲法與人權》，台北：元照出版有限公司 1999 年版。

[11] 李鴻禧：《李鴻禧憲法教室》，台北：元照出版有限公司 2004 年版。

[12] 吳重禮：《政黨與選舉：理論與實踐》，台北：三民書局 2008 年版。

[13] 杜關東、陳美延、黃竟修：《日本及韓國政治獻金制度》，台北：「檢察院」出版 2006 年版。

[14] 林世宗：《美國憲法言論自由之理論與闡釋》，台北：師大出版社 1996 年版。

[15] 林紀東：《中華民國憲法逐條釋義 (一)》(修訂八版)，台北：三民書局 1998 年版。

[16] 林騰鷂：《中華民國憲法》，台北：三民書局 2005 年版。

[17] 法治斌、董保城：《憲法新論》(二版)，台北：元照出版有限公司 2005 年版。

[18] 翁岳生教授祝壽論文編輯委員會：《當代公法新論（上）：翁岳生教授七秩誕辰祝壽論文集》，台北：元照出版有限公司 2002 年版。

[19] 陳佳吉：《台灣的政黨競爭規範與民主鞏固》（第二版），台北：翰蘆圖書出版有限公司 2008 年版。

[20] 陳春生：《憲法》，台北：翰蘆圖書出版有限公司 2003 年版。

[21] 陳隆志主編：《新世紀新憲政：憲政研討會論文集》，台北：台灣新世紀文教基金會 2002 年版。

[22] 陳淑芳：《民主與法治》，台北：元照出版有限公司 2004 年版。

[23] 陳慈陽：《憲法學》（第二版），台北：元照出版社 2005 年版。

[24] 陳新民：《憲法學釋論》（修訂五版），台北：三民書局 2005 年版。

[25] 陳慈陽：《憲法規範性與憲政現實性》（二版），台北：翰蘆圖書出版有限公司 2007 年版。

[26] 馬起華：《政治學原理》（下冊），台北：大中國圖書公司 1985 年版。

[27] 許介鱗：《政黨政治的秩序與倫理》（二版），台北：財團法人張榮發基金會／國家政策研究資料資料中心 1990 年版。

[28] 許志雄：《憲法之基礎理論》，台北：稻禾出版社 1992 年版。

[29] 許志雄、陳銘祥、蔡茂寅等：《現代憲法論》（四版），台北：元照出版公司 2008 年版。

[30] 許慶雄：《憲法入門》，台北：元照出版公司 2000 年版。

[31] 張忠棟、李永熾、林正弘主編：《現代中國自由主義資料選編 7：紀念「五四」八十周年：民主·憲政·法治》（下冊），台北：唐山出版社 2001 年版。

[32] 張茂桂、羅文輝、徐火炎主編：《台灣的社會變遷 1985-2005：傳播與政治行為》，台北：中央研究院社會學研究所 2013 年版。

[33] 張寶樹：《美國政黨與選舉制度：以一九八四年美國大選為實例》，台北：台灣商務印書館 1986 年版。

[34] 鄒文海：《比較憲法》，台北：三民書局 1966 年版。

[35] 彭懷恩：《政治傳播：理論與實踐》，台北：風雲論壇有限公司 2007 年版。

[36] 葛永光：《政黨政治與民主發展》（第二版），台北：國立空中大學 2000 年版。

[37] 雷飛龍：《政黨與政黨制度研究》，台北：韋伯文化國際出版有限公司 2002 年版。

[38] 莊勝榮：《公職人員選舉罷免法論》，台北：五南圖書出版公司 1992 年版。

[39] 鄭自隆：《競選文宣策略：廣告、傳播與政治行銷》，台北：遠流出版公司 1992 年版。

[40] 鄭自隆：《競選廣告：理論、策略、研究案例》，台北：正中書局 1995 年版。

[41] 廖揆祥：《德國綠黨的發展與演變》，台北：韋伯文化國際出版有限公司 2008 年版。

[42] 管歐：《憲法新論》（三十版），台北：五南圖書出版股份有限公司 2003 年版。

[43]　蔡宗珍：《憲法與國家（一）》，台北：元照出版有限公司 2004 年版。

[44]　劉義周、王業立、遊清鑫：《台灣選舉中的政黨或候選人提供經費或實質補助的公費選舉制度建立研究》，台北：「行政院」研究發展考核委員會 2007 年版。

[45]　葉陽明：《德國政治新論》，台北：五南圖書出版股份有限公司 2011 年版。

[46]　謝瑞智：《憲法新論》，台北：正中書局 2000 年版。

[47]　薄慶玖等：《競選經費問題之研究》，台北：「行政院」研究發展考核委員會編印，1991 年 5 月。

[48]　薩孟武：《中國憲法新論》，台北：三民書局 1974 年版。

[49]　薩孟武著，黃俊傑修訂：《中國憲法新論》（修訂二版），台北：三民書局 2007 年版。

[50]　蘇永欽：《合憲性控制的理論與實踐》，台北：月旦出版社股份有限公司 1994 年版。

[51]　蘇永欽主編：《部門憲法》，台北：元照出版公司 2006 年版。

[52]　蘇俊雄：《政黨規範體制的研究》，台北：「行政院」政黨審議委員會委託研究，1992 年 4 月。

1.1.4　著作類・國外

[1]　〔日〕丸山健著，呂漢鐘譯：《政黨法論》，台北：八十年代出版社 1983 年版。

[2]　〔日〕木下太郎編，康樹華譯：《九國憲法選介》，北京：群眾出版社 1981 年版。

[3]　〔日〕水野聖紹、范俊松、賴欣欣等編著：《中華民國憲法概論》，台北：新文京開發出版有限公司 2005 年版。

[4]　〔日〕古賀純一郎著，高泉益譯：《政治獻金》，台北：台灣商務印書館 2005 年版。

[5]　〔日〕阿部照哉、池田政章、初宿正典等編著，許志雄審訂，周宗憲譯：《憲法（上）：總論篇、統治機構篇》，北京：中國政法大學出版社 2006 年版。

[6]　〔日〕阿部照哉、池田政章、初宿正典等編著，許志雄審訂，周宗憲譯：《憲法（下）：基本人權篇》，北京：中國政法大學出版社 2006 年版。

[7]　〔日〕佐藤功著，許介麟譯：《比較政治制度》，台北：正中書局 1981 年版。

[8]　〔日〕松井茂記著，蕭淑芬譯：《媒體法》（第三版），台北：元照出版公司 2004 年版。

[9]　〔日〕岡澤憲芙著，耿小曼譯：《政黨》，北京：經濟日報出版社 1991 年版。

[10]　〔日〕森口繁治著，劉光華譯，廖初民點校：《選舉制度論》，北京：中國政法大學出版社 2005 年版。

[11]　〔日〕植田捷雄著，石楚耀譯：《香港政治之史的考察》，（民國）上海國立暨南大學海外文化事業部 1936 年版（清華大學圖書館影印本）。

[12]　〔日〕飯島清著，張福清等譯：《日本選舉戰術與策略》，台北：中華民國日本研究學會 1985 年版。

[13]　〔日〕渡邊洋三著，魏曉陽譯：《日本國憲法的精神》，北京：譯林出版社 2009
　　　年版。

[14]　〔日〕蘆部信喜著，〔日〕高橋和之增訂，林來梵等譯：《憲法》（第三版），北京：
　　　北京大學出版社 2006 年版。

[15]　〔法〕托克維爾著，董果良譯：《論美國的民主》（上卷），北京：商務印書館 2011
　　　年版。

[16]　〔法〕孟德斯鳩著，張雁深譯：《論法的精神》（上冊），北京：商務印書館 1961
　　　年版。

[17]　〔法〕讓·布隆代爾、〔意〕毛里齊奧·科塔主編，史志欽等譯：《政黨與政府：自
　　　由民主國家的政府與支持性政黨關係探析》，北京：北京大學出版社 2006 年版。

[18]　〔英〕A·W·布蘭得利、K·D·尤因著，程潔譯：《憲法與行政法》（上冊）（第
　　　14 版），北京：商務印書館 2008 年版。

[19]　〔英〕A·W·布蘭得利、K·D·尤因著，劉剛、江菁等譯：《憲法與行政法》（下
　　　冊）（第 14 版），北京：商務印書館 2008 年版。

[20]　〔英〕Matthew Kieran 等著，張培倫、鄭佳瑜譯：《媒體倫理與規範》，台北：韋伯
　　　文化國際出版有限公司 2004 年版。

[21]　〔英〕P·埃瑞克·洛著，陳晞、王振源譯：《西方媒體如何影響政治》，北京：新
　　　華出版社 2013 年版。

[22]　〔英〕大衛·米勒、韋農·波格丹諾編，中國發展研究所等組織譯：《布萊克維爾
　　　政治學百科全書》，北京：中國政法大學出版社 1992 年版。

[23]　〔英〕弗蘭克·韋爾什著，王皖強、黃亞紅譯：《香港史》，北京：中央編譯出版社
　　　2009 年版。

[24]　〔英〕艾倫·韋爾著，謝峰譯：《政黨與政黨制度》，北京：北京大學出版社 2011
　　　年版。

[25]　〔英〕安德魯·海伍德著，吳勇譯：《政治學核心概念》，天津：天津人民出版社
　　　2008 年版。

[26]　〔英〕安德魯·海伍德著，張立鵬譯：《政治學》（第三版），北京：中國人民大學
　　　出版社 2013 年版。

[27]　〔英〕克雷爾·奧維、羅賓·懷特著，何志鵬、孫璐譯：《歐洲人權法·原則與判
　　　例》（第三版），北京：北京大學出版社 2006 年版。

[28]　〔英〕約翰·穆勒著，段小平譯：《代議制政府》，北京：中國社會科學出版社 2007
　　　年版。

[29]　〔英〕諾曼·J·邁因納斯著，伍秀珊等譯：《香港的政府與政治》，上海：上海翻
　　　譯出版公司 1986 年版。

[30] 〔美〕Robert W. Mcchesney 著，羅世宏等譯：《問題媒體：二十一世紀美國傳播政治》，台北：國立編譯館、巨流圖書公司 2005 年版。

[31] 〔美〕W·蘭斯·本奈特、羅伯特·M·恩特曼主編，董關鵬譯：《媒介化政治：政治傳播新論》，北京：清華大學出版社 2011 年版。

[32] 〔美〕大衛·B·馬格萊比、保羅·C·萊特著，吳愛明、夏宏圖編譯：《民治政府：美國政府與政治》（第 23 版·中國版），北京：中國人民大學出版社 2014 年版。

[33] 〔美〕大衛·E·阿普特著，李劍、鄭維偉譯：《現代化的政治》，北京：中國編譯出版社 2011 年版。

[34] 〔美〕大衛·杜魯門著，陳堯譯：《政治過程—政治利益與公共輿論》，天津：天津人民出版社 2005 年版。

[35] 〔美〕大衛·哈伯斯塔姆著，尹向澤等譯：《媒介與權勢：誰掌管美國》（下卷），北京：國際文化出版公司 2006 年版。

[36] 〔美〕加布里埃爾·A·阿爾蒙德、拉塞爾·J·多爾頓、小 G·賓厄姆·鮑威爾等著，楊紅偉等譯：《當代比較政治學：世界視野》（第八版 更新版），上海：上海人民出版社 2010 年版。

[37] 〔美〕史蒂芬·E·弗蘭澤奇著，李秀梅譯：《技術年代的政黨》，北京：商務印書館 2010 年版。

[38] 〔美〕卡爾·科恩著，聶崇信、朱秀賢譯：《論民主》，北京：商務印書館 1988 年版。

[39] 〔美〕弗蘭克·J·古德諾著，王元譯：《政治與行政：一個對政府的研究》，上海：復旦大學出版社 2011 年版。

[40] 〔美〕利昂·D·愛潑斯坦著，何文輝譯：《西方民主國家的政黨》，北京：商務印書館 2014 年版。

[41] 〔美〕阿倫·利普哈特著，陳崎譯：《民主的模式：36 個國家的政府形式和政府績效》，北京：北京大學出版社 2006 年版。

[42] 〔美〕克密特·L·霍爾主編，林曉雲等譯：《牛津美國法律百科辭典》，北京：法律出版社 2008 年版。

[43] 〔美〕施密特、謝利、巴迪斯著，梅然譯：《美國政府與政治》，北京：北京大學出版社 2005 年版。

[44] 〔美〕威廉·龐德斯通著，劉國偉譯：《選舉中的謀略與博弈：為什麼選舉不是公平的》，北京：中國編譯出版社 2011 年版。

[45] 〔美〕泰德·布拉德爾著，喬木譯：《政治廣告》，北京：中國人民大學出版社 2013 年版。

[46] 〔美〕約翰·D·澤萊茲尼著，張金璽、趙剛譯：《傳播法：自由、限制與現代媒介》，北京：清華大學出版社 2007 年版。

[47]　〔美〕唐・R・彭伯著，張金璽、趙剛譯：《大眾傳媒法》（第十三版），北京：中國人民大學出版社 2005 年版。

[48]　〔美〕理查・K・斯克爾著，張榮建譯：《現代美國政治競選活動》，重慶：重慶出版社 2001 年版。

[49]　〔美〕理查・岡瑟・拉里・戴蒙德主編，徐琳譯：《政黨與民主》，上海：上海人民出版社 2012 年版。

[50]　〔美〕喬治・華盛頓著，聶崇信等譯：《華盛頓選集》，北京：商務印書館 1983 年版。

[51]　〔美〕喬萬尼・薩托利著，馮克利、閻克文譯：《民主新論》，上海：上海人民出版社 2009 年版。

[52]　〔美〕詹姆士・梭柏拉、坎迪斯・納爾遜主編，郭岱君譯：《選戰必勝方程式：美式選戰揭密》，台北：智庫股份有限公司 1999 年版。

[53]　〔美〕詹寧斯・布賴恩特、蘇珊・湯普森著，陸劍南等譯：《傳媒效果概論》，北京：中國傳媒大學出版社 2006 年版。

[54]　〔美〕塞繆爾・亨廷頓著，王冠華等譯：《變革社會中的政治秩序》，上海：上海世紀出版社 2008 年版。

[55]　〔美〕萊斯利・里普森著，劉曉等譯：《政治學的重大問題：政治學導論》（第 10 版），北京：華夏出版社 2001 年版。

[56]　〔美〕瑪莎・L・科塔姆、貝思・迪茨－尤勒、愛琳娜・馬斯特斯等著，胡勇、陳剛譯：《政治心理學》（第二版），北京：中國人民大學出版社 2013 年版。

[57]　〔美〕漢密爾頓、麥迪遜、傑伊著，尹宣譯：《聯邦論》，北京：譯林出版社 2010 年版。

[58]　〔美〕賴斯黎・里普遜著，登雲譯：《民主新詮》，香港：新知出版社 1972 年版。

[59]　〔美〕邁克爾・G・羅斯金等著，林震等譯：《政治科學》（第十二版），北京：中國人民大學出版社 2014 年版。

[60]　〔紐西蘭〕瓦萊里・安・彭林頓著，毛華、葉美媛等譯：《香港的法律》，上海：上海翻譯出版公司 1985 年版。

[61]　〔荷蘭〕Denis McQuail 著，陳芸芸、劉慧雯譯：《特新大眾傳播理論》，台北：韋伯文化國際出版有限公司 2003 年版。

[62]　〔荷蘭〕Paul Pennings, Jan-Erik Lane 著，何景榮譯：《比較政黨制度變遷》，台北：國立編譯館 / 韋伯文化國際出版有限公司 2006 年版。

[63]　〔荷蘭〕亨克・范・瑪律賽文、格爾・范・德・唐著，陳雲生譯：《成文憲法：通過電腦進行的比較研究》，北京：北京大學出版社 2007 年版。

[64]　〔意〕Giovanni Sartori 著，雷飛龍譯：《最新政黨與政黨制度》，台北：韋伯文化國際出版有限公司 2003 年版。

[65] 〔德〕Georg Brunner 著，鄒忠科、黃松榮譯：《比較政府論》，台北：五南圖書出版有限公司 1995 年版。

[66] 〔德〕Peter Badura, Horst Dreier 編，蘇永欽等譯注：《德國聯邦憲法法院：五十周年紀念論文集》（下冊），台北：聯經出版事業股份有限公司 2010 年版。

[67] 〔德〕尤爾根·哈貝馬斯著，曹衛東譯：《包容他者》，上海：上海人民出版社 2018 年版。

[68] 〔德〕卡爾·施米特著，劉宗坤等譯：《政治的概念》，上海：上海人民出版社 2003 年版。

[69] 〔德〕伯陽：《德國公法導論》，北京：北京大學出版社 2008 年版。

[70] 〔德〕克勞斯·施萊希、斯特凡·寇里奧特著，劉飛譯：《德國聯邦憲法法院：地位、程序與裁判》，北京：法律出版社 2007 年版。

[71] 〔德〕沃爾夫岡·魯茨歐著，熊煒、王健譯：《德國政府與政治》（第 7 版），北京：北京大學出版社 2010 年版。

[72] 〔德〕康拉德·黑塞著，李輝譯：《聯邦德國憲法綱要》，北京：商務印書館 2007 年版。

[73] 〔德〕齊佩利烏斯著，趙宏譯：《德國國家學》，北京：法律出版社 2011 年版。

[74] 〔德〕赫爾曼·麥恩：《聯邦德國大眾傳播媒介》，北京：德意志聯邦共和國駐華大使館 1994 年版。

[75] 〔德〕羅伯特·米歇爾斯著，任軍鋒等譯：《寡頭統治鐵律：現代民主制度中的政黨社會學》，天津：天津人民出版社 2002 年版。

1.2.1　論文類・內地

[1] 王長江：〈西方學者的兩種政黨觀〉，《團結》2000 年第 4 期。

[2] 王振民：〈論港澳回歸後新憲法秩序的確立〉，《港澳研究》2013 年第 1 期。

[3] 冬青：〈美國的競選廣告〉，《中國廣告》2002 年第 4 期。

[4] 白淨：〈香港法律如何平衡名譽權與言論自由—基於 40 起媒體被訴誹謗案的考察〉，《新聞記者》2012 年第 11 期。

[5] 任允正、於洪君：〈哈薩克《社團法》與《政黨法》〉，《外國法譯評》1996 年第 4 期。

[6] 朱世海：〈論香港政黨法制的必要性、原則和內容〉，《港澳研究》（國務院發展研究中心港澳研究所主辦）2010 年夏季號（總第 18 期）。

[7] 朱世海：〈論香港政黨與香港社會的關係〉，《嶺南學刊》2010 年第 5 期。

[8] 朱世海：〈香港政黨與香港特別行政區政府的關係取向〉，《嶺南學刊》2010 年第 3 期。

[9]　沈本秋：〈試釋 2007 年以來美國對香港事務的介入〉，《國際問題研究》2012 年第
　　　1 期。

[10]　李林、崔英楠：〈德國聯邦憲法法院與德國政黨〉，《中國社會科學院研究生院學報》
　　　2005 年第 2 期。

[11]　李浩然：〈香港政黨政治發展模式研究〉，《清華法治論衡》2009 年第 1 輯。

[12]　周平：〈香港的政黨與政黨政治〉，《思想戰線》2004 年第 6 期。

[13]　房震：〈西方政黨法制化初探〉，《當代法學》2003 年第 12 期。

[14]　唐海江：〈政治媒體化：當代西方媒體與政治關係的形態分析〉，《求索》2003 年
　　　第 1 期。

[15]　馬進保、朱孔武：〈《基本法》框架下的香港政黨制度〉，《學術研究》2007 年第
　　　10 期。

[16]　徐萬勝：〈政治資金與日本政黨體制轉型〉，《日本學刊》2007 年第 1 期。

[17]　徐學東：〈西德政黨的法律地位〉，《政治學研究》1986 年第 4 期。

[18]　徐龍義：〈試論政黨權利的科學內涵〉，《理論學刊》2005 年第 1 期。

[19]　孫曉暉：〈香港政黨政治的發展現狀及其政治影響〉，《桂海論叢》2007 年第 6 期。

[20]　柴寶勇：〈政黨「吞噬」民主還是民主「拋棄」政黨——一項關於西方政黨與民主博
　　　弈關係的考察論綱〉，《政黨關係與執政能力建設研討會論文集》2006 年 12 月 1 日。

[21]　柴寶勇：〈西方政黨組織與政黨認同的關係〉，《當代世界社會主義問題》2009 年
　　　第 2 期。

[22]　許光任：〈試論政黨憲法化〉，《現代法學》1987 年第 4 期。

[23]　許萬全：〈政黨立法與政黨制度評述〉，《社會主義研究》1991 年第 3 期。

[24]　曹旭東：〈香港政黨政治的制度空間〉，《法學》2013 年第 2 期。

[25]　曹旭東、王磊：〈香港政黨政治的制度塑造—需要怎樣的政黨法律體系？〉，《中
　　　國憲法年刊》2013 年第九卷。

[26]　崔英楠：〈政黨的憲法地位和實際角色—德國「政黨國家」的批評及啟示〉，《科
　　　學社會主義》2007 年第 3 期。

[27]　張淑鈿：〈香港終審法院《關於非全職法官參與政治活動的指引》的法理探析〉，《政
　　　治與法律》2013 年第 3 期。

[28]　張榮臣：〈略論黨內民主〉，《中共中央黨校學報》2004 年第 1 期。

[29]　曾平輝：〈香港政黨的特點、功能探析〉，《學術論壇》2008 年第 12 期。

[30]　程邁：〈歐美國家憲法中政黨定位的變遷—以英美法德四國為例〉，《環球法律評
　　　論》2012 年第 3 期。

[31]　程邁：〈民主的邊界—德國《基本法》政黨取締條款研究〉，《德國研究》2013 年
　　　第 4 期。

[32]　黃麗萍：〈媒介化時代黨的形象塑造〉，《政黨論壇》2012 年 4 月號。

[33]　葉海波：〈西方政黨法律性質的學理之爭〉，《嶺南學刊》2008 年第 1 期。

[34]　葉海波：〈香港特區政黨的法律規範〉，《法學評論》2011 年版第 6 期。

[35]　董衛華、曾長秋：〈國外政黨立法情況研究〉，《當代世界與社會主義》2013 年第 3 期。

[36]　鄭賢君：〈論西方國家政黨法制〉，《團結》2004 年第 4 期。

[37]　劉兆佳：〈沒有執政黨的政黨政治—香港的獨特政治形象〉，《港澳研究》2012 年 冬季號（總第 28 期）。

[38]　劉紅凜：〈政黨法律地位比較與思考〉，《中國人民大學學報》2009 年第 6 期。

[39]　劉紅凜：〈「政黨法制」論析—基於戰後世界政黨法制歷史發展與當代現狀的考察〉，《當代世界與社會主義》2013 年第 3 期。

[40]　劉紅凜：〈政黨治理規範體系縱覽〉，《人民論壇》2014 年第 464 期。

[41]　盧永琦：〈論香港政制的非政治化〉，《行政法論叢》（第 16 卷）。

[42]　〔芬蘭〕勞瑞·卡爾維尼，程玉紅編譯：〈全球比較：政黨政治法制化〉，《當代世界與社會主義》2011 年第 1 期。

[43]　〔德〕奧利弗·萊姆克，朱宇方、王繼平譯：〈有關禁止德國民族黨的討論的背景〉，《德國研究》2001 年第 1 期。

1.2.2　論文類 · 港澳台

[1]　方華：〈香港政治團體易生難長〉，《明鏡月刊》1991 年 4 月號。

[2]　石世豪：〈媒體政治與自由經濟的憲法交叉點—我們需要怎樣的「媒體反壟斷法」〉，《月旦法學》2014 年第 231 期。

[3]　沈玄池：〈德國政黨經費來源之研究〉，《歐美研究》1993 年第 1 期。

[4]　李明堃：〈從身份團體看香港政治的發展〉，《信報財經月刊》1985 年第 4 期。

[5]　邱垂泰、梁世武：〈人民團體法之政黨規範—析論我國有無制定政黨法制必要〉，《立法院院聞》1997 年第 1 期。

[6]　周志宏：〈憲法與政黨關係的重新定位—未來政黨法制之展望〉，《月旦法學雜誌》1995 年第 12 期。

[7]　林媛：〈香港特區行政主導體制與政治發展探討〉，《行政》2007 年第 20 卷。

[8]　陳佳吉：〈黨禁開放後我國政黨選舉活動規範之研究〉，《憲政時代》1997 年第 4 期。

[9]　陳銘薰、李祥銘：〈競選廣告可信度對候選人品牌權益及選民投票意願之影響—以正負面競選廣告為例〉，《商管科技季刊》2009 年第 1 期。

[10]　陳耀祥：〈德國的政黨法律地位〉，《憲政時代》1992 年第 3 期。

[11]　陳耀祥：〈淺論制定政黨法的幾項問題（一）〉，《萬國法律》1993 年第 71 期。

[12] 陳耀祥：〈淺論制定政黨法的幾項問題（二）〉，《萬國法律》1994 年第 72 期。

[13] 張定淮：〈香港政黨的產生、發展、功能與定位〉，《基本法研究》2013 年第 4 期。

[14] 張嘉尹：〈防禦型民主的幽靈—檢討大法官釋字等 644 號解釋〉，《法令月刊》2009 年第 8 期。

[15] 魯凡之：〈港人治港的新形勢—「半政黨政治」在香港〉，《廣角鏡月刊》1990 年 5 月。

[16] 劉成漢：〈港人的政治醒覺與組黨去向〉，《南北極》1985 年 9 月。

[17] 蕭國忠：〈防禦性民主與德國民主的正常化：從不寬容激進勢力到與之共存〉，《科學社會論叢》2010 年第 2 期。

1.3 學位論文類

[1] 祁剛利：〈政黨民主論〉，中國人民大學博士學位論文，2006 年 5 月。

[2] 宋臘梅：〈英美政黨思想的起源〉，武漢大學博士學位論文，2010 年 10 月。

[3] 房震：〈西方政黨法治化研究〉，吉林大學博士學位論文，2003 年 11 月。

[4] 徐龍義：〈政黨權利基本問題探討〉，山東大學博士學位論文，2006 年 4 月。

[5] 陳耀祥：〈政黨法律地位之研究—以德國法為中心〉，（台灣）私立輔仁大學碩士論文，1991 年 6 月。

[6] 曹旭東：〈香港政黨政治的制度塑造—需要怎樣的政黨法律體系？〉，北京大學博士學位論文，2013 年 5 月。

[7] 張劍：〈從〈政黨法〉視角來看俄羅斯和德國政黨制度〉，山西大學碩士學位論文，2006 年 6 月。

[8] 彭治安：〈政黨制度與憲政〉，武漢大學博士學位論文，2006 年 4 月。

[9] 楊岳橋：〈規管政黨—探討香港訂立《政黨法》的必要性〉，北京大學碩士學位論文，2006 年 5 月。

[10] 趙冠男：〈政黨法律制度研究〉，內蒙古大學碩士學位論文，2012 年 5 月。

[11] 廖銘華：〈基本法框架下的香港政黨政治〉，中國人民大學碩士學位論文，2008 年 12 月。

[12] 劉紅凜：〈政黨法律規範問題研究〉，中國人民大學博士學位論文，2008 年 4 月 22 日。

[13] 劉高林：〈憲政視野下的政黨民主問題研究〉，武漢大學碩士學位論文，2004 年 5 月。

[14] 蕭太福：〈政黨法治比較研究〉，中國人民大學博士學位論文，2006 年 5 月。

▎ 二、英文文獻

2.1 著作類

[1] Bob Watt, *UK Election Law: a Critical Examination*, London: Glass House Press, 2006.

[2] Edmund Burke, *Thoughts on the Cause of the Present Discontents (6th edition)*, London: M. DCC. LXXXIV, 1784.

[3] Edwin Diamond and Stephen Bates, *The Spot: the Rise of Political Advertising on Television*, Cambridge: The MIT Press, 1984.

[4] Elmer Eric Schattschneider, *Party Government*, Westport: Greenwood Press, 1977.

[5] Fred Wertheimer, *TV Ad Wars: How to Cut Advertising Costs in Political Campaigns, in Robert E. DiClerico, Political Parties, Campaigns and Elections*, New Jersey: Prentice Hall, 2000.

[6] Ghita Ionescu and Ernesto Gellner (eds.), *Populism: Its Meanings and National Characteristic*, London: Weidenfeld & Nicolson, 1969.

[7] Howard Davis, *Human Rights and Civil Liberties*, Devon, UK: Willan Publishing, 2003.

[8] Joseph Y. S. Cheng (ed.), *Political Participation in Hong Kong: Theoretical Issues and Historical Legacy*, Hong Kong: City University of Hong Kong Press, 1999.

[9] K. D. Ewing, *Money, Politics, and Law: a Study of Electoral Campaign Finance Reform in Canada*, Oxford, England: Clarendon Press; New York: Oxford University Press, 1992.

[10] L. Sandy Maisel and Kara Z. Buckley, *Parties and Elections in America: the Electoral Process (4h edition)*, Lanham, USA: Rowman& Littlefield Publishers, 2005.

[11] Lam Wai-man, Percy Luen-tim Lui, Wilson Wong and Ian Holliday (eds.), *Contemporary Hong Kong Politics: Governance in the Post - 1997 Era*, Hong Kong: Hong Kong University Press, 2007.

[12] Lau Siu-Kai, *Basic Law and the New Political Order of Hong Kong*, Hong Kong: Centre for Hong Kong Studies, The Chinese University of Hong Kong, 1988.

[13] M. Ostrogorski, *Democracy and the Organization of Political Parties*, Chicago: Quadrangle Books, 1964.

[14] Markus Thiel, *The "Militant Democracy" Principle in Modern Democracies*, Surrey, UK: Ashgate Publishing, 2009.

[15] Michael Gallagher, Michael Marsh, (ed.), *Candidate Selection in Comparative Perspective: the Secret Garden of Politics*, London: SAGE Publications, 1988.

[16] O. Hood Phillips and Paul Jackson and Patricia Leopold, *Constitutional and Administrative Law*, London: Sweet & Maxwell, 2001.

[17] Priscilla Leung Mei-fun, *The Hong Kong Basic Law: Hybrid of Common Law and Chinese Law*, Hong Kong: LexisNexis, 2007.

[18] Robert G. Lee (ed.), *Public Law & Human Rights 2012-2013 (22nd edition)*, Oxford: Oxford University Press, 2012.

[19] Robert G. Neuman, *European and Comparative Government (3rd edition)*, New York: McGraw-Hill Book Company, 1960.

[20] Robert J. Bresler, *Freedom of Association: Right and Liberties Under the Law*, Santa Barbara: ABC-CLIO, 2004.

[21] Stephen Wing-kai Chiu and Siu-lun Wong (ed.), *Repositioning the Hong Kong Government: Social Foundations and Political Challenges*, Hong Kong: Hong Kong Universtity Press, 2012.

2.2 論文及研究報告類

[1] Alexander S. Kirshner, "A Theory of Militant Democracy", A Dissertation Presented to the Faculty of the Graduate School of Yale University in Candidacy for the Degree of Doctor of Philosophy, May 2011.

[2] Ambrose Yeo-chi King, "The Political Culture of Kwun Tong: A Chinese Community in Hong Kong", A. King and R. Lee (eds.), *Social Life and Development in Hong Kong*, Hong Kong: The Chinese University Press, 1981.

[3] Brian McNair, "An Introduction to Political Communication", London: Routledge, 1995.

[4] F. Lehner and K. Schubert, "Party Government and the Political Control of Public Policy", *European Journal of Political Research*, Vol. 12 (July 1984).

[5] Frida Trönnberg, "State Regulation of Anti-Democratic Parties - A Comparative Study of Germany, Spain and Sweden", Master Thesis in International and European Affairs, 23 May 2013.

[6] Fritz Plasser, "Global Political Campaigning: a Worldwide Analysis of Campaign Professionals and Their Practices", Westport, Connecticut: Praeger, 2002.

[7] Goal A. Aberbach and Bert A. Rockman, Problems of Cross-National Comparison, in Donald C. Rowat (ed.), "Public Administration in developed Democracies: A Comparative Study", New York: Marcel Dekker, 1988.

[8] Gregory H. Fox and Georg Nolte, "Intolerant democracies", Gregory H. Fox and Brad R. Roth, *Democratic Governance and International Law*, Cambridge: Cambridge University Press, 2000.

[9]　Jermain T. M. Lam, "Party Politics in Hong Kong During The Political Transition", Sing Ming (ed.), *Hong Kong Government and Politics*, Hong Kong: Oxford University Press, 2003.

[10]　Joseph Y. S. Cheng, "Elections and Political Parties on Hong Kong's Political Development", *Journal of Contemporary Asia*, Vol. 31 No. 3 (2001).

[11]　Joseph. A. Schumpeter, "Capitalism, Socialism and Democracy", New York: HarperCollins, 2008.

[12]　Karl Loewenstein, "Militant Democracy and Fundamental Rights, I", *The American Political Science Review*, Vol. 31, No. 3 (Jun 1937).

[13]　Lau Siu-Kai, "Basic Law and the New Political Order of Hong Kong", Centre for Hong Kong Studies, The Chinese University of Hong Kong, 1988.

[14]　Louie Kin-sheun, "Politicians, Political Parties and the Legislative Council", Sing Ming (ed.), *Hong Kong Government and Politics*, Hong Kong: Oxford University Press, 2003.

[15]　Louie Kin-sheun, "Politicians, Political Parties and the Legislative Council", Sing Ming (ed.), *Hong Kong Government and Politics*, Hong Kong: Oxford University Press, 2003.

[16]　Louie Kin-sheun, "The Party-Identification Factor in the 1991 Legislative Council Election", Lau Siu-kai and Louie Kin-sheun (ed.), *Hong Kong Tried Democracy: the 1991 Election in Hong Kong*, Hong Kong: Hong Kong Institute of Asia- Pacific Studies, 1993.

[17]　Olgun Akbulut, "Criteria Developed by the European Court of Human Rights on the Dissolution of Political Parties", *Fordham International Law Journal*, Vol. 34, Issue 1, 2010.

[18]　Paul Franz, "Unconstitutional and Outlawed Political Parties: A German-American Comparison", *Boston College International and Comparative Law Review*, Vol. 5, Issue 1, 1982.

[19]　Victoria A. Farrar-Myers, "Campaign Finance: Reform, Representation, and the First Amendment", Matthew J. Streb (ed.), *Law and Election Politics: the Rules of the Game*, London: Lynne Rienner Publishers, 2005.

[20]　German Federal Constitutional Court - Press office, Applications made by the NPD against Bundestag, Bundesrat and Federal Government unsuccessful, Press release no. 15/2013 of 5 March 2013.

[21]　Guidelines on Political Party Regulation, Warsaw, Poland: the Organization for Security and Co-operation in Europe Office for Democratic Institutions and Human Rights, 2011.

[22]　Marlene Grundström, Political Party Development in Hong Kong: Beyond the "China dimension" ?, Civic Exchange Intern, April 2006.

[23]   Richard Cullen, "Political Party Development in Hong Kong: Improving the Regulatory Infrastructure" , paper prepared for Civic Exchange, August 2004.

[24]   Richard Cullen, "Regulating Political Parties in Hong Kong" , paper prepared for Civic Exchange, February 2005.

[25]   "The Regulatory Framework of Political Parties in Germany" , the United Kingdom, New Zealand and Singapore, Hong Kong: Legislative Council Secretariat of Legislative council of the Hong Kong SAR, April 2004.

[26]   The Venice Commission, Prohibition of political parties and analogous measures, CDL-INF(98)14, 29. 6. 1998.

[27]   "Views on Political Party Law in Hong Kong" , Hong Kong: Legislative Council Secretariat of Legislative council of the Hong Kong SAR, Jan 2005.

後　記

　　環顧世界，政黨政治的規範化發展，已成為現代憲政法治原則對民主政治的基本要求。香港政黨法治化，不僅是香港實現自身民主政治良性發展所必須回應的一項重要課題，同時也是憲法學、港澳基本法學應關注的一個重要分支領域。對於此問題的重要性，我在清華大學法學院攻讀研究生期間已有所意識，其後有幸在導師林來梵教授的指導和督促下，對相關問題展開了解和研究，直到博士畢業後在深圳大學任教的數年間仍保持對此領域問題的集中關注。此次出版的《政黨法論：基於香港的視角》正是以我的博士學位論文為基礎，並收入我在工作後主持國家社科基金項目以及司法部、全國人大常委會港澳基本法委員會、廣東省哲社辦、中國法學會等單位委託項目過程中所形成的若干相關研究成果修訂而成。誠然，作為本書的作者，當然是想呈現給讀者一部具質量的作品，但囿於自己淺陋的學術修為，書中肯定還是存在這樣或那樣的不足。尤其是書稿修訂期間，香港正在經歷「修例風波」後轉亂為治的過程，隨着香港國安法的公佈實施，本地各相關制度也都處於逐步完善和頻繁變動中，這不僅為本人的修訂工作帶來一定困難，同時也難免使得書中有關論述會較快地落後於制度的最新發展。對此，希望讀者見諒，也懇請大方之家不吝賜教。

　　此次拙著得以付梓成書，除得益於深圳大學港澳基本法研究中心、國家社科基金項目「增強港澳同胞國民身份認同的實施機制研究」以及三聯書店（香港）有限公司的支持外，也離不開諸多前輩、

朋友以及親人的幫助，藉此機會一併向他們致謝。

　　首先，要衷心感謝我的碩士和博士導師林來梵教授一直以來對我的關懷和指導。屈指算來，自 2009 年秋以碩士生身份進入清華求學到如今，拜入梵師門下已近十二載韶光。記得在清華園初見時，梵師給我最深刻的印象是「望之儼然，即之也溫」的儒雅風度，彼時的我則是個毛躁小子，容易「說過頭的話、做不成熟的事」，而他總是能在寬容和尊重我的同時給予我諄諄教導。這期間有幸忝列師門研習規範憲法學和港澳基本法，更蒙恩師耳提面命、屢屢提攜，終使我得以一窺憲法學之堂奧。投身工作以後，他仍在教學、科研、生活等方面給予我諸多重要的建議和幫助。多年來的耳濡目染，梵師在為人為學方面的言傳身教使我受益良多。此次拙著出版，他也給了我很大的鼓勵和支持，不僅親自作序，而且欣然答應將我們在 2015 年合作發表於《法學》雜誌的論文〈防衛型民主理念下香港政黨行為的規範〉作為本書第六章的一部分付梓出版，令我十分感動。

　　其次，在博士學位論文寫作和書稿修訂過程中，清華大學王振民教授、余凌雲教授、何海波教授以及程潔教授給予了我尤多的指導和幫助，時任全國人大常委會港澳基本法委員會研究室主任張榮順先生在百忙中抽空前來清華講學期間多次對我的論文寫作給予鼓勵和建議，論文評審專家武漢大學秦前紅教授、北京大學王磊教授、中國政法大學焦洪昌教授以及其他匿名評審專家對本人的學位論文給予了肯定並提出修改建議，深圳大學鄒平學教授、張定淮教授、宋小莊教授、王千華教授、葉海波教授、尤樂副教授、陳虹博士、朱湘黔老師、孫成助理教授等前輩及同仁對書稿的修訂給予了寶貴的支持，武漢大學江國華教授、美國斯坦福國際研究所徐維亮博士、清華大學出版社朱玉霞博士、澳門科技大學朱世海副教授、中山大學曹旭東副教授、武漢大學黃明濤副教授、北京航空航天大學田飛龍副教授、浙江工業大學呂鑫教授、暨南大學沈太霞教授、南京審計大學靳寧博士、

北京港澳學人研究中心林朝暉理事等同儕，深圳大學粵港澳大灣區青年發展法律研究所周琳琳研究助理以及我在清華求學時的同窗好友趙小波、楊書軍、徐霄飛、黃銀和、楊陳、陳鵬、胡健、劉猛、金欣、康家昕、汪江連、胡慧馨、任利仁、呂尚傑、趙力鎣、李響、晏鈾、閭承林等也給了我特別的關心和幫助，在此向他們致以誠摯謝意！

此外，我還要特別感謝鄒平學教授將此書收入其主編的「港澳制度研究叢書」並親自協調及解決相關出版事宜，感謝深圳大學粵港澳大灣區青年發展法律研究所譚尹豪研究助理為本書修訂提供的支持和幫助，感謝三聯書店（香港）有限公司的周建華先生、張軒誦先生以及蘇健偉先生為本書的出版及編輯工作付出的辛勞，尤其是他們針對書稿提出的一些修改意見對於本書的完善有重要價值。

最後，感謝我的親人，特別是家母羅改有女士，如果沒有她一路以來的支持和寬容，我不可能在法學的求知道路上走到今天。

黎沛文

2021 年 7 月於深圳大學

責任編輯　　　張軒誦
書籍設計　　　道　轍

書　　名　　**政黨法論：基於香港的視角**

著　　者　　黎沛文

出　　版　　三聯書店（香港）有限公司

　　　　　　香港北角英皇道 499 號北角工業大廈 20 樓

　　　　　　Joint Publishing (H.K.) Co., Ltd.

　　　　　　20/F., North Point Industrial Building,

　　　　　　499 King's Road, North Point, Hong Kong

香港發行　　香港聯合書刊物流有限公司

　　　　　　香港新界荃灣德士古道 220-248 號 16 樓

印　　刷　　美雅印刷製本有限公司

　　　　　　香港九龍觀塘榮業街 6 號 4 樓 A 室

版　　次　　2021 年 8 月香港第一版第一次印刷

規　　格　　16 開（170 mm × 240 mm）392 面

國際書號　　ISBN 978-962-04-4861-4

© 2021 Joint Publishing (H.K.) Co., Ltd.

Published & Printed in Hong Kong